第八版

多國籍企業論

Multinational Enterprise

林彩梅 許重博 著

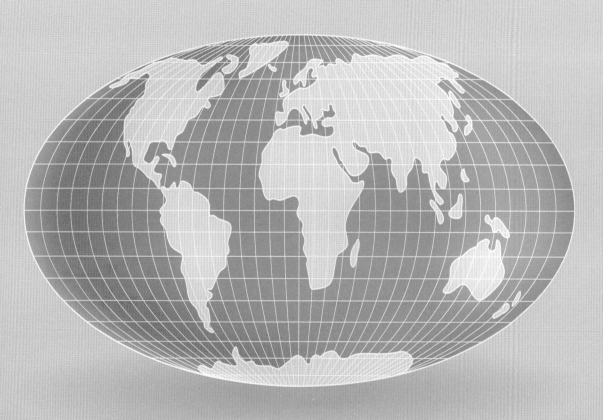

五南圖書出版公司 印行

自　序

　　多國籍企業（Multinational Enterprise，簡稱 MNE）之經營理念是以倫理道德為基礎，為消費者幸福為目標。企業的發展是如何運用國際經營資源（資金、原料、人才、技術、市場、資訊等），彌補國內經營資源之不足，並積極提高國際合作，獲取更佳經營成果。二十世紀多國籍企業之發展，不只對母國與地主國經濟成長均有很大貢獻，對世界經濟成長更有影響力，甚至緩和了世界二大問題：第一「東西政治問題」，改變共產國家採取「市場經濟發展政策」，如蘇聯與大陸等從一九八○年代起，為國家產業發展積極引進外來投資與對外投資，因而促使第二次世界大戰結束後，世界民主國家與共產國家的「東西政治問題」能從緊張趨於緩和，甚至國際合作發展，四十年的冷戰結束。第二「南北經濟問題」，由於多國籍企業對開發中國家投資技術移轉，提升產業國際競爭力，促使南半球開發中國家與北半球先進國家的「南北經濟問題」從經濟發展之高度差距逐漸拉近，開發中國家對先進國高昂的反對氣氛，也逐漸緩和。

　　多國籍企業之發展策略，在本書特別論述之理論，從初期對外投資動機之「比較利益理論」、「產品生命週期理論」、「O.L.I 優勢理論」、「國際產業分工理論」、「國家產業結構發展理論」，「企業內貿易效果策略理論」、異文化管理理論，以及和平文化經營理論、企業倫理道德等。MNE 發展策略之差異，其經營績效顯然有很大不同，例如：IBM、GE、豐田公司、日產公司等，一家公司一年總營業額近於新興工業國家的 GNP；又如日本的丸紅、三菱綜合商社等，一家公司一年國際貿易總額也大於新興工業國家一國的國際貿易總額。對一國經濟發展的評估，國內對外的貿易總額要加上在地主國投資的貿易總額才是正確。從地主國而言，為國家經濟發展，應依「國家產業結構發展理論」，擬定國家產業結構發展目標，以及產業發展政策，運用 MNE 有利的功能，發展地主國產業的國際競爭力。從企業而言，引進外來投資，不只要落實技術移轉成效，更需加以「改良、創新」，提高產品國際競爭力，才能擴大國際市場，品管尚需超越其他子公司產品之

國際競爭力，才能獲得母公司先進技術優先轉移、分配最大外銷市場，達到「相互依賴理論」前提下，子公司才能真正與母公司提高國際合作成果。從對外投資而言，必須採取「國際產業分工理論」，以及「企業內貿易效果策略理論」，才能降低成本、提高品質、突破貿易障礙、增加母子公司國際市場銷售總額，減少母國對地主國貿易順差，降低國際貿易摩擦問題，促進國家經濟加速發展。

　　二十一世紀，企業全球化大幅成長，產品高科技化，區域經濟市場擴大化（如，歐盟已增加至二十七國；東協十加一（中國大陸），已高達二十五億人口之大市場等），企業併購資源卓越化（全世界併購金額已高達投資金額的近 50%），多國籍企業從 1980 年對外投資累計金額僅為 49.7 億美元，而 2010 年成長高達 15 兆美元以上，對世界經濟發展應有更多之貢獻。2020 年因全世界疫情的漫延，對外投資減少近半數為 7,398 億美元。

　　然而，企業全球化之發展，若僅為利益而缺乏「和平共生精神」不重視企業倫理、產業道德，必如 2008 年雷曼兄弟大企業等的破產案，影響世界各國的經濟衰退等問題，也面臨不同宗教、不同民族、種族、文化之差異引起不合作、鬥爭、破壞等問題，企業發展必遭阻礙，母國與地主國經濟亦受影響。如何紓解從近百年管理思想理論的演進尚不足，MNE 理論的演進也尚未深入論及，為此，本書提出「和平文化經營理念」。二十一世紀多國籍企業應以倫理道德為基礎的經營理念，人類才能幸福、世界和平、世界經濟繁榮。

　　「和平文化經營理念」重視程度愈高，異文化管理績效愈好，而異文化管理愈會選擇「第三文化管理」，整合第一與第二文化管理之優點，對母公司與地主國子公司都有益。企業全球化欲更發展。唯有 MNE 經營者持有「和平文化經營理念」發揮和平共生精神，落實企業倫理、產業道德，對員工加強「世界市民教育」，對企業經營為以全人類利益極大化為目標，才能獲得不同宗教、民族、異文化之共識、支持與團結，並以「人道主義競爭精神」提高企業的國際聲望與國際競爭力，世界經濟繁榮，人民幸福。

　　本書分為十五章，內容重點分為多國籍企業之理論、國際產業分工、企業內貿易效果策略、投資環境分析方法、所有權策略、MNE 成長策略、技術移轉策略、MNE 海外派遣管理者之培育、MNE 道德經營之優勢、和平文化經營理念與異文化管理、國際財務管理、國家主義與國家主權之紛爭、國家產業結構之發展、MNE

管理思想之演進、MNE 之未來展望等。本次增修除數字以及部分內容更新外，重點在第九章多國籍企業道德經營之優勢，以及第十章和平文化經營理念及異文化管理。

「中華民國多國籍企業研究學會」於 1980 年成立，至今已滿四十年，也舉辦了十次大型國際會議，2014 年卻高達二十個國家學者參與。在第一任理事長劉泰英博士以及江炳坤部長等歷任理事長之領導下，獲得恩師入江豬太郎博士之指導與日本的小林規威博士、小島清博士、江夏健一博士之支持、英國的 J. H. Dunning, Alan M. Rugman, Raymond Loveridge，以及美國的 John D. Daniels 教授等世界各國知名學者之參與，此學會對我國多國籍企業之發展在理論與實務方面，對產官學界有很大貢獻。

筆者對多國籍企業之研究，自 1971 年留學日本至今，能略有心得，完全承蒙恩師入江豬太郎商學博士（日本國立神戶大學名譽教授、日本多國籍企業研究學會第一任理事長）之啓蒙，留學六年的研究生生涯中，恩師不辭辛勞，諄諄教誨，回國後仍陸續惠賜珍貴書籍與教導，不斷灌漑以期成長，並協助每三年舉辦一次「多國籍企業國際學術研討會」，尤其對「中華民國經濟發展與多國籍企業經營策略之關係」更常加以指導，恩師以及文大董事長張鏡湖博士對我國學術界以及經濟發展間接方面，有很大貢獻。

本書初版於 1979 年，1990 年適逢恩師八秩晉一大壽，增修本書第三版呈獻，感謝培育之恩。1994 年增修第四版，紀念恩師二十二年勝於父愛之關懷與教誨。2002 年增修第五版，爲慶祝中國文化大學創校四十週年，特增修本書呈獻，慶祝校運昌隆。2006 年增修第六版，2012 年增修第七版爲慶賀中國文化大學創校五十週年。2022 修訂第八版慶賀中國文化大學創校六十週年。第八版與許重博博士共著，他是一位企業家也是一位學者，理論與實務具佳。本書修訂工作能如期完成，感恩能在「千山不墨千秋畫，綠水無絃萬古琴」的華岡優美研究環境中，承蒙董事長張鏡湖博士、商學院國企所周建亨所長及老師們眞誠友情之協助，謹此併致最高謝忱。

　　本書編印，承蒙五南圖書出版公司董事長楊榮川先生以及侯家嵐主編，對於印刷、出版以及發行等給予甚多協助，均在此一併深深致謝。惟本書付梓倉促，錯漏與謬誤之處，尚祈海內外賢達先進多多賜予指正，至所企盼。

林彩梅
許重博　謹識於
中國文化大學
2023 年 4 月 10 日

目　錄

第一章　多國籍企業之概念————————————1

一、多國籍企業之概念　3

　㈠多國籍企業之概念　3

　㈡多國籍企業經營必須考慮之要素　6

　㈢多國籍企業之名詞　7

　㈣多國籍企業之成長階段理論　8

　㈤多國籍企業之定義　9

　㈥我國企業國際化之重要性　11

　㈦企業全球化發展之優勢　13

二、多國籍企業之發展　14

　㈠多國籍企業之發展史　14

　㈡新興工業國家之發展　16

　㈢多國籍企業與世界經濟發展之關係　18

三、世界經濟新秩序之轉變　20

　㈠東西問題與南北問題　21

　㈡美國的貿易保護政策「三○一法」　24

　㈢歐洲單一市場功能　26

■ 參考文獻　35

第二章　多國籍企業之理論—————————37

一、古典學派貿易理論　39

　㈠古典學派貿易理論　39

　㈡多國籍企業貿易理論　40

　㈢古典學派分工概念　43

二、國際產業分工與 MNE 企業內貿易效果策略　44

　㈠國際產業分工理論　44

　㈡MNE 企業內貿易效果策略理論　45

　㈢MNE 企業內貿易對國際貿易之影響　49

三、日本產業國際競爭力策略　55

　㈠日本 MNE 對美國及歐盟產業國際競爭力策略　55

　㈡國際產業分工之體制　59

　㈢國家產業結構發展理論　63

四、對外投資理論　65

　㈠貿易導向投資理論　66

　㈡不完全競爭市場　67

　㈢產業組織理論（Industrial Organization Approach）　67

　㈣產品循環理論（Product Cycle Hypothesis）　68

　㈤內部化理論　69

　㈥OLI 優勢理論　70

　㈦協議分工理論　72

　㈧多國籍企業之經營策略　73

　㈨產業競爭優勢鑽石理論　75

　■ 參考文獻　79

第三章　多國籍企業之環境架構——————————81

一、環境研究之重要性　83

二、環境分析之理論　84
　㈠Farmer & Richman 的國際經營環境論　84
　㈡Robert B. Stobaugh 環境評估論　86
　㈢C. W. Skinner 環境細分論　89
　㈣投資環境評價基準　89

三、國際經營比較之模型　93
　㈠經營過程　94
　㈡國際環境條件　98
　㈢國內環境條件　98

四、對外投資環境實例分析　103
　㈠對東協投資環境之經營策略　103
　㈡菲律賓經營環境之實例分析　112

五、我國企業對外投資之問題　119
　㈠我國企業對開發中國家投資之地主國問題　119
　㈡我國企業對外投資之本國國內問題　120

■ 參考文獻　123

第四章　多國籍企業之所有權政策——————————125

一、多國籍企業所有權政策之概念　127
　㈠所有權政策之分類　127
　㈡所有權政策之概念　127

二、完全所有子公司與合資公司之利弊分析　128
　㈠決定所有權型態之因素　128

　　　㈡採用完全所有子公司型態之利弊分析　128

　　　㈢採用合資公司型態之利弊分析　130

　　　㈣MNC 所有權政策與 HC 間之爭論因素　134

　　　㈤跨國併購之目的　136

　二、選擇所有權型態的考慮因素　139

　　　㈠Stopford & Wells（1972）之研究　139

　　　㈡Richard D. Robinson 之研究　143

　　　㈢Fayerweather 之研究　145

■ 參考文獻　150

第五章　　多國籍企業之成長策略────────────151

　一、多國籍企業之成長階段　153

　　　㈠當地志向企業　153

　　　㈡國內志向企業⑴　153

　　　㈢國內志向企業⑵　153

　　　㈣國內對海外志向企業　154

　　　㈤世界市場志向企業　155

　二、多國籍企業成長策略模型　156

　　　㈠「週期模型」的第一階段　159

　　　㈡「週期模型」的第二階段　159

　　　㈢「週期模型」的第三階段　159

　三、美國多國籍企業之成長策略　161

　四、日本多國籍企業之成長策略　163

　　　㈠日本企業之成長要素　163

　　　㈡日本企業成長之阻礙因素　164

㈢美、日多國籍企業競爭策略模型之比較　165

㈣日本多國籍企業之特色　168

㈤日本多國籍企業因應國際環境變化之適應策略　168

五、我國企業國際化之成長策略　172

■ 參考文獻　175

第六章　多國籍企業之組織————————177

一、多國籍企業之組織目的　179

㈠組織結構之意義　179

㈡多國籍企業之組織目的　179

二、多國籍企業之組織型態　180

㈠市場導向之組織型態　180

㈡多國籍企業之組織發展型態　184

三、海外子公司組織上之營運　192

㈠管理方式　192

㈡母公司之任務　193

㈢母公司內各種資源之最有效利用　194

■ 參考文獻　195

第七章　多國籍企業之技術移轉————————197

一、多國籍企業技術移轉之概念　199

㈠技術革新與世界景氣　199

㈡技術移轉之概念　202

㈢技術移轉之定義　203

㈣技術移轉之類別　204

二、多國籍企業之技術移轉策略　205

　　㈠多國籍企業技術發展策略之優勢　205

　　㈡產品生命週期理論　206

　　㈢產業技術週期理論　208

　　㈣技術生命週期理論　210

　　㈤技術移轉模型　213

　　㈥技術雙手併用功能理論　213

　　㈦技術引進與技術革新新策略　217

　　㈧技術移轉與貿易變化　220

三、多國籍企業技術移轉通路之選擇　222

　　㈠技術移轉通路　222

　　㈡技術移轉通路之選擇　224

　　㈢國際技術合作之發展　226

四、多國籍企業影響技術移轉之因素　228

　　㈠Baranson 之研究　228

　　㈡Teece 之研究　229

　　㈢Telesio 之研究　232

五、美、日多國籍企業之技術移轉　234

　　㈠美國多國籍企業世界性技術管理之特色　234

　　㈡日本多國籍企業技術移轉之特色　236

　　㈢多國籍企業技術移轉之問題　239

■ 參考文獻　242

第八章　多國籍企業外派管理者 —————245

一、國際經營管理者之經營理念　247

　　㈠國際經營管理者必須具備世界觀　247

㈡國際經營管理者教育之重要性 247

二、國際經營管理者之培育 248

　㈠國際經營管理者之任務 248

　㈡國際經營管理者之理想背景 249

　㈢國際經營管理者之培育 252

　㈣外派主管類型 258

三、國際經營管理人才之訓練 258

　㈠選任不分國籍 258

　㈡國際經營對從業員之訓練問題 259

　㈢國際人才模擬訓練（simulation training）之內容 260

　㈣中、美、日海外管理者之選任 264

　㈤國際人力資源之培訓與異文化 267

█ 參考文獻 271

第九章　多國籍企業道德經營之優勢─────273

一、企業道德經營之優勢 275

　㈠聯合國對多國籍企業道德之規範 275

　㈡社會責任金字塔論 277

　㈢「全球盟約」的十項原則 278

　㈣道德經營之優勢 279

二、和平共生精神之重要性 285

　㈠和平共生精神之重要性 285

　㈡地球市民教育 287

　㈢人道主義競爭精神提高國際市場競爭力 287

三、和平文化經營理念 287

　㈠世界領導者「和平思想」之共識 287

　㈡和平文化經營理念 292

四、大學教育乃培育世界公民的搖籃　294

　　㈠教育爲培育完善人格爲目標　294

　　㈡崇高聖業的經師、人師　295

　　㈢專業性知識教育與教養性智慧教育並重　296

　　㈣池田大作新人本主義思想教育觀　297

　　㈤地球市民教育　297

　　㈥人道主義競爭之教育　298

■ 參考文獻　299

第十章　多國籍企業經營理念與異文化管理───301

一、經營理念　303

　豐田企業國際化的經營理念　303

二、和平文化經營理念　306

三、和平文化經營理念與異文化管理關係理論　308

四、多國籍企業跨國異文化管理之衝擊　310

　　㈠社會文化　310

　　㈡組織文化　310

五、異文化管理　312

　　㈠第一文化管理　312

　　㈡第二文化管理　312

　　㈢第三文化管理　312

六、多國籍企業異文化管理之實證分析　313

　　㈠美、日 MNE 台灣與中國子公司和平文化經營理念與異文化管理　313

　　㈡德國 MNE 在日本子公司之異文化管理　318

■ 參考文獻　321

第十一章　多國籍企業之財務管理─────────323

一、多國籍企業財務機能之組織　325

　㈠財務機能　325

　㈡財務機能之組織　325

二、多國籍企業之財務策略　328

　㈠多國籍企業之財務計畫與策略　328

　㈡多國籍企業子公司之資金來源　331

三、多國籍企業之內部價格移轉政策　335

　㈠國際環境變數　335

　㈡價格設定與交易型態　336

　㈢企業內部價格移轉之觀念　337

　㈣企業內部價格移轉之功能　340

　㈤企業內部價格移轉之限制　341

四、多國籍企業國際環境之財務問題　344

　㈠國際環境變數　344

　㈡國際環境之財務問題　346

　㈢國際財務問題之因應策略　346

■ 參考文獻　361

第十二章　多國籍企業與國家主權之紛爭─────────363

一、多國籍企業與地主國紛爭之起因　365

　㈠MNC 與 HC 之關係　365

　㈡MNC 與 HC 紛爭之起因　365

　㈢MNC 與 HC 造成紛爭之因素　366

二、多國籍企業與地主國紛爭之問題　368

　㈠多國籍企業與地主國之紛爭　368

　　　　㈡地主國政府之保護政策　371

　三、多國籍企業被地主國之國有化問題　374

　　　　㈠地主國之國有化問題　374

　　　　㈡多國籍企業與地主國間協調之重要性　381

　四、多國籍企業之政治風險管理　382

　　　　㈠一般性分析　382

　　　　㈡政治風險之因應策略　385

　　　　㈢投資後之業務策略　389

　　　　㈣風險發生後之因應過程　391

　▋參考文獻　397

第十三章　　多國籍企業與國家產業結構─────────399

　一、世界多國籍企業對外投資動向　401

　　　世界先進國 MNE 對外投資以及外來投資成長概況　401

　二、產業結構發展模型　404

　　　　㈠產業結構發展模型理論　404

　　　　㈡台、美、日三級產業發展與對外投資產業別程度關係之重要思維
　　　　　407

　　　　㈢日本產業結構發展模型　407

　　　　㈣我國產業結構發展模型　410

　　　　㈤大陸產業結構發展模型　412

　　　　㈥俄羅斯經濟改革政策　416

　▋參考文獻　425

第十四章　多國籍企業經營管理型態────────427

一、管理思想之演進　429

　　㈠古典科學管理思想　429

　　㈡現代科學管理思想　429

　　㈢X 理論與 Y 理論管理思想　430

　　㈣超 Y 理論管理思想　430

　　㈤Z 理論管理思想　431

　　㈥P 理論管理思想─和平文化經營理論　431

　　㈦王道文化管理思想　433

　　㈧領導型態與激勵理論　433

二、美、日企業經營理念之比較　435

　　㈠美、日企業經營理念之差異　435

　　㈡美、日企業文化特色　436

　　㈢美、日企業經營特色之差異　437

三、台、美、日多國籍企業在台灣之經營管理比較　446

　　㈠台、美、日三系企業在台灣之經營管理比較　446

　　㈡台、美、日企業在台福利制度之比較　451

　　㈢員工意識革新之重要性　452

　　㈣多國籍企業對當地經營過程之適應性　453

■ 參考文獻　458

第十五章　多國籍企業之發展與未來展望────────461

一、多國籍企業經營之利弊分析　463

　　㈠多國籍企業經營之優點　463

　　㈡多國籍企業經營之缺點　465

二、OECD 對多國籍企業行動之規制　466

　　㈠OECD 對多國籍企業行動之規制　466

　　㈡TNC 委員會對多國籍企業行動之規制　469

三、多國籍企業之發展與未來展望　470

　　㈠Vernon 之研究　473

　　㈡Dunning 之研究　474

　　㈢Perlmutter 之研究　475

　　㈣Robinson 之研究　476

　　㈤林彩梅之研究　478

▌參考文獻　481

附錄　　日本綜合商社之發展————————————483

Multinational Enterprise **1**

多國籍企業之概念

一、多國籍企業之概念

㈠多國籍企業之概念

　　多國籍企業（Multinational Enterprise，以下簡稱 MNE）之進展，對母國與地主國經濟發展均有很大貢獻，對世界經濟成長更有助益。而 MNE 發展策略之進展，一般而言，從初期對外投資動機理論、產品生命週期理論（R. Vernon, 1966）、折衷理論（J. H. Dunning, 1977）、國際產業分工理論（入江豬太郎，1988）至企業內貿易效果理論（林彩梅，1996）等，MNE 發展策略進展之差異，其經營績效有很大不同。世界 MNE 對外投資從一九八〇年代起加速成長，依 1986 年與 2010 年（如〔表 1-1〕）之比較，累計金額從 7,636 億美元增加至 1 兆 6,067 億美元，成長高達 2.1 倍；也帶動世界國際貿易高成長，輸出總額也從 4 兆 1,489 億美元增加至 12 兆 2,949 億美元，以製造業投資計算，大約創造 3 倍貿易額，除了促進各國經濟發展，也造成國際間要求貿易均衡保護政策呼聲之高昂，及促進各區域市場的整合。

1. 世界對外投資和外來投資概況

　　世界 MNE 對外投資累計金額至 2010 年（如〔表 1-1〕），為 1 兆 527 億美元。其中，以美國 MNE 對外投資之金額排名第一，為 3,430 億美元；英國 MNE 排名第二，高達 1,749 億美元；法國第三，1,449 億美元；日本 MNE 第四，為 1,247 億美元。外來投資也是美國排名第一，2,136 億美元。中國第二，高達 1,771 億美元（如〔表 1.1〕）。從國際貿易面分析也有很大改變，中國第一，12,021 億美元；德國第二，11,271 億美元；美國第三，10,561 億美元；日本第四，5,808 億美元。此外，依據 2009 年資料，日本 MNE 企業內貿易總額高達日本產品從國內對世界外銷約 3 倍，顯示企業國際化之重要性（JETRO, 2010）。

　　自 1980 年後半期開始，連共產國家的中國大陸、蘇聯等都積極引進外來投資，由此可證明企業國際化的發展，對該國經濟發展有多重要。再從個體企業成果分析，1980 年 GM（美國通用汽車）公司年收入等於比利時當年的 GNP 總額；SO（標準石油）公司等於丹麥；GE（奇異電子）公司等於希臘；而 IBM（國際商業機

器）公司等於挪威、波蘭；日產與豐田汽車公司幾乎近於新興工業國家。由上述可知，企業國際化經營成果能等於一個國家國民總所得。

表 1.1　世界對外與外來投資主要國家概況（2020 年末）

（單位：億美元）

	對　外　投　資			外　來　投　資		
	2000 年末	2010 年末	2020 年末	2000 年末	2010 年末	2020 年末
美　　國	1,244	3,430	928	1,238	2,136	1,563
英　　國	911	1,749	334	442	1,238	197
德　　國	496	1,096	349	461	787	356
法　　國	476	1,449	442	266	906	179
荷　　蘭	299	1,165	1,610	233	869	1,153
日　　本	772	1,247	1,157	81	300	102
韓　　國	26	82	324	42	108	92
台　　灣	44	159	142	44	115	88
中　　國	116	310	1,329	634	1,771	1,493
俄　羅　斯	—	—	63	—	—	96
世　　界	5,327	16,067	7,398	5,274	15,276	9,988

資料來源：日本貿易振興機構（2010），2011 年、2021 年版ジェトロ世界貿易投資白書，歷年累計而成。線上資料來源：http://www.jetro.go.jp/indexj.html。2020 年資料：ジェトロ世界貿易投資報告（2021）。

　　2020 年因全世界疫情（COVID-19）的蔓延，對外投資和外來投資都減少。

2. 世界國別貿易概況（2020）

　　2020 年末，外來投資（如〔表 1-1〕）最多為美國 1,563 億美元，其次中國大陸 1,493 億美元，第三荷蘭 1,153 億美元；對外投資荷蘭最高 1,610 億美元，其次中國大陸 1,329 億美元，第三美國 928 億美元。2020 年外銷最多中國大陸 259 億美元，其次，美國 143 億美元，第三德國 138 億美元，第四荷蘭 67 億美元，第五日本 64 億美元（ジェトロ JETRO，2021）。

表 1.2　世界國別貿易概況（2020）

（單位：億美元）

國　別	輸出金額	輸入金額
美　國	14,314	23,366
加拿大	3,906	4,053
墨西哥	4,177	3,832
德　國	13,806	11,706
荷　蘭	6,751	5,959
義大利	4,961	4,229
英　國	3,978	6,262
日　本	6,400	6,341
中　國	25,947	20,603
韓　國	5,125	4,676
台　灣	3,207	2,873
新加坡	3,742	3,291
俄羅斯	3,371	2,317
全世界	172,182	176,211

資料來源：JETRO 2021，世界貿易投資報告。

　　世界國別貿易概況 2020 年（JETRO, 2021），輸出金額最多的第一名輸出大國是中國 25,947 億美元，第二名是美國 14,314 億美元，第三大國是德國 13,806 億美元，第四大國荷蘭 6,751 億美元，第五大國是日本 6,400 億美元。輸入金額最多是第一名美國 23,366 億美元，第二名是中國 20,603 億美元，第三名是德國 11,706 億美元，第四名是日本 6,341 億美元，第五名是英國 6,262 億美元。

　　2020 年無論對外投資或是外來投資，中國大陸都占第二高位，外銷呈現也是第一大國。

㈡多國籍企業經營必須考慮之要素

　　企業國際化發展必須考慮之要素（林彩梅，1990），比國內經營要素之複雜程度更廣泛。由於世界各國投資環境文化之差異，對外直接投資或接受外來投資前，企業必須對多國籍企業整體經營理念應考慮之要素，能事前體認，才能充分發揮多國籍企業經營之功能，做最好的經營決策，達到最理想之經營效果。

　　多國籍企業經營必須考慮之要素如〔圖 1.1〕，說明如下：

1. 企業經營資源：先了解企業本身經營資源（資金、人才、原料、技術、市場、資訊等）條件之優缺。
2. 投資目的：以企業本身經營資源條件而思考對外投資目的是為企業長期利益極大化、企業成長或國際經濟合作、抑或迴避貿易摩擦。
3. 投資目標：市場導向、勞力導向或資源導向。
4. 企業型態：多國籍企業型態或寡占企業型態。
5. 選擇國別：依投資目標選擇投資環境是先進國、新興工業國或開發中國家。
6. 選擇產業別：依該國投資環境決定產業別。
7. 所有權政策：完全所有子公司或合資公司。
8. 公司決策：依國際市場之需求，選擇適當之技術、選擇廠地、當地之僱用政策、資金調達來源、海外派遣經理之選擇與培養等。
9. 海外生產活動：有企業內國際分工、價格移轉、產業國際分工等。
10. 投資效果：應考慮母國和地主國雙方的總體經濟和個體經濟之投資效果。內容包括資源分配、經濟利益、所得成長率、技術移轉、市場構造、研發、僱用、國內投資、輸出、輸入、國際收支、國家主權等。
11. 摩擦的產生：企業海外投資必須考慮母國對海外投資企業的法律限制，地主國對外來投資企業的法律限制以及 CTC（多國籍企業委員會）和 OECD（經濟合作暨發展組織）所規定的國際基準法。
12. 多國籍企業未來展望：產業國際分工將更細分化，提高大中小 MNE 的國際合作成果。

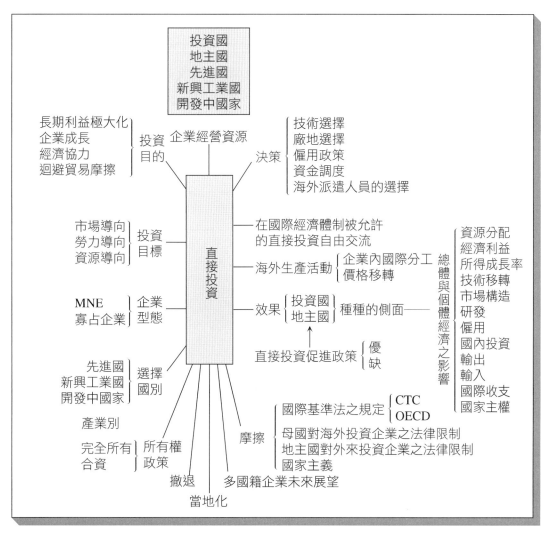

資料來源：筆者研究。

圖 1.1　多國籍企業經營架構必須考慮之要素

㈢多國籍企業之名詞

　　世界各國對於多國籍企業的關心程度愈來愈高，關於其名詞也相對增多，中文之用詞多從英文之翻譯，通常有多國籍企業、多國籍公司、多國公司、多國性公司、跨國公司、國際企業、世界企業等；而我國一般共同採用的名稱是依據「中

華民國多國籍企業研究學會」全體會員所同意的名稱──「多國籍企業」。英文方面有：Multinational Enterprise (MNE)、Multinational Corporation or Multinational Company (MNC)、Multinational Firm、International Corporation、International Company、International Firm、World Business、World Corporation、World Enterprise 等，此外尚有 Transnational Corporation、Transnational Firm、Supranational Firm、Global Corporation 等多種名詞，而國際學術上通用的名詞是依世界性的國際企業學會所擬定的「MNE」或「MNC」。而日本學界是依據「日本多國籍企業研究學會」所採用之「多國籍企業」（Multinational Enterprise）一詞。

㈣多國籍企業之成長階段理論

1. Robinson 之理論

多國籍企業發展階段的各種型態，魯賓遜（R. D. Robinson）曾在 1967 年的著作上論及，依海外活動之策略決定權的觀點，而區別國際企業的發展階段。亦即是：

(1)國內型（domestic）：國內公司附設貿易單位。

(2)外國型（foreign oriented）：國內公司已設立獨立貿易部門。

(3)國際型（international）：國內外都設有貿易單位，擴大國際市場。

(4)多國籍（multinational）：單一母公司，並有多數海外生產子公司以及行銷分公司的國際企業組織。

(5)超多國籍（transnational）：複數的母公司，以及多數的子公司分別設立於各地區的國際企業組織。

(6)超國家（supranational）：整合世界市場爲目標，而不是以某一個國家爲主的企業組織。

2. Perlmutter 教授之理論

依據美國 Pennsyvania 大學的 Howard Perlmutter 教授等人，對多國籍企業的發展階段，分爲三階段：

⑴民族中心企業（Ethnocentric Enterprise）

以國內母公司為中心，向海外從事投資活動，在海外鞏固生根，與地主國的經濟、社會結合在一起，共同攜手發展地主國經濟，含有嶄新經營意識的多國籍企業。惟其經營雖屬多國籍企業，但一切都遵從母公司指示，利潤也以母國、母公司為優先考慮，這種企業稱為民族中心企業。

⑵多中心企業（Polycentric Enterprise）

企業多國籍化經營更加發展而子公司設立增多時，總公司也會在不同地區增加設立。例如：同一公司在歐洲很多子公司中，設立總公司於英國；亞洲很多子公司中，設立總公司於日本；美洲很多子公司中，設立總公司於美國，指揮該地區子公司之經營管理。由於這種公司的根源呈現複數，因此稱為多中心企業。

⑶地球中心企業（Geocentric Enterprise）

多國籍企業更上一層時，其經營逐漸成為世界性，甚至其本來的根源究竟在哪裡，誰是母公司，很難明確。例如：公司雖設在比利時，資本來自世界各國的資本家所有權比率均相同，經營主管非投資國人或地主國人，卻是第三國人、法國人、瑞士人、美國人、日本人、中國人；工廠散布在英國、西德、法國、義大利、韓國、墨西哥；市場遍布在全世界等。如此階段的企業稱為地球中心企業。

㈤多國籍企業之定義

對多國籍企業之定義，由於多國籍企業經營型態尚在繼續發展，因此世界學者的研究，亦尚無共同一致的定義。

多國籍企業發展之主要動機是，人類在同一個世界裡，生活上可供利用的資源卻被地理環境所限制，如何將此被限制的資源做最適當的分配，增進全體人類的福祉，為多國籍企業經營之最重要目的。

多國籍企業對世界之發展貢獻良多。其向世界求取資金、物質、人力資源等，作全盤的統籌運用，並提供經濟發展與企業利益之活動能力，以及開發新技術、新技能，並擁有將種種資源造成各樣特殊產品之生產、經營手腕等，都是多國籍企業

具有優越能力之佐證。

　　對開發中國家發展之重要性而言，多國籍企業有被認為是促進世界福祉極大化的主要途徑，亦有被認為是帝國主義經濟侵略最具陰謀的手段；由於立場不同，評價亦異。故多國籍企業最大的課題，是面對內外政治、法律、經濟、文化、社會等價值觀之差異（如〔圖 1.2〕），如何處理並跨越由此差異而產生的障礙問題，並且能夠讓當地關係者接納之下，使企業達到國際化、世界化為最重要。

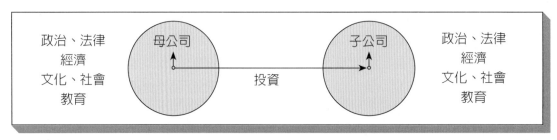

資料來源：筆者研究。

圖 1.2　多國籍企業面臨的環境問題

1. **依筆者之研究**：「多國籍企業」的定義是企業如何從利用國內經營資源（資金、原料、人才、技術、市場、資訊等），擴大為利用國際經營資源，彌補國內經營資源之不足，並提高國際合作下，獲得更高的經營成果。因此在他國直接投資設立分公司或子公司，即稱為「多國籍企業」（Multinational Corporation, MNC），多國籍企業如文字廣義的解釋──「在複數國家經營事業之企業」。換言之，海外直接投資若有一國，即可稱為多國籍企業。狹義的解釋，即是一般人所關心的巨大型多國籍企業，在世界多數國家中設立工廠及銷售據點，依據「全球經營策略」追求公司全體利潤極大化。

2. **魯賓遜之研究**：麻省理工學院教授魯賓遜（R. D. Robinson）將多國籍企業視為一國際整合之生產系統（International Integrated Production System），向海外移轉生產地，而在地主國擁有所有權及管理權之母公司，以股權（equity）及技術加以控制。

3. 「經濟合作暨發展組織」（Organization for Economic Cooperation and

Development, OECD）有關多國籍企業行為規範（guide lines）則認為：「凡在不同國家營運並相互聯繫且可影響彼此生活與共享知識和資源者，無論其為民營、國營或混合式經營，均稱之為多國籍企業」。

4. 哈佛大學波弄之研究（R. Vernon）：認為大規模地域營運，財務及人力資源由總機構統籌調配，年銷金額億美元以上，始可稱之為多國籍企業。

5. 陳定國之研究：以企業在兩個國家以上，從事銷售或製造，或是兩者皆有，所演變的經營型態。

6. 小島清（Kojima）之研究：日本經濟學家小島清（日本一橋大學名譽教授）的理論是以總體經濟觀點研究多國籍企業的行為，他的理論中主要有兩個論點：

   ⑴一個國家出口本身比較有利益的產品，而進口本身競爭力比較劣勢的產品，由此獲得最大的經濟利益。

   ⑵先進國家比較劣勢之產業，向開發中國家移轉技術，並在國際市場可成為比較優勢產業，更進一步擴大經濟福利。

㈥我國企業國際化之重要性

　　一國經濟發展，有賴於該國企業的國際化發展才能達成，已於上文詳述。而一國企業不能屢屢仰賴國內經營資源，必須利用國際經營資源、提高國際合作，才能達到最高的經營成果。

　　第二次世界大戰後，很多國家長期性地依賴於美國的「美元援助」以幫助國家經濟發展，而我國自 1965 年，即不再依賴美國的「美元援助」，自力經濟發展的成果很受世界各國之敬佩。其發展過程即是政府良好的投資政策：一九六〇年代，我國政府引進「勞力密集產業」解決國內失業率；一九七〇年代，引進「技術密集產業」提高國內技術水準。從技術的移轉加上國民的聰明與勤勉、企業家的創業精神，促使我國能有「價廉物美」的產品外銷世界各國。因此於 1975 年，OECD 從全世界開發中國家中，選出十個「新興工業化國家」時，我國亦被稱為亞洲四小龍中的一國。

　　由上述，美國開始採取強烈的貿易保護政策，要求我國與美國間的平衡貿易、台幣升值、降低關稅、開放國內市場、購買菸酒、火雞肉等，尤其 2002 年，我國

加入WTO（世貿組織）之後，企業再也不能如以往依賴政府的高關稅保護政策下，享受國內高價市場，必須面對從先進國輸入產品的品質競爭與價格競爭。因此我國企業面臨的如下問題，都必須積極企業國際化才能解決。我國企業國際化之重要性，內容如下：

1. 國內市場狹小問題

我國企業為了與外國企業價格競爭，只依賴國內市場需求量，難於降低成本，必須擴大國際市場，才能達到生產經濟規模，方能達成價格競爭。而欲擴大或確保國際市場，在資訊快速的時代，海外必須設有分公司據點，才能蒐集最新情報，也才能開拓客戶、追蹤客戶、確保客戶，因此欲確保國際市場，必須設立多數的海外行銷分公司。

2. 勞力成本問題

依據2020年資料，我國外銷產品中，勞力密集產品約占30%之高，我國男、女作業員薪資依據2020年資料，平均大約NT$26,400，而鄰近國家工資換算新台幣大約為馬來西亞21,000、泰國16,000、印尼與菲律賓10,000、中南美洲從巴拿馬至阿根廷幾十個國家都是10,000左右、南非6,000、中國25,000，蘇聯8,000以下。由上述資料，我國勞力密集產業必須至低工資地區投資，最好有豐富的原料以及外銷配額的國家，如此不只可確保原有的國際市場，尚可因成本降低、擴大國際市場競爭力，獲得更高之銷售利益。

3. 高關稅阻礙問題

各國政府都可能採取高關稅保護政策，保護國內企業之發展，況且全世界地區性經濟聯盟體逐漸增加（如歐洲共同市場、東協六國、中南美共同市場、阿拉伯共同市場等），對非會員國之產品輸入，一律採取高關稅壁壘。因此，唯有選擇經濟聯盟組織內的國家投資，才能避免高關稅阻礙，享受會員國免關稅等優惠待遇。

4. 外銷配額問題

即使產品品質很好，價格又便宜，消費者也喜歡，但供需的交易之間，尚有政

府的輸入配額政策之阻礙。因此必須利用他國的外銷配額，才能確保原有的國際市場，例如：我國企業欲確保美國市場，有如下三方向模式可利用：

(1) 將我國的技術移轉至東南亞的國家：利用該國的低工資、豐富的原料，製造價廉物美的產品，並利用該國外銷配額的標準品，外銷至美國等先進國家；不良品內銷東南亞中、低所得市場。

(2) 將我國技術移轉至中南美洲：利用該國的低工資、豐富的原料，製造價廉物美的產品，並利用該國的外銷配額，將標準品外銷至美國等先進國家；不良品內銷至中南美中、低所得市場。

(3) 將我國產品零件外銷至加勒比海盆地的國家組合、利用該國的低工資、外銷配額以及優惠關稅，外銷至美國以及歐洲共同市場。

5. 原料來源問題

欲確保「國際市場」，必須考慮「產品」來源；欲提高產品銷售量，必須考慮提升「技術」，有了技術更不能忽略「原料」來源，否則一切將無法達成。我國生產技術雖提升，但國內缺少原料、必須積極對原材料生產地投資，以確保原料的供給來源。

6. 技術升級問題

若欲提高技術而盲目以大量資金投資，在資本未完全收回以前，產品即進入衰退期，必造成很大損失。因此為提升技術，必須運用「雙手並用功能」理論，一方面，利用引進外來投資技術移轉或參觀各國展示會，獲取間接技術移轉（利用世界50億人口的智慧，創造新產品），提高國內、外市場競爭力；另一方面，將成熟期之產品技術，對開發中國家投資或整廠輸出（尚有 50 ～ 60 個國家技術落後於我國），獲得之利益再從先進國引進高科技之資本，如此雙手並用功能之發揮，必能使企業之技術快速成長，提高國際市場的產品品質競爭能力。

(七) 企業全球化發展之優勢

全球化優勢的來源，大致上有四個方向：(1) 傳統的比較利益；(2) 規模經濟、或是超過個別市場所能累計的數量；(3) 產品差異化所帶來的優勢；(4) 市場資訊與

科技所帶來的「公共財」特性。

1. 比較利益。比較利益的有無，是全球競爭的典型決定要素。假如某些國家在生產某一產品方向，具有「成本優勢」與「品質優勢」的兩大優勢，這些國家就會成為生產所在地，然後出口至其他地方。在這類產業裡，全球性公司這些具有比較優勢的國家產業，對其世界地位很重要。

2. 生產的規模經濟。假如公司在主要國際市場以外，還可取得生產或服務方面的規模經濟，它就可能藉由集中生產與全球競爭取得成本優勢。有時，垂直整合的好處乃是決定「能否獲致全球生產經濟」的關鍵，因為，垂直整合體系的效率規模，比某國市場規模還大。

3. 全球經驗。對於某些因獨家經驗、而可能導致成本顯著下降的科技而言，能在不同的市場銷售類似產品，可謂一魚多吃。如果某類型產品可在好幾個國家銷售，累計銷售量就會更高，並為全球競爭帶來成本優勢。因為公司本來就可透過工廠間的改革分享，取得經驗，經由全球競爭面產生的成本優勢。

4. 後勤支援系統的規模經濟。假如國際後勤運籌體系本身的高固定成本，可透過許多國際市場分攤，全球競爭就有成本優勢。例如：日本公司就因使用專門船舶運送鋼鐵及汽車原物料和成品，而節省大筆成本。這種以全球數量來考量營運的情形，也會讓我們對後勤安排再做全盤省思。

5. 行銷的規模經濟。雖然行銷功能的許多層面，本質上都必須在各個國際市場執行，不過某些產業的行銷規模經濟，卻可能超出國家疆界之外。

6. 價格移轉。對於某些國家的高關稅、高營利事業所得稅、外匯管制，或母國或地主國有內亂風險，都可經由「企業內貿易」運用「高報價」或「低報價」保護公司利益。

二、多國籍企業之發展

㈠多國籍企業之發展史

多國籍企業之發展，依 R. D. Robinson 的研究，將分為四個發展時代，分析如

下：

1.萌芽時代（五〇年代）：主角二位的時代

　　第二次世界大戰後的復興期，美金不足，領導世界的美國為擴大輸出，對西歐投資成長，在有利的環境條件下，美國企業考慮全球性為基礎的國際活動之必要性，而對外國市場擴大開拓。因此這個時代的國際活動舞台登場者有二位主角，即是投資企業的母公司以及海外子公司的外國商業上的關係者（commercial constituencies）。當時地主國需要美金，也歡迎美國產品。當時的國際經營者之經營知識完全是戰前與戰後的「經驗所得」，他們將此反映於學術界、教育界，也將此跟隨國際經營輸出至世界各地，當時多國籍企業之學問，可說只限於國際政治學。

2.成長時代（七〇年代）：主角三位的時代

　　此時代的特徵：(1) 以資產為基礎，對地主國子公司的管理；(2) 以全球性的行銷組織，對各地區子公司之生產採取統籌管理；(3) 母公司集權管理，此種企業經營型態加深地主國政府的憂慮。後來由於西歐以及日本多國籍企業跟隨成長，對美國多國籍企業在市場、技術、資本等的主導性形成挑戰。到七〇年代，地主國政府對於引進外來投資，導入資本、技術之企業選擇對象也增多，對地主國政治的衝擊及對策之擔憂更增加，因而成為三位主角（母公司、子公司關係者、地主國政府）的時代。學術界於五〇年代後半至七〇年代初期，對政治風險之關心更提高，國際經營管理、政治學，以及行為科學更加結合發展。

3.糾紛的時代（八〇年代）：主角四位的時代

　　七〇年代，美國國際收支長期赤字，取消固定外匯制度，美金貶值、馬克升值、日圓升值等一連串的事件發生，美國企業對外投資資本造成貶值之損失，也造成投資成長問題。聯合國的國際機構對 MNC 抵制的聲音也提高，世界各資源國對資源保護之呼聲高昂，石油輸出國組織的發展所帶來的石油危機和世界物價上漲的蔓延，更顯示世界經濟相互依賴性之關係。其結果，母國（母公司所在國）政府也因多國籍企業國際經營活動所持有的經濟面、政治面的衝擊而對其注目，因此八〇

年代國際經營舞台形成四位主角登場（母公司、子公司關係者、地主國政府、母國政府）。各國政府認為國際經營活動不能只委任於企業家、母國政府或地主國政府的手上，因此 OECD 各國首腦對多國籍企業經營行動由關心進而採取規制。

4. 新的國際秩序時代（九○年以後）：主角多位的時代

主角多數化的時代——八○年代，世界各國無論國內、國外，對國際經營的活動，政治化的色彩更加濃厚。公眾對環境汙染、天然資源的分配、所得與財富的分配，消費者保護、企業支配等之關心度提高，因而投資國與地主國雙方的政府對多國籍企業之規制愈增多，求取重新分配的問題更複雜化，因此九○年代以後，國際經營舞台有多數主角（母公司、子公司關係者、母國政府、地主國政府、消費者，以及 OECD）。

由於多數新主角的登台，致使國際經營活動成功的要素中，對正確而有效的國際情報組織更為需求，因此出現大型的國際金融組織、大型的國際情報公司和巨大的國際貿易公司，其利潤將凌駕於多國籍企業。

㈡新興工業國家之發展

新興工業國家（NICs）之發展（林彩梅，2000），依筆者對 NICs 多國籍企業之發展以及未來展望之研究，分析如下：

1. 一九五○年代

戰後，開發中國家在美國經濟援助下經濟逐漸成長，政府採取「優惠政策」，歡迎外來投資、導入勞力密集產業，以解決國內失業率為首要目的，為了國民能有安定的生活，受 MNC 之支配、公害問題等都未列入考慮範圍之內。

2. 一九七○年代

開發中國家引進外來投資，獲得「後發性利益」：
⑴從先進國的技術移轉，開發中國家在技術發展上可縮短研究、開發時間和節約研究開發成本。
⑵一國經濟發展初期，能導入新技術、新機械，對工業化成長有很大的優位性。

⑶先進國的資本投資，使開發中國家獲得經營規模，促進經營快速成長。

⑷勤勉的勞力、低廉的工資，加上技術移轉、品質改良，獲得外銷大幅度的成長。

⑸政府先見之明，以理想的經濟政策，輔導工業成長。

由於獲得上述「後發性利益」，因此七〇年代，從開發中國家中產生十個新興工業化國家（Newly Industrializing Countries, NICs）：中華民國、韓國、香港、新加坡、墨西哥、巴西、西班牙、葡萄牙、希臘、南斯拉夫。

引進外來投資從代替輸入產品之生產、成長至外銷，從勞力密集產業逐漸進展為技術密集產業。由於歐、美、日等多國籍企業增多，NICs 對外來投資企業或產業的選擇和交涉能力逐漸增強。由於國內市場狹小，海外市場又未拓展，未能達到產量之「經濟規模」，高資本設備投資又無力嘗試，而停留在加工貿易型態的「從屬型經濟」。技術尚未生根，更談不上「技術革新」，因此在「從屬型技術」情況下，受 MNC 之支配。

3. 一九九〇年代

新興工業國家十幾年來從外來投資獲得後發性利益，加上自己的努力，在資本與技術都有相當成長，為了繼續發展，卻面臨很多問題：

⑴如何使勞力密集產業和衰退期技術重獲高利潤。

⑵如何因應各國原料保護政策之阻礙。

⑶如何因應各國貿易保護政策之高關稅問題。

⑷如何利用第三國解決外銷配額問題。

⑸如何因應國內市場狹小，如何擴大海外市場以求「經濟規模」。

⑹如何解決技術升級問題。

⑺如何解決高資本設備投資問題。

⑻如何解決各國間貿易平衡問題。

4. 2010 年以後

2010 年新興工業國家之展望：

⑴努力引進先進國先進之技術，提高國內健全的產業結構。

⑵政府宜加強輔導高科技產業之發展。

⑶以「技術革新」提高產品之國際競爭力。

⑷從「加工貿易型」改善爲「自立型」之國民經濟。

⑸以「相互依賴理論」A 地主國子公司用心製造產品比母公司所有海外子公司的產品品質更佳、價格更低,獲得國際消費者喜愛。由此母公司的最新技術會給 A 地主國子公司生產,會撥更大的國際市場給 A 地主國子公司。A地主國將由此提高技術,地主國經濟更發展,獲得與 MNC 國際合作更多之利益。

⑹政府應採取「對全世界開發中國家投資之保險制度」,鼓勵企業對外投資,並採取「企業內貿易效果策略」增加銷售總額,降低母國對地主國貿易順差之國際摩擦問題。

⑺擴展國際產業分工成效,提高國際合作,發展國家經濟。

⑻積極引進外來投資於知識密集產業以及原料密集產業,對外投資勞力密集產業以及知識密集產業,提高國內產業結構、擴大海外市場,期於二十一世紀經濟成長爲先進國地位。

㈢多國籍企業與世界經濟發展之關係

今日的世界最大經濟問題是「南北問題」與「資源問題」,這兩問題產生在「人」與「物」之關係,人之慾望無窮,資源卻有限。「人」爲了對此有限的「天然資源」發揮最有效的使用,因而積極研究開發新技術,希望用最少的資源獲得最多的利益,並採取多樣化、多角化、高級化、少勞力、高利潤之策略。

1. 南北問題

由於地球南北資源與地理環境條件之不同,南方天然資源豐富;北方較少。因此,北方國家更加珍惜天然資源之運用,加上國民對研究開發之勤勉性不同,形成南北國家技術程度大幅度之差異,也因而造成「南北財富差距」愈來愈大的問題。欲解決此問題,唯有依賴於多國籍企業的資金投資和技術移轉(如〔圖 1.3〕)。

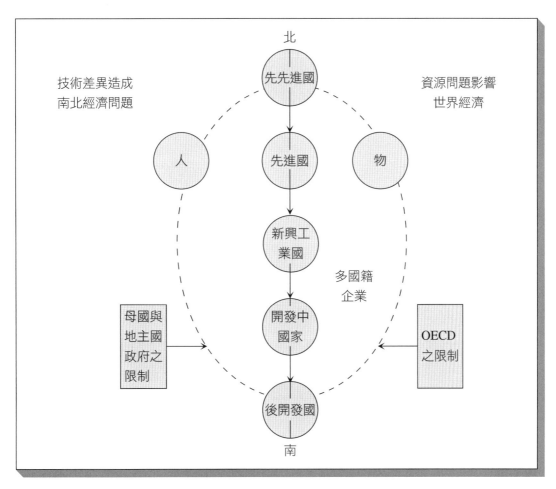

資料來源：筆者研究。

圖 1.3　多國籍企業與世界經濟發展之關係

2. 資源問題

　　由於缺乏優越生產技術而富有資源的國家，以往只為國家收入准許將資源便宜外銷，如今卻感覺資源可以每天大量採取，但不可能每天大量生長；在外銷上依賴資源占極重要比率之國家，擔憂資源採盡時，國家經濟將更低落，因而採取資源保護政策，如石油國家提高石油價格，造成石油危機，導致世界經濟不景氣。

　　缺乏優越生產技術的資源國家，為提高國民所得，將資源高價賣出，而產品製

造者將其原料提高之金額轉嫁於產品價格上，資源國買進產品，無形中又把資源高價銷售的利潤付出，如此循環，結果只造成世界物價上漲。為解決資源問題，唯有依賴於多國籍企業的資金投資、技術移轉，協助資源國對資源做有效的利用，從資源國產品外銷國際市場，使世界物價下降，促進資源國經濟成長，建立經濟基礎。

從上述「南北問題」與「資源問題」之解決，必須依賴於 MNC 之貢獻，然而依據「技術移轉」理論，有二項基本原則：⑴ 必須是地主國所需之技術，⑵ 地主國必須接受技術移轉能力，該技術移轉才能成功。因而即使北方先進國誠懇地欲把先進技術移轉給南方的開發中國家或後開發國家，他們也無能力接受，唯有仰賴先先進國家移轉給先進國，先進國移轉給新興工業國，而新興工業國移轉給開發中國家，開發中國家移轉給後開發國家（如〔圖 1.3〕），如此順序，技術才能順利移轉進後開發國和無技術的資源國。由此可知對未來南北問題、資源問題以及世界經濟之發展，我國在 MNC 中所扮演的角色極為重要。

三、世界經濟新秩序之轉變

企業經營成功與否，一個很重要的決定是——什麼環境應投資什麼產業、什麼產品與品質、從哪裡生產、對哪裡銷售、國際市場如何擴大與確保。欲達成此決定的正確程度，企業必須要有世界觀，放眼看天下，從了解世界整體動態而決定企業發展之目標，必能做正確的投資。

第二次世界大戰後四十幾年間，世界經濟秩序於二〇〇〇年代迎接了一個新的轉變，其基本原因有如下五項：
• 東西問題二極冷戰型態的轉變。
• 南北問題經濟差距的改變。
• 石油危機與資源保護政策問題。
• 美國強烈的貿易保護政策。
• 歐洲單一市場功能之擴展。

這些因素並非對單一國家的影響，而是造成世界政治、經濟結構的改變。現實的動向可以說已超越純經濟學（Pure Economics），而適於政治經濟學（The

Theory of Political Economy）。以下只針對東西問題、南北問題，美國貿易保護政策三〇一法以及歐洲單一市場功能之擴展來分析，石油危機與資源問題則在此略過。

㈠東西問題與南北問題

1.東西政治對立問題

⑴「東西問題」之名詞由來

第二次世界大戰後，世界各國都為經濟復甦而努力於國內之建設等，美國與蘇聯二國積極對太空發展從事研究，從其成果顯示該國的軍事力量，因此從世界政治、經濟重新編組之中，產生二位盟主：美國代表民主主義國家、蘇聯代表共產主義國家。以美國為盟主的是依自由市場經濟體制發展世界經濟；以蘇聯為盟主的是實現社會主義發展共產國家經濟政策。從民主主義與共產主義基本理念之差異，造成兩陣營的對立更加激烈化，世界人民擔憂是否會發生「第三次世界大戰」，也由於美國位於地球的西方，蘇聯位於地球的東方（如〔圖 1.4〕），因此被稱為「東西政治對立問題」。即是民主國家與共產國家之對立。

⑵紓解東西政治對立問題

一九七〇年代池田大作會長（國際創價學會）為「世界和平、人民幸福」訪問蘇聯展開和平之旅，並於 1974 年榮獲蘇聯莫斯科大學的榮譽博士，1975 年在莫斯科首次演講等。池田會長的談話深深影響戈巴契夫的「世界和平、人民幸福」的思維。

1986 年，戈巴契夫在海參崴發表演說，提出開放（glasnost）和改革（perestroika）的政策，前者為「實行民主」，後者為「推動經濟」。許多評論家認為這是二十世紀最重要的一篇演講，它結束了歷史四十年的「冷戰」，世界從緊張進入了低盪（détente）和和談的時代。戈巴契夫總書記也曾與美國布希總統進行歷史性的「馬爾地會談」化解美蘇間之冷戰。1988 年，蘇聯與美國達成「限武協議」，於是四十年的「冷戰結束」，建立了世界和平。

1990 年戈巴契夫就任總統，也榮獲聯合國「諾貝爾獎」。1991 年蘇聯解體，

成立十五個獨立國協，戈巴契夫總統也宣布辭任。

四十年的冷戰結束了，但是二十一世紀世界產生了「宗教問題」。美國世貿雙子星一百層的貿易大樓被回教徒以飛機破壞（911 事件）。

2. 南北經濟差距問題

(1)「南北經濟差距問題」之名詞由來

南北問題是第二次世界大戰後，從東西對立的冷谷間所培養、成長。多數開發中國家在第二次世界大戰前是先進國的殖民地，戰後在東西二極冷戰時期，紛紛要求政治獨立，努力發展該國經濟。

先進國多數位於地球的北方，開發中國家多數位於赤道為中心的熱帶、亞熱帶地區。從先進國北方位置而看，開發中國家即是位於南方（如〔圖 1.4〕），因此先進國與開發中國家間的問題即稱為「南北問題」，又因先進國與開發中國家間之貧富懸殊很大，由此差距也產生很多問題，因此也稱為「南北經濟差距問題」。而開發中國家全體即稱為「第三世界」。

對於世界南北二集團之比較，第三世界的人口占世界人口的 75%，但是國民總生產（GNP）只有占 21%，輸出占 25%，教育支出也僅有 16%，公共保健支出僅僅 9%，然而軍事支出卻占全世界的 22%，從上述可知南北間經濟、社會發展差距之大，因此南方經常產生問題。

(2) 南北問題產生之原因

南北問題的進展過程中，以一九六○年代至七○年代之間，所形成的南北問題最為複雜，對於今後世界政治經濟之動向有何影響？深究此等問題是非常重要的。

經過上述期間，南北問題的解決雖為世人所努力，然而二者的經濟成長率平均值並不接近，個人的 GNP 實質面則有更大的差距。其原因為：①南方的開發中諸國，人口急速增加；②南方有很多國家的債務增加；③南方諸國相互間的發展有所差距，開發中國家問題叢生，事情更加錯綜複雜。

關於第一個人口問題，世界人口 1850 年是 11 億，一世紀後至 1950 年超過 2 倍，達到 25 億，1990 年已近 50 億，然 2020 年有 77 億之多。

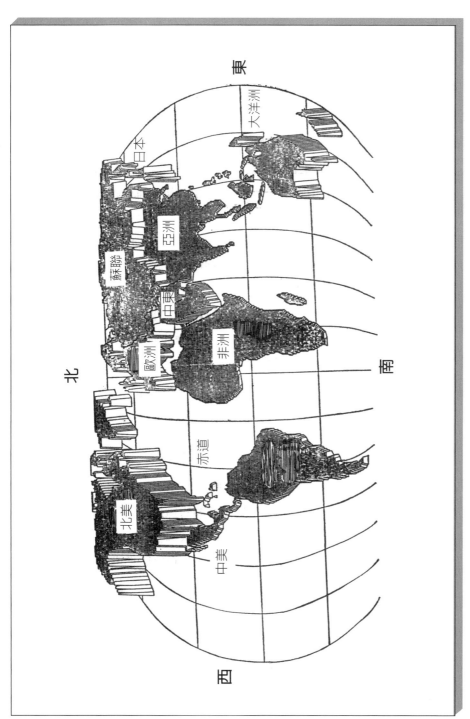

圖 1.4 東西問題與南北問題之地理位置

被稱為人口爆發（population explosion）的急增人口中，70% 以上是開發中國家，其主要原因是戰後衛生設備及醫藥之發達普及，減低了死亡率，而出生率尚維持在高水準的水平上。這些地域，經濟開發的效果因人口增加而仍維持著低生活水準及營養不足狀態，再加上文盲率之高、缺少家庭計畫，南北差距更形加大。

另外一個是債務問題，1971 年《經濟協力白書》中，提出開發中國家對外債務的累積是一個「開發中的矛盾」，1969 年末之債務總額是 602 億美元，而 1980 年增至 1,510 億美元，償還債務之比率大約只有 10%。債務累積問題之解決，一方面是國家本身需要努力，他方面須靠他國的援助，以及先進諸國的協力、技術移轉，才能擴大其外銷。而開發中國家間尚有利害關係存在，產油國與非產油國間也有石油價格調整問題。因此，南北問題之解決，仍有待努力。

㈡美國的貿易保護政策「三〇一法」

以往的「貿易理論」是「供給者」與「需求者」對價格與品質合意即能成交。但今日的貿易能否成交，已不在消費者對價格與品質的滿意，從中加上為使國家經濟發展，要求貿易平衡的政府干預。例如：美國對日本、中華民國、韓國等採取強烈的貿易保護政策；對美貿易順差國，採取 GSP（無優惠關稅）提高關稅、對外銷配額的限制，甚至於要求輸出國貨幣升值降低外銷能力，或降低關稅開放國內市場，增加從美國輸入更多產品，包括菸酒、火雞肉、農產品等。因此貿易導向的企業，都必須對世界新經濟秩序要有共識，以往依賴母國政府高關稅保護國內企業以高價格產品占有國內市場者，目前已被美國要求降低關稅、開放國內市場，這些在政府保護政策下，溫暖的搖籃裡長大的國內企業，必遭受很大衝擊。以往外銷美國的國內企業也受貨幣升值之損失，對美外銷若繼續成長，貿易順差增加，美國必採取「三〇一特別法」制裁。三〇一法的內容如下：

1. 貿易法三〇一條款的起因

⑴1962 年，美國貿易擴展法

授權總統對抗外國政府或其機構對美國商業所加之限制，實施不合法、不合理、歧視性行為之措施，但因本法存在若干缺點，於是在 1974 年，有綜合貿易法

案的誕生。原因是當時在美國國內通貨膨脹壓力，加上甘迺迪關稅談判後，關稅降低，造成進口劇增、國際收支失衡、保護主義色彩濃厚，因而制定「綜合貿易法」（三〇一條款即為其中一款）。

(2) **1988 年修正後之主要內容**

新法加強在三〇一條款調查中扮演的角色：裁量權限由「總統轉移至美國貿易局」，其目的就是欲使美國之貿易政策能夠迅速有效地執行，不致受到外交、國防政策等其他因素影響，即可決定。

諮商未果時，所採之報復行動，可分為：強制行動及自由裁量行動。

① 強制性行動：其實施要件為，當：

　A. 美國在貿易協定中，應享受之權利被否定時。

　B. 外國政府政策或措施，違反國際協定或不公正（不平等）加諸美國商業，形成各種負擔及限制時。

② 自由裁量行動：實施要件為，當：

　A. 外國政府採取不合理或歧視性行為、政策、措施時，加諸美國商業，形成負擔限制。

　B. 對上述即可以報復或適切之行動，去除該障礙。

(3) **三〇一適用範圍擴大**

除貿易有關之服務業及直接投資之外，外國承建商用船舶之補貼規定，亦視為增加美商負擔及限制。

對於不公正、不合理、歧視性的政策或措施的範圍亦擴大。

① 不公正（unjustifiable）：指違反或不符合國際合法權利之政策或措施均屬之，如智慧財產權、未予美國國民待遇或最惠國待遇或未予智慧財產權合理的保護。

② 不合理（unreasonable practices）：一切被認為不公平及不平等之政策或措施均屬之，即使不違反美國國際法中之合法權利，亦不例外。

③ 未予公平對待美國業者進入該國建立企業之機會。

④ 未公平而有效的保護智慧財產權之規定。

　⑤未予美國企業公平競爭的市場機會。

　⑥採行訂定出口目標（export targeting）政策：凡政府幫助某一特別或某些特別產業，提高出口競爭力規劃者，均屬之。

　⑦未予工人組織工會之權利、集合組織交涉之權利；允許義務勞工或強迫勞工；未有童工僱用、最低工資工時之規定，未有健康安全保障者……，均屬之。

　⑧在認定對方不合理時，同時也考慮美國是否亦同樣互惠對待該國。

　⑨歧視性行為，雖外國政府之正當政策或措施，但對美國貨品、服務業或投資，未能給予國民同等待遇或最惠國待遇者，亦屬之。

⑷例外規定者：不報復之範圍

　　美國所指控之事實，經任何貿易協定正式爭端解決程序裁定或 GATT（關稅暨貿易總協定）認定：

　①美國權利未遭否定。

　②該國之政策或措施，未違背美國權益。

　美方認為：

　①該國正採取各種方法，履行美國權利。

　②同意消除被指控事項，令美方感到滿意。

　③當上述二者有困難，但該國願意賠償貿易利益時。

　④報復行動會影響美國經濟社會時（即是衡量報復之害多於利時）。

　⑤報復行動會危害國家安全時。

㈢歐洲單一市場功能

　　歐洲聯盟（European Union，簡稱 EU）從歐市十二個會員國於 2002 年，建立一個內部無國界的超級經濟體，2003 年增加為十五國，並於 2004 年 5 月共產圈十國加入聯盟，2007 年元月再加入羅馬尼亞與保加利亞兩國成為二十七國，EU 人口擴大為 5 億人以上，GDP 9 兆 5,000 萬歐元成為全世界最大的市場（日本 JETRO，2010）不僅是全球最大的貿易區，足與美國分庭抗禮的富裕市場，亦吸引世界各國對 EU 投資。

1. 比利時	12. 英國	19. 立陶宛
2. 丹麥	13. 奧地利	20. 拉脫維亞
3. 西德	14. 瑞典	21. 愛沙尼亞
4. 法國	15. 芬蘭	22. 斯洛維尼亞
5. 希臘	2004 年 5 月 1 日入盟成員	23. 馬爾他
6. 愛爾蘭	16. 捷克	24. 塞浦路斯
7. 義大利	17. 波蘭	25. 斯洛伐克
8. 盧森堡	18. 匈牙利	26. 羅馬尼亞
9. 荷蘭		27. 保加利亞
10. 葡萄牙		
11. 西班牙		

資料來源：日本ジェトロ（2010），「貿易投資白書」。

圖 1.5　歐洲聯盟二十七成員國（EU）

　　歐洲聯盟二十七國：英、法、德、西、希、義、比、荷、盧、丹、愛、葡、奧地利、瑞典、芬蘭、捷克、波蘭、匈牙利、立陶宛、拉脫維亞、愛沙尼亞、斯洛維尼亞、馬爾他、賽浦路斯、斯洛伐克、羅馬尼亞以及保加利亞，共二十七國。

　　我國為外銷導向之國家，原來頗為依賴美國市場，對西歐市場較不重視，於貿易保護主義興起後，被迫分散外銷市場。歐洲共同體此種結構性的大幅變化，對我國未來貿易發展，必有相當大之影響，殊值重視。我國企業應積極對 EU 投資。

1. 歐洲單一市場整合之原因及其功能

　　早在第二次世界大戰以後，西歐各國就有成立「歐洲國」的構想，來對抗美、蘇政治經濟勢力的擴張，惟因當時歐洲各國經濟貿易利益不同，要達成此意願並不容易。

　　1985 年歐市理事會於米蘭召開高峰會議，體認到歐洲之貿易競爭力和技術生產力，尤其是電腦、通訊、航空及生物技術等高科技生產力，在過去不到十年間即遠落於美國及日本之後；1980 年後又眼見新興工業國家的快速成長，因此必須加強西歐之研究及技術能力，才能開發更新、更大之市場。

　　2002 年，是 EC（歐洲經濟共同體）單一市場化的時候，目的在完成歐市的「經濟統合」，目前由「歐洲共同市場」的組織負責推動。歐市組織的三大單位為：「執行委員會」、「部長理事會」和「歐洲議會」。「執委會」負責提建議案，然後送「理事會」通過，由「歐洲議會」立法。預計其總共需通過約三百條的法案。

(1) 構想

　　此構想起源於 1957 年「羅馬條約」。達成單一市場化可打破目前歐市國境的隔閡，消除歐市內部一切壁壘，使得人員、貨品、勞務與資金可以自由流通，構成消費額達 2 兆 3,000 億美元的龐大市場。

　　由於打破種種國與國間的限制和隔閡，使得整個歐市的經濟規模大增，更具規模經濟效益。根據多國籍企業的國際比較利益理論，使得區內人力資源充分運用、資金融通運用更具效益。勞務流通與技術交流，可提高此地競爭力、貨品更快速、更廣泛的流動，並提高市場銷售與消費者利益，促成經濟高成長。還有其他經濟與社會的整合，對較落後地區投資與發展，以達成區域平衡。

就如簽署羅馬條約時，即「決心要在歐洲人民之間建立起聯盟的基礎，決意要以共同行動來加強它們國家的經濟及社會進步，並消除分隔歐洲的障礙。」

⑵政策

「歐洲共同市場」雖成立已久，但歐市各國間經濟、社會的差異仍然存在，如何使三百條的「單一法案」能適用於每一國家、減少各國的差距，此乃實行單一市場化時，政策上不得不審慎考慮。所以歐市在發展區域政策時，有三個層面：

① 會員國區域政策之協調：如何在各國不同的政策中求得協調，使其既能彼此配合，又能符合共同體宗旨。

② 區域政策之共同體化：各會員國區域發展計畫，應視為協調區域政策。計畫中必須明確記載接受補助地區的問題，以及該國解決之道，使歐市在撥放「開發補助金」時，得以互相比較與協調，如此區域政策才能朝向共同體化。

③ 提供財經援助：歐市對區域政策貢獻最大者，即在各項財經援助中，主要來自 ERDF（歐洲區域發展基金）、EIB（歐洲投資銀行）等，使較落後地區的經濟發展獲得助力，以平衡區域發展、減少共同化下，強區愈強、弱區愈弱的極端發展。

⑶歐洲單一市場功能

歐市將透過三百條「單一法案」的訂立，來達成內部市場統合，而這些措施（指令、法案）大致有三大類：①消除有形體（包括人員與貨品）之流通障礙；②消除技術性障礙，包括統一規格標準、開放公共採購、資金自由流動等措施；③消除財稅性障礙，有統一加值稅（VAT）與營業稅等制度。詳細內容如下：

① 消除有形體之流通障礙：此類措施主要在消除人員、貨品等有形體的流通障礙，而衍生出來或其他流通性障礙，如勞務、運輸、學術、資訊等亦一併設法消除。

　A. 有關人員方面：將放棄邊界管制，人民可自由往來於各國間，而無須任何證件、手續，亦可自由選擇居住國家。

　B. 有關貨品運輸方面：內部市場貨物運輸自由化、解除道路限制，只要合

　　乎道路運輸標準的車輛，均可自由通行，不須再申請執照。另外，有關
　　歐市配額、雙邊配額、轉運等限制亦將取消。

C. 有關勞務方面：歐市已達成協議，將承認會員國高等教育文憑，各國之
　　律師、會計師、工程師、醫師等專門技術人員，均可在任何會員國執
　　業，不過其中仍有些許調整。歐洲工程師聯盟決建立標準制度，要求三
　　年研究及四年經驗，方可成為「歐洲工程師」，其他專門技術亦有些規
　　定。其餘一般性勞工可自由在任何一會員國就業，享受同等待遇。

D. 有關資訊方面：「執委會」在歐市國家間建立所謂「歐洲資訊中心」，
　　與當地商會建立合作關係，協助答覆有關整合市場的詢問。

E. 有關學術方面：「理事會」許可進行一項包括第二階段的資訊技術的研
　　究發展計畫。今後將促進歐洲經濟學者的合作，過去歐洲經濟學者偏好
　　與美國學者合作，而導致對歐洲統合的研究不足。

②消除技術性障礙：由於各國有其不同的金融、技術、工業等標準，皆需加
　以整合、去除障礙。
　統一標準、規格：在此方面的努力，法案甚多，擇重點如下：

A. 歐市通過工業產品設計、製造、檢驗、測試的相互承認原則。

B. 食品方面，優先考量調和對碎肉及乳製品的進口要求標準，在標示上要
　　求統一規格，包括價格、成分。

C.「執委會」通過兩項有關危險廢棄物處理指令，定義更明確，鼓勵再利
　　用，處理更加科學化，並禁止未控制的丟棄、裝卸、處理及運送。

D. 歐市公布玩具安全指令，自 1990 年起，所有歐市生產或擬銷至歐市之玩
　　具，均應符合指令要求。

E. 統一檢疫標準。

F. 歐市經濟、社會委員會通過香菸尼古丁含量標準及菸草產品警告標示建
　　議。

G. 電視、電訊、廣播的統一：單一標準高傳真電視 HD-MAC 在整個歐市採
　　用，電話、交換機、電腦市場予以開放，成立一個歐洲電訊標準機構。
　　往後全歐市單一的蜂巢式廣播網將取代目前五個互不相容的系統。

③消除財稅性障礙：財稅性障礙的掃除，將對資金自由化、市場自由化有重

大助益。

A. 統一附加價值稅（VAT）、營業稅、貨物稅：二十個會員國的 VAT 各有
　不同。

B. 統一金融服務業：開放全歐市銀行業務的指令，規定任何會員國之銀
　行，只要取得一國之營業執照，即是可適用全歐市、在其他各國設立分
　行不必再行申請的「單一執照」。對第三國在歐市設立分行，擬比照辦
　理，但主張互惠原則。由於銀行業務的自由化，從而建立歐市銀行服務
　的全套系統。

C. 統一關稅：

　(A) 目前歐市關稅，在共同市場的多年結合下，慢慢走向調和統一的關
　　　稅，未來全歐僅有一種關稅對外適用。

　(B) 在關務上取消原有四十項的通關文件，採行一種稱為「單一行政文
　　　件」的表格。所有在邊境的海關標示均將拆除。另外一些關務問題
　　　需進行立法，如：自由港、自由貿易區、保稅倉庫等。

　(C) 在不公平貿易上，歐市公布反傾銷及反補貼規章。

④ 其他法令的統一：除以上三大類型的法案統一外，其餘尚有許多重要法案，
　仍調和統一中，如：消費者保護、歐市公司法，競爭法規、著作權及有關
　環保等法案等。

A. 通過有關消費者保護之法令，特別是食品、非食品之價格標示等。

B. 歐洲公司法：各國制度的整合是困難的，但採行整合市場的計畫卻是有
　助改善的。

C. 訂立「競爭法規」：反對未來企業有「托辣斯」及其他的不公平競爭手段。

D. 有關「著作權」：歐市「執委會」通過「著作權綠皮書」，強化保護著
　作權的立法方案，因應科技新發展及推動歐市著作權。將嚴禁商業性剽
　竊與部分限制私人拷貝。

E. 有關「環保政策」：歐市環保部長開會討論共同環保政策已獲致結論，
　除了解環保的重要與共同合作解決的必要性外，並立法對環保計畫給予
　融資。

2. 世界各地區經濟聯盟組織之概況

　(1) 區域市場整合之功能別

　① 自由貿易區（Free Trade Area）：撤除內部關稅。
　② 關稅同盟（Customs Union）：共同對外關稅。
　③ 共同市場（Common Market）：資本、勞工自由流動。
　④ 經濟聯盟（Economic Union）：調和經濟政策。
　⑤ 政治聯盟（Political Union）：政治統合。

　(2) 區域市場整合之組織概況（2012）

　① 歐盟地區
　　A. 歐洲聯盟（European Union，簡稱 EU，2002），（前歐洲經濟共同體
　　　〔(European) Economic Community, EC, 1958〕）：法、西德、義、比、
　　　西班牙、荷、盧、英、丹、愛、希、葡、奧地利、瑞典、芬蘭。2004 年
　　　5 月 1 日新加盟國：捷克、波蘭、匈牙利、立陶宛、拉脫維亞、愛沙尼
　　　亞、斯洛維尼亞，馬爾他、賽浦路斯、斯洛伐克，2007 年元月再加入二
　　　國：羅馬尼亞、保加利亞共二十七國。超越 5 億人口，世界最大市場。
　　B. 歐洲自由貿易協會（European Free Trade Association, EFTA, 1960）：奧
　　　地利、瑞士、芬蘭、挪威、瑞典、冰島等國。
　② 美洲地區
　　A. 美加自由貿易區（Canadian-US Free Trade Agreement, C-USFTA, 1989）。
　　B. 拉丁美洲經濟統合（Latino American Integration Association, LAIA,
　　　1980）。
　　C. 中美洲共同市場（Central American Common Market, CACM, 1960）：瓜
　　　地馬拉、宏都拉斯、薩爾瓦多、尼拉加瓜、哥斯大黎加等五國。
　　D. 北美自由貿易區（North American Free Trade Area, NAFTA, 1944）。
　　E. 安地斯區域聯盟（Andean Sub-Regional Integration Agreement, ANDEAN,
　　　1969）。
　　F. 加勒比海共同市場（Caribbean Community and Common Market,

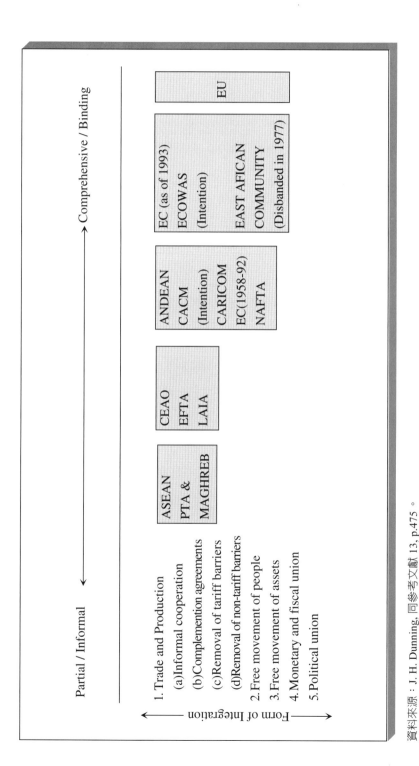

資料來源：J. H. Durning, 同參考文獻 13, p.475。

圖 1.6　世界區域市場整合組織圖

CARICOM, 1973）：有牙買加、千里達、蓋牙那、巴貝多共四國。

G. 北美自由貿易協定（United States-Mexico-Canada Agreement，簡稱 USMCA, 2018）有美國、加拿大、墨西哥。

③ 其他地區

A. 阿拉伯共同市場（Union de Maghreb Arabe, MAGHREB, 1989）：有埃及、約旦、敘利亞、伊拉克共四國。

B. 東南非貿易區（Southern and East African Preferential Tvade Area, PTA, 1982）。

C. 西非國家經濟共同體（Economic Community of West African States, ECOWAS, 1975）。

D. 中非國家經濟共同體（Communaute Economique de L' Afrique de L'ouest, CEAO, 1974）。

E. 東南亞國家協會（Association of South East Asian Nations, ASEAN, 1961）有印尼、馬來西亞、菲律賓、泰國、新加坡、汶萊、寮國、越南、緬甸、柬埔寨，2012 年元月再加入中國，共計十一國。

〔參考文獻〕

1. Vernon, R.(1966), International investment and international trade in the product cycle, *Quarterly Journal of Economics*, (80), pp. 190-207.

2. 入江豬太郎（1974），《多國籍企業》，ダイヤモンド社，p. 4。

3. 陳定國（1975），《多國性企業經營》二版，聯經出版事業公司。

4. 林彩梅（1977），《美日多國籍企業經營策略》，五南圖書出版公司。

5. Dunning, J. H.(1977), *Trade, location of economic activity and the MNE*: A search for an eclectic approach. In H. Ohlin (Ed.), The international allocation of economic activity, New York: Ho-lmes and Meier, pp. 124-186, pp. 243-245.

6. R. Blanpain (1979), *The OECD Guildliness for Multinational Enterprises and Labor Relations*, Kluwer, Deventer, Netherlands, p. 280.

7. Robinson Richard D.(1981), Background Concepts and Philosophy of International Business from World War II to the Present, *Journal of International Business Studies*, Spring/Summer.

8. 齋藤優（1982），《南北問題》，有斐閣選書於日本，昭和 57 年，pp. 5-6。

9. Terrance S. Hitchcock (1982), *American Business Dow Jones-Irwin*, Homewood, Illinois, pp. 63-64.

10. Robinson Richard D.(1984), *Internationalization of Business: An Introduction*, The Dryden Press；台北華泰書局翻印，1986 年，p. 11。

11. Kiyoshi Kojima & Teratomo Ozawa, Micro & Marco, (1984), *Economic Models of Direct Foreign Investment*: Toward a Synthesis, *Hitotsubashi Journal of Economic* Vol 25, p. 2.

12. 中小企業處編（1988），《中小企業發展雜誌》，第 19 期。

13. John H. Dunning (1993), *Multinational Enterprises And The Global Economy*, Addison Wesley Publishing Company Inc.

14. 日本經濟產業省編，《通商白書 2001》，平成 13 年（2001）5 月。

15. 林彩梅（2006），《多國籍企業論》，五南圖書出版公司。

16.《ジェトロ投資白書》2010 年版,「世界と日本の海外直接投資」,日本貿易振興會編。

17. JETRO 2021 年世界貿易投資報告。

Multinational Enterprise **2**

多國籍企業之理論

一、古典學派貿易理論

㈠古典學派貿易理論

對多國籍企業之研究，世界著名權威學者入江豬太郎博士（日本神戶大學名譽教授），對於一般古典貿易理論和多國籍企業貿易理論，分析如下：古典學派有一個主要的假設，是國與國間的「資本和資本」是完全不具有流動性，但這些資源在國內則具有完全的流動性。下面三個理論的架構即是基於這個假設而說明。

1. 比較利益原則（The Principle of Comparative Advantage）

為便於解釋，舉下例說明。假設在美國 10 天的勞動力能產生 20 單位的布或 20 單位的麥；而在德國，10 天的勞動力能產生布和麥各 10 單位。在這個例子中，兩國雖存在有絕對成本（absolute cost）的差異，但沒有比較成本（comparative cost）的差異，故兩國沒有貿易產生。

然而，假設德國的布產量是 20 單位，即有比較成本差異產生。美國將專業化於其較具比較利益的農產品（麥）上，而德國將專業化於其較具比較利益的產業量（布的生產）上，然後，兩國再交換這些產品，這就符合了經濟的原則。

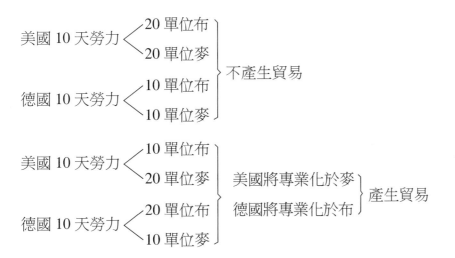

2. 相互需求等式原則（The Principle of Equation of Reciprocel Demand）

在比較利益的延伸範圍中，有許多的國際交換或國際貿易條件。然而「貿易條件，是由相互需求所決定」。這隱含著國際貿易所得的利益，將分配給參與貿易之國，除非均衡的貿易條件與兩國未進行貿易前之國內貿易條件相互一致。

3. 價格─貨幣─流動理論（不平衡貿易的一個調整機能）（Price-Specie-Flow Theory）

這自然機能可應用於國際投資組合上，在此對貨幣（黃金）移轉之了解，就有如財貨移轉是經由價格機能之一般。即如從投資國流出的資金將會再流回該國，貨幣（黃金）僅扮演一中介角色。

Haberler's（1936）的觀念也說明這一點。他假設兩國工資率水準不同，並將勞動成本轉換為貨幣成本，他的分析結果與上述的古典理論完全一致。

(二)多國籍企業貿易理論

古典學派理論在第二次世界大戰後快速地被淘汰，尤其看到美國直接對外投資之成長。以美國《Tariff Commission》上所刊的一篇報告，說明企業欲提高外銷額，又希望避免輸入國的貿易保護主義之障礙，唯有企業國際化，利用全體子公司分工生產、銷售的貿易功能才能達成。因此多國籍企業貿易理論是依照比較利益移轉生產地至國外，在世界各地生產而發展貿易。

MNC 關連性貿易型態如〔圖 2.1〕，在描述四種貿易流量如何與其他相連接、MNC 所關連的貿易之主要數量關係，提供整體的簡介。

1. MNC 對全世界出口　　　　　　　　　　　　　　　　　總計 728 億美元
　　⑴MNC 從美國本地出口　　　　　　　　　　　　　　　　　（295）
　　⑵MNC 從美國海外子公司出口　　　　　　　　　　　　　　（433）
2. 公司內的國際貿易（International Intracompany Trade）（顯示於雙線框）

　　　　　　　　　　　　　　　　　　　　　　　　　總計 356 億美元
　　⑴由母公司出口到子公司　　　　　　　　　　　　97 ⎤
　　　　　　　　　　　　　　　　　　　　　　　　　　 ⎬ 114
　　⑵記載在母公司帳冊而非母公司商品的出口　　　　17 ⎦
　　⑶由子公司出口到母公司　　　　　　　　　　　　81 ⎤
　　　　　　　　　　　　　　　　　　　　　　　　　　 ⎬ 242
　　⑷由子公司出口到關係企業　　　　　　　　　　 161 ⎦

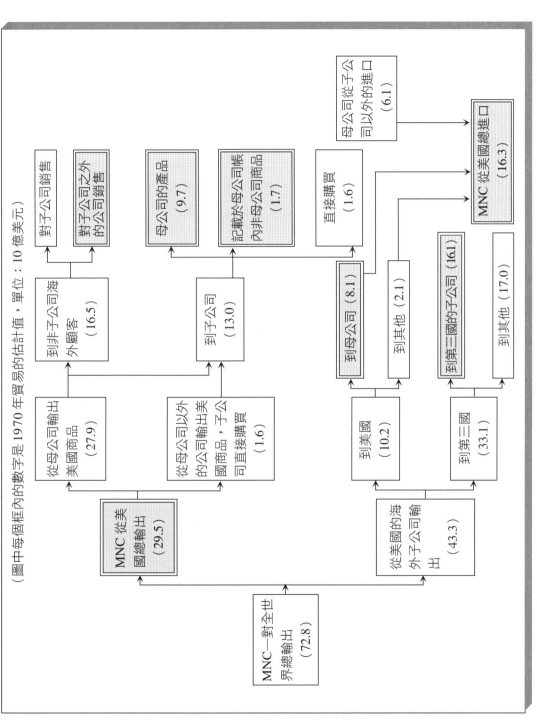

（圖中每個框內的數字是 1970 年貿易的估計值，單位：10 億美元）

資料來源：入江豬太郎，「五大學派思想在國際貿易和對外投資之不同」，「多國籍企業之新動向」，第四屆《多國籍企業國際學術研討會論文集》，中國文化大學，1988 年 11 月。

圖 2.1　MNC 關連性的貿易型態

結果：⑴＋⑵＞⑶，即 1970 年，母公司與子公司間的

　　貿易淨盈額　　　　　　　　　　　　　　　　　　　　　　 33

3. 公司間的國際貿易（International Intercompany Trade）　總計 372 億美元

　　⑴ 母公司出口到非關係企業的海外顧客　　　　　　 165 ⎫
　　　　　　　　　　　　　　　　　　　　　　　　　　　　 ⎬ 181
　　⑵ 子公司向母公司以外的公司購買　　　　　　　　　 16 ⎭

　　⑶ 子公司對美國他公司的出口　　　　　　　　　　　 21 ⎫
　　　　　　　　　　　　　　　　　　　　　　　　　　　　 ⎬ 191
　　⑷ 子公司對第三國其他公司的出口　　　　　　　　 170 ⎭

4. MNC 從美國進口的貿易額　　　　　　　　　　　　　　 163

　　MNC 從美國全部出口是 295，但是進口則非常複雜，總進口額 163。

5. MNC 全世界出口額 728 中，經過母國之進口額 163 與出口額 295 之貿易，
　　所造成母國國際收支貿易逆差額也僅 132。由此可知，唯有企業國際化經
　　營、利用海外子公司功能，才能提高銷售額。

如〔圖 2.1〕分為四種貿易：

1. MNE 對世界輸出 728 億美元，其中對美國境內 MNE 輸出額 295 億美元，
　　對美國海外子公司輸出額 433 億美元。

2. 公司內貿易 356 億美元。母公司對子公司輸出 114 億美元（279 億子公司
　　之外 165 億），子公司對母公司 81 億美元，子公司對第三國子公司 161 億
　　美元。而母子公司間貿易，母國順差 33 億美元。

3. 公司間貿易 372 億美元。美國母公司對子公司外之客戶，輸出 165 億美元，
　　子公司不經母公司而直接購買 16 億美元，合計 181 億美元。從海外子公
　　司輸出至美國國內母公司以外的客戶 21 億美元，對第三國子公司外之公司
　　170 億美元，合計 191 億美元。

4. MNC 關連貿易，輸出 295 億，輸入 163 億，順差 132 億美元。母公司對子
　　公司輸出 114 億（97 億他公司製品 17 億），母公司對子公司外之公司 165
　　億，子公司直接購買 16 億，合計 295 億美元。輸入面，子公司對母公司 81
　　億，子公司對母公司外之顧客 21 億，而母公司對子公司以外的供給者輸入
　　61 億，合計 163 億美元。

綜合上述，MNE 輸出之成長策略，子公司比母公司高，公司間貿易比公司內
貿易成長率高，其中子公司對母公司輸出成長更高。

(三)古典學派分工概念

1. 古典學派分工概念

　　荷蘭 Jacob Kol（1988）對國際分工的研究，說明亞當·史密斯（Adam Smith）曾以製針者為例，說明分工的概念：只要把製針過程分為十八個程序，由不同的人執行，依亞當·史密斯的計算，就可把一個人的生產力提高 4,800 倍。這令人不敢相信的變化，主要是來自於工人對工作熟練度的增加，以及節省因操作機器或工作轉換中浪費的時間而來。

　　楊亞林（Allyn Young, 1928）在《報酬增加和經濟進步》一書中，把工廠中「工人間的分工」情形之研究擴展到產業中「產業間的分工」情形，楊亞林觀察到，以前認為產業的整合是由於產業生產增加的自然結果，這種說法忽略產業差異化的過程，此觀念說明如下：印刷者的繼任者並不包括今日所有的印刷業，因為有關印刷的各行各業，如紙漿製造者、不同紙張供應者、墨水業者、活字模工、印刷上特殊工具和機械的製造業，都必須並存於世，印刷業才能繼續生存發展。上例描述原料供應者和最終產品消費者間的廣大相關產業的空間，而楊亞林認為在這些產業之間的專業化正是致富之道，而欲實現此想法，則有賴於產業間的分工及市場範圍的大小。而市場範圍大小對於分工進行的影響之論點，也正與亞當·史密斯的觀念吻合。

　　不論是否考慮成本效益問題，廠商間的分工也許會導致於領導廠商的產生。寇斯（Coase）曾在他的古典論點著作《企業本質》中提出此論點，想突破市場交易於共同導向的企業中，價格行動是關鍵行動。在一企業中，複雜的市場交易將被企業家所排除，而由自己來指導生產取代。

2. 國際分工概念

　　關於分工的觀念，過去亞當·史密斯的「勞力分工」觀念和楊亞林的「產業分工」觀念，已被現在的國際分工觀念所取代。古典論點為國際間生產及貿易專業化型態的改變，取決於國與國之間比較成本的不同。這種奠基於李嘉圖的模式，是經由假設推論才得以存在，它無法找出一個很好的解釋來回答到底是什麼原因造成成本上的不同，它和赫克紹－歐林（Heckscher-Ohlin）理論一樣，把國與國之間的差異歸因於各國在生產因素先天稟賦上的不同。以上的論點均認為國與國之間的生產

貿易專業化型態不同,是由於產業及產品所使用的生產因素不同所造成的。

　　而在今日,亞當‧史密斯和楊亞林的國際分工觀念已被認為不合時宜,在亞當‧史密斯的觀點裡,勞工或產業之間的專業化,產生了經濟規模效益上的利益,可是按照這種說法,在原則上就無法使工人和產業之間的分工顯得特出,反而顯得雜亂無章,唯有從專業化分工中獲得經驗才能得到利益。換句話說,專業化的好處在赫克紹—歐林理論是靜態的(取決於天然資源稟賦),而在亞當‧史密斯和楊亞林的觀念裡是動態的(取決於經驗)。

　　近年來一些經濟學者之研究,也經由技術改變和經濟規模在比較利益方面實際觀察到的影響,認為國際分工是動態的,而非如赫克紹—歐林理論認為是靜態一般,而且國家原有生產因素資源是會隨時間經過而改變的。

　　史登(Stern, 1975)對國際貿易理論進行實證性的研究,而指出這些理論都有其正面的貢獻。可是史登也發現貿易利益及分配也有其規範面,而這些規範亦已在一些以國際分工為有效手段,來縮短工業化國家和開發中國家福利水準差距的研究中,加以說明。如汀柏格(Tinberg, 1961, 1970)、吉爾許(Giersch, 1974)。汀柏格探討國際分工的標準得到之結論:生產貿易的國際分工應以國與國之間比較成本的差異來驅動,並且要考慮時間之不同而造成比較成本不同的因素,因此即可知產業應在哪些國家內設立。例如:對紡織業之研究,發現紡織業適宜在資本資源最低的國群中設立、成衣業適宜在比較進步的國家內設立,而紡織機器產業則適宜設在西歐較進步之地區。

二、國際產業分工與 MNE 企業內貿易效果策略

㈠國際產業分工理論

　　國際產業分工理論,依日本權威學者入江豬太郎博士之分析(如〔圖 2.2〕),國際產業分工是從國際貿易的垂直貿易和水平貿易的產品成本問題而發展對外投資,因世界或區域性之原料差異、技術差異、成本差異以及文化差異等而產生,在「比較利益」原則下,形成企業對外投資分工生產。國際產業分工可分為垂直分工(vertical division of labor)(技術差異之分工與貿易)、水平分工(horizontal division of labor）（技術相近而成本差異之分工與貿易）；從產業面分爲產業間分工（inter industry division of labor）（不同產品之分工與貿易）、產業內分工（intra industry division of labor）（同產品之分工與貿易）；而產業內分工分爲產業內垂直分工（技術密集程度之差異對製程之分工與貿易）、產業內水平分工（技術密集程度相近，因外表設計、品牌或價格不同所產生之分工與貿易）；產業內分工又分爲企業間分工（inter firm division of labor）（國內外企業間之分工與貿易）、企業內分工（intra firm division of labor）（母公司與子公司間之分工與貿易），企業內分工又稱爲「企業內貿易」（intra firm trade）。

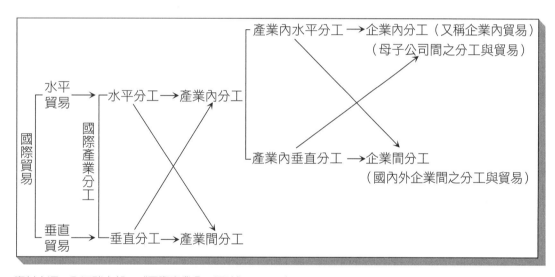

資料來源：入江豬太郎，《國際產業分工理論》，1988 年。

圖 2.2　國際產業分工架構圖

(二)MNE 企業內貿易效果策略理論

MNE 採取「企業內貿易效果策略」（林彩梅，1995）之重要目的是，在母國如何運用「國際產業分工理論」，加強 R & D 提高國內產業國際競爭力，對外投資採取「企業內貿易效果理論」，增加母子公司銷售總額，減少母國對地主國貿易順差，降低國際貿易摩擦問題，甚至於採取「價格移轉策略」，提高銷售競爭力與利潤等，由此更增加國際產業國際競爭力，提升母國產業結構之目標。首先分析「企業內貿易效果理論」。

1. 企業內貿易效果理論

　　MNE 對外投資之發展，為提高母子公司的銷售總額，並希望能減少母國對地主國貿易順差，降低母國對地主國的國際貿易摩擦問題，甚至於採取「價格移轉策略，提高銷售量與財務利潤率等」，必須發揮「企業內貿易四大效果」之功能。四大效果分述如下：

　　⑴**輸出代替效果**：MNE 對地主國子公司技術移轉成效愈高，在地主國生產與銷售也愈多，取代母國原對地主國之輸出額愈高，母國輸出減少，順差也減少，而母子公司銷售總額增加。

　　⑵**逆輸入效果**：因子公司產品品質提升，以價廉物美回銷母國增加，母國順差減少而母子公司銷售總額增加。

　　⑶**輸出誘發效果**：因子公司對地主國內銷、回銷母國，以及外銷第三國之銷售產量增加，因此對母公司中間材、零件之需求也增加，因此母國對地主國輸出增加，母國順差也增加而母子公司銷售總額增加。

　　⑷**輸入轉換效果**：因子公司生產力提高，銷售總額更加提升，母公司的生產需求量減少，對地主國原料輸入之需求也減少，母國貿易順差即增加。

　　從總貿易效果而言，對外投資技術移轉初期，母國對地主國貿易順差會增加，技術移轉成長愈高，母國貿易順差會逐漸減少，甚至成為貿易逆差。而母子公司銷售總額更增加。

　　換言之，子公司的輸出代替效果或逆輸入效果增加，母國對地主國的貿易順差即減少；若輸出誘發效果或輸入轉換效果增加，母國對地主國的貿易順差即增加。因此，輸出代替效果與逆輸入效果之合計，大於輸出誘發效果與輸入轉換效果時，母子公司銷售總額更增加，而母國對地主國貿易順差逐漸減少，甚至成為逆差。而輸出代替效果、逆輸入效果以及輸出誘發效果（輸入轉換效果除外）之增加，都是母子公司銷售總額的增加。所以，對母國與地主國經濟發展均有很大助益。

2. 企業內貿易效果策略之功能

　　MNE 為企業與國家經濟發展（如〔圖 2.3〕），在母國必須採取國際產業分工策略，提高「水平分工」與「垂直分工」之最佳成果。而母公司積極加強 R & D，

開發高科技產品，提高國內產業國際競爭力。MNE 爲擴大國際市場產業國際競爭力，採取對外投資，依各國經營資源之比較利益，選擇最適度之技術移轉，發揮國際經營資源整合之互補成效，並在地主國採取 MNE「企業內貿易效果策略」。其功能如下：

⑴增加 MNE 銷售總額

MNE 對地主國子公司採取「企業內貿易效果策略」，提高技術移轉成果，

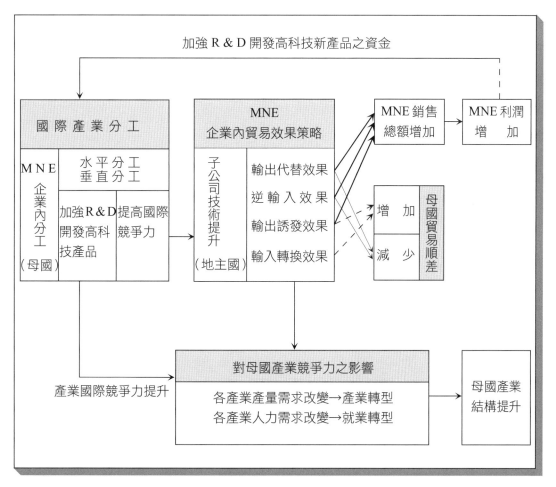

資料來源：林彩梅，《多國籍企業論》，五南圖書出版公司，2000 年。

圖 2.3　MNE 企業內貿易效果策略理論

MNE 產業國際競爭力增強，輸出代替效果、逆輸入效果，以及輸出誘發效果增加，都是母子公司間之 MNE 銷售總額增加，MNE 利潤也隨之增加。況且子公司之銷售不只是地主國市場及母國市場，尚有廣大的第三國外銷市場。因此，子公司技術移轉成效愈好，企業內貿易效果愈高，MNE 企業內貿易總額將更增加，可高於母國對地主國間之外銷總額，甚至數倍成長，經營利潤也大幅增加。因此，對一國的經濟發展，國家總貿易額之評估，應該是母國對世界之國際貿易額，加上 MNE 企業內貿易額之合計。

⑵ 減少母國貿易順差

若子公司之輸出代替效果與逆輸入效果之增加額大於輸出誘發效果與輸入轉換效果時，母國對地主國的貿易順差即能減少，甚至轉成逆差，可降低國際間貿易摩擦問題。

⑶ 促進母國產業轉型

由於地主國子公司技術移轉成效良好，產業國際競爭力增強，銷售量增加，若「輸出誘發效果」小於「輸出代替效果」與「逆輸入效果」時，將造成母國產品需求量之改變，人力需求也改變，因此產業之生產量必須減少或轉型，工作人員也將失業或轉業。但也因此提高企業家與工作人員必須持有產業國際觀，積極加強國際環境對產業需求轉型之進修與研發，因應國際市場產業國際競爭力。

⑷ 提高產業國際競爭力

因 MNE 利潤大幅增加，匯回母國為加強研究開發高科技新產品之資金，再度提升國內及國際產業國際競爭力，母國產量需求再度增加，人力需求也增加，並加速外移競爭力較弱產業之投資，延長生命週期；國內高科技產業轉型提高產業國際競爭力。

⑸ 提高母國產業結構

如上述母國加速產業轉型，外移母國競爭力較弱之產業，增強國內高科技研發，開發高科技新產品，更能加速提高母國「產業結構」。對國家經濟發展極為重要。

總而言之，MNE 採取「企業內貿易效果」策略，對企業增加母子公司總銷售額，對母國減少貿易順差，降低國際間貿易摩擦問題，對母國與地主國之經濟發展都有很大助益。

㈢MNE 企業內貿易對國際貿易之影響

1. 企業內貿易對母國與地主國生產之影響

多國籍企業之發展必須發揮「企業內貿易效果」，而國家經濟發展不可只重視貿易順差與否。應重視實質生產力。

企業內貿易對投資國與地主國生產之影響如〔圖 2.4〕，假設：A 國與 B 國國內市場需求各 100 億美元。A 國生產 90 億美元（國內市場 70 億，輸出 20 億），從 B 國輸入 30 億美元；B 國生產 110 億（國內市場 80 億，輸出 30 億）從 A 國輸入 20 億美元，因「『A 國對 B 國貿易逆差』10 億美元」。A 國對 B 國採取貿易保護政策，B 國製造業為確保 A 國市場，而對 A 國投資。B 國子公司在 A 國當地生產 50 億美元（輸出代替額 30 億，由於母國國內市場之友好關係，因而取代 A 國對 B 國輸出額，回銷母國 20 億），由於在當地生產量提高，從母國購買中間財與零件之需求也增加，誘發輸出額 20 億美元。因此 A 國生產減少為 60 億美元（國內市場 50 億，輸出 10 億），從 B 國輸入也減少為 20 億美元；B 國生產也減少為 90 億美元（國內市場 70 億，輸出 20 億），從 A 國輸入 30 億美元，呈現「『A 國對 B 國貿易順差』10 億美元」。B 國子公司在 A 國當地生產力提高，逐漸擴大當地市場，子公司生產提高為 70 億美元（輸出代替額 30 億，擴大當地市場 20 億，逆輸入 20 億），從 B 國輸入 20 億，A 國生產只剩 30 億美元（國內市場 30 億）；B 國生產 100 億美元（國內市場 80 億，輸出 20 億）。由於生產地移至原料來源國生產，不再需要輸入，因此從 A 國輸入減少為 20 億美元，雖然「A 國與 B 國貿易平衡」，事實上企業內貿易，使 B 國生產量從 100 億美元提高至 170 億美元（母公司 100 億，子公司 70 億），而 A 國生產從 90 億美元降為 30 億美元，國內外市場大部分被 B 國企業取代。

總而言之，多數的國家，只注意兩國之間的「國際貿易平衡問題」，採取貿易保護政策，而忽略最重要的「MNE 企業內貿易之影響力」，以及國家經濟發展之實力。

（單位：美元）

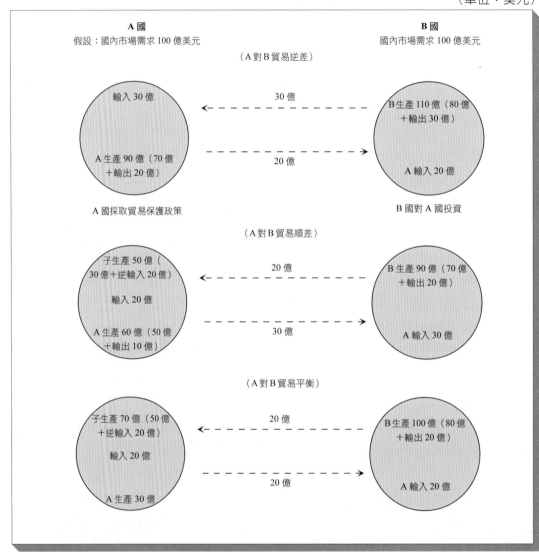

假設：投資國（B）與地主國（A）國內市場需求各 100 億美元

投資國（B）輸出代替額：30 億美元

逆輸入額　：10 億美元

誘發輸出額：20 億美元

輸入轉換額：10 億美元

註：結果貿易雖平衡，其實 A 國只剩 30 億美元生產，B 國增加為 170 億美元之生產與市場。B 國經濟發展 A 國經濟深受影響。

資料來源：筆者研究。

圖 2.4　企業內貿易對母國與地主國生產額之變化

2. 企業內貿易對母國「貿易順差削減效果」

企業內貿易對母國「貿易順差削減效果」之影響，依上述筆者研究之理論，以數字計算公式：貿易順差削減效果＝輸出代替額＋逆輸入額－誘發輸出額－輸入轉換額。

$$I_{Te} = R_E + A_I - L_E - C_I$$

I_{Te}：貿易順差削減效果

R_E：輸出代替額

A_I：逆輸入額

L_E：誘發輸出額

C_I：輸入轉換額

製造業海外直接投資對母國貿易收支之影響（如〔表 2.1〕），假設：製造業對外投資 1 億美元，海外銷售比率（當地＋外銷）232%，輸出誘發額 82 百萬美元（從母國輸入 53%，當地購買 47%），逆輸入比率占海外銷售總額的 9.1%，輸入轉換率為 0 之狀況，而計算輸出代替率 15%、25%、50%、100%，對投資國貿易順差削減效果之變化。製造業對外投資初期，輸出代替率 15% 時，貿易順差將增加 29.3 百萬美元；25% 時，貿易順差降低為 8.2 百萬美元；50% 國輸入若再減少 30%，即增加 168.8 百萬美元。換言之，製造業對外投資 100 百萬美元時，貿易呈現逆差 45 百萬美元；100% 時，貿易逆差高達 150 百萬美元，從每百萬美元，輸出代替率為 50% 時，對母國貿易順差可削減效果達 45%，100% 時高達 150%。

3. 外資 MNE 企業內貿易對美國貿易結構影響之實例

例如：歐、美、日先進國家間互相投資，由於 1984 年，美國採取強烈的貿易保護政策以及歐洲單一市場成立的誘惑，使世界 MNE 對外投資快速增加，也使歐、美、日互相投資變化，美國 1980 年對歐洲投資 936 億美元，大於歐洲對美國投資 546 億美元，但是 1990 年卻呈現相反，歐洲對美國投資 2,624 億美元，大於美國對歐洲投資 1,848 億美元；美國對日本投資從 16 億僅增加為 71 億美元，而日

表 2.1　子公司輸出代替率與母國貿易順差削減效果

（單位：百萬美元）

		輸出代替率 100%	輸出代替率 50%	輸出代替率 25%	輸出代替率 15%
現狀		▲　150.0	▲　45.0	8.2	29.3
逆輸入比率上升（20%）		▲　150.0	▲　57.2	▲　10.8	7.7
零件從母國輸入比率減少	40%	▲　160.7	▲　55.7	▲　2.5	18.6
	30%	▲　168.8	▲　63.8	▲　10.6	10.5
逆輸入比率上升20% 零件從母國輸入比率下降	40%	▲　160.7	▲　67.9	▲　21.5	▲　3.0
	30%	▲　168.8	▲　76.0	▲　20.6	▲　11.1

註：▲代表貿易逆差
　　假設：子公司資本 1 億美元；銷售額 232 百萬美元
　　（現狀）當地購買 47%，從母國輸入 53% ＝誘發輸出額 82 百萬美元
　　　　　　逆輸入比率 9.1%：（232×0.091）＝21 百萬美元；轉換輸入額 0
　　公式：$I_{TC} = R_E + A_I - L_E - C_I$
　　例如：輸出代替率 50%
　　　　　①現狀：$(232 - 21) \times 0.5 + 21 - 82 = 45$
　　　　　②逆輸入 20%：$232 \times 0.2 = 46.4$　$(232 - 46.4) \times 0.5 + 46.4 - 82 = 57.2$
　　　　　③母國輸入減少 40%：$82 \times (0.53 - 0.4) = 10.7$　$45 + 10.7 = 55.7$
　　　　　④母國輸入減少 30%：$82 \times (0.53 - 0.3) = 18.8$　$45 + 18.8 = 63.8$
　　　　　②＋③：$57.2 + 10.7 = 67.9$　　②＋④：$57.2 + 18.8 = 76$
資料來源：筆者研究。

本對美國投資從 88 億美元提高至 1,160 億美元。

　　歐洲與日本為突破美國貿易保護政策而集中對美國投資，近十年增加高達 3,150 億美元，對美國貿易結構產生很大影響。美國貿易結構如〔表 2.2〕，貿易內容包括美國 MNE 與在美外資 MNE 之企業內貿易。貿易逆差從 1982 年 365 億美元逐年增加，1993 年美國輸出總額 4,650 億美元，輸入總額 5,806 億美元，逆差 1,146 億美元。其中，美國 MNE 母子公司間之企業內貿易，輸出額 1,110 億美元，輸入

表 2.2　外資 MNE 企業內貿易與美國貿易結構

（單位：十億美元）

		1977 年	1982 年	1987 年	1988 年	1991 年	1992 年	1993 年
輸出	美國貿易總額	120.9	211.1	250.3	320.3	421.7	448.1	465.0
	美國多國籍企業	35.8	52.8	74.9	90.9	101.4	105.9	111.0
	在美外資系企業	24.9	60.2	48.1	59.8	96.9	103.9	105.0
輸入	美國貿易總額	151.9	247.6	409.8	447.3	488.4	532.6	580.6
	美國多國籍企業	38.0	46.1	65.5	76.0	88.1	93.8	102.9
	在美外資系企業	43.9	84.3	143.5	149.7	178.7	184.4	198.4
收支	美國貿易總額	▲ 31.0	▲ 36.5	▲ 159.5	▲ 127.0	▲ 66.7	▲ 84.5	▲ 114.6
	美國多國籍企業	▲ 2.2	6.7	9.4	14.9	13.3	12.1	8.1
	在美外資系企業	▲ 19.0	▲ 24.1	▲ 95.4	▲ 89.9	▲ 81.8	▲ 80.5	▲ 93.4

81%

註：▲表示逆差

資料來源：*Foreign Direct Investment: Effects On The U.S.* (CRS.1995), Survey of Current Business.
　　　　　筆者依美國商務省資料計算而成。

額 1,029 億美元，順差 81 億美元，而外資 MNE 母子公司間之企業內貿易，輸出額 1,050 億美元，輸入額 1,984 億美元，造成逆差高達 934 億美元，占美國全體貿易逆差高達 81%，由此可知，外資 MNE 企業內貿易對美國全體貿易影響比重很大。逆差內容以電子產業與汽車業零件占最多。換言之，三○一貿易限制政策，未能解決美國貿易逆差，唯獨要求外來投資企業從企業內貿易效果調整。

4. 產業國際競爭力，貿易特化指數之計算模式

　　產業國際競爭力可分為二種：⑴A 國對全世界輸出入總貿易額之計算；⑵A 國對 B 國二國輸出入總貿易額之計算。然而，產業國際競爭力又可分為「國內產業國際競爭力」以及「國際產業國際競爭力」，前者為母國國內產業對全世界輸出入總貿易之計算，後者為 MNE 在地主國產業對全世界輸出入總貿易額之計算，而國際產業國際競爭力可增強國內產業國際競爭力優勢之提升。國際競爭力之程度，可從貿易特化指數顯示，是屬於輸出特化水平分工或輸出特化垂直分工；或沒有競爭力是屬於輸入特化水平分工或輸入特化垂直分工。從年代之比較，亦能顯出該產業

之國際競爭力是繼續提升或逐漸下降，可供企業為延長生命週期，確保國外市場選擇對外投資國別，或宜從哪一國引進高科技以提高產業國際競爭力之決策參考。

產業國際競爭力可從「貿易特化係數」（Trade Specialization Coefficient, TSC）計算而知。

$$\text{兩國競爭力指數：TSC} = \frac{\text{輸出(X)} - \text{輸入(M)}}{\text{輸出(X)} + \text{輸入(M)}}$$

如果① X＝M　TSC0：表示水平分工程度最高，技術相近，競爭力相似。

　　② X＝M　1 ≥ TSC0：為輸出特化（export specialization）。

　　　　　　TSC1：技術差距最大，持有高度國際競爭力的輸出特化。

　　③ X＜M　－1 ≤ TSC0：為輸入特化（import specialization）。

　　　　　　TSC＝－1：技術差距最大，完全依賴輸入無國際競爭力的輸入特化。

指數為 0　　　　：代表技術相近，競爭力相似的水平分工。

指數為 +0.3 ～ 0：代表技術較近，稍有競爭力的輸出特化水平分工。

指數為 －0.3 ～ 0：代表技術較近，稍無競爭力的輸入特化水平分工。

指數為 +0.3 ～ +1：代表技術差異，有競爭力的輸出特化垂直分工。

指數為 －0.3 ～ 1：代表技術差異，無競爭力的輸入特化垂直分工。

指數為 +1　　　　：代表技術差異最大，最高競爭力的輸出特化垂直分工。

指數為 －1　　　　：代表技術差異最大，完全依賴輸入的輸入特化垂直分工。

產品在全世界國際競爭力指數＝

$$\frac{\text{一國 A 產品對世界輸出總額} - \text{一國 A 產品對世界輸入總額}}{\text{一國 A 產品對世界輸出總額} + \text{一國 A 產品對世界輸入總額}}$$

產品在二國間水平分工競爭力指數＝

$$\frac{\text{A 國對 B 國 a 產品輸出額} - \text{A 國對 B 國 a 產品輸入額}}{\text{A 國對 B 國 a 產品輸出額} + \text{A 國對 B 國 a 產品輸入額}}$$

三、日本產業國際競爭力策略

㈠日本 MNE 對美國及歐盟產業國際競爭力策略

1. 前言

　　多國籍企業（MNE）之進展，對母國與地主國經濟發展均有很大貢獻，對世界經濟成長更有助益。而 MNE 的發展策略之進展，一般而言，從初期對外投資動機理論、產品生命週期理論（R. Vernon, 1960）、折衷理論（J. H. Dunning, 1987）、國際產業分工理論（入江豬太郎，1988）至企業內貿易效果理論（林彩梅，1996），MNE 發展策略進展之差異，其經營績效將有很大不同。世界 MNE 從一九八〇年代起加速成長，依 1986 年與 2010 年之比較，對外投資累計金額從 7,636 億美元增加至 1 兆 6,067 億美元，成長高達近 2.1 倍；也帶動世界國際貿易高成長，輸出總額也從 4 兆 1,489 億美元增加至 12 兆 2,949 億美元，以製造業投資計算大約創造 3 倍貿易額，促進各國經濟發展，也造成國際間要求貿易均衡保護政策之高昂，也促進各區域市場的整合。

　　世界 MNE 對外投資累計金額至 2010 年為 1 兆 527 億美元。其中，以美國 MNE 對外投資之金額排名第一，為 3,430 億美元；英國 MNE 第二，為 1,749 億美元；法國第三，為 1,449 億美元；日本 MNE 排名降為第四，高達 1,247 億美元。從國際貿易面分析，日本於 1999 年也是世界排名第二大國輸出國，高達占世界總貿易的十五分之一，僅次於美國。2009 年，對全世界輸出第一大國是中國 1 兆 2,020 億美元，第二是德國 1 兆 1,271 億美元，第三是美國 1 兆 560 億美元，而日本降為第四 5,808 億美元。日本在國際貿易上面臨二大問題，⑴日本多年來對美國貿易高度順差問題；⑵日本非歐盟會員國，面臨高關稅阻礙問題，為疏解此二大問題，日本製造業改以積極投資採取 MNE「企業內貿易效果」策略，以因應美國特別三〇一貿易條款之威脅以及歐洲單一市場之競爭壓力，而增強在歐盟市場產業國際競爭力，提高世界銷售總額，並由此減少母國對地主國之貿易順差，降低國際間貿易摩擦問題。並分析「企業內貿易效果」策略之成果對母國經濟發展之貢獻，以提供我國企業國際化發展之借鏡。

2. 日本 MNE 對外投資策略

(1) 對外投資與貿易競爭力策略

2009 年，日本 MNE 對外投資減少累計金額高達 7,404 億美元（因日幣升值，2009 年日本銀行重新換算之累計）。依對外投資國別分析，以對美國之投資額最多，為 2,209 億美元，占 31%；其次，歐盟為 1,749 億美元，占 24%；亞洲為 1,756 億美元，占 24%，亞洲國家中，以中國占最多 550 億美元。外來投資累計金額 2,000 億美元，其中，美國最多 750 億美元，占 37.5%，其次，歐盟 748 億美元，占 37.4%，其中荷蘭最多 360 億美元，占 18.4%。依產業別分析，製造業占 33%，非製造業 67%。製造業以電氣機械業最多，為 712 億美元，其次運輸機械業之 353 億美元，化學業 319 億美元；非製造業中，以金融保險業最多，高達 1,476 億美元，居世界各國第一位，以統籌運用世界資金協助國內外製造業發展之策略。原料業也高達 1,000 億美元，以穩定原料來源。商業高達 1,000 億美元以上、二萬個分公司以上，以擴大國際市場之策略。由此可知，日本對外投資顧及製造業、原料業、商業、金融業四大產業同步健全之發展，擴展母國一級產業、二級產業，以及三級產業在世界市場之力量，加強國內經營資源之需求，提高產業國際競爭力之策略。

2009 年，日本國際貿易輸出總額 5,807 億美元，其中，競爭力最高產業是輸送機器（汽車等）1,286 億美元，其次，電器機器 1,073 億美元，一般機械 1,020 億美元，化學品 771 億美元；輸出國以中國最多 1,096 億美元，其次美國高達 936 億美元，歐盟 724 億美元。

(2) 依地域別之製造業研究開發費比較

日本 MNE 對地域別製造業研究開發費之比較（如〔圖 2.5〕）以北美占最多，2000 年高達 26 億美元，比 1990 年 11 億美元成長 1 倍以上；歐洲於 1998、1999 年曾增加至 10 億美元，但 2000 年仍然降為 8 億美元，亞洲僅從 2 億美元增加至近 4 億美元。雖然美國與歐洲都是高所得的先進國家，要求高品質之市場，然資料顯示，日本重視擴展美國市場大於歐洲市場。

（單位：億美元）

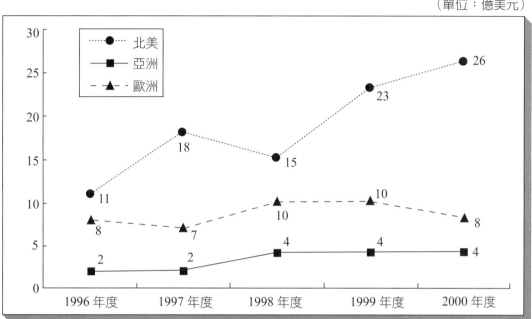

註：日幣與美元以 100：1 為單位計算。
資料來源：日本經濟產業省編印，〈我が國企業の海外事業活動〉，第 31 回，平成 15 年（2003 年），p. 59。
圖 2.5　地域別製造業研究開發費

⑶ 業種別研究開發費之比較

　　業種別研究開發費之多寡將影響該產業未來之發展。日本業種別研究開發費之
比較（如〔圖 2.6〕），日本 MNE 較重視如下三種產業，尤其最重視電氣機械，
2000 年高達 13 億美元，1999 年尚高達 16 億美元，比 1996 年 7 億美元成長近 1 倍，
其次是化學，高達 13 億美元，也加倍成長，輸送機械僅 7 億美元，成長甚少。

（單位：億美元）

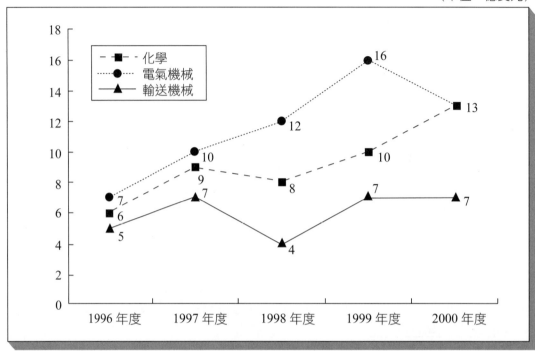

資料來源：同〔圖 2.5〕。

圖 2.6　業種別研究開發費

⑷ MNE 製造業國內外經常利益比率之比較

　　日本國內法人與國外當地法人之經常利益比率之成長（如〔圖 2.7〕），
1990 年國內法人經常利益 17.5% 比國外當地法人僅有 4.8% 高出 3 倍以上，
但是日本 MNE 研發與經營策略的成功，2000 年反而國外當地法人經常利
益比率高達 17%，超越國內法人 16.4%，可證明日本 MNE 近十年國外經營
之績效更加提升。

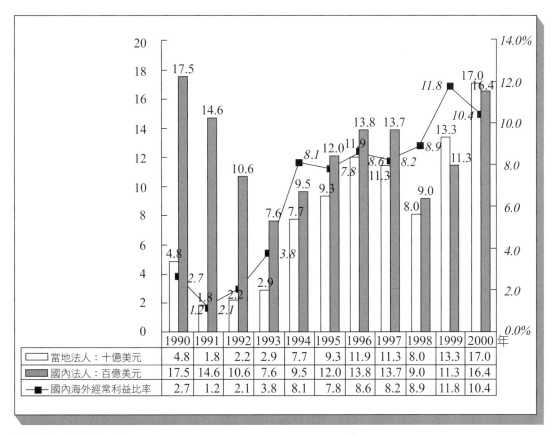

資料來源：同〔圖 2.5〕。

圖 2.7　日本製造業國內外經常利益比率

(二)國際產業分工之體制

　　國際產業分工體制是呈動態的變化，而非固定不變的。如〔圖 2.8〕，從垂直分工，即先進國家對開發中國家外銷製成品，而開發中國家對先進國外銷原始原料品。而後由於開發中國家引進外來直接投資、先進技術轉移，並採取輸出導向型的工業發展政策，於是改變為「產業內垂直分工」，先進國家對開發中國家外銷「知識密集產品」，而開發中國家對先進國家外銷「勞力密集產品」。當技術逐漸提升，產品品質差距縮小時，將改變為「產品差別化型態的分工」，先進國家與開發中國家產品之差異在於設計、品質之精緻化或普通產品。若先進國家所提供的

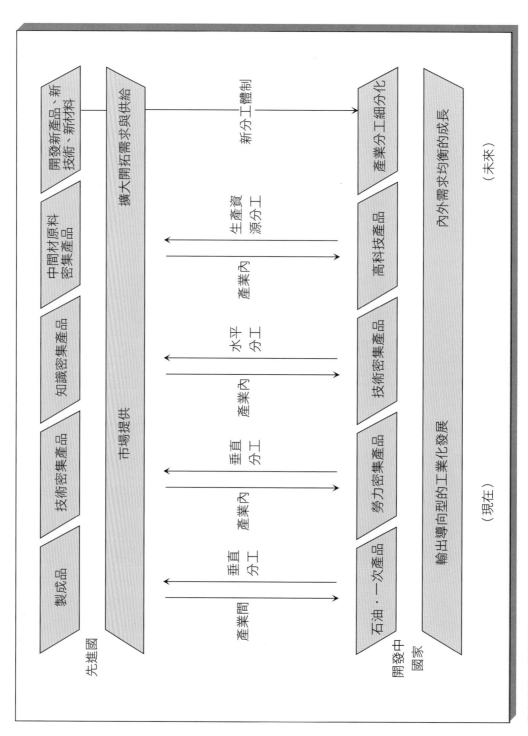

圖 2.8　國際產業分工體制進展模型

資料來源：筆者研究。

是中間材原料密集產品資本、技術及經營管理等軟體方面，而開發中國家擴大產業分工、外銷高科技產品，則表示二者已進入「產業內生產資源分工」的階段。將來先進國之責任是繼續研究開發新產品、新技術、新原料，擴大開拓市場的供給與需求，協助開發中國家產業分工、內外需求均衡的成長。

1.國際產業分工之實例

筆者研究認為應不斷探討最佳的國際分工理論，以找出國際分工從產品到產業各層面最精緻的定位，而這些問題也日漸被更多多國籍企業所重視。狄肯（Dicken, 1980）的《全球變化》一書中，以及凱勝（Casson）的《多國籍企業和世界貿易》中，都討論到分工日漸普及，國與國間的直接貿易已經在近數十年轉變成複雜的結構，其中包含不顧國與國間障礙的各種生產及產業、廠址選定等的想法。由於生產過程的分工化已使生產過程中單獨行動及中間產品的種類增加，而這種變化亦將促使比較利益的國際專業生產的機會增加。

此外，對零件生產投資地主國的選擇，必須先選擇該零件在哪些國家技術是最佳，然後再從最佳的國家當中，哪幾國的工資最低，而選擇技術最優成本最低的國家投資。

〔實例 1〕

紡織及成衣業包含許多生產過程，諸如紗線和纖維的製造，紡撚線、編織結合，以及又要大量生產、又要創造新時髦服飾等等的考量。而每一個流程的變化都相當大，例如：有高資本密集的合成纖維生產，也有高勞力密集生產的成衣業，這種差異就足夠成衣紡織業依比較利益進行國際分工，而由分工就可對生產的輔助設備進行直接投資。許多紡織成衣業的大廠商均向國外發展營業；換句話說，這些大廠商也提供了更多的國際合作機會，它僱用低技術或容易訓練的勞工，使生產程序得以分割，並依地理區分而獨自成立，在工業化國家內設計和裁剪，而在開發中國家內縫紉及組合。

〔實例 2〕

例如：〔表 2.3〕表示福特汽車歐洲本部的零件供應網路。汽車工業基本上是一

個組合裝配的工業，它結合了許多不同的零件，而這種產業使得生產得以在不同的
國家內進行。福特汽車由於歐洲國家之間的限制，而使得廠址的設定無法以比較成
本差異為優先考慮的因素，而就全世界汽車發展策略來說，狄肯認為規模經濟將是
零件製造商和組合裝配商二者都要考慮的關鍵因素；在不同國家內擴充據點時，都
須追求風險的降低及市場的接近。

　　由於很早便在海外裝配以及簽定國際合約，電子業可能是最早的「全球工廠」
的代表工業。電子業有各種產品，諸如半導體和電路的零件、消費性電子產品、電
信設備、電腦等。

　　半導體的生產過程有設計、製造、組合、測試，設計和製造需要高層次的工程
技術人員，而組合和測試用的是低技術勞工，因此組合階段的生產過程都盡可能設
廠於世界上勞動成本較低的地區；至於設計、研究，以及較複雜層次階段，仍傾向
於工業化地區內設廠，而通常在多國籍企業的母國內。

表 2.3　福特歐洲本部的零件運送供應網路

英　國	挪　威	丹　麥	瑞　典	荷　蘭	法　國
連軸器、點火裝置、排氣裝置、油幫浦配電器等等	排氣裝置、輪緣、輪胎	風扇皮帶	水管纖維、汽缸、螺釘、排氣管	輪胎、塗料、車體	傳動箱、汽缸、主汽缸制動器
西　德	加拿大	澳　洲	美　國	比利時	西班牙
油箱、排氣、點火裝置、轉換器、電池等等	玻璃、收音機	輪胎、冷卻器、加熱設備	輪軸、水壓凸、玻璃	輪胎、座位墊、制動器、平復器	空氣調節器、冷卻加熱設備、鏡子
瑞　士	義大利	日　本			
內部塗料、計速器	汽缸器、汽化器、玻璃、燈、防結冰裝置	起動器、滾軸承、雨刷幫浦等			

資料來源：來自狄肯研究（1980）。

2.貿易保護政策影響國際分工

有關貿易保護主義，渥爾夫（Walf）認爲非關稅限制，尤其是數量上的限制將會分割市場，在保護經濟下的交易財貨被數量限制的情形下，交易財表現就像非交易財，價格亦無法顯示全球經濟進步情況。如果經濟個體無法充分貿易而被數量限制、保護主義政策，將使經濟個體萎縮，且使經濟結構發展脫出常規，而無法使國際分工充分發揮。另一方面，當關稅變動時，亦將影響經濟環境中的所有環節和獲利爲主的業者在確定供給協調方面的正常反應。關稅雖會扭曲經濟因素，也會穩定全球市場貿易進行的情況，而數量限制則會分割世界市場且阻止交易的進展。

㈢國家產業結構發展理論

1.產業結構發展理論

產業結構從經濟面分爲「一級產業」原始原料業，「二級產業」製造業，以及「三級產業」服務業；從技術發展面可分爲「勞力密集產業」、「技術密集產業」、「原料密集產業」以及「知識密集產業」。

一國之外銷產品，若以勞力密集產業爲主，是屬於生產過程的最後部分，稱爲「最終財」（final goods）；而最終財是包括最終生產財和最終消費財。企業爲了生產最終財，需要向先進國輸入原料、中間財、資本財等之生產財，因此對先進國輸入之依賴程度愈高之國家，輸出增加必更誘發輸入之增加，此種貿易構造即是典型的「加工貿易型」，也屬於「從屬型」之經濟構造。一國經濟若依賴於「加工貿易型」，其外銷成長之「波及效果」（repercussion effect）對本國國內產業並不能產生多大貢獻，反而大部分利益卻受惠給外國產業，如此產業結構，在個體企業利益雖是不變，但對國家總體經濟發展卻無多大利益。況且，全國經濟亦將受海外市場條件之變化而動搖，因此爲了脫離「從屬性」之經濟結構，達到「自立型」之國民經濟，必須努力建立健全的「產業結構」。

2.國家產業結構發展模型

「國家產業結構發展理論」（林彩梅，1982）乃是：國家經濟發展有賴於健全的產業結構，從技術面分析，產業結構分爲「勞力密集產業」、「技術密集產

業」、「原料密集產業」，以及「知識密集產業」。此四種產業變數之不同，如〔圖 2.9〕即是「開發中國家（LDCs）產業結構型態」，進展爲「新興工業化國（NICs）產業結構型態」以及「先進國家（DCs）產業結構型態」。國家經濟發展如何從開發中國家成長爲新興工業國家；而新興工業國家又如何能成長爲先進國家，必須從國家的產業結構改進。其改進方法即是先了解自己的產業結構，對於技術不足之產業引進先進國企業外來投資彌補；對利潤淡薄之產業，向開發中國家投資延長產品生命週期，重獲高利潤，如此依據國家經濟發展目標，適當地引進外來投資和對外投資，完善地利用多國籍企業之經營功能，彌補國內企業發展經營資源不足，其成果可提高國內產業結構高度化，促進國家經濟發展。

「產業結構發展模型」如〔圖 2.9〕分爲「勞力密集產業」、「技術密集產業」、「原料密集產業」及「知識密集產業」。

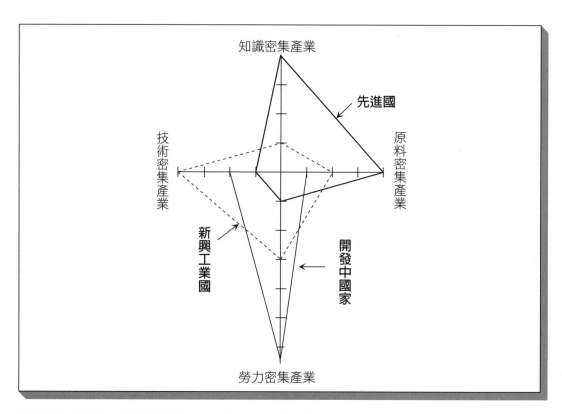

資料來源：林彩梅，《多國籍企業論》第五版，五南圖書出版公司，2000 年。

圖 2.9　產業結構發展型態

⑴圖上部是所謂「知識密集產業」（knowledge intensive industry）：
　①研究開發密集產業：生物科學、新材料科學、半導體、電子計算機、航空機、產業機器人、原子能等。
　②高度組合產業：通信機械、事務機械、NC 工作機械、公害防止機器等。
　③流行產業：高級衣類、高級家具、電子樂器等。
　④知識產業：資訊處理機、電腦軟體。
⑵右邊是「原料密集產業」（capital and raw material intensive industry）：如鋼鐵、塑膠、纖維、紙漿、化學原料等。
⑶左邊是「技術密集產業」（capital and machinery intensive industry）：如家庭用具、電子電器產品等。
⑷圖下方則為「勞力密集產業」（unskilled labour intensive industry）：包括紡織業、服飾業、家具業等。

　　從技術面分析，一個產業結構的發展程度（林彩梅，1982）如上述四項分類，依各產業制，外銷總額分四大類計算各項密集產業的百分比。由這四項百分比的數值分析，可看出一國的經濟發展程度，其產業結構近於勞力密集產業 70%、技術密集產業 20%、原料密集產業 10%、知識密集產業 0%，為「開發中國家產業結構模型」；30%、40%、20%、10% 為「新興工業化國家產業結構模型」；10%、10%、40%、40% 為「先進國家產業結構模型」。

四、對外投資理論

　　由於企業活動的複雜性，諸如活動本質係利潤極大化、企業機能與管理機能的交互運作，任一因素的變動都會影響到企業的決策，若僅單一層面或幾個因素來說明國際投資的整個活動，都不免失之偏頗。如 Hymer（1996）、Kindleberger（1969）說明了廠商擁有獨特優勢，能在不完全競爭市場中獲取寡占利益；產品生命週期（PLC）理論（Vernon, 1966）係解釋廠商為確保及擴張市場延長生命週期而選擇海外投資；投資理論（Aliber, 1971）則強調因不同貨幣區（currency area）

的資本化利率不同而促使廠商投資獲取利益；小島清（1973）貿易導向的投資理論則說明日本不具比較利益的廠商向外移轉的過程；內部化理論（Buckley & Casson, 1976）則偏重於內部市場所創造的利益。

㈠貿易導向投資理論

依小島清的分析，因貿易導向而對外投資（Foreign Direct Investment, FDI）的動機可以分爲三類：天然資源導向、勞動導向、市場導向。天然資源導向（natural resource oriented）因投資國會進口天然資源；勞動導向（labour oriented）因其產品生產成本較低，具有國際市場競爭上的比較利益；市場導向如下分三類：

1. 貿易障礙型的 FDI：從投資國進口零配件、中間原料、機械、設備、技術等，爲貿易導向。
2. 寡占型的 FDI、美國的 FDI 多屬此類，爲逆貿易導向。
3. 生產與行銷內部化式的 FDI，亦爲逆貿易導向。

小島清教授進一步將直接投資理論分爲二種類型，即總體經濟分析方式以及個體經濟分析方式，並將日本企業的對外投資歸類爲總體模式，其特色爲天然資源導向及勞動導向，故爲「順貿易導向」（Protrade FDI）的對外直接投資。至於歐美企業之對外直接投資則歸類爲個體模式，或稱之爲「國際企業方式」（International business approach），其特色爲「逆貿易導向」（Anti-trade direction）。

小島清教授對日本型的對外直接投資分析的立論基礎，沿續傳統貿易理論方式，在完全競爭市場，固定規模報酬，沒有交易成本、關稅障礙的假設下，若資本不能在國際間移動，則貿易的方向會依比較利益的原則進行。若國外投資機會開啓時，則日本（投資國）呈比較劣勢的邊際產業（marginal industry），進行技術移轉式的直接投資。由於被投資國具有較豐富的要素（factor endowment; location-specafic），引進日本之直接投資後，能以更有效率的方式生產，因此可提高品質、降低成本、從事國際競爭，並可回銷至日本，故對貿易的發生有正面的助益。

至於美國企業的對外直接投資，小島清教授認爲被投資國因資本的流入，而使資本密集財產出增加，勞動密集財產出減少，因此生產結構的調整與資本流入前相反，貿易量因進口替代財產的發展而減少，小島清認爲美國企業的對外投資即屬於此種類型。

(二)不完全競爭市場

Hymer（1976）將 FDI 的型態分為二類，一類與 Porfolio investment 的型態類似，即因利率的差異造成資本的移動，但因對國外被投資者的不信任或考慮匯率變動的風險，故以直接投資取代。第二類型的直接投資則緣於控制的需求，控制的目的則來自欲減少外國或第三國的競爭或可以完全地獲取特定技術和能力的報酬。

在一個不完全競爭市場中，由勾結的方式能獲較佳的報酬。勾結的型態之一是許多各類的企業由一家廠商所擁有及控制，這是廠商控制國外公司的動機之一。此外在同一產業中，廠商的營運能力均不相同，具有較佳利基的廠商亦可能會在國外市場獲得較佳的利潤，廠商亦可出租或銷售所擁有的利基（技術），決定的因素端視利基市場的完全性，若為不完全競爭市場，廠商可因其利基而採取直接投資而獲完全的利益。

Hymer 進一步分析，並認為廠商具有先天的競爭優勢下，國際企業必須具有一些補償性的利基以與地主國廠商競爭。Kindleberger 將這些利基列出，包含商標、特殊行銷技術、獲得特別技術、整體的管理技術，以及垂直整合的經濟，Johnson 特別強調具有「公共財」性質的利基，Caves 認為是產品差異化，而 Hirsch 強調是過去研發的成果（Dunning, 1981）。

(三)產業組織理論（Industrial Organization Approach）

產業組織理論常被引用的對外投資理論，這種研究方法被稱為「寡占競爭模型」。它最先由 Hymer（1976）所提出，然後經 Kindleberger（1969,1970），Caves（1971, 1974）以及 Knickerbocker（1973）等加以補充，成為研究外資理論中非常重要的一環。

產業組織理論主要著重在市場不完全，造成寡占，發揮廠商特有的因素力量（獨特技術、管理技術、大規模、廣告密集）以及產業（業品）特有的因素力量（技術密集、稀有原料、寡占等）進行對外投資。換言之，此項理論從不完全競爭市場所造成的寡占結構出發，討論對外直接投資如何受到廠商特有的因素和產業（產品）特有的因素所影響。

廠商特有（firm-specific）的因素而論：依據 Stephen Hymer 教授之理論，廠商

至國外投資，乃是利用它特有的一些能力，以獲得經濟利益。這種能力主要是：獨有的技術、企業規模大，以及使產品與眾不同。就獨有技術而言，Vernon 認為此一利益足以阻止其他競爭者的加入，因而廠商大可進行國外投資，在地主國取得競爭優勢。就規模上而言，首先是生產的規模經濟，其次是易於取得低代價的融資，再次是具有較多的國際經營經驗及有關國外商情的知識。就產品與眾不同而言，可由廣告密集來測度。廣告方面的規模經濟可使多國籍企業降低單位拓銷成本，這又構成「進入障礙」（barrier to entry）。

　　產業特有（industry-specific）的因素而論：主要有技術密集、接近稀有資源，以及寡占性反應等三種。依據 Stephen Magee 教授之理論，以產業技術循環觀念來說明技術的利益，多國籍企業是擅長創造技術，其次，尖端技術不易被人模仿，因而多國籍企業更能據有此技術所產生的報酬，況且，技術的移轉如果經由內部通道，其效率將較經由外部市場為高。因此，獨占或寡占的存在必然鼓勵了研發及尖端技術的產生。至於接近稀有資源，對於那些原料占極重要地位的產業而言，為取得資源而對外投資實屬非常自然的事。

(四)產品循環理論（Product Cycle Hypothesis）

　　Vernon（1966）的產品循環理論係擷取國際貿易理論中比較利益原則的精神，能有效地解釋廠商對外投資的行為。Vernon 將產品的生命週期分成三個階段，在「創新期」，由於產品尚未定型而開發成本高，因此新產品多先在高所得國家被發明出來，然後生產、銷售，甚至輸出到其他高所得國家。到了產品進入「成長期」後，國內外市場都擴充得很快，但是生產的技術逐漸為其他（國內）生產者所知。這時候原先的創新者就開始面臨價格的競爭。正由於在這段期間，產品已逐漸定型，生產成本仍取決於勞動成本，於是尋找低工資的地區進行生產，便成為降低成本的重要手段，這就是對外投資。隨著產品的日趨標準化，成本的考慮或價格競爭的壓力更形加重。這時候投資的地區會進一步移向工資更低的地方生產，或者原來的生產者會退出該產品市場。由於產品的地點會隨著產品本身的發展階段，以及產地比較利益的改變而跟著改變，這是為什麼有人認為產品循環理論是傳統國際貿易理論的延伸，或一種動態比較利益原則的原因（Johnson, 1970）。

　　產品循環理論也提供了幾項可驗證的假說。首先，這類投資與貿易有關。換言

之，外資在地主國生產的產品並不一定是為了滿足當地市場的需要，也可能用於出口。由於開發中國家與已開發國具有明顯不同的比較利益，後者到前者投資的方向就可能受比較利益原則的指引，而投資的目的就是想利用地主國低工資的比較利益，將產品生產出來供當地使用或出口。

R. Vernon 的產品循環理論在解釋已開發國家前往開發中國家的投資上，得到許多實證研究的支持（Heilleiner, 1973）。即使在解釋已開發國家間彼此相互投資上，也有其適用性（R. Vernon, 1979）。然而在八〇年代，R. Vernon 自己的研究發現，產品的生命週期有縮短的現象。譬如在五〇年代前半期，新產品在開發一年後即移轉到子公司生產的比例只有 7.5%，但是到七〇年代的前半期，同一比例提高到 35%、此外，產品的創新地區不再限於美國，歐洲與日本也同樣有創新的能力。甚至在一些工業化速度較快的開發中國家，廠商已有能力修改或吸收歐美國家的技術，或研究出適合當地環境的技術，而開始另一種型式的產品循環過程，甚至進一步向其他開發中國家投資（Lecraw, 1977；Schive & Hsueh, 1985）。

九〇年代後半期，先進國家均積極研發新產品，為優先獲取擴大世界市場之高利潤，有些 MNE 不申請專利權或盡速以高價格在產品成長前期即銷售技術給他國。

㈤內部化理論

根據 Buckley & Casson（1976, 1982）的分析：

現代企業所從事的各項活動如行銷、研發、訓練、資金調度與取得等彼此均互相關連且與中間財貨的流動連接在一起，中間性財貨除了半成本品外，經常包含了其他的型態如專技知識（knowledge and expertise）、專利權（enbodied in patents）、人力資本（human capital），有效地組合這些特殊的中間性財貨需要一系列的中間性財貨市場，但這些市場通常很難組成，因此為了改善這些市場的組織，企業的組織會做一些本質上的改變（radical change），其中的一種（one aspest）就是多國籍企業的成長。假設，依其生產重要因素分別在 10 個地主國子公司投資生產十倍，而互相貿易組合可達成本低，品質好的成果。

1. 廠商在不完全競爭市場下，追求最大利潤。
2. 中間性產品市場誘因（incentive）促使內部市場形成。
3. 市場內部化若超越國界，就形成多國籍企業。

市場內部化可帶來的效益包含：⑴ 可因應遠期市場的可能變化；⑵ 可以差別取價，不受替代品的威脅；⑶ 可規避買方賣方的不確定性；⑷ 可減少定價議價的成本；⑸ 可規避政府的行政限制。而內部化過程所耗費的成本支出則包含：⑴ 較高的資源資本（higher resource cost）；⑵ 較外部市場為高的運輸（communication）成本；⑶ 政治上問題所造成的成本支出，如歧視沒收；⑷ 行政管理成本支出的增加。

Buckley 認為中間性產品市場內部化的原則為利益等於成本即可進行內部化（undertaken up to the margin where the benefit are equal to the costs），適合上述條件的產業為：⑴ 不同型態的專業知識；⑵ 易損毀的農產品；⑶ 資本密集的中間性財貨；⑷ 原料。

㈥OLI 優勢理論

多國籍企業對外投資之決策過程繁雜且難以周延考慮，為了解釋 MNEs 的行為並做出一般化的模式，Dunning 教授（1996）對此作了詳盡之研究。他認為，廠商對外投資需衡量三種優勢之結果後，再做策略性的決策。這三種優勢包括「所有權優勢」（Ownership-specific advantages）、「區位優勢」（Location-specific advantages）及「內部化」優勢（Internalization-incentive advantages）。「所有權優勢」係指廠商相對於競爭者而言，擁有某些財產權、無形資產（如創新能力，累積之經營知識等）及共同管理之優勢；「區位優勢」係指地主國提供的生產優勢條件，如資源稟賦、市場規模、技術能力、基礎建設、地理遠近、政府之優惠措施及政策等，能夠創造特有之當地優勢；「內部化優勢」係指母國廠商自設海外子（分）公司方式所獲取之利潤高於透過市場議價機能（如技術授權）所獲得者。

OLI 優勢理論在原則上的確涵蓋了每一分析層次：產品、廠商、產業及一國經濟所有與市場有關的因素，並詳述了企業管理者與政府有關人員在作決策時，所須考慮的種種問題。一般而言，任何一個母國廠商在考慮對外投資時，所考慮的項目都不脫上述三種優勢的影響。簡單而言，OLI 理論乃廠商以特有的自擁優勢，尋找具有當地優勢的國家或地區進行直接投資，而以內部化的結果決定投資的型態：當廠商擁有特殊性資產，為發揮該優勢，會擴大產能向外直接投資，在投資的決策過程當中，廠商會尋找有利於所有權優勢發展的區位；為了降低交易的不確定性與風

險，將外部市場內部化。因此，Dunning 教授的 OLI 理論（1993）可說是著重在對
外投資的決策過程，內容分析如下：

1. 所有權優勢（O）（Ownership-Specfic Advantages）

多國籍企業進行海外投資時，在資源之取得及對市場之熟悉程度方面，都較地
主國廠商為弱，在其他管理功能的發揮上，也不像在母國般容易。因此，多國籍企
業必須擁有特別的優勢條件，以彌補前述的缺點。優勢內容如下：

　⑴所有權資產優勢：創新能力，研發密集度，勞工技術。

　⑵金融資產優勢。

　⑶產品差異化能力。

　⑷工廠規模經濟。

　⑸公司規模經濟。

　⑹供需市場之互動能力。

　⑺天然資源的可獲能力。

2. 區位優勢（L）（Location-Specific Advantages）

區位優勢乃指地主國所具備的優勢條件，可以當地廠商與外來廠商共同享有。
多國籍企業為維持市場優勢，或是為延伸國內市場、經濟規模的量、順利取得資
源、防止競爭者的進入市場等因素在進行海外投資時，要選擇對自身最適合的區
位。以結合當地的資源和本身的能力，提升企業在當地的競爭力。優勢內容如下：

　⑴實質工資成本。

　⑵貿易障礙。

　⑶市場規模。

　⑷市場特性。

　⑸國內生產毛額成長率。

　⑹心靈距離。

　⑺創新能力。

3. 內部化優勢（I）（Internalization Incentive Advantages）

當企業由外部市場取得中間財貨、人力資源、專門知識、技術、資訊，有所困

難或成本太高時，會促使企業進行內部化的活動，依比較利益的原則，將生產、行銷、研發等，活動，利用價格移轉機制，安排給企業各地的生產網路或行銷網路，以創造最大的利潤；所以，簡言之，企業進行內部化的最主要原因，是爲了要降低交易成本，公司經由層級組織進行海外直接投資的成本，要比依賴市場交易的成本低。這樣的行爲，最大的目的就是避免過高的交易成本，與避免 know-how 技術的喪失。優勢內容如下：

(1)節省尋訪及協商成本。

(2)節省毀約及訴訟成本。

(3)降低士氣障礙及保護公司名聲。

(4)對未來市場失靈之因應。

(5)可以更加完整控制通路。

(6)可以確保產品品質。

(7)可利用內部價格移轉爲競爭策略。

(8)可對地主國採用差別稅率。

(9)母子公司相互配合的經濟效果。

(七)協議分工理論

協議分工理論（Theory of Agreed Specification）是日本小島清教授（1988）所研究，其內容強調規模經濟的重要角色，以及此種經濟規模下，協議分工的利益。和一項未受束縛的競爭狀態相比，協議式分工能導致更有效率的生產，因爲它允許廠商、產業，或者國家，能夠獲得較低單位成本（來自較大的市場和產量）的利益。

進一步而言，對於國際貿易，協議分工能夠增加利益。如果對外直接投資資本轉移，而技術合作是在地主國的分工部門之下進行，MNE 能夠協助市場開發，也能促進產品開發，特別是符合投資國（及進口國）市場之需要。再者，技術合作能夠協助地主國生產的品質管制與提高生產力，因此，直接投資輔助的角色是具體的。

分工的觀念似乎簡單，然而爲何需要協議呢？一般而言，協議是必要的，因爲市場並未提供兩國進行貿易與分工的誘因。進一步問題在於協議方向，若缺乏協議，則無法達成共識而只有冒險。爲了使分工發生，必須有某機構負責：(1)決定

分工的方向；(2) 激勵分工產業初期成本的降低。只要初期成本降低，及國際貿易開始，分工產業國將可享有成本利益，而由其他國家類似廠商的生產終將停止，因為無法競爭。換句話說，為了實現分工的利益，許多初期的衝擊必須改變具有改變性成本的比較成本（comparative costs with the altered costs），然後引導分工的方向。要表現這種現象而沒有某種協議是很困難的。

　　協議在這些利得相當均等的分配時，當然很容易達到。他們也較容易獲得，如果分工發生在一項產品基礎（product basic）的產品，例如：大小車輛；而如果是發生在廣泛的產業水平，例如：鋼鐵和汽車業，則不易獲得。集中於產品水準將協助維持利得的大致平均分配，這項事實暗示協議可能在生產與消費類似產品的國家之間較易達成。

　　另一方面，另有其他的因素來促進分工協議，例如：兩國與第三國（在某產業因規模經濟的實現而有較低的成本）競爭。假設這兩國中的一國停止了生產，而從另一國進口，第二個國家將可生產本國與另一國之需求量，由此，生產規模增加而提高競爭力。協議分工允許第二國的產業在世界市場變得較具競爭力，而由增加的出口利得在二國之間重分配，如〔圖 2.10〕。更進一步，為了使這個例子較合理，二國必須先保護該產業，因而，除了由一國獲得了分工利得，該二國也能從貿易變化的移轉獲得可能的利益。

　　最後的分析，在生產規模經濟下，分工的利得在沒有某種協議下（於分工國之間）似乎極不可能實現。另一方面，若達成協議的程序過於麻煩，則如此的協議將不可能具體化。有許多明顯的或者隱含的方法能使這些協議發生。在某些地區性的團體，例如：EC、ASEAN 等，可能是適當的。任何情況下，交涉將必須具有合作的關係。

(八)多國籍企業之經營策略

　　多國籍企業經營成功與否，在於其經營策略功能之發揮，多國籍企業經營策略內容，依 Richard D. Robinson（1984）認為應包括如下 1～7 項，以及其他學者共有 12 項，分析如下：

　　1. 行銷策略：需考慮行銷的實體（商品與服務、技術產出）、行銷標的（潛在市場的分析）、市場調查與浸透、時間的視野、外國市場流通經路的選

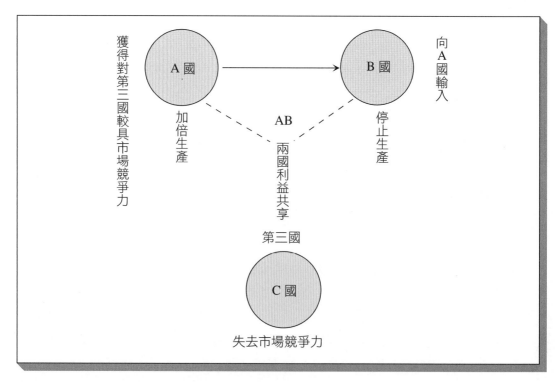

圖 2.10　協議分工與利得分配

擇、顧客服務、產品促銷的選擇、製品的供給源、價格的形成。

2. **勞資關係策略**：需考慮對從業員的責任、經營參加的程度、勞動組合對策、募集從業員與職務薪資、職業訓練與能力開發、薪資與獎金。

3. **人事策略**：依考慮海外經營者的選定，海外勤務的準備、海外經營者的晉升、報酬、管理型態的選擇、管理行動考察。

4. **所有策略**：需考慮所有型態，國際企業所有權利與資產、當地所有權利與資產、外國合作企業的選擇。

5. **財務策略**：需考慮價格移轉之設定、資金種類、投資的實體。資金調度來源、對收益流程請求權的保護（政治風險、外匯風險）。

6. **法務策略**：需考慮企業法人的組織型態、獨占禁止法、財產權的保護、稅法。

7. **經營目標策略**：需考慮策略的法定權、企業進化論的發展、內部構造、經營計畫、戰術意思決定權限、業績報告方法、業績評價。

8. **技術策略**（齊藤優，1979）：需考慮 R & D 資源的世界性利用，世界性技術管理，技術輸出策略。

9. **經營風險策略**（江夏健一，1988）：需考慮風險分類（基本風險、投機風險），經營風險的對策原則，多國籍企業與經營風險、管理型態與風險。

10. **價格移轉策略**（中迫陽治，1988）：需考慮從交易型態的價格設定，外部價格的設定方法，國際環境下的變數與價格移轉之設定（所得稅、輸入稅、通貨膨脹、政情改變、經濟性之限制、海外子公司財務狀況、競爭優勢）。

11. **國際課稅對應策略**（入江豬太郎，1974）：需考慮國際課稅原則，外國稅額扣除、稅金的延納、納稅迴避策略、外國的所得與本國的所得、理想的國際扣稅原則。

12. **企業內貿易效果策略**（林彩梅，2000）：為提高母子公司銷售總額，降低母國對地主國之貿易順差，減少國際貿易摩擦問題，促進外來投資高科技之移轉。策略內容包括，輸出代替效果，逆輸入效果，輸出誘發效果，輸入轉換效果。

多國籍企業經營策略的成果在於提升經營績效，而小林規威（2007）認為應考慮研究開發能力、新產品比率、行銷能力、市場占有率、投資報酬率、銷售成長率、員工安定性、員工士氣、收益成長率。江夏健一（1988）認為應考慮研究開發能力、市場占有率、收益成長率、員工安定性、員工士氣、銷售成長率、資產流動率；Richard D. Robinson（1985）認為應考慮投資報酬率、收益成長率、資產流動性、研究開發能力、市場占有率、銷售成長率、員工福利、員工安定。

㈨**產業競爭優勢鑽石理論**

波特（Michael Porter, 1990）發現國家環境對企業競爭成功有關鍵性的影響，它可以是產業發展的助力，也可能是障礙。他認為創新（Innovation）是創造及維持競爭力最好方式。波特一針見血地指出：「國家與產業競爭力的關係，正是國家如何刺激產業改善和創新的關係」。提出了著名的「菱形鑽石理論」；波特認為有

二組因素（第一組：生產要素、需求條件、相關與支援產業、企業策略、企業結構同業競爭；第二組：機會、政府）影響產業的競爭優勢（圖2.11），儘管國際化的潮流洶湧，但國家競爭優勢的因素重要性不但沒有減少，反而更加穩定。

1. 第一組　基本因素（靜態發展）

(1) **生產要素**（Factor endowments）：包括人力資源、自然資源、知識資源、資本資源、基礎資源是產業最上游的競爭條件。

- **人力資源**：即工作量和技術能力、人事成本（含管理階層），同時也考慮標準工時和勞動倫理的表現。
- **天然資源**：這個範疇包含先天資源的充沛與否、品質優劣、土地價格、水力、礦藏、林產、水力發電、漁場及其他有形資源。氣候與國家的地理位置、面積一樣，也算是天然資源的一種。

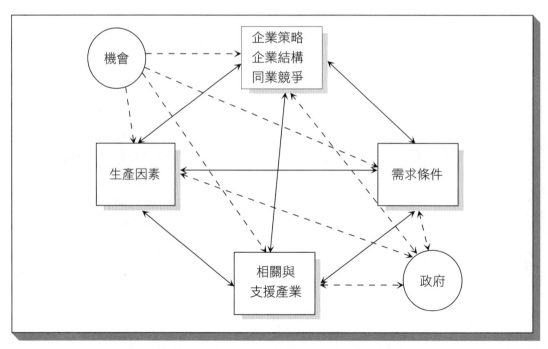

資料來源：波特，《國家競爭優勢》，李明軒、邱如美合譯，天下文化出版，1996年。

圖 2.11　鑽石理論：決定國家經濟優勢的鑽石體系

- 　知識資源：一個國家在科學、技術和市場知識上的發展，也會關係到產業產品和勞務的表現。知識資源存在於大學、政府研究機構、私立研究單位、政府統計部門、商業與科學期刊、市場研究報告與資料庫、同業公會及其他來源。
- 　資本資源：每個國家金融產業的資金成本、可運用的資金總額有很大的差異，可以透過信用貸款、抵押貸款、垃圾債券（指高風險、轉讓頻繁的股票）和風險性投資（又稱創業投資）等形式運作。
- 　基礎建設：像運輸系統、通訊系統、郵政和快遞、付款、轉帳、健康保健等都屬於基礎建設的表現。它們的型態、品質和使用成本都會影響到競爭。基礎建設也包含像房屋供給和文化機構等因素，因為它們會影響到這個國家的生活品質以及人民工作、居留的意願。另一方面，勞工短缺、資源不足、地理天候環境惡劣等不利因素，反而會形成一股刺激產業創新的壓力。國家匯率持續升值也會產生相同的效果。不利的生產因素使企業的競爭優勢升級，更能持續。

(2) 需求條件（Demand conditions）：即國內對商品或勞務需求的情況及市場對產業的特殊需求，為供需之經濟基本利益。

　　國內需求市場是產業競爭優勢的第二個關鍵要素。內需市場更重要的在於它是產業發展的動力，它會刺激企業改進和創新。如下三點：①國內市場的性質，如客戶的需求型態；②國內市場的大小與成長速度；③從國內市場需求轉換為國際市場需求的能力。從競爭優勢的觀點來看，國內市場的「品質」絕對比市場「需求量」更重要。

(3) 相關及支援產業（Relating and supporting industries）：產業的供應商產業及相關產業，支援生產產業之要件是否具有國際競爭力。

　　形成國家競爭優勢的第三個關鍵要素是當這個國家和其他國際競爭對手比較時，能提供更健全的相關和支援產業。日本工具機產業能夠在國際間稱雄，是因為日本的數值控制器、馬達、相關零組件產業也是世界一流；瑞典在鋼珠、刀具等鋼製品的強勢地位，來自該國專業煉鋼產業的成就；瑞士企業在刺繡機械方面的名氣不下於它們的刺繡產品業，全球馳名的義大利製鞋業，背後包含了形形色色的相關產業的競爭力。在很多產業中，一

個企業的潛在優勢是因爲它的相關產業具有競爭優勢。因爲相關產業的表現與能力，自然會帶動上、下游的創新和國際化。像一個國家的半導體、電腦軟體和貿易等產業就會影響到許多其他產業的表現。

(4)企業策略、企業結構及同業競爭（Firm strategy, structure, and rivalry）：即如何創造組織和管理企業及競爭對手帶動進步與升級。在國家競爭優勢對產業的關係中，第四個關鍵要素就是企業。這包括該如何創立、組織、管理公司，以及競爭對手的條件如何等。企業的目標、策略和組織結構往往隨產業和國情的差異而不同。國家競爭優勢也就是指各種差異條件的最佳組合。本國競爭者的型態，更在企業創新過程和國際競爭優勢上扮演重要的角色。

以上要素企業是否能擁有資源和技術以在產業中形成競爭優勢；能否取得相關資訊以查察商機和趨勢、並妥善運用本身的資源和技術；能否建立管理者、經營者、員工的共同目標、並促使員工發揮競爭力；以及最重要的，推動企業持續投資和創新的壓力。

2. 第二組　附加因素（動態發展）

(1)機會（Opportunity）：即該國文化道德與價值觀追求理想和創新機會，改變產業結構革新致勝。如有科技創新，則可出現新產業、新原料等，可以增加企業投資的機會。機會條件在產業競爭優勢上的影響力頗大。

(2)政府（Government）：政府可以藉由政策的選擇，來改善國家的競爭優勢，是國家競爭必具條件。如政府的施政方針革新、及教育之改革政策會影響國家的要素狀況。

〔參考文獻〕

1. Haberler G. von (1936), *The Theory of International Trade, with Its Implications to Commercial Policy*, translated by A. Stonier and F. Benham, London: W. Hodge, pp.132-134.

2. 入江豬太郎（1974），《多國籍企業の財務管理》，中央經濟社。

3. 齋藤優（1979），《技術移轉論》，文眞堂。

4. Robinson, Richard D. (1984), *Internationalization of Business*, Rinahart and Wiston, New York. 入江豬太郎監譯（1985），《國際經營策略論》，日本多國籍企業研究學會編，株式會社文眞堂。

5. 入江豬太郎，「五大學派思想在國際貿易和對外投資理論不同」，《多國籍企業之新動向》，第四屆《多國籍企業國際學術研討會論文集》，中國文化大學，1988 年 11 月。

6. 同〔參考文獻 5〕，Jacob Ko1〈國際分工論證〉。

7. 中迫陽治（1988），〈價格移轉策略〉。

8. 江夏健一（1988），《グローバル競争戰略》，誠文堂新興社。

9. 日本經濟企劃廳調整局編（1989），《日本と世界を變える海外直接投資》，大藏省印刷局，依此調整結果之百分比而分析。

10. John H. Dunning (1993), *Multinational Enterprises and The Global Economy*, Addison Wesley Publishing Company Inc.

11. 波特（1996），《國家競爭優勢》，李明軒、邱如美合譯，天下文化出版。

12. 林彩梅（2000），《多國籍企業論》第五版，五南圖書出版公司。

13. 小島清，〈多國籍企業與專業化分工〉。

14. 日本通商產業省編，《通商白書 2001》，平成 12 年 5 月。

15. 日本貿易振興會編（2002），〈世界と日本の海外直接投資〉，《ジエトロ投資白書 2002 年版》，3 月。

16. 小林規威（2007），《日本の國際化企業》，中央經濟社。

Multinational   Enterprise 3

多國籍企業之環境架構

一、環境研究之重要性

　　國際企業與國內企業基本上的差異是環境因素的不同，而導致企業組織及經營行動產生許多差別。國內企業，一般並無多大變化，若有也屬少數。因為國內的企業環境因素，一般國民的價值觀、宗教及文化、社會及政治的結構與社會階層的基本組織等變數都很小，因此企業經營倘若在於國內範圍，環境對經營能力或企業行動之影響並不大。

　　企業若跨越國境而擴大其組織及活動時，環境因素即是大變數，而且時間與地點也是一個變數。同時這些因素亦非同質的定數，乃是複雜的異質變數。它不僅僅是一個單純的不同環境的複合體，而且多國舞台更是複雜的動態，瞬息萬變的，在這麼一個變動的環境中，經營上應選擇適應性最廣的方式。多國籍企業之目標及戰略為求合理化，特別是要徹底了解地主國（Host Country, HC）之環境架構（environmental structure），俗語說：「知己知彼，百戰百勝」。

　　國際環境諸因素中，何者輕？何者重？實難以分別。即使是社會、文化、價值觀之差異，對企業經營都有影響，況且其中還有部分因素較其他因素更具影響力，同時特定的環境因素又因國別而異，而有不同之組合。

　　例如：家族及親屬關係，在美國或日本的企業不致引起重大的問題，但如換為印度或阿爾及利亞的大家族制度的事業活動，其親屬關係所連帶的社會、經濟義務，對合理的經營活動將產生極大的阻礙。

　　在企業的經營上，有時對海外市場之分析，往往獲得龐大而無關重要的資料，反而混淆不清。因此，應盡量依據少數重要的決定市場因素，予以有效的分析。

　　各種因素間的相關性是個易變的變數，而環境要素無論如何分類，皆應針對企業有關之衝擊加以分析。雖然尚無法提供完全滿足的模型，然而下述各變數的理論架構已是最簡化，在研究方法上是有貢獻的。關於這種複雜課題之探求，環境要素絕不可因為其他各種因素的重要性而忽略。Farmer 及 Richman 二位教授研究提出「重要的經營要素及外部的因素」，如〔圖 3.1〕。此方法可研究國際環境及經營者行動間的相互作用，可稱是更進一層的正確研判方法。

二、環境分析之理論

(一)Farmer & Richman 的國際經營環境論

　　美國印地安那大學的法麻（R. N. Farmer）教授及洛杉磯區的多倫多阿爾尼亞大學的利奇曼（B. M. Richman）教授（1956），二人將有關國際經營中影響的重大變數，作有系統的詳細分析，如〔圖 3.1〕。二位教授提出的經營模型是經營過程的諸條件（B 要素）和國內環境因素組合（C 要素），以及國際環境條件（I 要素）的相關關係，將 B、C、I 各要素連結一起而予以計量化，在特定的環境下，可客觀地算出企業經營的總合效率（E 要素）。

　　Farmer & Richmam 模型，可從下圖得一明顯之概念：

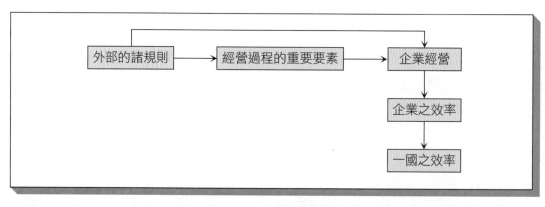

圖 3.1　經營模型

　　此模型將環境因素分為四種。C_1 表示教育（educational）的變數是 C_{1-1} 至 C_{1-6}；C_2 表示社會（sociological）的變數是 C_{2-1} 至 C_{2-9}；C_3 表示政治及法律（political-legal）的變數是 C_{3-1} 至 C_{3-6}；C_4 表示經濟（economic）的變數是 C_{4-1} 至 C_{4-8}，經此細分之後，得合計數為 29。

　　此經營過程的重要因素（經營機能）可分為十種，再將此十種細分為七十六個要素。十種要素如次：B_1 是計畫及革新、B_2 是控制、B_3 是組織、B_4 是人事、B_5 是指導、領導及激勵、B_6 是市場、B_7 是生產及採購、B_8 是研究開發、B_9 是財務、

B_{10} 是公共及對外關係，由此測定公司內部的經營效能。

　經營機能及環境變數之關係是此模型的特徵，其他學者均未作深入之分析，亦有不予重視者。Farmer 與 Richman 二人也自稱此為其研究上的寶鑑（black box）。今將環境要素對經營機能之影響，以 C－B 矩陣（matrix），表示之如〔圖3.2〕：

C　　　B	Ed(C_1) 1·········6	So(C_2) 1·········9	Po(C_3) 1·········6	Eco(C_4) 1·········8
B_1·······1	× ········· ×	× ········· ×	× ········· ×	× ········· ×
2				
⋮				
12				
B_2·······1				
⋮				
7				
⋮				
B_{10}·······1				
⋮				
6				

圖 3.2　C 與 B 之關係圖

　上表記號表示外部因素對經營要素上的直接衝擊。例如：

$B_{1-1} = f(C_{1-4}, C_{2-1}, C_{2-3}, C_{2-4}, C_{2-5}, C_{2-6}, C_{2-7}, C_{2-8}, C_{2-9}, C_{3-1},$
$\quad C_{3-3}, C_{3-5}, C_{3-8}, C_{4-1}, C_{4-2}, C_{4-3}, C_{4-4}, C_{4-5}, C_{4-6}, C_{4-7}, C_{4-8})$

　其間之關係，從同一性（identification）進而為數量化。所謂數量化是依據國與國間之比較，由順位差相對性的合計數量化，以了解外部要素之影響程度，便能測定各國的接受程度，因而企業才能決定其經營方針。例如：因產業之不同，為了配合當地環境因素，必須增擬企業內之訓練計畫。

　Farmer & Richman 的模型，以企業全體的能力經驗尺度，而提高利潤輸出額、個人所得、設備利用程度，與外國公司比較下的生產物價及長期性的革新效果，將

這些企業能力合計,即能顯示一國全體的總組織效率。

在此要談及的是經營工作(B)受當地(local)環境型態(C)之影響。多國籍經營之企業,須明瞭地主國之環境,依照當地環境因素之不同,而採取適合於當地環境的管理型態。國際經營管理比較,並無共同理想的管理型態,因此必須因應當地環境條件,採取適應環境之管理模式,即是最理想之管理型態。

國際環境 要　　素 (I)	國內環境要素(C)			
	教育 1⋯⋯⋯6	社會 1⋯⋯⋯10	法律—政治 1⋯⋯⋯6	經濟 1⋯⋯⋯8
I_1⋯⋯⋯1	×× ×	×	×	
2				
⋮				
I_2⋯⋯⋯1				
2				
⋮				
I_3⋯⋯⋯3				

註:× 記號與〔圖 3.2〕之意思相同。

圖 3.3　C 與 I 之關係圖

國際企業首先要考慮的是國與國際之間關係,各國政府都為國家主權、國民利益,對外國人、外國公司與外國政府均施予和本國國民截然不同的特殊規定。因此,國際考慮因素(I)如上圖內容:

Farmer & Richman 模型,將此國際要素分成三類:I_1 是社會的變數 I_{1-1} 至 I_{1-3},I_2 是政治、法律的變數 I_{2-1} 至 I_{2-8},I_3 是經濟的變數 I_{3-1} 至 I_{3-3}。Farmer & Richman 模型中,C 與 I 要素間有著相互密切關係,因此,亦可將 C 及 I 要素提出為一組,分析其對 B 要素所能構成的影響。

㈡Robert B. Stobaugh 環境評估論

Stobaugh 的環境評估模型最主要的內容,是提示企業應於何時投資於何地。所提出的環境影響因素,分為國家變數與產品變數。國家變數包括:⑴市場大小;⑵

投資環境優劣；⑶當地技術水準；⑷國家間距離。產品變數包括：⑴運輸成本；⑵規模經濟；⑶必需品的模仿時間。換言之，根據產品生產技術較低、模仿時間愈長者，前往設廠製造產品之時機就愈遲；而生產技術較高、模仿時間愈短者，前往設廠的時機就須愈早，依此理論分析應於何國生產何種產品。將影響因素如下之分析：

1. 國家變數（Country- related Variables）

⑴ 市場大小

其衡量的指標有：

① 國民生產毛額。

② 人口。

③ 平均國民所得。

④ 製造業生產值。

⑵ 投資環境優劣

其衡量指標有：

① 資金匯回之允許程度。

② 對外資與本國企業之差別待遇與管制程度。

③ 准許外資擁有股權的程度。

④ 當地物價穩定程度。

⑤ 當地政治穩定程度。

⑥ 給予關稅保護之意願程度。

⑦ 當地資金可用程度。

⑧ 外匯匯率穩定程度。

⑶ 當地技術水準：地主國如果有某種技術未開發，則應前往投資，否則當地技術水準提高後，會失去市場，所以技術水準愈高的國家，模仿技術時間愈短，應盡速前往投資。

⑷ 與主要供應產品國之間的距離：當距離愈遠時，因運費愈高，故宜迅速前往設廠。

2. 產品變數（Product-related Variables）

⑴ **運輸成本**：若產品價格比運輸成本高很多時，則模仿的時間將會縮短，若運輸成本比產品價格高時，則需盡速前往消費地設廠。

⑵ **規模經濟**：製造過程若有較低之經濟規模，則模仿的時間也將大為縮短，故也宜盡速前往當地設廠。

⑶ **必需品或奢侈品的模仿時間**：必需品的模仿時間短，而奢侈品則較長，故必需品宜盡早前往當地設廠。

綜合國家變數與產品變數，製作成一矩陣，而將各國家、產品加以圈選，得出適合投資的國家與產品，如〔圖 3.4〕之矩陣：

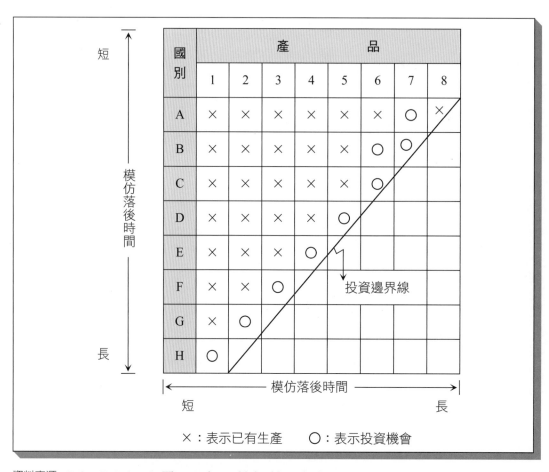

資料來源：Robert B. Stobaugh, *Where in the world should we plan?* Harver Business Review, Jan-Feb 1979.

圖 3.4 國家產品組合矩陣表

㈢C. W. Skinner 環境細分論

　　Skinner 的環境細分論，重點在於如何因應外國環境選擇適應的生產制度，在海外設立子公司，於不同環境下生產。但是一般國際經營論對生產研究者較少，而 Skinner 的研究卻能注意到對此缺點彌補之價值。環境架構存在著複數的問題，Skinner 的研究是如何因應外國環境選擇適應生產制度，如〔表 3.1〕即顯示環境對生產制度之影響。其內容特徵是將每個環境要因具體明示，並指出波及影響的第一次效果和波及效果。

　　海外投資，投資國的經營者在不單純的政治面與經濟面的環境中，欲調整經營，將有很多問題產生，尤其是異文化制度的衝突為爭執的起因，造成技術或組織上的各種問題，也是造成人際關係問題的重要因素，對製造作業上有更多的衝擊。

　　環境要因分為經濟面、政治面、社會面三大類。而經濟面又分為：⑴費用；⑵當地充實程度；⑶當地技術水準；⑷行銷。政治面分為：⑴外來投資法；⑵政府對外國產業的態度；⑶許可和認可；⑷政府的規定；⑸經濟利益團體。社會面分為：⑴教育水準；⑵都市與農村人口比率；⑶人口移動；⑷對企業之態度；⑸勞工工會的勢力；⑹少數團體的地位；⑺民主制度。從環境要因再分析「初次影響」及「波及影響」，其內容值得企業家的參考。

㈣投資環境評價基準

　　日本的三菱綜合商社所採用的投資環境評價基準的重點，在於同一共同市場條件下，欲從很多會員國中選出較理想的投資環境時，最宜採用的簡單模型。然後再將選出之國家依照Farmer & Richman環境要素作詳細分析，為最理想之分析方法。

表 3.1　環境對生產制度之影響

	環境因素	初次影響	波及影響
經濟面	**費用：** ⑴利息 ⑵原材料、零件費 ⑶勞工薪資 ⑷設備費 ⑸稅金 ⑹公共設施費	庫存、設備的選擇 購買組織 設備決定 技術的戰略 純利益 工場地點	業務表、熟練勞力、監督 自製或購買的決定 訓練、薪資體系 資本密集或勞力密集 投資收益 生產過程的選擇
	當地充實程度： ⑴外國貨品 ⑵資本 ⑶勞工 ⑷衛星工廠 ⑸原材料供給者	輸入能力 借貸能力 選拔、訓練 投資所需金額 工場地點	生產或購買之預定表 庫存政策 勞務關係 所需的熟練技術 設備、修繕、維持
	技術水準： ⑴勞動工作熟練與知識 ⑵監督 ⑶技術師 ⑷中階層原經營者 ⑸連絡服務 ⑹購買的熟習程度 ⑺公共設施 ⑻運送 ⑼預備零件的充足性	設備與生產方法 勞工的生產性 海外工場的技術獨立性 必要的海外駐在人數、熟練程度 顧客、運送者關係 特性、交貨 服務的信賴性 倉庫的設備、所需庫存額 操業中止的時間	訓練、監督、勞工員工福利 勞資關係 生產過程的費用、優秀程度、信賴性 本部職員的服務必要性 工場地點、各地事務所 業者的援助程度與種類 設施準備 計畫、預測 庫存計畫
	行銷： ⑴購買力 ⑵競爭價格 ⑶配銷通路	市場規模 營業利潤 交貨需要量、顧客所需之服務	工場規模 原價控制 庫存管理表
政治面	外來投資法	課稅、獎勵、風險	創業過程
	對外國產業的政府態度	政府的協力	中階層管理者的組織
	許可、認可、文書作成	有必要和政府連絡的專家	先作生產預定表

	政府的規定：		
	(1) 產品內容	必要的設備	所需的費用與資本
	(2) 勞工條件以及福利設施	勞工費用	設備戰略
	(3) 外國貨品	本公司生產或輸入	增大當地的伸縮性
	(4) 品質	產品特性自由變更	品質管理
政治面	(1) 對公司之關係	短期的決意	對前例關心增加
	(2) 僱用外國人	經營開發	母公司的人才援助
	(3) 過程及設備	使用當地設備	維持
	(4) 工場地點	勞力供給、轉移住宿	過程的選擇
	(5) 擴張	並非擴張時期最理想	設備能力過剩或過少
	(6) 利潤回送母國	財務政策	改變當地子公司投資目的
	(7) 競爭	價格規定	依賴政府
	(8) 配給	政府所設立之通路	完成品的庫存
	(9) 供給者	政府獨占	品質與交貨
	經濟的利益團體、勞工工會、農民、企業的政治力	政治氣氛：課稅制度、勞工工會、輸入、輸出	購買、勞資關係
社會面	教育水準	僱用人選	訓練
	都市與農村人口比率	僱用的持續性	訓練費用
	人口移動	工場地點	提供住宅
	對企業之態度	管理者的優劣	母公司人才援助
	勞工工會的勢力	監督技術	處理陳請手續
	少數團體的地位	人際關係	僱用實務
	民主制度	勞工態度	監督的慣例

資料來源：Skinner C. W., *American Industry in Developing Economies*, The Management of International Manufacturing, N. Y., 1968.

投資環境評價基準如〔表 3.2〕，分爲：

1. 經濟活動水準，包括：(1) 工業生產成長指數；(2) 產業近代化指數。

2. 地理條件，包括：(1) 工業用地條件；(2) 運輸體系。

3. 勞動條件，包括：(1) 薪資水準；(2) 確保勞動力。

表 3.2　投資環境評價基準

評　點　因　素	權數	評　價　基　準
⑴ 經濟活動水準：	1	投資對象之經濟活動水準，其成長率及工業化程度
①工業生產成長指數	1	工業生產成長率
②產業近代化指數	1	工業之比重，產業現代化程度
⑵ 地理條件：	2	對工廠立地有直接關連要素之評價
①工廠用地條件	3	用地規模、價格、附帶之條件，依地域別之檢討為評價
②運輸體系	2	公路、鐵路、河川、海上運輸及相關設施
⑶ 勞動條件：	3	勞動成本相關連之評價
①薪資水準	3	直接薪資加上福利制度、獎金制度及勞工素質為比較
②確保勞動力	1	能確保之勞工人數，該地之失業率，依一般之可能性加以評價，以及勞工之教育程度
⑷ 獎勵制度：	1	由於投資而可能取得之獎勵制度及運用之效率為評價
①獎勵之取得	3	獎勵之種類、引進之需要、引進外資積極之稅度
②制度運用情形	2	獎勵之彈性、行政手續之效率性及當地企業和工會對外資之反映態度評價

資料來源：日本 MRI 三菱綜合研究所，「對歐直接投資戰略新展開」所採用之研究分析方法，1974 年 12 月。

　4. 獎勵制度，包括：⑴ 獎勵之取得；⑵ 制度運用情形。

　　權數認為最重要的為 3，其次為 2，一般為 1，有時因投資產業內容之差異，權數亦可變動。〔表 3.3〕是東協五國投資環境條件的實例，依〔表 3.2〕的投資環境評價基準，是以五分法所訂分數乘以權數而得。

表 3.3　東協諸國之投資環境綜合評價

（綜合評點）

評點因子	權數	投資型態（勞力密集、外銷型、投資型態）				
		馬來西亞	印尼	泰國	菲律賓	新加坡
⑴ 經濟活動水準：	1	90	50	60	40	100
①工業生產成長指數	1	4	3	4	3	5
②產業近代化指數	1	5	2	2	1	5
⑵ 地理條件：	2	176	104	136	120	200
①工場用地條件	3	12	9	9	9	15
②接近市場輸送體系	2	10	4	8	6	10

(3) 勞動條件：	3	240	225	240	225	255
①薪資水準	3	12	12	12	12	12
②確保勞動力	1	4	3	4	3	5
(4) 獎勵制度：	1	80	40	60	60	100
①獎勵之取得	3	12	6	9	9	15
②制度運用情形	2	4	4	6	6	10
評　點　合　計	700	586	419	496	445	655
綜　合　評　點	點	84	60	71	63	93
評　點　次　序	滿點	②	⑤	③	④	①

資料來源：筆者研究（以 5 分法設定評點）。

三、國際經營比較之模型

國際經營比較模型的諸要素分析如下，如〔表 3.4〕：

表 3.4　Farmer & Richman Model

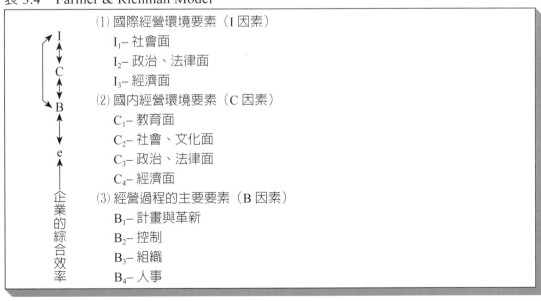

(1) 國際經營環境要素（I 因素）
I_1– 社會面
I_2– 政治、法律面
I_3– 經濟面
(2) 國內經營環境要素（C 因素）
C_1– 教育面
C_2– 社會、文化面
C_3– 政治、法律面
C_4– 經濟面
(3) 經營過程的主要要素（B 因素）
B_1– 計畫與革新
B_2– 控制
B_3– 組織
B_4– 人事

I
C
B
e
企業的綜合效率

B_5– 指揮、領導、激勵

B_6– 市場

B_7– 生產與採購

B_8– 研究發展

B_9– 財務

B_{10}– 企業對外關係

資料來源：Farmer & Richman, *Comparative Management and Economic Progress*, Homewood, p. 111, 1965.

㈠經營過程

以下將介紹有關經營過程之要素，稱為 B 因素。Farmer 及 Richman 教授將此要素分為下列十大要項，並細分為七十六個副因素。

1. B_1– 計畫與革新（12）

⑴企業目標與目標實現的型態。

⑵利用計畫的型態。

⑶計畫與計畫的時間範圍。

⑷有關企業活動的計畫程度與範圍。

⑸計畫的流動性。

⑹計畫與決策的方法、技術與工具。

⑺從業人員參與計畫的程度及其效性。

⑻在計畫過程中，管理者所扮演的決策行為。

⑼計畫情報不確定之程度。

⑽科學方法之有效運用程度。

⑾特定期間內，企業經營上革新與冒險的性格、程度、速度。

⑿企業經營上，力求變化與引入技術革新的難易程度。

2. B_2– 控制（7）

⑴基於職能別立場，所採取的戰略行動與控制基準的型態。

⑵利用控制技術之型態。

⑶爲控制目的所使用之情報回饋系統之性格與結構。

⑷錯誤矯正的時機與手續。

⑸人員控制的嚴鬆程度。

⑹綜合控制系統的採用與未經預測而發生效果的程度與性格。

⑺爲使經營能依從計畫所建立的控制系統之有效性。

3. B$_3$- 組織 （11）

⑴中心企業與其主要附屬機構之規模。

⑵權限的集權化與分權化之程度。

⑶作業的專門化與分業化之程度。

⑷管理幅度。

⑸將部門別組織或活動予以分類的基本型態；幕僚或服務部門運用的程度。

⑹一般幕僚與專業人員運用之程度。

⑺職能別權限運用的程度。

⑻權限與責任關係中，所發生的組織上的混亂與衝突的程度。

⑼根據委員會或集團從事決策的程度。

⑽非正式組織運用的程度。

⑾創造變化條件，或處理這些變化條件的正式組織的機能與其彈性程度。

4. B$_4$- 人事 （10）

⑴採用從業人員所使用的方法。

⑵從業人員選考與晉升所使用的基準。

⑶從業人員評價上所使用的技術與基準。

⑷工作說明書的性質與利用。

⑸報酬水準與福利輔助的性質與範圍。

⑹企業訓練的性質、範圍與所需耗用的時間。

⑺非正式的人才發展之程度。

⑻從業員暫時的解僱與一般解僱的方針與程序。

⑼多餘從業人員的解僱之難易程度。

⑽使具備有必要熟練程度與能力的從業人員得以僱用與維持之難易程度。

5. B_5– 指揮、領導能力與激勵（11）

⑴經營上有多少程度是採職權主義，或有多少是允許從業人員參與。

⑵為激勵經營陣容所使用的技術與方法。

⑶為激勵一般從業人員所使用的技術與方法。

⑷所使用之監督之技術。

⑸意見交流之機構與技術。

⑹各種型態之從業人員之間的意見交流之有效性。

⑺長期間為改善工作與能力所利用的激勵之難易。

⑻個人、工作集團、部門與企業全體的利害與目標一致之程度。

⑼各種型態從業人員之間的信賴、協助、衝突與不信任之程度。

⑽從業員之間的不滿、欠勤與轉業（離職）之程度。

⑾限制性的作業習慣、非生產性的團體交涉與衝突等所引起的時間上與努力上之浪費程度。

6. B_6– 市場（4）

⑴產品線（多角化、專業化、變化的速度與品質之速度）。

⑵市場流通路徑與顧客的所在（location）。

⑶價格決定。

⑷銷售推廣及主要銷售重點。

7. B_7– 生產與採購（9）

⑴由企業內自行製造或委託其他公司製造（有關零件、資料、設備之自行製造或在外委託製造之狀態與衛星工廠利用之程度）。

⑵主要原料供應者之數量、型態與地點。

⑶主要原料採購之時機。

⑷平均庫存率（主要資材、在製品、製成品之庫存量）。

⑸生產單位之最低、最高與平均規模。

⑹生產活動之安定程度。

⑺主要產品製造上所使用的投入因素之組合情況。

⑻企業內所使用之基本生產工程。

⑼企業活動上，自動化與機械化的程度。

8. B_8– 研究發展

研究發展的性質與程度（例如：產品開發與改善、新資材的利用程度、生產新的工程與技術的使用情形）。

9. B_9– 財務（5）

⑴財務調度的型態與成本（例如：資本、負債、長期與短期的借款）。

⑵資本調度來源。

⑶資本的主要用途。

⑷資本的保留。

⑸利益的分配。

10. B_{10}– 企業對外關係（6）

⑴與顧客的關係。

⑵與供應者的關係。

⑶與投資家或債權者的關係。

⑷與工會組織的關係。

⑸與政府的關係。

⑹與社團的關係。

然而企業的經營，並不是在真空狀態下進行的，它必須在一定的國際與國內環境條件下，展開其經營，從事其多種經營活動。因此，企業環境的認識，成為企業經營上很重要的課題。

㈡國際環境條件

Farmer 及 Richman 將企業經營的國際環境條件（假設爲 I 因素），分爲下列三大要項：⑴社會要因；⑵政治、法律要因；⑶經濟要因。並細分爲十四個副因素。

1. I_1– 社會要因（3）

　　⑴國家觀念。
　　⑵對外國人看法。
　　⑶國家主義的性格與程度。

2. I_2– 政治、法律要因（8）

　　⑴政治觀念。
　　⑵對外國企業的法律規制。
　　⑶與國際機構的條約締結情形。
　　⑷政治或經濟集團之所屬。
　　⑸輸出、輸入的限制。
　　⑹國際投資限制。
　　⑺盈利匯回本國的限制。
　　⑻外匯管理規則。

3. I_3– 經濟要因（3）

　　⑴一般國際收支的政策。
　　⑵國際貿易型態。
　　⑶國際金融機構的關係會員。

㈢國內環境條件

構成對上述經營過程 B 因素具有直接影響力的，要算是國內的經營環境（假設爲 C 因素），Farmer 及 Richman 將國內經營環境 C 因素，分爲下列四大項，其中再細分爲三十個副因素。茲分述如下：

1. C_1– 教育要因（6）

　　⑴文盲率。

　　⑵專門職業、技術訓練及一般中等教育的普及度。

　　⑶高等教育的普及。

　　⑷專業經理人才之發展計畫。

　　⑸對教育態度。

　　⑹教育與需要之配合程度。

2. C_2– 社會要因（10）

　　⑴對宗教與種族文化差異的看法。

　　⑵對經營者或企業經營的看法。

　　⑶對上、下階層關係的看法。

　　⑷各種社會組織間的協力。

　　⑸對經營成果與作業的看法。

　　⑹階級制度與社會流動性。

　　⑺對財富及物質獲取的看法。

　　⑻對科學技術的看法。

　　⑼危險負擔（risk taking）的看法。

　　⑽對各種變化的看法。

3. C_3– 政治、法律要因（6）

　　⑴有關法制、條例的規則。

　　⑵國防政策。

　　⑶外交政策。

　　⑷政治安定性。

　　⑸政治機構。

　　⑹法律與法律變化的流動性。

4. C_4– 經濟要因（8）

　　⑴一般經濟制度。

　　⑵中央銀行體系與金融政策。

　　⑶財政政策。

　　⑷經濟的安定性。

　　⑸資本市場的結構。

　　⑹獲致經營資源的難易程度。

　　⑺市場規模。

　　⑻社會公共設備投資。

　　以上 B、I、C 三大類中，包括了一百十九個要素（B-76，I-14，C-29），Farmer 及 Richman 對各要素及其相關關係，以及重視程度如下分析：

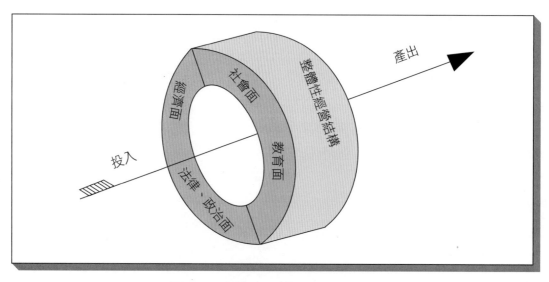

圖 3.5　企業內部經營的外在因素

1. 教育性特徵（100）

C_{1-1}：讀、寫能力水準：能讀寫的人口比例與成人的平均就學年數（50）。

C_{1-2}：高等教育：受高中以上教育占全人口比例，加上教育素質，該國各種大學數與質，受高等教育人的型態（20）。

C_{1-3}：專門技術教育：含實習培訓計畫、工學教育、技術專科學校，公司內教育計畫、高職教育等的技術教育型態與素質，受教育者的型態、數量、素質（10）。

C_{1-4}：對教育的態度：從推測性盼望之觀點對廣泛教育之一般性文化態度（10）。

C_{1-5}：適應產業界要求之教育：在某文化中所能利用的教育型態，能否滿足生產企業需要的技能或業績（10）。

從上述資料可知，教育性特徵，對讀、寫能力最重要。

2. 社會性特徵（100）

C_{2-1}：優秀職員群的經營者：對各宗教、種族文化之差異，以及行業之經營者的一般社會態度（10）。

C_{2-2}：對科學方法的看法：對於各種社會型態、事業、技術，為解決經濟問題的合理化之技術使用之一般性文化態度（40）。

C_{2-3}：對財富的看法：對取得財富是否是社會人士所盼望的（10）。

C_{2-4}：對於合理性危險負擔看法：對各種型態的個人、集團式或者國民的危險負擔，特殊型態的經濟，對一般生產性危險的看法，能否接納同（10）。

C_{2-5}：對業績的看法：在文化中對個人業績的一般態度（20）。

C_{2-6}：階級的柔軟性：在文化中的上級與部屬、雙方面社會階級溝通的可能性與達成手段（10）。

從上述資料可知，社會性特徵對科學方法之看法最重要。

3. 政治性、法律性特徵（100）

C_{3-1}：關連企業經營之法律規則：關於商法、勞基法、稅法以及企業經營的一般法之觀點，方見其結構品質、效率以及效果施行、信任等程度（30）。

C_{3-2}：**防衛政策**：與潛在競爭對手之交易，購買政策、策略性產業開發，勞力競爭以及對生產企業的防衛政策的影響（10）。

C_{3-3}：**對外政策**：從貿易限制、輸入分配制、關稅率、關稅同盟等對生業企業政策影響（20）。

C_{3-4}：**政治上安定性**：從革命、政體變化、長期間穩定性，或不穩定性等對生產企業的影響（20）。

C_{3-5}：**政治性組織**：政治上組織型態、中央集權與地方分權程度，壓力團體之力量、政黨哲學等（10）。

C_{3-6}：**法律變化之柔軟性**：對有效經營之障礙程度、法律行為之確實性等（10）。

從上述資料可知，政治性、法律性特徵，對企業經營之法律規則最重要。

4. **經濟性特徵**（200）

C_{4-1}：**一般性經濟體制**：社會整個性經濟組織（資本主義、馬克斯主義），財產權以及相同要素（50）。

C_{4-2}：**中央銀行制度**：對商業銀行的控制，包含管理通貨供給的能力與推動力的中央銀行制度組織與活動；價格安定、商業銀行準備金、票據折扣、信用支配以及相同要素；法律政策效果（20）。

C_{4-3}：**經濟性穩定**：經濟景氣之變動、價格穩定、對整體經濟成長穩定性的經濟脆弱面（10）。

C_{4-4}：**財政政策**：政府支出、影響時機的一般政策；虧損款，剩餘款的一般程度；對國民總生產的政府支出分配（10）。

C_{4-5}：**資本市場之組織**：如股票與債券市場之存在，其公正性效果、對全盤性影響；貸款政策與對企業經營者信用提供之商業銀行之規模與角色；信用合作社，政府信用機構，保險公司的貸款活動等之資本來源（20）。

C_{4-6}：**供給要因**：對每一人資本以及土地（農業與原材料）相對性供給量；勞力的熟練與能力（20）。

C_{4-7}：**市場規模**：國內有效購買力加上外銷市場（20）。

C_{4-8}：**社會上的間接資本**：動力提供、水、電力、通信機關、運輸、公營倉庫、

運輸設施的充足與品質（40）。

C_{4-9}：組織間的相互合作：各種企業、政府機關、工會，以及其他關連組織，爲了達成預期的共同目標互相協助的程度（10）。

從上述資料可知，經濟性特徵對經濟體制以及社會上的間接資本最重要。

四、對外投資環境實例分析

㈠對東協投資環境之經營策略

1. 我國企業對東協投資之目的

⑴我國企業國內經營的問題

我國企業從引進先進國企業之外來投資，獲得後發性利益，近二十年雖然快速成長，但是今後欲更加發展卻有如下問題：

①國內市場狹小問題：2,300萬人口的國內小市場，依據生產經濟規模理論，難於發展高資本的新產品，而高資本設備投資必須先計算市場的需求量與國際市價的競爭能力，因此必須由部分簡單零件的海外投資，促進地主對技術零件的需求量、提高生產經濟規模、降低生產成本，擴大世界市場。

②勞力成本問題：由於近十年工資提高，美而廉的產品國際競爭能力已逐漸消失。

③原料來源問題：欲擴大國際市場，必須要有好的產品，好的產品需要技術，但是有了高技術而無產品原料時，技術與市場將會無用。我國極缺乏資源，對原料輸入依賴性極高的我國企業，又遭受各國原料保護政策之阻礙。

④高關稅阻礙問題：各國貿易保護政策高昂，我國又未加入世界地區性經濟聯盟的會員，產品外銷上必遭受高關稅阻礙。

⑤外銷配額問題：由於我國近十年外銷上的成長，歐、美、日等各國對我國產品的輸入，都加以輸入配額的限制，唯有尋找有配額的國家投資，才能確保或擴大現有的外銷市場。

⑥技術升級問題：引進先進技術需要高資本，單靠國內市場難於達到生產規

模，再加上產品生命週期逐漸加速，除非已有海外市場，否則在成熟期必須對開發中國家投資或整廠輸出，由此重獲高利潤為繼續引進先進技術的資本來源。

⑵我國企業為東協地區投資有利因素

我國企業為解決上述國內經營上的問題，依據比較利益理論，而選擇對東協地區的投資，根據調查結果，其投資誘因內容如下分析：

① 東協地區是個大市場：人口合計大約 5 億人的大市場（印尼 27,000 萬人、菲律賓 11,000 萬人、泰國 6,900 萬人、馬來西亞 3,200 萬人、新加坡 590 萬人），對此地投資生產並可促使部分技術零件外銷，達到生產經濟規模。

② 東協地區勞力低廉：除了新加坡工資與我國類似之外，印尼與菲律賓工資大約是新台幣 6,000 元，為我國工資的 1/5。

③ 東協地區原料豐富：東協之中除了新加坡地幅小、缺乏天然資源之外，其他國家有豐富的地上資源及地下資源，如農場、原木、石油、錫鑛、銅鑛、天然橡膠、蔗糖、水果等。

④ 享受東協地區優惠條件：我國非東協會員國，直接外銷必遭受高關稅阻礙，若投資於東協六國中任何一國，則可享受會員國間的優惠條件。

⑤ 利用東協外銷配額：歐美各國對東協各國外銷配額尚無嚴格限制，可利用其外銷配額及轉口輸出歐美等國家。

⑥ 對東協地區技術移轉：東協除新加坡外，各國技術都落後於我國，我國的勞力密集產業或成熟期產品技術正是他們所需要，因此將這些在國內是低利潤產品的技術向東南亞移轉投資或整廠輸出，尚可獲得高利潤，為我國繼續引進新技術的資本來源。

2. 我國企業對東協投資經營環境問題之分析

東協投資環境有利因素如上述對東協的投資目的，而不利於投資的經營環境問題調查結果如〔表 3.5〕，依據 Farmer & Richman 國際經營比較模型，國內經營環境要素（C）及經營過程的主要因素（B），其內容分析如下：

表 3.5　對東協投資環境之經營策略

環境 要素	C_1 政治與法律問題	C_2 社會文化問題	C_3 經濟問題	C_4 教育問題
東協投資經營環境之問題	(1) 政治不安定 (2) 所有權的限制 (3) 利潤回送之限制 (4) 強制僱用當地人的比率 (5) 要求使用當地的零件及原材料 (6) 要求輸出義務	(1) 合夥者間經營理念差異之問題 (2) 勞工素質之問題 (3) 語言不同之問題 (4) 多種宗教之問題 (5) 業務推廣問題 (6) 合資簽約問題 (7) 技術移轉問題 (8) 商業習慣問題	(1) 銀行資金供應問題 (2) 經濟情勢不安定 (3) 衛星工廠不足之問題 (4) 官僚制度手續繁雜問題 (5) 商業道德觀念 (6) 生產效率問題 (7) 通信、情報蒐集問題 (8) 低價競爭激烈問題 (9) 相關工業配合問題	教育不普及，造成技術及管理人才之問題
經	營		要	素
B_1 計畫	中短期計畫 合資型態		利用當地豐富原料、廉價勞力、東協共同市場	勞力密集產業
B_2 控制	注意政府政策的變化	以技術控制 注意簽約內容	從日本蒐集情報	加強管理
B_3 組織	股東中有法律專家			
B_4 人事	派遣管理人員，加強與政府溝通	提升當地人為幹部，了解母國文化	派遣財務管理人員，選擇優秀人才	派遣技術人員，加強對從業員訓練
B_5 領導	注意勞工法	與部屬溝通	提高工作效率表	激勵員工
B_6 市場	增加外銷比率	配合消費者需要	擴大東協共同市場	加強品管
B_7 生產	原料從當地購買	廉價勞力	區域設備從母國進口	廉價品
B_8 研發	研發在母國		改善當地品質	
B_9 財務	利潤部分匯回母國，部分在當地再投資	注意付款條件	資本以機械及技術為主	收支手續簡化
B_{10} 企業對外關係	政府關係	工會、社團關係	顧客關係	給予獎學金

左側縱向標題：東協投資經營環境之問題

資料來源：筆者研究。

⑴ **政治、法律問題**

① 政治的不安定：黨派紛爭，政治不安定，再加上當地人的政權與華僑經濟大權之衝突，都會影響投資者之長期計畫。

② 當地政府對外投資所有權之限制：開發中國家對外投資所有權比率限制甚嚴，由於所有權比率小，所獲利益分配也小，財務管理、人事管理、市場管理等權力自然受當地合夥者所掌握，因此會計上之正確性時常會發生問題。

③ 利潤回送之限制：當地政府或合夥人希望來投資企業之營業純利益留在當地再增資或內部保留（有時會有部分回送母國之限制）。

④ 強制增加僱用當地人的比率：當地政府對外資企業所僱用的管理者及從業員，強制限制當地人數一定要比當地華僑多，奈何當地人素質低，增加不少成本問題。

⑤ 要求提高使用當地的零件和原材料：因當地的零件和原材料大部分都很粗糙，影響產品品質，難於提高使用。

⑥ 要求輸出義務：當地政府要求輸出義務。

⑵ **社會、文化問題**

① 合夥者經營理念差異之問題：為了語言上之方便，當地文化習慣問題及欲開拓當地市場，最好是採取合資經營政策。但是由於當地人之經營理念不重長期計畫，只注重眼前近利，缺少產業（工業）的概念，他們皆以商業眼光為出發點，認為第一年就要賺錢，否則不願意籌辦工業；在第一年中就賺錢是屬運氣，在三至五年中才有大量盈餘，方屬正常現象。但是此現象卻造成當地股東急於要退股（日本東麗與香港大集團 Textile Alliance Group 經過了在當地十年的蜜月期間，終至分裂，曾在東南亞地區引起極大的震撼），因此使外來投資在經營上受了很多的阻礙。

② 勞工素質問題：不勤勉、缺勤率高、領薪資就想休假享受，因此只好發週薪，甚至於發日薪，才不致造成全體請假；工作效率低、罷工多，造成產品成本提高。

③ 語言不同問題：由於各國語言不同，方言又多，難於溝通互相之間的意思。

④ 多種宗教之問題：公司內職員有信仰佛教、基督教、回教、印度教、道教等不同宗教之信徒，基本觀念與行爲之不同，在經營管理上造成極大困難。

⑤ 業務推廣問題：當地人對時間觀念和信用觀念都很淡薄，時常造成外來投資者業務推廣上之大問題。

⑥ 合資簽約問題：合資時由於當地人要求以當地文字簽約，不願意用英文簽約，因此必須完全依賴律師爲公證人，但問題發生時，誰關係夠就勝訴，因此外來投資者必須謹愼尋找重視名譽的大律師及會計師。

⑦ 技術移轉問題：技術不全部移轉，在當地無法製造價廉物美的產品，市場競爭力難於提高。可是當地人又不認眞學，若辛苦教導、全部移轉後，當地人就想獨享全部利益，而想盡辦法迫使外來企業離開，因而使外來投資者必須時常掌握著某些重要技術，否則隨時會有被迫撤退或被吞蝕之擔憂。

⑧ 商業習慣及社會習慣不同之問題。

⑶ 經濟問題

① 銀行資金供應問題：東南亞地區，除新加坡以外，缺乏外匯，各國大量舉債下，必須緊縮政策，以高利率政策來保持自己國家貨幣的外流，此高利率政策使得長、短期資金的調度困難，致使東南亞地區不敢購買好的機器設備，以避免利息的負擔過大、機器來不及折舊，因此要向當地銀行貸款，問題重重。

② 經濟情勢不安定：國民所得低、國家負債多、匯率變動大、缺少外匯，國際金融信用受影響。

③ 零件加工、衛星工廠不足：造成外來投資產品品質之降低。

④ 官僚制度，手續繁雜問題：由於官僚作風，手續繁雜影響行政效率，使廠商因而喪失商業機會。如印尼有一批貨物出口，由於海關驗關手續繁雜，致使貨物無法如期趕上，由此導致的損失，不可計量。

⑤ 商業道德觀念問題：由於國民所得低，偷竊、欺騙問題遍及各地，工廠、公司難免受到損失。

⑥ 生產效率低落問題：原先投資期待的低廉工資所帶來的市場競爭力，常被

生產效率低落問題大大削減了低廉工資的優勢。

⑦ 當地通信及情報蒐集問題：對企業而言，時間就是金錢，該地區電信設備不週全，電話、電報、電信傳眞機不普遍，許多情報無法適時傳達，導致投資者失掉許多商業機會。

⑧ 低價競爭激烈問題：國內低價競爭極爲激烈。

⑨ 相關工業配合之問題：沒有相關工業的配合，對維護零件的取得，必須依賴國外的進口，使得成本大幅提高。泰國、馬來西亞很多工廠零件大量堆積，機器小小故障就無法解決，一般民間工業無法適當配合，使得效率相當低，均是無法想像的難題。

⑷ 教育問題

當今商場即如戰場，現代化的管理、高技術，均爲商業致勝的要因；教育的不普及、專業人才的難取得，其民族性、學習態度的不認眞，使得東南亞地區營運相當困難。

3. 我國企業對東協環境問題之經營策略

⑴ 計畫

C_1 公司計畫以中短期目標爲宜，採取合資型態政策。

C_2 利用當地豐富的原料、廉價勞工和東協市場。

C_3 非技術性的勞力密集產業。

⑵ 控制

C_1 多注意當地政府的政策變化。

C_2 以技術控制合夥問題，嚴謹的簽約內容，聘請重視名譽的律師和會計師。

C_3 從日本蒐集詳細情報，建立有效性的控制系統。

C_4 加強嚴格管理。

(3) 組織

C_1 當地股東中必須有對當地政治、法律熟悉者。
C_2 宜採取分權化。

(4) 人事

C_1 派遣管理人員加強與當地政府溝通。
C_2 提升當地人為幹部，派回母國訓練，提高對母國文化習慣及對母公司政策之了解，減少母公司對子公司因文化差異造成管理上之衝突。
C_3 派遣財務人員加強對子公司財務管理，並以較高的薪資及福利制度選擇優秀人才。
C_4 派遣技術人員加強對當地從業員之技術能力訓練。

(5) 領導

C_1 注意勞基法。
C_2 加強對部屬溝通，減少文化差異之障礙。
C_3 提高工作效率獎金，以求獎勵效果。
C_4 溫情主義及能力主義兼顧下激勵員工。

(6) 市場

C_1 利用當地外銷配額增加外銷比率。
C_2 配合當地消費者需求之產品及價格。
C_3 擴大東協共同市場，提高產品經濟規模。
C_4 加強品質管理。

(7) 生產

C_1 原料從當地購買。
C_2 利用當地廉價勞力及半自動化生產。
C_3 機械設備從母國進口。

C_4 生產廉價品。

(8) **研究發展**

C_1 研究開發在母國。

C_2 不斷地改善當地品質，繼續提供技術服務。

(9) **財務**

C_1 投資利潤部分匯回母國，部分留在當地再投資或內部周轉之用。

C_2 注意當地交易付款條件。

C_3 資本投資以機械設備及技術為主、現金為副，當地合夥者資本投資以現金為主。

C_4 收支手續簡化。

(10) **企業對外關係**

C_1 加強與當地政府之關係。

C_2 加強工會、社團之關係。

C_3 加強與交易有關的供給廠商或顧客之密切關係。

C_4 給學生獎學金，鼓勵教學效果。

4. 我國企業對東協投資之適應性

我國企業對東協投資，而且能跨越先進國（DCs）、新興工業國（NICs）及地主國企業之激烈競爭，而繼續存在經營，必有其重要之特徵，調查結果如下：

(1) **勞力密集產業的適應**：DCs 企業之海外投資戰略是以寡占地位、高技術水準、國際市場地位、龐大經濟規模、技術密集產業、商品多樣化、重視品質競爭，而不以低價競爭、以嚴密管理為主，降低成本為副。然而 NICs 企業卻是相反，大多是小規模的勞工密集產業，多樣化而且製造適合當地之產品，以低價推展國際市場，是當地一般企業所期待的產業。

(2) **廉價產品市場的適應性**：先進國生產是高品質高價位產品，而我國是中品質低價格，對價格富有敏感性的市場，自然而然轉移為我國產品市場，中

品質低價格配合當地人之所得。

⑶ **機械設備的適應性**：先進國企業大多數為先進機械設備，大多屬於較舊型之產品，便宜而不複雜，不需要很多專門的技術人員，零件也標準化容易使用，極受當地人歡迎。

⑷ **技術程度的適應性**：我國企業所擁有的技能及技術程度，比 DCs 更能適應當地開發中國家目前之需要。

⑸ **管理型態的適應性**：我國企業在管理上之要求不比先進國嚴格，當地人比較懶惰，因此也比較喜歡我國的管理型態。

⑹ **投資規模的適應性**：我國企業資本有限，投資規模比先進國企業為小，而當地人資本也有限，因此適合當地人的合夥人能力，不擔憂受控制。

⑺ **華僑遍及各國之適應性**：華僑遍及世界各國，華僑的合作力量是我國海外投資成功的重要因素之一。

⑻ **經濟合作的適應性**：我國並非政治、經濟大國，因此企業之投資，開發中國家並不需顧及當地政治及經濟會受左右，對其威脅性不像先進國之高，因此也減少當地國家主義問題。

中華民國經濟發展是「一國產業結構改進理論」，我國產業結構發展的模型及我國企業國際化成長策略模型，選擇東協投資是適當的途徑，並有待增加之必要。東協各國資源豐富、工資低廉、市場廣大，又有充分的外銷配額等，這些正好解決我國企業國內經營之問題，對東協投資可避免原料保護政策和貿易保護政策。

我國企業家對東協投資經營環境觀感上認為問題重重，亦有認為不宜投資，事實上是對投資環境差異之了解不夠而產生的惶恐，況且對投資環境利弊分析從產業別、技術程度、市場需求等之差異，對比較利益之評估也會產生不同的結果。政府政策的合理化和自由化、國民的教育、勞工的素質、技術的程度、資訊的快速、企業家正確的觀念、經濟的條件等，在世界上很明顯地表現著開發中國家不如新興工業國家，而新興工業國家不如先進國。管理型態也有 X 理論、Y 理論、超 Y 理論、Z 理論、科學管理等，因此一位海外投資管理者，必須了解環境變數與管理理論統籌運作，以達最高經營成果。而國際企業管理最理想的管理型態，即是適應當地投資環境的政治、法律、社會、文化、經濟、教育，而決定宜採取何種經營管理策略。

對東協投資環境之經營策略結論如下：

(1) **政治、法律方面**：必須是當地政府所歡迎的產業，以有福共享之觀念採取合資政策，對投資收益必須兼顧地主國經濟狀況匯回或再投資，並利用當地外銷配額擴大國外市場。

(2) **社會、文化方面**：對契約內容必須詳細了解，並且宜聘請重視名譽的律師及會計師，徹底了解勞工法，擴大當地就業機會，對職員及從業員之管理，確保安全衛生，改善工作環境，以溫情主義和能力主義兼併情況下嚴格管理，提高工作效率。

(3) **經濟方面**：採取中短期計畫，以優越技術的控制獲取企業長期性的成長。培養當地衛星工廠的發展，盡可能使用當地所生產的零件。

(4) **教育方面**：加強對當地人之技術與技能之訓練，才能真正獲得工資低廉、價廉物美的產品。

(二)菲律賓經營環境之實例分析

依據 Farmer & Richman 模型，在此以菲律賓的經營環境條件，作實例分析。

1. 國內環境條件

(1) **民族的特色**

① 民族構成的多樣性：菲律賓由大小七千多個島嶼所構成，故其約有 11,000 萬人，多種部族有著宗教、習慣的不同。呂宋島的一處方言「大家樂」（Tagalog）語被指定為國語，但事實上，現今仍存有八十種方言，故國民全體統一的語言，只有依賴於英語了。菲國學生所使用的語言是為西班牙和美殖民地經營分轄統治的結果，所以現今菲國雖已獨立，語言仍未統一。

② 國民的浪費癖：菲人天性隨便，無論身分如何，都有隨意花費的癖好。無論戰時或平時，菲人民生活皆很困苦，與日本相比，日本戰後能達到驚人的成長，而菲因隨便花費美國的援助資金，至今仍無法完全實現經濟成長。菲人這種好客與浪費的習性，對經濟發展而言是無用的，應多加反省。

③ 強烈的階級意識：菲律賓並沒有和印度一樣的階級制度之存在。事實上因

社會的上下流動性，而使 technocrat 為中心的中產階級快速成長。然而在菲律賓人的社會裡，貧富差距很大，況且以金錢權力為中心的強烈階級意識也存在於社會上。

④致力於教育的熱情：菲受美之影響，對教育也極其熱心。其中一點，欲超越階級制度之障礙，致力於教育是最重要的方法；同時，在大家族中，親朋間對子女的教育，許多是為了保證子女將來的生活。

⑤喜好閥族和家族主義的國民性：傳統的菲律賓家庭對於父母、兄弟及親戚都會互相幫助。脫離家族集團，分子個人的價值就不存在，個人之行動須仰賴團體的承諾和認可。又因強烈的家族主義，對政府機構在人事組織上之革新或更新，都有不少的阻礙。

⑥誇大的國民性：菲人的血氣方剛，就如同日本封建時代中的武士精神一般，一旦損其名譽，立刻就以日本刀決鬥，或者佩短槍於腰，拚死以守名譽的風俗習性。

⑦濃厚的義理、人情：受中國儒教的影響，對其有大恩的人，並非只以金錢圖報就算了，而是永銘於心。

⑧以自己或同族為重，不關心外界的變化：菲人原本就有強烈的本位主義，又加上西班牙、美、日長期的占領，使其在很多自然的環境下閉關自守，學習生活技能，這一方面強調了無責任感；另一方面又顯現出「不知明天如何」之宿命論。其次「求神論」的賭博性格皆為菲人之缺點，這些缺點，除菲國外，亦是東南亞各國人民普遍的缺點。

⑨強烈的宗教迷信：由於一般性的信仰對國民的影響頗大，因此有著東洋的相對主義的想法；菲人對「罪」的意識不高，存有馬馬虎虎的觀念。

⑩勤勉的國民性：菲人生於氣候炎熱之地，其懶散的程度由各種報導中，可見一斑，但是這與實際情況有相當的出入，菲人早出晚歸地工作，國民性是頗勤勉的。菲人被西班牙教導成「熬夜」，被美國人教導成「早起」。雖然勞動的時間長，並不意味著當地的生產力高。事實上，是教育內容的不足、人力資源不能有效的規劃等，從生產性角度來看，其間尚有許多問題存在。

⑵ 教育、文化的特色

① 低文盲率：菲人有 83.3% 多少受過教育，能夠使用文字，可說是在東南亞
具有相當的教育普及率。

② 致力於教育的熱情。

③ 教育內容的變化：殖民時代以來，菲教育受美國及宗教影響，但是近年來
由於受到國家主義的影響，強化教育加強當地的民族主義及其文化。然而
崇拜外來文化的風氣（崇拜外國人及外國製品），至今尚支配著菲國之文
化，這和薪資水準之差別有關係，亦是後面要敘述的人才外流的原因。

④ 不平衡的教育制度：教材不足、教育方法不善，以及欠缺目標的教育，皆
引起學生的不滿。另一方面，受到強烈家族主義的影響，使子女在學業的
選擇過程中，引起親人相當的干涉。且大多數學生集中致力於護士、會計
師等專門職業，造成教育制度上不平衡的原因。政府雖然熱心教育，但其
官僚作風、行政長官素質偏低，反而成為減低教育素質改善之主要原因。
由於民間財團的努力，設立 Harvard Business Style 為一東洋式的亞洲經營
大學（AIM），集合了許多傑出的學生。

⑤ 人才外流：造成菲教育界最大的困擾，就是優秀的人才流向美國。自然這
和國內教育設備與制度不良有關，更主要的原因是崇洋的心理作祟。但是
比這些更重要的是，國內受高等教育的人才並未能取得適當的地位，加上
報酬不高，和外國（尤其美國）相較之下，顯得更少，再加上政府機關不
重視技術學術，更加速促成人才外流。

⑥ 熟練勞工不足：勞工不足之由來是因專門職業教育訓練之不足，甚至部分
受過高等教育的人，在思想、觀念上反而傾向於白種人，再加上勞動者的
流動率又高，企業經營的效率自然受到了很大的影響。

⑦ 產業資本額經營管理者之不足：菲律賓的財團及產業界的範圍狹小，況且
企業經營的規模亦小，在經營人才的供給上照理不會欠缺。當地數百家族
的支配階層有許多的子弟，直接到外國接受西歐的經濟及企業管理學教
育，若企業界能以高薪聘請，人才的供應必無問題。又商業上，華僑亦大
量流入，也可以供應部分人才。但是，問題是在即是所謂產業資本革新的

問題，現在商業資本企業雖多，當有一天資本、經營、技術面已超越特定的家族支配的程度時，在擴大經營範圍方面，能否配合提供充分的產業資本的經營管理者，實在是一大疑問。前述亞洲經營大學之設立對此點可產生相當的助益。

⑧缺乏技術、經營專門用語：國語以「大家樂」（Tagalog）語為主，而缺乏了近代經營上的專門用語，這是欠缺專門職業教育之緣故。

⑶ **社會、文化的特色**

①強烈的天主教的影響：菲國由於受外人的長期統治，接受了宗教救世的思想，相信來世的幸福，而今世一切現象如朝露一般，因而形成了菲律賓人好賭的習性，亦是企業家們很少在當地長期經營事業的一個原因。

②以「恥」作為社會的強制手段：如前述天主教的信仰，每個菲人本以自我為中心的想法，皆已放棄而努力去順應團體，因此，若不順應團體的規則，則被認為如罪惡般的恥辱。

③社會貧富差距大：菲律賓的貧富差距令人驚訝，除去少數以土地資本為掌權的人外，大部分國民生活皆很貧苦，在鄉下很少有自來水和電力供應，故其可說是大部分人民都餓著肚皮在度日。人民嘴上常說：「為生活而工作」，就連入寢了亦想著會有幾次穀物的收穫。拿香蕉葉作衣料和建材、早上榨椰子汁晚上作美酒，皆可說明其生活的貧苦。貧苦的人民由於憧憬都市的生活，逐漸開始脫離大自然，往城市集中，並且大多數農民亦有其苦痛，因土地為少數的地主所擁有，生活即使不困苦，亦不可能有自立的愉悅，因此產生了土地改革的願望。另一方面，由於一般菲人對財富有著莫名崇仰，所有產生許多非法的取財之道，這敢是貧富差距所造成的惡果。

④強烈的家族主義：菲與中、日一樣，社會基礎築於家族制度之上，若根據日本家族制度的基礎類推企業生活（企業一家），是將其家族生活擴大而成國民生活（公司）。同樣地，菲因民族構造的多樣性，加上家族主義的控制，使同族社會（不包括地域社會）成為國家統一上最大的瓶頸。

⑤封建家族主義的僱傭關係：如前所述，菲律賓人際關係基於恩情和義理而維持著僱傭關係，此即所謂經營重點（情緒過高的性格），著重情感的相

依而缺乏整體的制度，企業經營的現代化更難建立。一部分經營者，特別是受到外資企業啓蒙過的人，對此現狀不滿，意圖予以改革，故此時要努力的，是如何擴大福利制度和勞資間對成果的適當分配。

⑥強烈的社會流動性：一般菲人受過教育獲得財富後，若能接觸於政治方面，則社會縱的移動可能性很大。第二次世界大戰期間，許多奸商和政府有關者相勾結而致富，並占據社會地位。急於想成功、爲教育而受教育、不擇手段以求財富，故產生經濟和政治相互間的惡性循環。強烈的高階層的意向，又成爲強烈的橫形的社會流動性的原因，因此，對於熟練的勞動者及受過訓練的優秀管理者，企業應給予特別考慮，使其能安心在崗位上，減低社會流動率。

⑦國民個性懷疑心重：長期受到外人的統治，造成菲人懷疑的性格。例如：即使他們知道在經濟上是必須接受的科學方法，亦要等別人試驗成功後才予接受，由此可見其保守和消極的態度。

⑷政治的特色

①未成熟的民主主義的政治體制
 A. 政權交替以人緣聲望爲本、政策缺乏繼續性：握有權力的總統是由人民投票選出，與其說是候選人持其政黨的政治信用，不如說是以個人的人緣聲望而取得。
 B. 政治利害關係多元化：菲律賓是多種民族構成體系，形成政治上利害關係之多元化。
 C. 政府欠缺人才、資金：政府因欠缺人才、資金，不能有效的實施政策；菲律賓的財團也因政治上的不安定，隨時準備給予財政援助。事實上，國庫也十分艱苦，一般官吏的薪水爲商人的三分之一，又加上求取職位須依賴高級官吏親戚之提攜，因此政府職位無法吸引有爲的青年。
②不穩定的經濟政策：政治和經濟相連性的負面影響，再加上激烈的政權變動交替，導致了經濟政策缺少一貫性和穩定性。例如：某一總統主張民族主義政策，次一任總統卻有一百八十度的大改變，主張國際化路線的政策；今天是纖維產業獎勵的政策，明天有可能是水泥產業的獎勵政策。

③學生運動與政治有密切的關連：由於政治、經濟的不安定，學生常有反抗運動，馬可仕總統在過去亦是學生運動的領導者。有名望的政治家族子弟，許多皆夢想獲得明日的政權。在政治不安定、未成熟的開發中國家內，學生運動與政權的關係有著如此密切的關係，真令人驚訝，特別是菲國學生運動意識上富有強烈的權力鬥爭色彩。

④反美思想與反美未必親共之特色：菲國極力反共，反美而未必親共是該國政治思想的特色。對日本來說，即希望在經濟、政治上彼此協助，同時又殘留著戰爭時的經濟侵略的恐怖感，二者相互矛盾。

⑸經濟的特色

①經濟不安定

　A. 低的平均所得及高的人口增加率：但人口增加率之高又是世界上有名的，對於解決社會之貧困確實是一大阻礙。由於受宗教信仰之影響（天主教反對節育），人口問題實在是難以解決，因此所得問題之解決亦不是件容易之事。

　B. 落後的農業社會：菲國的國民生活究竟如何？氣候溫暖，五穀豐收，無論如何也不會擔心餓死，似乎可以伴著吉他聲，在田園裡安享自然之趣。然而，這種樂園近年來隨著都市化之進展而逐漸消失，加上那些無法預測的天災，如乾旱、洪水、暴風雨等，經常帶給農民災害，造成農民憧憬都市生活的安定性，而紛紛離開農家，這就是菲人樂天性的宿命論和無常的天生個性。此外，耕作的地，其持有之地主都居住在都市，亦是造成農民易於移動、遷徙的原因。

　C. 人口集中於都市周圍：離開農地之農民生活貧困，人民憧憬銀色的夢，離開鄉方集中於都市的周圍，卻發現只有更加貧困。唯一和鄉下不同的是都市風俗奢靡，沒有人情味，如無技術、經驗，連就業之機會都沒有。好不容易得到工作，正努力去做，卻又因通貨膨脹，使收入不敷支出，因而發生社會的不安，造成激烈的革命運動。菲國中央政府及地方政府，皆憂慮著這種不正常的情況，但是，在土地改革無法推展的情況下，要想解決此問題確非容易之事。

D. 財富集中於少數支配者：在此再次強調，菲律賓貧富差距極大，構成其經濟上的不平等現象，富者甚富，貧者甚貧。

E. 過度依賴美國的反省和致力於加強與鄰國的經濟關係：菲國目前在經濟、社會方面有多處矛盾，菲國一向認為美國的價值觀和制度必適用於菲國，但經過檢討之後，發現日本的價值觀和制度更受到菲人的關心，過去與美國密切之經濟關係，轉移至日本、澳大利亞及其他國家之傾向。新日本鋼鐵公司、松下、日立、豐田等日本企業，在當地皆有大量的投資，但是日本對農作物的輸入，執行嚴格的檢疫規則，由於菲國缺乏技術，因此使芒果等菲國重要農產品的輸出受到很大的阻礙。

F. 儲蓄意願與投資意願低：由於受到長久不安的社會體制束縛之故，菲人有「今朝有酒，今朝醉」的放任習性，這便是該國儲蓄意願與再投資意願低，造成經濟停滯之原因。菲國財團及產業界的領導者，熱心於纖維、水泥、資源開發等現代化產業，然而只顧短期獲利，而不關心長遠計畫和事業的擴展，一意專注於利益的追求，不斷地投資於小規模的事業，結果很多事業都難於達成目標。

② 政府和企業間缺乏協力：假若政策缺乏一貫性，則立案、實施亦必混亂，各財團、產業界之領導人應利用其遠見，力求圖謀解決政策的缺點。菲國財團、產業界中，具拓荒者精神之企業甚少，菲國內、外政情不安定，彼等多數為觀望態度主義者或大勢順應主義者，很能見風轉舵。

③ 政治隸屬於經濟的結果，重組多難的產業界：如上所述，過度集中某些特別企業，造成過度競爭情形，確實又產生一種政治隸屬於經濟的弊害。也就是說，受經濟支配的政府，重新再編組職權，其有限的財力又不能投入建設國家事業。不僅如此，因本身錯誤的判斷，誤導企業家陷入過度競爭裡，連僅有的少數、不足的資金也不得不投入其中，而不能自拔，因此對於未來經濟發展的規劃上需多加用心。

④ 家族企業發展的限度：如前所述，菲國的財團、產業界完全受有名望的家族所支配。某個家族所擁有的股份公司，有銀行、礦業、製造業及屬於第三產業，這如同日本過去的財閥組織。不過，有一極大不同之處，是日本財閥從早期即為一個家族的成員所支配，即所謂掌權者（今日稱為專業經

理），由他們來經營，貢獻國家、實現企業目的、擴展事業等目標尚能達成。菲國卻不相同，他們對此種家族式支配型態已根深蒂固的植於心中，再加上企業利益未能一致，因而企業的規模和內容愈加擴大，阻礙也愈加擴大。一部分財團及產業界人士十分關心此事，有意解決此一問題，故僱用有才能的專家去經營所屬的公司，但是這些有才能之人士要得到上級之信賴，尚需一段時日，因此優秀經理也常有轉職之現象。

五、我國企業對外投資之問題

一般企業對外投資，先進國家的環境問題較少，而開發中國家的環境問題較多，必須特別研究，才能「知己知彼、百戰百勝」。我國企業對外投資歷史尚淺，規模亦小，在開發中國家之地主國，尚無威脅之感，也因此尚未遇到國家主義之大問題，然而，我們不能不提高警覺，防備問題的發生。本節以我國企業對開發中國家投資問題，加以分析。

㈠我國企業對開發中國家投資之地主國問題

我國企業海外投資問題重重，特別是開發中國家之問題要比先進國家多，內容如下：

1. 當地政府對外來投資所有權之限制：開發中國家對外來投資所有權比率限制甚嚴，除非大部分是外銷或高科技企業對當地有高度利益之外，大多數限於少半數所有，也因此財務管理人員、人事管理人員、市場管理人員等權力自然受當地合夥者所掌握，經常以母公司派遣一人之成本，而當地可採用五人之薪資之理由，拒絕母公司派遣管理人員，尤其是財務經理更不受歡迎。若採用當地會計師，尚須徵信調查其信譽程度，否則會計上之正確性時常會發生問題。

2. 強制增加僱用當地人的比率：當地政府對外資企業所僱用的管理者及從業員，強制限制當地人數一定要比當地華僑多，甚至有比率上之限制，奈何當地人素質低，增加不少成本問題。

3. 利潤回送母國之限制：當地政府或合夥者，希望外來投資企業之營業純利
益能留在當地做再增資或內部保留，經常採取外匯管制，限制匯出。

4. 合資者間之協調問題：合資者間最大的問題即是簽約問題，由於我國企業
家對當地法律不清楚，經常產生法律上的困擾；若請律師，也須調查律師
的信譽，方能解決簽約的問題。另外，為了語言上之方便、當地文化習慣
問題，以及欲開拓當地市場，最好的合夥對象一般都選擇華僑，但由於部
分的華僑經營理念不如我國企業家，不重視長期計畫，只注重眼前近利，
因此在經營上受了很多的阻礙。

5. 勞工素質問題：不勤勉、缺勤率高，經常罷工，尚須輪流發週薪，才不致
造成全場請假，工作效率低，使得產品成本提高。

6. 資金周轉問題：由於我國海外銀行甚少，當地銀行又缺少融資，因此海外
投資企業的融資必須依賴私人關係籌措貸款，民間利息較高，增加成本。

7. 政治不安定：若地主國黨派紛爭、政治不安定，則使企業家很難決定長期
策略。

8. 要求增加使用當地的零件和原料：因當地的零件和原料大部分都很粗糙，
影響產品品質，難以採用。

9. 語言不同：由於地方語言不同，難以溝通彼此意見，造成管理效果不彰。

10. 當地情報蒐集之困難：由於當地資訊缺乏，必須向先進國家購買。

11. 經濟情勢之不安定：匯率的變動、通貨膨脹等。

12. 商業習慣及社會習慣之不同：由於文化民族性背景之差異，商業習慣與社
會習慣也不同。

13. 不履行投資時之約束。

14. 要求輸出義務。

15. 當地零件加工與衛生工廠技術不足，造成產品品質低落。

16. 銷售競爭之激烈：開發中國家國民所得低，通常採用低價格競爭。

(二)我國企業對外投資之本國國內問題

我國企業對外投資不只有當地問題，我國國內亦存有問題。

1. 缺少研發技術之蓄積問題

　　我國雖然引進外來投資，欲學習標準化產品之生產技術並無困難，可是欲開發新技術、學習生產上軟體方面之技能，並不容易。因為開發新技術必須有長期性的技術研究開發之累積存在，以及在此長期間所蓄積的技術性知識和技術人員、科學家等；換言之，高科技化之成長需要積極蓄積研發技術。

2. 缺少國際經營管理人才之問題

　　我們雖然積極地研究新技術，可是為了使開發之新技術生產能力化，尚需從長期間的企業活動中積蓄，培養有關生產和行銷等經營管理能力之國際人才，否則空有技術，亦難於發揮最高生產效率。

3. 缺少自己全盤計畫之問題

　　從多國籍企業而言，新興工業國家產業結構是屬於先進國家企業的「國際性衛星工廠」，因為一般企業只依照外國企業之需要、式樣、產量而製造；換言之，「被委託生產」較多。雖然學到他人之式樣、表現了極高之生產能力、獲得不少利潤，可是相反地，卻忽略了更重要之目標，那就是本身應積極蓄積新技術研究開發能力之志向性，卻因此而薄弱。如此毫無目標地跟從他國需要而努力，將失去自己長期全盤計畫之目標，這是頗令人值得深思的課題。

4. 技術提供之問題

　　海外投資之子公司須仰賴母公司之新技術開發，若無繼續性的技術移轉，海外子公司的存在價值和競爭能力將會低落。

5. 銀行業未國際化所造成資金周轉之問題

　　因我國銀行業遲遲未能國際化、未能統籌運用國際資金，協助我國企業海外投資所需要之資金來源，造成企業資金周轉方面的困難。

6. 缺少合夥型態之對外投資問題

我國企業一般屬於中型規模，對外採用單一企業經營方式，能力受限、問題重重，應考慮國營和民營之聯合，或邀請幾個國家之企業合夥，增加力量、分散風險，抑或是如日本企業，海外投資大多數伴著綜合商社或銀行合夥投資，以便開拓市場、確保原料、情報迅速、資金周轉方便，以技術、情報、資金協力投資。

以上國內諸問題，有待積極改善之必要，才能協助企業順利達成對外投資之目的，提高我國經濟地位。

7. 政府對外投資之保險政策不足問題

企業國際化、對外投資最難於預測及克服之問題，即是當地的「戰爭」、「外匯管制」，以及「收歸國有」三大問題，而這些問題都須依賴我國政府外交能力，才能避免此風險，因此政府必須採取企業對外投資的保險制度。但是我國政府給予之保險對象僅在於兩國協定之範圍，除美、日、歐等先進國家之外，開發中國家非常少，因此我國企業投資於開發中國家或共產國家之風險將很大。

〔參考文獻〕

1. Farmer & Richman (1956), *Comparative Management and Economic Progress, Homewood.*
2. Skinner C.W., (1968). Americam Industry in Developing, The management of International Manofactoring, N.Y.
3. 入江豬太郎（1979），《多國籍企業論》，丸善株式會社。
4. 小林規威（1979），《インターナショナル・ビジネス》，筑摩書房。

Multinational Enterprise **4**

多國籍企業之所有權政策

一、多國籍企業所有權政策之概念

㈠所有權政策之分類

　　一企業欲對海外投資，從投資目的選擇海外投資環境之後，首先要決定的是所有權策略，在地主國設立子公司的所有權決定，乃是決定企業投資成功與否的重要因素之一。亦即須擇定股權 100% 的完全所有子公司（wholly venture）或是與當地合作的合資公司（joint venture）抑或是採取併購公司（M & A）。倘若爲合資公司，尚須考慮——多數所有合資，51% 以上資本（majority joint venture），或是少數所有合資，49% 以下資本（minority joint venture）抑或是均等合資，各占 50% 資本（equality joint venture）。

　　海外子公司之所有權政策，在策略上與經營資源分配密不可分；在管理上與經營型態又息息相關，而經營型態與策略間兩者關係更是密切。假定企業對海外移轉並非僅經營資源之轉移，尚須依賴當地的支持協力時，則其管理控制不得不放鬆；相反地，若單以經營資源移轉即能在當地經營，其管理程度當必增強。前者屬合資公司，後者係屬完全所有子公司。

㈡所有權政策之概念

　　海外子公司的所有權政策，常與地主國之國家利益相衝突。然而，也並不一定採取合資方式便能較完全所有子公司之管理緩和。此項衝突，有時在合資公司更易引發衝突，因外國合夥者與當地合夥者之間存著微妙的「利」與「害」關係，當此利害關係相對立時，雙方當即取消合作關係，或者是一方增強管理控制而使另一方喪失管理之權力。

　　因此，完全所有與合資的利與弊，很難予以確定。一般多國籍企業常被批評的是，地主國國家主義濃厚色彩觀點上的管理問題，當然，管理是企業內部問題，其與國家主義成尖銳之對立，其影響可能侵害國家利益。所以，海外子公司之所有權政策，不但是策略上的重要因素，而且與國家利益密切相連。

　　移動當地資源的所有權政策（ownership policy）的問題是移動資源及其經營成果之利益分配所產生（company-government relationship）之問題，與多國籍企業之

組織結構（structure）和管理問題相關連，多國籍企業中的重要論點甚多，在此僅分析所有權政策問題。

　　所有權政策（owenership policy）意義指資本、債務、無形固定資產（專利權、商標權、營業權）、經營技能、技術技能、有形固定資產（機械設備、土地）等。

二、完全所有子公司與合資公司之利弊分析

㈠決定所有權型態之因素

　　1. 本國與地主國法律上之規定。

　　2. 能成為選擇對象或是具有獨特的技術及競爭地位之產品。

　　3. 理想合夥對象之是否存在。

　　4. 母公司管理控制之必要程度。

　　依據上列因素詳加考慮分析而作最有利之選擇，完全所有、多數所有，或是少數所有，最後決定皆是經由地主國政府、合夥者以及外資企業間交涉之結果。而兩當事者擁有之優勢（advantage），對所有型態之選擇影響頗大。

㈡採用完全所有子公司型態之利弊分析

1. 選擇完全所有子公司型態之因素

　　一般選擇完全所有之因素可歸納如下：

　　⑴當地政府對外來投資的歡迎政策。

　　⑵當地合夥者之資本、技術能力不足。

　　⑶避免子公司和母公司間的利害對立。例如：轉帳價格、利益分配、外銷市場的分割、成長戰略、人事、產品價格、品質管理等問題。

　　除了上述一般性之因素外，尚有其他因素隨時左右著投資者之意願。如下多國籍企業堅持採完全所有子公司的原因。

2. 採取完全所有型態之原因

多國籍企業堅持採取完全所有子公司的原因有以下幾點：

⑴過去對合資有不愉快經驗。

⑵對當地業者沒有信心。

⑶可能會產生利益衝突。

⑷股權關係的保持困難。

⑸全球性整合的需要。

⑹控制原料來源。

⑺不使公司技術、管理等機密外洩。

⑻全球生產合理化的需求，易於內部化管理。

⑼策略一致的需求。

3. 採用完全所有子公司型態之優點

採取完全所有子公司有如下優點可行策略（林彩梅，1980）：

⑴對全體海外子公司之資金可統籌調配運用。

⑵海外子公司管理人才可如意選擇調派。

⑶海外子公司間的技術移轉，可提高品質，分攤費用。

⑷原料由母公司統籌購買，可降低原料成本。

⑸建立企業內國際生產地，依照比較利益分配零件統一大量生產，以達生產
經濟規模化。

⑹建立企業內國際市場。

⑺依照子公司生產能力之利益，分配外銷市場，提高銷售利潤，並避免子公
司間在國際市場互相殘殺。

⑻依子公司技術程度採取產品差異化生產，配合國際市場不同消費者之需求。

⑼採取子公司間價格移轉之策略，避免高關稅，法人稅、營利事業所得稅以
及外匯比率、通貨膨脹、高利率等之損失。

⑽投資利潤由母公司統一控制、調配使用。

4. 採用完全所有子公司型態的缺點

(1)較不易獲得當地人的盡力合作。

(2)所獲高利潤易於造成當地人眼紅，而妒嫉、破壞。

(3)也可能被地主國收歸國有或沒收。

例如：美國多國籍企業所有權之策略，採取完全所有子公司占大多數，也因此被地主國沒收了三百多家海外子公司。

㈢採用合資公司型態之利弊分析

1. 合夥對象之選擇

合資型態之選擇，最主要的是選擇合夥者。首先必須注意子公司依賴母公司有效管理的程度以及母公司與子公司間是否能保持「一定的距離」的文化背景，因為我們不能期待合資公司能具有完全所有子公司一般的對其母公司的「理解程度」，因此，合資公司必須選擇具有一定距離而「易於理解」的合夥者，方才足以獲致控制之實效。

(1)合夥之選擇必須注意下列之條件

①民間或政府。

②合夥者人數（特定個人、特定企業、一般大眾）。

③合夥者之國籍（地主國、投資國、多數合夥國）。

④期間。

(2)如果合夥者為政府機構，其範圍如下

①對國家有貢獻之產業（防衛產業、福利、衛生等）。

②獨占產業（市場規模無法存有多數企業者）。

③需要長期投資的開拓性產業。

④資本密集產業。

合夥者若為政府，子公司在經營上固然受較多之限制，但與當地政府之緊張關係及所負擔之風險，無形中亦相對減少。一般選擇民間企業為合夥對象，多半期待

地主國合夥者的貢獻。

⑶ 選擇合資型態之因素

獲取地主國之貢獻較其本身管理控制能力更為重要的合資因素有下列三點：
① 當地企業有重要原料和資源可提供生產。
② 需要當地人協助擴大當地市場。
③ 海外事業之資本或技術能力不足，須獲取當地合夥者之協助。

海外事業投資，偏向於完全所有子公司之企業，應考慮子公司之需求與企業本身組織構造之密切關係。起初，海外投資對當地各項情況尚無法予以安定時，子公司為了適應當地環境，必須擁有相當程度的自主性，而至當地經營狀況安定，競爭能力逐漸增強之後，子公司之自主程度將漸次降低，而母公司的控制程度逐次增高。在此情況之下，為了降低生產成本，力求生產設備的合理化、集中化、勢必採取完全所有子公司之政策。

2. 採用合資公司型態之功能

依據 K. R. Hairigan（1982）之研究，合資經營可分為內部用途、競爭用途，以及策略用途，如下內容：

⑴ 內部用途

① 共同承擔成本和風險（降低不確定性）。
② 獲得市面上缺少的資源。
③ 獲得融資以補助公司之負債能力。
④ 分享最小經濟規模的最多產出。
　　A. 避免設備浪費。
　　B. 使用副產品或共同之製造程序。
　　C. 共同品牌、分銷通路、產品線等。
⑤ 從情報可接觸新技術和新客戶。
　　A. 較佳的資訊交流。
　　B. 技術人員交流。

⑥管理技能的創新。

⑦保留企業人才。

⑵競爭用途（加強現有的競爭位置）

①促進產業結構的提高：

　　A.率先發展新產業。

　　B.減少產業競爭的激烈程度。

　　C.使成熟產業合理化。

②競爭優勢：

　　A.先接觸好顧客。

　　B.產能擴充或垂直整合。

　　C.得到較高品質之資源。

　　D.和先進合夥人聯盟。

③產業全球化之防禦性：

　　A.減輕政治壓力。

　　B.接觸全球網路。

④創造更有效之企業：

　　A.集合母子公司兩方之優點。

　　B.減少產業中之競爭者，提高經營效率。

⑶策略用途

①創造、使用綜合成效。

②技術移轉。

③多角化：

　　A.進入新市場、產品或技術之立足點。

　　B.投資之合理化。

　　C.連結合資人相關技術，創造新用途。

3. 採用合資公司型態之優、缺點

⑴ 採用合資公司型態之優點（林彩梅，1980）

採用合資公司的優點與完全所有子公司不同，如下內容：
① 市場導向政策。欲開拓當地市場或擴大當地市場，必須利用當地人的人際
　關係力量來達成。
② 為原料來源，低廉勞力，外銷配額以及勞力密集產品重獲高利潤等必須至
　開發中國家投資，而開發中國家的所有權政策幾乎是合資政策，因此配合
　投資，即能獲得上述利益目標。
③ 經營資本不足時，利用合資可獲資本來源。
④ 合資公司不必擔憂被當地政府收歸國有。
⑤ 可分散投資風險。
⑥ 可從國際合作，獲得國際資源互補關係。
⑦ 合資經營對當地經濟貢獻較多，極受當地政府與國民之歡迎。
⑧ 有福共享觀念，可促進雙方合作的力量，提高經營成果。

⑵ 採用合資公司型態之缺點

① 難於獲得完全所有子公司內部化管理之利益。
② 合夥者對經營之淺見，阻礙公司長期計畫之發展。
③ 必須增派海外管理者（包括經營管理者、財務管理者、技術管理者，及行
　銷管理者等）以防被當地合夥者暗中將財產移轉之損失。
④ 簽訂合約不只要了解內容，更要調查公證人、律師的人格。
⑤ 聘請當地會計師作帳，亦須調查該會計事務所的道德、聲望。
⑥ 母公司之技術必須永遠高於子公司之技術，建立優勢地位，避免技術移轉
　結果，而失去國際市場。

㈣MNC 所有權政策與 HC 間之爭論因素

1. 所有權政策之基本問題

多國籍企業為了擴大其活動範圍，加以策略的變化，使得組織構造被迫改變，對組織最重要的問題就是如何去管理控制。對海外子公司而言，從所有權政策開始，以至強調效率，增強管理控制，均會引起當地最敏感的問題。策略的不同而產生管理控制的差異。但是，無論如何，多國籍企業一方面要以當地經濟成長為目的，另一方面要推展本國母公司的政策，在這雙重責任之下，如何能避免國家主義所產生之紛爭，始終是一困擾的問題。

日本企業選擇合資方式，而認為是國家主義的免罪符。事實上：

⑴日本企業海外投資與歐美多國籍企業相比較是一後起者，因此暫時能維持初期的階段，經過了海外投資初期的階段後，在效率上必須加強管理控制，因此剛開始較不易引發問題，日後才會發現問題的存在。

⑵合資經營絕對不能當國家主義的免罪符，有時合資比完全所有子公司，更易引起紛爭，因為合夥者雙方之間利害關係的對立，是紛爭的起源。

因此企業在從事海外投資，對所有權政策應考慮如下內容：

⑴對先進國家投資，想寡占市場，而進入市場必定很困難，雖然沒有所有權之限，但必須考慮本身產品的品質、價格與市場競爭力。

⑵對開發中國家投資，所有權政策是相當敏感的問題。進展開發中國家的投資，一般對優良技術產品的考慮不如勞力密集產品之實用因素，因此大部分在當地生產勞力密集商品，且從生命週期而言是成熟期的標準化的產品，因此與當地產業之競爭是不可避免，此種競爭是國家利益的衝突，更易引發國家主義情緒的高昂。對資源產業方面，更會引起強烈的對立。因此，應以合資經營為原則，但合資經營並非就是國家主義的免罪符。

⑶所有權政策和當地國家主義利益的對立是必然的，所以若要避免和當地產業的競爭，應選擇商品差別化，無競爭性產品的開發和導入新產品。換言之，產品多角化策略是必須實施。

⑷經常提供地主國高度的（並非絕對的）技術。

⑸為地主國提供外銷市場的機會。

⑹提供給地主國資訊。

以上都是與所有權政策相關連，也可說是多國籍企業對當地提高交涉力量的策略。

綜合上述，採用完全所有和合資公司之優缺點，一般情況下，完全所有子公司易於控制調配，也易於引發國家主義之紛爭；而合資公司可借重當地合夥者之資金，拓展當地市場等能力，也因合夥者觀念之差異，阻礙多國籍企業之成長。

2. 多國籍企業所有權政策與地主國之間的爭論因素

多國籍企業所有權政策與地主國之間易於引起爭論之處甚多，主要之原因簡述如下：

⑴ 多國籍企業與地主國間各種資源分配之差異

以理查‧羅賓遜（Richard Robinson, 1972）教授所提的幾項差異因素分述如下：
① 兩當事國經濟的相對規模。
② 兩當事國的歷史關係。
③ 該企業對地主國經濟上的重要性。
④ 企業的性質（公共部門、策略部門、基礎部門）。
⑤ 子公司和母公司之關係──受母公司控制之程度。
⑥ 地主國的政治特色及行政效率。
⑦ 地主國與母國政策上的差異。

⑵ 國家間「所有權」法之差異

各國對專利權、技術合作權利上之解釋有所差異（社會主義國家除外）。如天然資源之「永久主權」，最近對外國人權利的限制更加增強。

⑶ 國家間經濟發展階段之貧富差異

如果貧富差距甚大，相對資源移動便較稀少（資本、外匯、原料、熟練之勞動力、經營者），對該國利益愈形重要，爭取利益更加激烈。

⑷ 多國籍企業對子公司管理控制型態問題

由於各國社會、文化、國民價值觀及勞基法之差異，造成溝通上的差距，例如：原是好意的用詞，卻被感受惡意的辱罵，價值觀念的差異，使決策、判斷產生困難，但是經營成功的程度，經常決定於全體員工之共識與勞力。

國家間之差異及多國籍企業之策略，造成地主國對外來投資企業之所有權加以限制。雖然多國籍企業對地主國投資後的成果，若隨著時間之變遷未能再有新資源的繼續流入，將會慢慢被淘汰，但是，另一方面其所擁有之所有權同時亦將令地主國產生緊張情緒。

㈤跨國併購之目的

1. 跨國併購活動的發展趨勢

併購（mergers）活動在先進國家被視為正當的投資行為，至八〇年代已蔚為風潮，不僅美國及歐洲的大小企業流行併購，連東鄰的日本也不遑多讓，企業跨國併購案件迭創新猷。日本新力及三菱公司分別併購美國哥倫比亞影業及洛克菲勒集團，更令舉世震撼。全球電腦公司自從兩家同業西門子（Siemens）與尼道夫（Nixdof）合併為傲世的電腦巨擘後，更顯出 MNE 之發展——「不是去併購就是被併購。」

全球各大汽車製造廠為了強化競爭，除了朝國際分工生產外，藉「聯盟」方式吸取彼此特長的例子也是層出不窮。法國雷諾（RENAULT）與瑞典富豪（VOLVO）兩家歐洲汽車廠宣布合併成立「雷諾富豪集團」，其可能引發的市場生態變化，深受其他車廠的關注。

由於雷諾汽車向來以引擎設計見長，富豪則以車體安全結構專美車界，互相擷取精華，對整個汽車品質更臻理想；而合併後零組件朝共用方式、研發成本因而降低，均具莫大的好處。富豪與雷諾的大本營分占歐洲東北與西南方，本就互不牴觸；經過合併後，整個規模加起來的年產能可能成為次於福斯（VW）、歐寶（OPEL）集團，為歐洲第三大，對市場策略競爭有「立竿見影」的效應。

世界各國政府也對 MNE 併購之新趨勢，擴大規模，影響國際市場自由競爭，極為重視，因此美國、日本、歐盟政府對大型公司之併購，必須向政府提出申請之

要求（如〔表 4.1〕）。

表 4.1　日、美、歐盟的 M & A 審查基準

	合併申請義務	合併審查基準
日	買收企業在國内的總資產值超過 100 億日圓；被買收的企業值超過 10 億日圓時，必須提出申請。	國内市場占有率在 10% 以下；或是國内市場占有率在 25% 以下，但市場排名順位在 2 位以下、股票持有比率超過 50% 時。
美	每年銷售額或總資產值在 1 億美元以上之企業與 1 千萬美元之企業合併時，必須向反托拉斯局及 FTC（聯邦交易委員會）提出申請。	若有影響市場實質競爭，且形成獨占之情況，禁止併購。
歐盟	當事者在全世界的銷售額合計超過 50 億歐元時；而其關係企業在世界合計每年銷售額超過 25 億歐元時，必須提出申請。	(1) 是否對歐洲共同市場或實質有效的競爭，具有很大的妨害，而且形成對市場支配性地位形成之觀點而作審查。 (2) 審查其市場構造、共同體内外的現況，以及潛在性競爭，在市場上當事者之地位、經濟力，相關商品的提供動向，加入之障礙，對消費者有利的技術進步及經濟發展之要因為考慮。

資料來源：「世界と日本の海外直接投資」，《ジェトロ投資白書 2000 年版》，日本貿易振興會編，2000 年 3 月，p. 37。

2. 跨國併購的目的

併購之理論（莊耿銘，1996）係基於企業合併後會產生下列效益，而促使企業走向合併，亦即這些效益是鼓勵併購之誘因。

(1) 整合效益（integration effect）：企業為追求外部成長，利用併購方式取得其他公司經營權或所有權，可以在短期間内達到擴大經營規模的目的，如另行建廠可能需要耗時二至三年，又如為取得現有之行銷管道而言，自行開拓可能耗時數年也不一定有成果。合併之整合效益可分：①垂直整合：

即往上下游合併以控制原料來源,取得現成技術、管理制度及既有品牌與行銷通路,②水平整合:指取得生產相關產品之公司,擴大產品線,發揮規模經濟效益,進而擴大市場占有率及增強市場主宰力(market share and market power),尤其欲在國際市場上競爭,大規模企業占有比較優勢,日本企業合併後國際化成功的例子很多。

(2)提高潛在之生產經營利得(potential operating gains):如被合併公司原來經營管理效率較差,併入效率較好之公司後,可促使其效率提高,或因雙方具有互補性,即可發揮彼此潛在之效益。假如合併後亦會有所謂的財務效果(financial effect),即合併後公司規模大,向銀行融資要求的條件通常會較佳,此外,公司變大後,在行銷管理上也會較小公司有利。

(3)併購可作為跨入其他行業如高科技之手段,以達到多角化經營目的:
　　① 獲得新技術或工程經驗。
　　② 購買現成的海外行銷網。
　　③ 向高成長事業多元化發展。
　　④ 接近原料來源或擴大原料供應。
　　⑤ 移轉生產或企業至海外。

3. 跨國併購的風險

　　跨國併購存有相當高的風險選錯併購對象固然危險,付出太高購價同樣會帶來厄運。因此,跨國併購的失敗案例不在少數。

　　併購失敗的原因約為:
　　⑴ 未做好策略性規劃。
　　⑵ 收購價格太高。
　　⑶ 收購過程處置失當。
　　⑷ 企業文化衝突。
　　⑸ 詐欺。
　　⑹ 事情未如預期發展。
　　⑺ 意外災難。
　　⑻ 外國主要職員離開。

⑼ 對當地市場無經驗或不夠了解。

⑽ 管理或技術整合發生困難。

三、選擇所有權型態的考慮因素

在上節的分析，已了解多國籍企業的海外活動，採取完全所有子公司或合資公司政策之利弊分析。然而，什麼情況下必須採取完全所有子公司或合資公司，更進一步之分析，本節中，以三位學者（Stopford & Wells, Robinson, Fayerwealher）的理論來探討，多國籍企業在海外成立子公司時，如何選擇所有權型態。

㈠Stopford & Wells（1972）之研究

此研究中指出，多國籍企業之組織結構，須視公司策略而定。由中央集權行使既定策略之多國籍企業，為達到高度控制之需要，必須對子公司有明確的控制，所以，這類的公司最願意獨資經營而不願與當地合資經營。但，亦有些多國籍企業，本身資源不足，從事對外投資時，需要外部資源的彌補，於是，企業便傾向於外人合資，再者，由於地主國法令限制，企業必須從少數型態中選其一；其考慮因素如〔圖4.1〕：

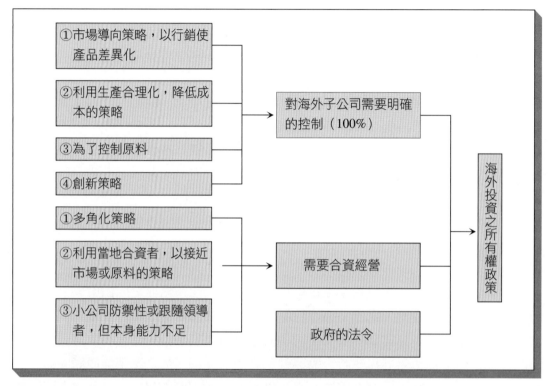

資料來源：John M. Stopford & Louis T. Wells, *Managing the Multinational Enterprise*, Basic Books, Inc., 1972, pp. 100-167.

圖 4.1　Stopford & Wells 多國籍企業海外投資所有權策略型態

1. 需要 100% 獨資經營策略

需要明確控制宜考慮完全所有子公司策略，包括以下四項，如〔表 4.2〕。

⑴ 市場導向策略，以行銷使產品差異化

在他們的研究中發現：

表 4.2

所有權　　　　　行銷廣告費用占銷售比率	50% 以下	50% ～ 99%	100%
10% 以下	7.8%	28.8%	63.4%
10% 或 10% 以上	5.4%	1%	93.6%

資料來源：John M. Stopford & Wells, *Managing the Multinatsonal Enterprise*, Basic Books, Inc., 1972, p. 109.

　　廣告費用作 10% 或 10% 以上之美國籍多國籍企業，有 93.6% 是採完全所有子公司，而廣告費用占銷貨 10% 以下者，只有 63.4% 是採完全所有子公司。他們認為採用此種策略的公司必定會花下鉅額的廣告費用來建立產品有消費者心中形象。

　①必須支付大量廣告費，提高促銷成果：由於母公司已經花費大量成本，合夥人在這方面已無可貢獻；再者，當地的合資者，往往不願花太多的股利來從事廣告活動，所以，多國籍企業往往傾向獨資經營。

　②避免子公司互相殺價競爭，必須設立完全所有行銷分公司：然而，在某些國家，當地政府會要求多國籍企業和當地人合資生產，多國籍企業往往會在生產子公司採取和當地人合資生產，而行銷方面則另外成立一個完全所有的銷售分公司來從事行銷活動。避免子公司各自行銷所造成的子公司間互相殘殺價格競爭，使多國籍企業失去利潤。

　③必須控制行銷通路：還有些情況，公司發現必須要控制行銷通路時，則多國籍企業也會傾向完全所有子公司，例如：當產品在各市場間可以互相流通，則企業要想利用市場來差別取價時，就必要能完全控制行銷通路，以防止各市場間的互通，所以採取過半數或「完全所有子公司」為宜。

⑵生產合理化策略

　　當產品成熟時，有些企業依賴行銷技術來生存；而另一些企業則依靠降低成本來生存，這種策略下，企業往往為了追求經濟規模，而從事專業化分工，將不同的生產過程分別集中在不同的工廠中，如何作全球性的生產配置，則要看各地的生產

成本和運輸成本。

因此，在此策略下，往往會發生子公司間的利益衝突，例如：子公司應生產何物，子公司間之移轉定價，以及產品市場的劃分等，爲了減少衝突，多國籍企業必須擁有明確的控制權，宜採「完全所有子公司」經營。

(3)控制原料策略

以上兩個策略主要集中於多國籍企業生產子公司，然而某些原則仍然可以適用於多國籍企業原料開採活動，控制原料爲一種向後之垂直整合，其主要目的：①降低原料成本和不確定性，以獲得寡占或獨占利益。②利用原料的控制，提高競爭力，這種全球性競爭策略，在於降低本身的風險，升高競爭對手的風險，所以，需要明確控制。

一般原料開採多半在落後地區，而且原料開採多半需要大量資金的投入，地主國之企業往往沒有能力從事這種活動，而且，這類的合資除了控制的原因以外，大致有原料之流動性（mobilization）和降低風險二種原因，合資者的目的較容易一致，亦可避免原料保護主義的高昂，而遭遇被收歸國有，所以多國籍企業投資以「合資經營」爲宜。

(4)創新策略

推行此項策略之多國籍企業，一般認爲對國外子公司的控制，實爲首要。採此類策略的多國籍企業在海外投資活動時，傾向於「完全所有子公司」之型態。

此類策略的企業必然花費鉅額的費用在研發（R＆D）活動上，而這些成本爲一種沉澱（sunk）成本，其成果又多半是一種無形資產，這種資產的市場沒有完全之功能，而無法評價，類似公共財的資產，接觸到的人可以幾乎不花費任何成本而得到這類資產使用。

所以，若採用合資，則第一，很難決定對方該出資多少，而占多少股權。第二，對方可以不用花下鉅額的 R＆D 費用，而得到 R＆D 的成果。故 R＆D 費用較高的美國多國籍企業，其海外子公司爲完全所有之比率較高。

2. 需要合資經營策略

(1) 多角化策略

當公司傳統上的產品進入成熟期，產品多角化即成為公司保持成長的策略，宜採取「合資經營」。合資的情況在當一個公司開發多種大量的新產品時，它必然是把本身的資源集中於設計和製造上，所以往往缺乏足夠的行銷技巧，企業欲將其產品銷售到全球市場，每一樣產品都有其一套行銷公式，而新產品是否能夠在國外市場銷售，未可預料，不宜採投鉅資。在此情況之下，由當地的合資者提供資本，市場資訊、分擔風險，實屬必要。

(2) 垂直整合策略

多國籍企業在開採活動中往往傾向於獨資，為了所開採原料有穩定市場，企業的下游產業須傾向於當地人合資生產，這是接近市場的整合。

另一方面，也有向上垂直整合的需求，當地主國企業或政府控制多國籍企業後需要的原料時，企業往往會發現無法以低成本獲得所需之原料，所以，企業必須往上游產業做「合資經營」。

(3) 小公司之 FDI 策略

當產業中之大型公司國際化後，由於生產的合理化以及擴大的國外市場使小公司無法生存，所以，小公司為了生存，就必須跟隨著作 FDI。然而，小公司往往缺乏資源來應付大公司做的每一個舉動，所以，需要額外的資源。

再者，小公司往往無力單獨承擔海外投資的風險，於是在 FDI 時，傾向於「合資經營」。

(二)Richard D. Robinson 之研究

Richard D. Robinson（1986）為多國企業之所有權策略，如〔圖 4.2〕，其分析因素如下圖：

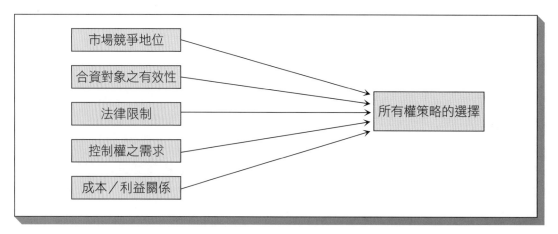

資料來源：Richard D. Robinson, *Internationalization of Business: An Introduction*, p. 165, 1986，華泰書局翻印。

圖 4.2　Richard D. Robinson 所有權策略的決定要素

1. 市場競爭地位

競爭地位是指廠商的產品或服務相對於其他廠商在同一市場上的銷售能力。如果廠商的產品或服務具有獨特的優越性或顯著的差異性（商標）並具有商業價值，則採取完全所有子公司較合資經營能保持其獨特性。

反之，若企業之競爭地位不足，則宜採合資，以追求企業聯盟之利益。

2. 合資對象之有效性

母公司考慮合資時，必須考慮是否有適合的合資對象，若缺乏合資對象，還必須考慮培養某一當地合資者。

3. 法律限制

在選擇所有權契約的策略時，必須將當地法律規定詳細考慮。例如：所有權的百分比，所有權移轉規定、入境控制，以及私有財產權的規定等。

4. 控制權之需求

雖然，股權並不能完全代表控制權，然而，以多數股投資為基礎所得到的控制

權較為穩固，而且，公司若為多數股東，其他少數股者若為消極合夥人則更容易掌握其控制大權，所以，擁有股權愈高代表其控制權愈大；就如 Stopford 及 Wells 的研究，任一廠商必須先確定它的經營目的，然後訂出以何種控制方式才能達到其目的，再決定採取最好的方法得到並確保其控制權。

5. 成本／利益之關係

在短期間而言，合夥雙方必須認為其本身成本／利益比率高於對方則此關係方能成立，假設有 A、B 兩廠商則其關係式如下：

$$\text{本身認定} \qquad\qquad\qquad \text{對方認定}$$

$$\left(\frac{\text{利益 A}}{\text{成本 A}}\right)_A \qquad \geq \qquad \left(\frac{\text{利益 B}}{\text{成本 B}}\right)_A$$

$$\left(\frac{\text{利益 B}}{\text{成本 B}}\right)_B \qquad \geq \qquad \left(\frac{\text{利益 A}}{\text{成本 A}}\right)_B$$

事實上，這種關係會隨時間而變。經過接觸與溝通後，雙方均會了解如何向對方做較佳的判斷。

㈢Fayerweather 之研究

C. John Fayerweather（1982）以為所有權策略的決定因素有五個，如〔圖 4.3〕，分析如下：

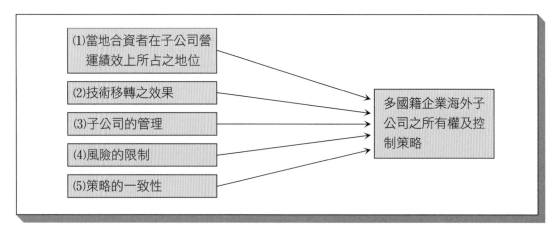

資料來源：John Fayerweather, *International Business Strategy and Administration*, 2nd ed. p. 413, 1982, Ballinger Publishing Co.

圖 4.3　John Fayerweather 所有權策略的決定因素

1. 營運績效

　　當地合資人在子公司營運績效上所占的地位，為吸引多國籍企業從事合資經營的誘因之一，它對於小公司或者首次經營國際企業缺乏海外營運知識的公司特別重要，所以，合資往往被視為一個進入外國市場的有效策略。

　　雖然合資有以上好處，然而，卻也有以下兩點營運上的缺點：

⑴某些合資人並無法有效的整合其當地的管理知識以及多國籍企業的投資和期望。也就是當地的合資人的管理適應性不足，而導致無效率，甚至於關係的破裂。

⑵很多反對合資的人士認為，他們可以「買」到同樣的管理技能，而不須要犧牲多國籍企業之獨立性；而在經驗上也正是如此，尤其是在較先進的國家做投資，例如：西歐國家，在這些國家中經理級之就業市場甚為開放，多國籍企業可以輕易的在其中找到優秀的人才；然而，在日本就不同了，在終身僱用制之下，所有優秀管理人才，幾乎都留在日本企業中，所以，對日本投資還是必須要由合資以獲得管理知識。

2. 技術移轉

由於多國籍企業害怕其經營能力的外溢效果，所以，無論是技術移轉或者管理技巧的移轉，獨資的績效都優於合資的績效。

3. 子公司的管理

獨資和合資在管理上代表了單獨管理和合作管理，很明顯地在單一管理的系統中若有一些分歧的意見也較容易達成協議；若有當地的合資者參與管理，則必須將當地人的意見導入決策制定的過程，當地合資者若有企業發展之遠見，將是很幸運的合資公司，對未來發展極有幫助；若當地合資者卻是以眼前利益為主的近視經營理念，公司未來發展必遭受極大阻礙。

4. 風險限制

多國籍企業的活動包括獨資、合資，以及一些不涉及資本之一些契約行為，例如：技術授權。一般而言，多國籍企業的行為有兩個目的：
⑴使本身市場極大化，利益極大化。
⑵使自己風險最小化。

5. 策略的一致性

在一些情況下，多國籍企業必須依賴策略的一致性以求生存，Fayerweather 以為在產品線、研發、後勤系統，以及財務系統四個部分最需要一致性，多國籍企業必須考慮本身一致性的需求，而後方能選擇適當的所有權策略。

綜合上述，決定多國籍企業海外投資所有權型態選擇的因素如下五類：

1. 母國別因素

由於多國籍企業的母國不同，則其國內環境會有所不同，例如：美國國內有廣大的市場，而日本則否，所以，日本的海外投資較美國傾向於確保當地市場，使得其投資對於當地人的市場，環境知識需求殷切，而使得其投資偏向採取合資。

2. 策略因素

　　根據 Stopford 及 Wells 的探討，企業的所有權政策選擇，主要決定因素爲其策略因素，有些策略需要一致性，有些策略則需要一些額外的資源，本研究之整理可以歸納出以下策略：

　　⑴ **重視研發的策略**：研發重視的企業，其內部必然擁有許多尙未資本化之無形資產，所以，爲了避免外人的學習，必然較爲堅持獨資。

　　⑵ **重視行銷的策略**：Stopford 及 Wells 的研究指出，以行銷密集策略來使產品差異化之策略，需要策略的一致性，以完全設有子公司爲宜。

　　⑶ **垂直整合策略**：垂直整合爲一種降低企業經營風險的策略，所以，無論向下或向上整合，都需要策略的一致性，以合資爲宜。

　　⑷ **多角化策略**：多角化策略是將企業的經營範圍，尤其是非關連性之多角化活動，它需要一些額外的，多國籍企業所不具有的資源，所以，需要合資。

3. 多國籍企業的競爭能力

　　競爭能力，爲企業在市場上生存的能力，包括了企業的一切有形、無形資產，競爭能力強的企業，當然會堅持獨資。

4. 產品的生命週期階段

　　產品的生命週期階段不同，企業在策略一致性或額外資源之需求亦不同，所以，其投資子公司之所有權型態亦會有不同。

5. 以往投資經驗。

表 4.3　決定所有權型態之考慮因素

學　　者	考　慮　因　素
Stopford 及 Wells（1972）	策略因素： ⑴ 市場導向策略。 ⑵ 生產合理化策略。 ⑶ 控制原料策略。 ⑷ 創新策略。 ⑸ 多角化策略。 ⑹ 利用合資者接近市場。 ⑺ 小公司跟隨領導者之投資，但資源不足。
Robinson（1986）	⑴ 市場競爭地位。 ⑵ 合資對象之有效性。 ⑶ 法律限制。 ⑷ 控制權的需求。 ⑸ 成本／利益關係。
Fayerweather（1982）	⑴ 當地合資者在子公司營運績效上之地位。 ⑵ 技術移轉之效果。 ⑶ 子公司的管理程度。 ⑷ 風險的分散。 ⑸ 策略的一致性。

資料來源：內文整理。

〔參考文獻〕

1. John M. Stopford & Louis T. Wells (1972), *Managing the Multinational Enterprise*, Basic Books Inc., pp. 100-167.

2. 日本經濟調查協議會（1974），「多國籍企業の經濟と經營」調查報告，p. 49。

3. John Fayerweather (1982), *International Business Strategy and Adminstration*, 2nd Ed., Ballinger Publishing Co., p. 413.

4. Richard D. Robinson (1986), *Internationalization of Business: An Introduction*，華泰書局翻印。

5. K. R. Harrigan, Strategic Alliances (1987) : Their New Role in Global Competition, *The Columbia Journal of World Business*, Vol.XXII, No.2, Summer, p. 69.

6. 莊耿銘（2001），《國際企業》，翰軒出版社。

5

Multinational   Enterprise

多國籍企業之成長策略

一、多國籍企業之成長階段

成長戰略是指國內企業擴大發展至多國籍企業所施展的策略。大多數的美國企業均經由此等成長過程而成爲多國籍企業。

成長策略的展開，是從國內企業階段的「單一產品企業」轉化爲「多數產品系列企業」，並擴展至海外地域，進而普及世界各地，而成爲多國籍企業。其間亦有例外者，如勝家公司便是以「縫紉機」單一產品拓展至海外而成爲多國籍企業。

〔圖 5.1〕「多國籍企業之成長階段」，以經營觀點來看，研究分析其移轉過程是非常的重要。其經營過程分爲四個階段：⑴當地志向企業；⑵國內志向企業；⑶國內對海外志向企業；⑷世界志向企業。由每一階段我們可以了解其成長策略，同時亦可明瞭新企業型態的轉化及其特質轉變。通常，企業型態之特性均由管理組織改革起，由職能部門制組織轉化至事業部門制組織爲最明顯。

㈠當地志向企業

當地志向企業，其特性是單一產品企業（Single Product Co.），也是單一國企業（企業成長之決定因素及生產地均限於一國之內，Single National Co.）。而當地志向企業爲了擴大國內地區策略，而轉向於國內志向企業。

㈡國內志向企業⑴

國內志向企業是同一產業內或不同產業的力求「產品多角化」、及「市場擴大化」，二種策略同時展開。因產品多角化之發展，使單一產品企業進入「多數產品系列企業」（Multi-Product line Co.）。

㈢國內志向企業⑵

國內志向企業除了第二階段的「產品多角化」及「市場擴大化」兩戰略同時並行外，同時轉向「擴大海外地域」之策略。

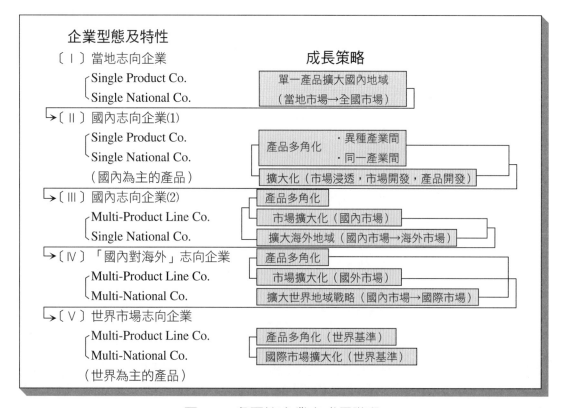

圖 5.1　多國籍企業之成長階段

㈣國內對海外志向企業

國內對海外志向企業含有「多數產品系列企業」及「多國籍企業」之特性，其組織分別以「產品別」及「地域別」為基準管理之。以「產品多角化」及「市場擴大化」並行，同時展開「擴大世界地域」之策略而轉向「世界市場志向企業」。

「擴大海外地域」及「擴大世界地域」之所以不同，前者乃是為「國內對海外」市場發展階段的擴大海外地域，而國內、國外兩地活動並未有一專責部門予以統籌管理；後者則為世界市場發展階段的「擴大世界地域」，國內、國外均歸屬於一專責部門統籌調配管理。

㈤世界市場志向企業

世界志向企業即是所謂的「多國籍企業」，以世界爲基準施展其「市場擴大化」及「產品多角化」之策略。

從上述市場導向可知，目的在於：⑴產品多角化；⑵市場擴大化。從這二種策略組成策略行列（matrix）。

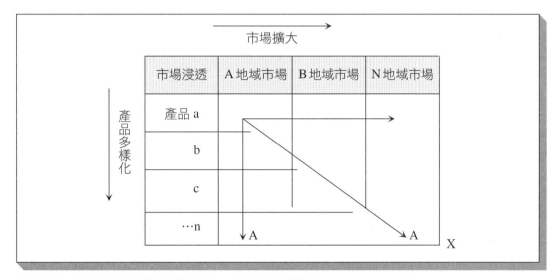

資料來源：日本多國籍企業研究學會監修，《多國籍企業經濟》，ダイヤモンド社，1976年，p. 15。

圖 5.2　市場導向策略行列

如〔圖 5.2〕，一個地域企業從該地域市場浸透成功後，從 A 市場→B 市場→C 市場→至 N 市場，逐漸擴大全國市場。另一方面，爲擴大消費者的需求，產品生產也從 a→b→c 至 n 等增加產品多樣化之行銷，企業從市場擴大及產品多樣化，雙方面的擴大配合，達成產業的多角化（diversification）經營。

國內市場產品多角化的過程，浸透推展至全國市場後，爲企業成長而進展海外市場、在外銷成長上逐漸出現當地企業的競爭者、從當地企業的成長而轉換當地政府採取貿易保護政策、採取高關稅等之阻礙，因此爲確保當地市場必須從行銷轉換爲投資生產。如〔圖 5.3〕從 A' 國→B' 國至 N' 國，移轉生產地、擴大市場、生產產品多角化之浸透推展也從 a'→b' 至 n'，發展海外多角化經營。

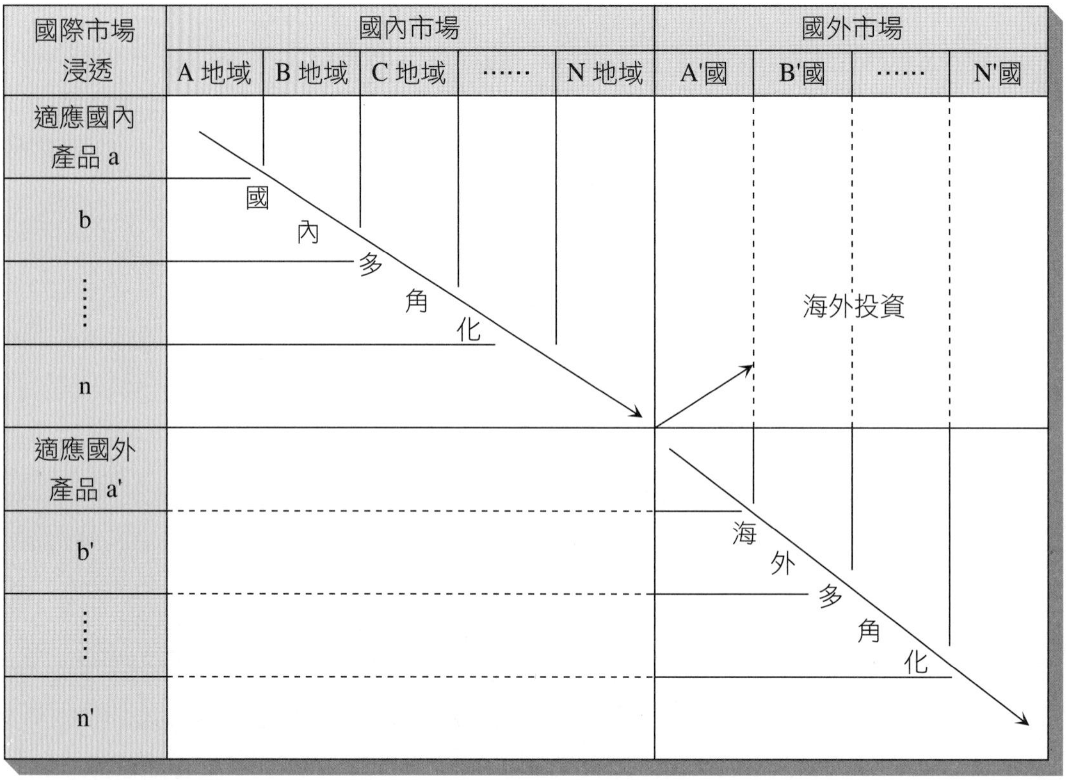

國際市場浸透	國內市場					國外市場			
	A 地域	B 地域	C 地域	……	N 地域	A'國	B'國	……	N'國
適應國內產品 a									
b	國內								
⋮	多角化					海外投資			
n									
適應國外產品 a'									
b'						海外多角化			
⋮									
n'									

資料來源：同〔圖 5.2〕。

圖 5.3　國際市場導向策略行列

二、多國籍企業成長策略模型

　　多國籍企業成長策略的動機是從一般產品生命週期所引發。通常讓產品生命進入衰退期，大致是開發中國家企業對市場預測不正確，使產品進入無利潤時期。先進國家企業大多能預測產品生命週期，決不會讓產品進入無利潤時期，以零件產量之控制讓產品至成熟後期即更換新產品，如〔圖 5.4〕。而多國籍企業認為產品成熟期競爭太激烈、利潤太少，希望獲得長期性成長期的利潤，如〔圖 5.5〕，因而產生多國籍企業成長策略模型。

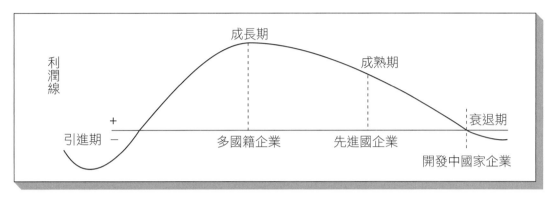

圖 5.4　MNC 對 PLC 的選擇

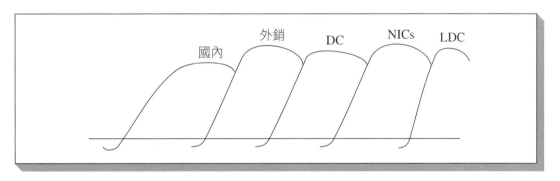

圖 5.5　MNC 對 PLC 成長期長期策略

　　「國際貿易和生產地轉換的週期模型」（以下簡稱週期模型），也稱為「多國籍企業成長戰略模型」，是哈佛大學的 R. Vernon 及 L. T. Wells 兩位教授的研究成果。如〔表 5.1〕，「週期模型」的特徵是各週期特性和產品生命週期（product life cycle，以下簡稱 PLC）間，有著極其密切的關係。

　　「週期模型」分為三個階段，第一階段是在美國生產，第二階段是在當地 A（先進國）生產，第三階段是在當地 B（開發中國家）生產，由此可知生產地轉換之週期。

表 5.1　多國籍企業成長策略模型

	美　　　　國	當地（A）（先進國）	當地（B）（開發中國家）
第一階段⑴	美國生產開始初級品 開發期（美國） 以高所得為開發、生產與銷售為目標		
第一階段⑵	外銷世界各國高所得市場，產品從開發期進入成長前期	開始向美國輸入產品 開發期（當地A） 當地企業開始生產的可能性	開始從美國輸入
第二階段⑴	國內開發生產原產品之「高級品」 成長期→（美國） 追求比較利益 初級品生產技術，移轉至當地市場（A）投資（確保當地A市場）	當地政府採取貿易保護政策 美國對先進國投資生產初級品開發期→成長前期 依據比較優位，擴大當地市場 當地（A）努力於技術改良，資本密集化	對美國輸入初級品增加 開發期（當地B）為長期
第二階段⑵	高級品對「當地A」及「當地B」外銷高所得市場 從當地（A）輸入初級產品而外銷高價格、高品質之特殊化高級產品	對美國輸出初級產品，從美國輸入高級品 對當地（B）之輸出 國內市場＋第三國市場 成長期（當地A） 國內市場＋第三國市場	對美之輸入初級品轉換為從當地（A）之輸入。從美國輸入高級品並擴大需要（價格降低） 開發期（當地B） 從美國輸入高級品
第三階段⑴	美國開發「新產品」，外銷世界高所得市場 初級品對當地（B）投資，高級品移至從「當地A」生產標準化產品	當地政府採取貿易保護政策將美國高級品技術移至當地（A）生產 對當地（B）初級品外銷減少 成長後期→成熟期	當地政府採取貿易保護政策 美國對當地（B）投資生產初級品開始 成長前期（當地B） 當地（B）＋第三市場＋母國市場志向投資，是高度標準化產品的外銷
第三階段⑵	從當地（A）輸入高級品，從當地（B）輸入標準化產品。 美國對世界外銷新產品	特殊化高級品的外銷 當地（A）停止生產原初級產品	增加對先進地域之外銷初級品能力（標準化產品為中心）
第三階段⑶	研究新產品之高級品	標準化產品，從當地（B）輸入；從美國輸入新產品，對世界輸出高級品	當地（B）標準化產品對世界外銷，從當地（A）輸入高級品 從美國輸入新產品

資料來源：日本多國籍企業研究會監修，日本經濟調查協議會編《多國籍企業經營》，ダイヤモンド社，1974
　　　　　年 12 月。筆者依理論加以整理。

㈠「週期模型」的第一階段

　　生產地決定的主要條件依據比較利益選擇：⑴市場的規模；⑵國民所得；⑶企業的成本；⑷本國與當地政府的各種政策規定；⑸一般性技術水準；⑹外部經濟的發達程度等等。

　　美國企業起初以美國市場高所得消費者爲對象，製造高所得需求的新產品與適當價格，繼而導入市場。

　　此階段的美國 PLC，從開發期移至成長前期，擴大國內市場，也開始外銷高所得。此階段，美國是供應全世界的生產地，外銷產品大都是接受訂單才生產爲多，此時外銷產品尙未標準化。美國的 PLC 移至成長後期時，外銷更加積極化，生產地條件即有很大變化。

㈡「週期模型」的第二階段

　　成長後期，國內競爭企業急速增加，由於競爭者採取產量政策，供給大於需要，美國企業爲了擴大化戰略，積極拓展海外市場。一般產品外銷等於間接技術轉移：「先進國企業」發現該產品適應於該國內市場，因此開始生產，當地政府爲保護當地企業，即採取貿易保護政策，對美國產品的輸入採取加強限制。當地企業對該產品生產成功時，對其限制更加強化，使成長後期之美國生產地更無生產之條件。因此，美國企業爲確保現有市場，必須從先進國中依比較利益選擇理想投資國技術移轉，將生產地移轉至「當地 A」。

　　在「當地 A」生產標準化的產品對「當地 B」及「美國國內」外銷。「當地 A」之標準化產品成爲世界供應地。美國國內對該產品的生產取消而開始生產該產品的高品質、高價格之產品，以高級品外銷世界高所得市場。

㈢「週期模型」的第三階段

　　「開發中國家企業」發現該產品在該市場之適應時，必開始生產，當地政府必採貿易保護政策。美國企業爲確保「B市場」，必定技術移轉至「當地B」投資（依比較利益選擇）。

　　在「當地B」的製造標準化產品提供全世界，「當地A」停止生產標準化產品，

轉將美國生產的高品質、高價格之產品技術移轉至「當地 A」生產，而美國國內又開始生產「新產品」。為擴大國際市場之策略，美國依世界高、中、低所得者市場之需求，採取「高品質產品」由當地 A 生產與外銷；「標準化產品」由「當地 B」生產與外銷；「新產品」則由「美國母公司」生產與外銷，達到全世界最高銷售成果。

表 5.2　PLC 各階段的特徵和成長策略

		開發期	成長前期	成長後期	成熟期	衰退期
(1)產品特性	①產品特性	技術密集產品	同左	標準化產品	產品高度標準化	同左
	②生產、銷售規模及成本	小規模生產，量少，銷售成本大	大規模化，移向量產體制，成本降低	確立量產體制，成本大幅降低	同左	同左
	③技術改良及標準化的程度	製造技術、工程、零件、等尚未標準化	製造技術、工程、零件的標準化	產品標準化、規格化	高度標準化，規格化	
	④產品差別化	實質差別化	同左	形式差別化	同左	同左
	⑤資本密集程度及裝配員的素質	知能勞力密集需要，科學、技術、技能等科學者、技術者	一部分資本密集及技術密集	強化資本密集及技術密集	同左	同左
	⑥外部經濟的不確實性以及意見交換的必要性	不確實性大，對外部經濟依賴性很大，需要適當的意見交換	外部經濟依賴性大，需要適當意見交換	減少不確定性，減少外部經濟依賴程度	同左	同左
(2)企業經營之特性	①努力目標	產業界的需要	增加銷售量，擴大市場占有率。	利潤原則，擴大市場占有率。逐漸增加，M > P	同左	同左
	②競爭企業家數，以及市場規模（M）和生產規模（P）之關係	競爭者少，M > P	競爭者逐漸增加，M > P		合併，重新整理	同左
	③競爭型態					
	④利益率及銷售量	非價格競爭利益率大而銷售量少	價格競爭表面化利益率及銷售量均大	價格競爭的增強利益率及量鈍化	形成管理價格利益率及量減少	同左虧本

		高所得層	高所得及中間所得層（上）	中間所得層（中）	中間所得層（下）	低所得層
(3)市場之特性	①顧客（所得別）	高所得層	高所得及中間所得層（上）	中間所得層（中）	中間所得層（下）	低所得層
	②顧客的地區別	國內—大都市	國內—都市為主 國外—先進國地區為主	國內—分布全國 國外—先進國地區以及開發中國家的一部分	國內—同左 海外—先進國地區，並擴大開發中國家	國內—同左 海外—同左
	③產品需要之普及程度、認識程度	國內—認識低、需要小	國內—認識提高，需要增多 海外—一部分市場	國內—普遍認識，需要擴大 海外—海外市場活動的積極化	國內—普及程度提高，需要鈍化 海外—強化	國內—需要減退 海外—同左
	④價格的彈性	少（與價格沒關係）	大（價格競爭）	大（同）	小（國內市場價格鈍化，海外價格彈性化）	小（同）左
	⑤市場情況不清楚，需要意見溝通	對該產品市場不清楚，需要適當的意見溝通	同左	產品標準化，不清楚程度減少，而高度化、多樣化	清楚	同左
(4) PLC的成長策略	①國內市場的成長策略（先進企業為主）	先進企業，可享成長前期的獨占利益	加強設備投資	先進企業比後進企業在市場競爭上有利	先進企業的寡占體制化尚可	產品廢棄
	②海外成長策略	少數	開始海外市場活動，確保成長期的獨占利益	成本意識的強化，海外生產地之決定以及追求國際比較優位	同左（強化）	同左

資料來源：同〔表 5.1〕。

三、美國多國籍企業之成長策略

　　美國多國籍企業是以「世界市場」為目標，而決定其成長策略。美國多國籍企業的經營，如上節所述，從國內市場志向、國內對海外市場志向，至世界市場志向。

　　美國多國籍企業是以「世界地域擴大策略」及「產品多角化策略」兩個基本戰略的統合調配，而獲得最大之經營效果。多國籍企業把被限制在國內市場的「產品多角化策略」效果，依多角化之多數產品，陸續推出於世界擴大市場，施展其擴大市場戰略。雖然，永久成長的產品是不可能存在，但永久成長的企業則是存在，同

時也是企業最基本的目標。企業的成長，是以 PLC 之開發、成長階段之產品，以長期性之觀點為其計畫，並擴大其產品多角化策略。尤其是地域性的擴大戰略，使美國國內之 PLC，已從成熟期進入衰退階段的產品，尚可利用美國國內生產移轉至成長期的海外地域生產，而獲得產品生命的長期延存。加以先進企業（MNC 之領先技術）極有利的優勢背景，順利地投入地主國，享受成長階段的高利潤。

美國多國籍企業是以「先進技術密集之產品」為中心，而展開多國籍化經營。

美國企業在傳統上是偏重於國內市場，由國內市場展開「產品多角化」及「市場擴大化」策略，並且隨著海外對此產品的需要而外銷，以至對海外之投資，委託當地企業生產。屆時，美國由於採取技術輸出而導致失敗，因為美國將標準化產品在海外先進國家生產，雖然此產品在 PLC 上屬於成長後期，可是國內對此產品品質的改良技術不足，形成國內與國外所生產的產品品質並無多大區別，因此對此產品的國內技術價值大幅下降。由此反應，造成國內各公司對此技術輸出價值失去適當評價基準，相對的犯了急以「廉價出售」之錯誤。

美國企業的海外技術移轉政策，導致標準化產品銷售量大幅縮減，由於對此產品徹底追求國際比較優位的外國企業，尤其是日本企業以改良、創新，積極追求比較優位，以及政府對產業極力的保護政策，形成今天日本多國籍企業能成為美國多國籍企業之強而有力的競爭對手。

如今美國 MNC 的基本態度是：⑴ 確保知識密集產品的技術獨占；⑵ 技術不輸出、不供給，而確保以技術合作方式獲取管理控制權；⑶ 以「技術獨占」為背景，對世界市場採取寡占支配；⑷ 使地主國政府對產業保護政策（貿易面、直接投資面等）的壓力縮小；⑸ 適應「產品標準化」的進行程度而轉換生產地，以及為了各生產地的產品標準程度之差異而形成產品差異化；⑹ 以「世界市場」為對象，統一調配控制。

國際運籌（logistics）之計畫，將多數的製造基地及市場基地以「全世界性的網狀組織」而衡量全世界的產品市場。

多國籍企業是依據「國際比較優位」，而享受「國際分業的利益」。

美國多國籍企業，以統一調配控制之政策為背景，決定產品系列，將標準化差異的產品，依據其標準化程度而選擇最適當的生產地（美國、先進國、開發中國家）。況且美國多國籍企業，展開世界規模的多產業企業，在美國國內之生產

急速轉化適應最大的技術密集產品，從多國籍企業獨特立場選擇脫工業化（post industrial society）（資訊機構高度發達，消費者需求多樣化、生活舒適化，充實休閒之慾望增大，而企業以此為其市場志向），同時追求「國際比較優位」，尋找更優越的海外生產地，享受國際分業的利益。

多國籍企業為了展開成長策略，重編所必要的管理組織，並積極實施。

世界企業所展開的管理組織是完全追隨成長策略的展開，多國籍企業在管理組織上最基本的問題是，如何在「產品多角化」及「世界地域擴大化」策略之統合調配上，發揮最大共同作用。因「產品多角化」策略是由產品事業部組織，而「世界地域擴大化」策略是由地域別事業部組織，兩者均隸屬於多國籍企業。問題是國籍事業部管制各產品別事業部的海外部門，其管理愈強化，將使各產品事業部的國內部門及海外部門關係分裂，阻礙共同作用。

四、日本多國籍企業之成長策略

本節以「美國的產品生命週期」來分析日本多國籍企業的成長策略和美國多國籍企業成長策略的關連，以及日本多國籍企業的成長策略如何與美國企業爭取國際市場。

日本企業是「美國的產品生命週期」中，對先進國轉換生產地階段，真正獲得技術轉移，而能短期間即達到相當令人驚訝的企業成長，確立了產品供給全世界市場的地位，成為美國多國籍企業有力的勁敵。

㈠日本企業之成長要素

日本戰後企業成長，有如下十點主要因素：

1. 順利地從美國導入廉價技術，改良技術不良部分，製造比原先技術更優越之產品。

   因戰後各國為國內經濟復甦而努力，唯有日本積極導入技術。美國企業對技術缺少評價基準，以低廉型態將技術輸出，於是，日本企業對此導入以優越的適應能力發揮於產品上，並在成長前期改良導入效果及有效地利用，消化導入的技術，改良技術不良部分，達成比原來技術更完美的產品。

2. 日本政府的保護政策限制先進諸國商品對日本輸出，及對日本投資之所有權過半數之比率，此時的西歐關於美國商品對其本國輸出雖予以阻止，但卻歡迎其投資，日本為長期的國家經濟發展採取嚴厲的保護政策。

3. 擁有勤勉、素質良好的勞力供給。

4. 低廉且精密的資材、零件供給。

5. 豐富的動力源。

6. 雙重經濟結構利用。大、中、小企業的合作，可提高品質、降低成本、提高國際市場競爭力。

7. 以國內市場計畫性的快速成長為背景，而志向於追求規模性的經濟「國內市場＋海外市場」。

8. 不斷引進歐、美研究開發之先進技術，經過改良創新，推進國際市場。

9. 勞工生產力的急速上升。

10. 發揮最大的投資效率。

以上是日本企業成長的因素，其中要強調的是日本企業在成本方面強化比較優位，並非只注重在生產成本或勞動成本，而是對「國內市場＋海外市場」規模的經濟追求，消化所導入之技術，吸收及量產化技術為中心，徹底改良，並解除不良之技術，而創造新產品。

㈡日本企業成長之阻礙因素

日本企業以商品外銷為重點，因此其施展之策略受到很大的限制，諸如：(1) 日本企業成長策略上的內在限制；(2) 輸出國家政府的保護政策；(3) 美國多國籍企業的新策略；(4) 石油危機等外部環境的變化。詳細內容如下：

1. 日本企業成長策略上的內在限制

(1) 導入技術模仿產品，雖能急速成長，但亦導致急速枯萎。

(2) 先進國，尤其美國企業新產品開發的緩慢（第(1)項過分積極之原因），影響日本先進技術之來源。

(3) 導入技術之產品與自主開發之產品相比，為多數企業所能生產，因此競爭亦激烈，PLC 生命也縮短。

2. 輸出國家政府的保護政策

輸入國家的政府，受日本企業外銷政策所施展策略之影響而採取抵制政策。

3. 美國多國籍企業擴大世界市場的策略

⑴美國多國籍企業由歐洲共同市場改進為世界市場之策略，以世界策略計畫為依據，對開發中國家大規模進入投資，以「海外市場 + 母國市場 + 當地市場」為銷售目標。

⑵美國多國籍企業以先進技術密集產品為中心、獨占世界市場等，阻礙日本對國際市場之成長。

4. 日本企業外部環境的變化

日本企業在國內成本上比較優位的各種良好因素已全面崩潰（工資上升、產業立地困難、公害維護費用增加、原材料零件價格高漲且無法安定供給），再加上石油危機及日幣升值，使日本企業外銷競爭能力減弱。

㈢美、日多國籍企業競爭策略模型之比較

1. 美國多國籍企業競爭策略模型

依據第二節 R. Vernon 教授的「多國籍企業成長策略模型」簡化說明，「美國多國籍企業之成長策略」將如〔圖 5.6〕「A」、「B」、「C」、「D」。「A」在母國生產是對先進國銷售完成品，輸入原料或零件；「B」是到先進國生產，從母國或第三國輸入原料或零件，而對地主國、第三國及母國銷售完成品；「C」是對開發中國家銷售完成品，輸入原料或零件；「D」是到開發中國家生產，從母國或第三國輸入原料或零件，而對地主國、第三國及母國銷售完成品。

2. 日本多國籍企業競爭策略模型

「日本多國籍企業成長策略」依據日本早稻田大學江夏健一教授之理論，加上筆者之研究加以分析探討，如〔圖 5.6〕「A」、「D」、「C」、「B」，其重要特徵如下：

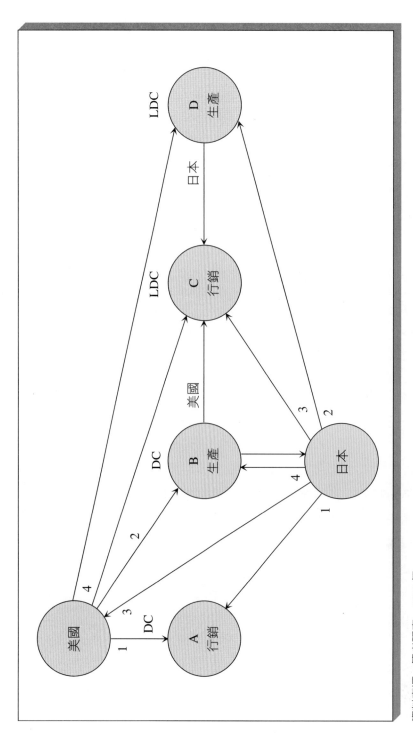

圖 5.6 美、日多國籍企業競爭策略模型之比較

資料來源：筆者研究，1982 年。

⑴擴大「世界市場」主要經營策略：美國多國籍企業是以「高利潤」爲其主要目標，而日本多國籍企業是以占有「世界市場」爲其主要目標。

⑵對先進國市場以日本本國「高品質產品」競爭「A」：日本多國籍企業是在美國多國籍企業成長戰略之「A」期之外銷獲得間接技術移轉，以及「B」期之直接技術移轉，將所獲得之技術積極「消化、改良、創新」，製造比原先導入之技術更優秀之產品，而在先進國市場以「高品質」和其他先進國競爭。

⑶對開發中國家市場以「D」「廉價品」而競爭「C」：當美國多國籍企業成長策略之「C」期對開發中國家行銷時，日本企業以開發中國家消費者之經濟程度而考慮，至開發中國家「D」生產低價格產品，對開發中國家市場和「C」先進國高價格產品競爭，打開開發中國家市場，並利用該國外銷配額拓展國際市場。

⑷擴大開發中國家國際市場「C」：以母國高品質產品銷售開發中國家高所得消費者市場，提高生產經濟規模。

⑸美國龐大市場之誘惑力「B」：因美國的龐大市場、消費者之高所得、購買慾，並爲減少日本對先進國貿易高額順差，尤其避免美國三〇一條款之抵制，降低日本與美國間之摩擦問題，加上和日幣升值之有利條件，日本技術之高度成長，已於最近十年積極在美國投資生產、行銷，擴大美國市場競爭力。

⑹PLC均在成長期開始移轉：除上述外尚有一項重要特色，如〔圖5.7〕，美、日PLC成長策略之比較，根據 R. Vernon 教授之解釋，美國多國籍企業之成長策略是當產品生命循環接近於成熟期開始輸出，輸出接近成熟期開始對先進國投資，先進國接近成熟期對開發中國家投資；而日本多國籍企業之成長策略，是如何比其他先進各國早先一步占領國際市場地位，因此引進先進技術之後，當產品生命循環在成長前期，或最遲在成長後期即開始輸出，在成長前期即開始對開發中國家投資，日本今日的國際市場地位由此而獲得。

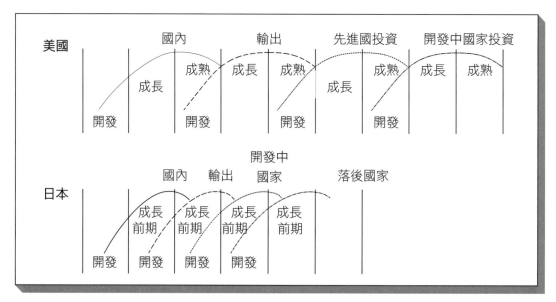

資料來源：筆者研究，1982 年。

圖 5.7　美、日 PLC 成長策略之比較

㈣日本多國籍企業之特色

　　1. 終身僱用，溫情主義的日本經營特色。

　　2. 本國志向意識或依賴於母公司。

　　3. 對本國政府依賴性很高。

　　4. 集中投資於開發中國家製造業或資源關連產業占多數。

　　5. 當地企業合資經營。

　　6. 不以利益為重，而以擴大市場為主要經營策略。

㈤日本多國籍企業因應國際環境變化之適應策略

　　企業經營必須能應企業環境的改變才能夠生存，因此，對此種環境的改變而有
能力迅速調適，對於廠商的生存是十分重要。

　　本文敘及有關日本企業因應國際環境的壓迫而改變企業國際化的策略
（multinationalization process）。本文也探討日本企業為了有效國際化所選擇的策

略。首先我們探討個別廠商的多國籍化及國家經濟發展之間的關係。

1. 國家利益與多國籍企業的利益

　　一國的經濟力量通常與該國廠商的國際競爭能力有密切的關係，這種關係如〔圖 5.8〕所示。

		廠商競爭能力	
		弱	強
國家經濟能力	弱	①	④
	強	②	③

資料來源：江夏健一，「日本多國籍企業『策略性躍進』而新競爭優勢」，「多國籍企業第四屆國際會議論文集」，文化大學，1988 年。

圖 5.8　國家經濟能力與企業競爭能力

⑴是一個現代化國家發展的起點階段，不僅所累積的國家經濟發展力量的技術、資本及知識都很少，而且個別廠商的競爭地位也很低。

⑵國家的經濟由於政府對產業政策的支持，因此開始獲得一些力量，而大部分的進展是進口代替（import-substituting）的產業，但是這些產業卻限制廠商在國外市場的運作。

⑶國家和個別廠商對世界經濟持有競爭能力，因而增加貿易數量，兩者對引導自己經濟活動之間並沒有利益衝突。

⑷國家經濟的成長達到高峰之後開始減緩。然而，廠商卻積極尋求機會，擴展海外市場繼續成長。移轉廠商特有優勢（firm-specific advantage），如資本、科技、管理技術（know-how）。行銷技巧及品牌等到國外，使得廠商能夠完全利用投資國的特有優勢（country-specific advantage），如原料資源、勞工、市場等。

當一個國家達到這個階段時，國家和廠商之間利益的差異就會出現。如美國，廠商將全球策略視爲一件事，而將國家經濟空洞化（hollowing-out）視爲另一回事。

2. 日本企業因應國際環境變化之適應策略

日本經濟的國際化於一九八○年代有明顯的進展，雖然與西方各國相比，擴張的範圍還算小，而數量只占世界直接投資總額的 7%。最近日本廠商改變的重要性是專注於高科技產業及服務業，而和西方先進國日益注重的焦點一樣。

⑴在 1970 年以前，日本對外投資主要是爲了接近海外豐富的資源，然而七○年代中期的石油危機，以及突然上升的勞工成本，迫使日本廠商不得不改變他們海外經營的策略。也就是說，從對「LDCs 資源導向」的投資改爲設備移轉對 NICs 投資，以製造對外國產品已失去競爭優勢的產品。生產時必要的設備及原料大都來自日本，而製成品則在當地市場或出口至西方國家，因此，日本並未遭受困擾。

⑵然而，於一九八○年代，事情又有很大的改變。像不平衡的貿易摩擦、保護主義的爭論，迫使日本企業決定對先進國作更多的直接投資。

⑶日本多國籍企業因應環境的壓力所作的策略改變，不僅使國內產業的結構必須重作調整，也給予競爭對手很大的壓力，特別是於一九八○年代對美國及某些歐洲國的影響是十分明顯的。1996 年日本 MNC 海外直接投資生產、銷售總額高達日本對世界外銷的國際貿易總額的二倍以上。

⑷2010 年因美國對日本採取三○一貿易保護政策，而日本又未加入歐盟會員國，遭遇歐、美高關稅阻礙，由此採取「企業內貿易效果策略」，積極對歐、美投資生產，銷售額高達日本對歐、美直接貿易的四倍以上。

日本廠商由於受先進各國所迫，而改變了全球策略，卻導致這些國家必須面對新的問題。

3. 企業成長全球策略架構

⑴企業成長策略的概念性架構如〔圖5.9〕，尋求本身的特色及最有效的方式。「市場與消費者關係」（market/customers relation）在 X 軸上，而「生產與技術」（product/technology）於 Y 軸上。以這個 X 與 Y 的空間爲基

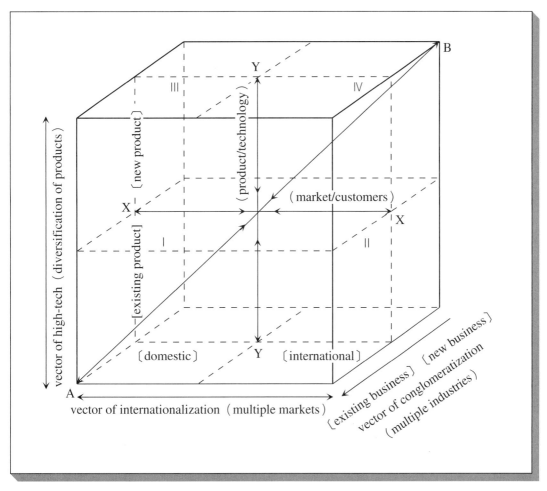

資料來源：同〔圖 5.8〕。

圖 5.9　企業成長全球策略架構

礎，第三個構面爲「新企業」（new business）。一般而言，「國際化」
（internationalization）、「技術改進－從低科技到高科技」（technology
improvement-from low-tech to high-tech），以及「多重經營」（multiple
operation），皆被視爲企業成長的主要因素。

⑵企業國際化，從點、線、面的發展四步驟。

①由點的國際化（internationalization-by-point）：雖然廠商在某些地方（譬

如歐洲、北美或亞洲）設有許多銷售或生產中心，但是它們之間並沒有任何互動。

② 由線的國際化（internationalization-by-line）：國外的銷售與生產中心之間有互動的關係，以促進經營的最大化。

③ 由平面的國際化（internationalization-by-plane）：設立地區總部，使每個地區的業務能夠獨立運作。

④ 由立體的國際化（internationalization-by-cube）：全體的總部和地區總部之間將有高度整合的營運，使得廠商能夠採行全球策略以對地區特有的因素握有全盤的優勢。

五、我國企業國際化之成長策略

我國企業在世界多國籍企業之地位，依據 R. Vernon 的多國籍企業成長策略理論（國際貿易、產品生命週期、生產地轉換，技術移轉等循環論）而言，以往我國的位置是開發中國家，屬於第三階段的技術移轉、生產地轉換、產品生命週期的成熟期，標準化產品的製造，在多國籍企業的控制下，薄利低價銷售世界各國。今日我國之國際地位已登上新興工業國家，政府、企業界和學術界更需積極努力於科技發展，由移轉的第三階段升為第二階段，依據國際利益順位替代先進國地位。並且不是先進國互相競爭，而是在國際企業上更加合作，我國經濟之發展必有飛躍性的進步。

我國企業多國籍化之未來展望，也即是我國企業多國籍化之成長策略。如〔圖5.10〕，有三大發展途徑：

1. 引進外來投資，利用先進國的資本、先進技術，龐大的國際市場，彌補國內不足之經營資源，獲取後發性利益，企業迅速成長。對外來投資技術，不宜單純模仿，必須學習、消化、再加以改良、創新，製造比技術來源國更精密之「高級品」，提高國際市場競爭力，外銷全世界。

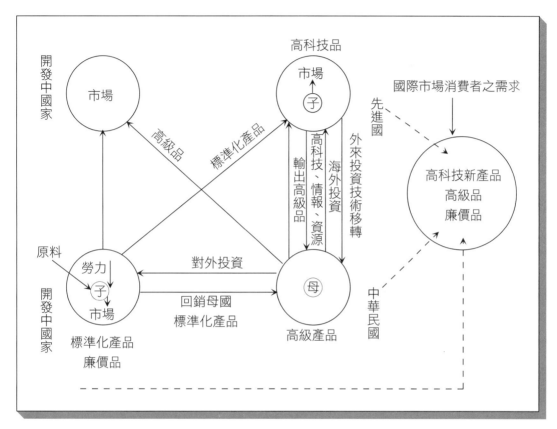

資料來源：林彩梅，《多國籍企業論》，五南圖書出版公司，1981 年 11 月。

圖 5.10　我國企業多國籍化之成長策略模型

2. 將國內成熟期的勞力密集產品以及利潤率較低的技術密集產品，或爲原料與外銷配額，依據比較利益順位，選擇開發中國家，將現有的技術與機械設備移轉至地主國投資，利用第三國或地主國的原料，以及當地低廉勞力，以本國的技術，製造低成本的標準化「廉價品」，銷售給當地市場，利用該國外銷配額，外銷給世界開發中國家和先進國家的中、低所得地區，其中一部分輸回母國，可降低國內物價，讓國民享受眞正的高所得生活等方式，擴大世界市場。

3. ⑴爲高科技技術之來源，必須至先進國投資：因爲依賴外來投資技術移轉必是成熟期的技術，我國技術將永遠受先進技術之控制，難以快速成

長，因此必須至先進國投資。

(2) 爲避免未來高科技發展後，對先進國的外銷增加，造成更強烈的貿易摩擦，因此爲求高科技技術來源，未雨綢繆的最理想方案即是直接至先進國生產、銷售，利用當地特殊環境、先進機械設備、優秀的技術人員、重要原料、精密零件等，生產高科技重要零件，銷售給先進國市場，並回銷台灣，減少貿易差額。

(3) 可縮短與先進國技術之差距：將先進技術、資訊盡速送回台灣，應用國民聰明、智慧以及技術能力，努力學習並加改良、創新，以高品質、高利潤之產品，外銷全世界高所得地區，並可繼續提供海外子公司的技術來源，確保海外子公司的重要地位，發揮多國籍企業之功能。

如此模式，依據國際經營資源以及比較利益，愼選投資國，可獲得國際企業內部化管理之國際分工成果，並提供世界消費者對高科技新產品、高級品與廉價品之需求，進而擴大世界市場。

〔參考文獻〕

1. 日本經濟調查協議會編（1974），「多國籍企業の經營」，ダイヤモンド社，〔圖 3.1〕。
2. 江夏健一（1981），「中華民國多國籍企業國內研討會」，《多國籍企業學報》創刊號，淡江大學。

Multinational   Enterprise **6**

多國籍企業之組織

一、多國籍企業之組織目的

㈠組織結構之意義

美國企業經營史學家錢德拉（A. D. Chandler, 1962）曾說：「組織結構是跟隨策略（strategy）而決定的，而且複雜的組織，是由多數基本策略之結合而形成的」。所謂「策略」，是指為了決定一個企業體基本的長期目的，而將此目的付諸實施，所採取的必要行動方式與多種資源的分配。所謂「組織結構」，乃指管理企業體的組織情況，它包括各單位與管理者之間的權限關係與意見交流（communication）之系統，以及沿著這些意見交流與權限系統關係所產生的各種資訊與資料。

㈡多國籍企業之組織目的

多國籍企業型態中，母公司與子公司之間的管理、協調、指導，應在怎樣的管理組織下做有效的營運呢？這就是多國籍企業的組織問題。

依據邱康夫教授之研究，多國籍企業建立良好的管理組織，大致有如下三個目的：

- 為使海外子公司業務的推展。
- 為使母國的母公司資源做到最大限度的利用。
- 為使人才與組織做到有效的配合。

分析如下：

1. 為使海外子公司業務的推展

為使海外子公司業務推展，也就是為使海外子公司的製造、銷售活動達到最大的效果。以下兩點是海外子公司所應具備的基本要件：

(1) 有關企業活動的知識：這是推行企業政策與行動的基礎。

(2) 企業活動的彈性運用：對海外各國情勢的認識、競爭者挑戰的處理、新經濟發展的適應，都需要運用此項企業活動的彈性策略。

2. 為使母國的母公司資源最大化利用

為使公司資源，能對海外子公司發揮其高度的利用價值，母公司必須努力下列

各項：

　　⑴母公司應成為各事業活動上的「技術倉庫」，以便海外子公司充分利用。

　　⑵母公司應提供足夠的資金，作為擴張海外活動的最初資源。

　　⑶負責督導子公司之母公司內的最高指導者，必須是由擁有優秀的專門技能
　　　的人來擔任，且應與組織配合運用。

　　⑷母公司係立於調整企業全體經營能力的地位。

　　⑸為貫徹公司的基本事業目標，中央母公司具有領導指揮的作用。

3.為使人才與組織有效的配合

　　由於地主國與母國間有距離的存在，人才與組織運用上便會發生下列特殊問題：

　　⑴最高管理者與國內職員對國外子公司之興趣與了解的問題。

　　⑵母公司易於疏忽海外子公司的管理，最高管理者也易於陷入由不適切的情
　　　報來決定決策的危險。對海外問題的審議，時間上不能做到適度的配合。
　　　在提供適切的情報上，母公司對海外子公司易形成敷衍現象。

　　⑶在海外子公司的實際經營活動上，易陷入對其他競爭業活動情況不了解情
　　　勢下，從事經營。

　　以上，為使經營業務能順利推行、資源作最有利的運用、人才作良好培養，以
及避免可能發生的缺陷，建立一個完善的管理組織是有必要的。

二、多國籍企業之組織型態

㈠市場導向之組織型態

　　多國籍企業經營組織是跟隨經營策略之改變而改變。但是經營策略必須即時改
變時，經營組織就不得不逐漸改變。由於海外市場是極端流動性，所以市場導向策
略也是流動性，因此多國籍企業的經營組織必須採取較有彈性的內容，對於必須即
時改變的策略，組織應該也要跟隨做適度的調整。

　　企業國際化過程，其經營組織是因應企業策略之變化而改變。多國籍企業的組
織編制與一般企業並無很大差異，但也有部分的不同。

1. 組織編制上是以「產品別的事業部門」編制，或是採「地域別」、「國別」之編制：如果生產的產品是汽車或石油製品，由於都是同種產品，就不必採用「產品別事業部門」編制。如果是化學產品，機械等，一般是採用「產品制事業部門」編制。汽車、家電用品、食品等各國由於需要者動向之差異，採取「國別制事業部門」編制較多。

2. 協助生產單位的服務部門（總務、人事、財務、研究、福利等），母公司與子公司是否雙方重複設置：通常是不希望重複設置，但是必須依據子公司的獨立性之程度。尤其合資公司時，當地子公司將對財務或研究開發等要求當地分權化，因此國別、產品別都需適應企業之型態而有重複。

　　有關經營組織模型 Stopford（1972）認為在此分為：①國內市場導向策略的組織模型；②國內與海外市場導向策略並行的組織模型；③世界市場導向策略的組織模型。內容如下分析：

1. 國內市場導向策略的經營組織模型，如〔圖 6.1〕。組織模型以產品別事業部之編制，並非一人的支配，而是依事業部採取分權化，並授權給各產品別的總經理，而且是完全授權。

2. 國內與海外市場導向策略並行的經營組織模型，如〔圖 6.2〕為海外事業的擴充而設立國際事業部（international division）。換言之，企業對海外投資所設立的每一個事業部門的海外事業活動，因逐漸擴大而增加不少海外業務，造成業務的無效率。因此，將產品 A 部門與產品 B 部門別的海外市場業務，全部由新設立的國際事業部門統一管理。此組織模型是國際事業部門的總經理（general manager）管理海外投資 A 國與 B 國子公司的活動。

3. 世界市場導向策略的經營組織模型，如〔圖 6.3〕。此組織模型是上述階段（國內和海外策略並行的組織模型②）的國際事業部，由於海外市場繼續擴大，致使無法處理的企業活動，必須委託於海外各區域，因而改編為世界市場導向的全體組織。此階段的組織特徵是產品別事業部門與國別事業部門兩編制的混合。各企業對自己公司形成獨自組織。

　　上述的組織模型，雖從①→②→③，然而也可以從①→③飛躍性地改編組織。再將上述綜合即如〔圖 6.4〕，策略與組織的相互作用。從國內市場導向策略內容

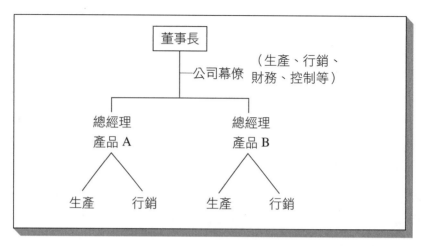

資料來源：⑴ 鈴本典比古，多國籍企業研究學會監修《多國籍企業の經濟》，日本經濟調查協會編，1976 年，p. 20。

⑵ Stopford, J. M. and Wells, L. Jr., *Managing the Multinational Enterprise: Organization of the Firm and Ownership of the Subsidiaries*, Basic Books, Inc., 1972.

圖 6.1　國內市場導向的組織模型

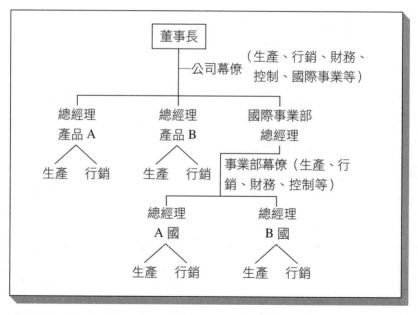

資料來源：同〔圖 6.1〕。

圖 6.2　國內與國外市場導向的組織模型

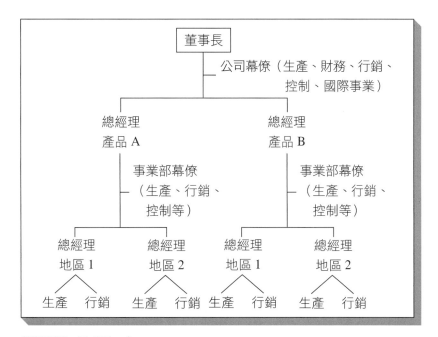

資料來源：同〔圖6.1〕。

圖 6.3　世界市場導向的組織模型

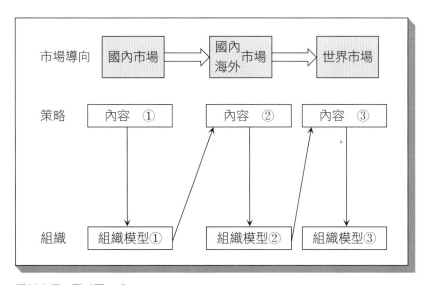

資料來源：同〔圖6.1〕。

圖 6.4　策略與組織的相互作用

①而成立組織模型①，也從組織模型①的功能而產生國內與國外並行的策略，並由策略①改變為策略②，組織模型也跟隨改變為②，也由此組織功能的發揮，又推動世界市場導向的策略，組織又跟隨改變為模型③。

㈡多國籍企業之組織發展型態

　　哈佛大學 J. M. Stopford 教授（1972），根據上述 Chandler 對組織的看法，分析多國籍企業之組織結構發展。Stopford 認為隨著海外事業經營之發展與複雜化，將組織作適當的配合並予變化，是有必要的。從歷史發展程序，將多國籍企業組織發展，劃分為下列三個型態或階段：

* 初期的分權式海外子公司。
* 國際事業部的設立。
* 邁向世界性組織結構之展開。

1. 初期的分權式海外子公司

　　初期的海外投資企業之所以在海外設立子公司從事各種投資事業，是為了防衛因輸出而擴大的海外市場為目的而實施的。因此，最初企業本身係在並無積極、明確的意圖與計畫之情況下，踏入多國籍企業的第一步。此時，被派遣至海外子公司的經理或負責人，握有大幅度的權限與責任。因為：

　　⑴在母公司內的高級經營者，對海外事業幾乎沒有經驗，也不一定擁有多大的抱負，也無直接管理海外子公司之意圖。

　　⑵由於海外子公司規模尚小，風險也不一定很大，母國內高級經營者所關心的，只不過是股利的匯回本國而已。

　　因此，海外子公司的管理者、經理或負責人，可以掌握以及行使相當大的權限。在經營上，大部分依靠本身的判斷，並且維持本身的獨立性，盡量避免依靠本國母公司。

2. 國際事業部的設立

　　隨著海外子公司的成長，母公司也就慢慢加強其控制，同時跟著海外事業量的增加，也提高了母公司最高經營者對海外事業的關心。因此必須設立國際事業部。

　　國際事業部設立後，所有企業之海外活動，全部納入正式組織內，如〔圖6.5〕。

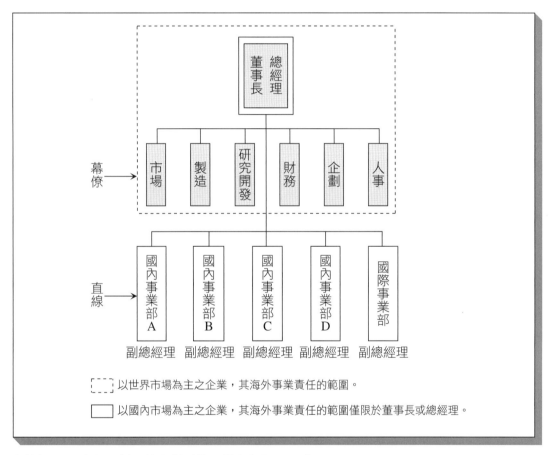

資料來源：邱康夫，《多國籍企業經營》，建宏書局，1980 年。

圖 6.5　國際事業部的組織結構

　　由上圖可知海外子公司的經理，是直屬國際事業部副總經理之管轄。副總經理人選，通常是由該公司當初負責輸出部經理擔任，因為他較具海外經營活動經驗，惟他雖有銷售商品的知識，可是對有關生產與其他職能卻無經驗。因此，國際事業部設立當初，他對海外子公司將不致施以壓力。但是，一旦國際事業部副總經理有了經驗，能充分發揮管理其事業部機能時，他的控制力將隨之加強，最後可能增加

其集權化的程度。

國際事業部最重要的任務，在於調整海外子公司的活動。例如：移轉價格（transfer price）的決定、子公司資金的移動與調度等等，都需要透過母公司國際事業部的統一協調與控制。但是，由於海外子公司牽涉的問題廣泛且複雜，所以，國際事業部之集權化也受到限度。例如：有關會計管理職能，雖能達到標準化、容易實施集權化，但是，對有關銷售通路、銷售對策等問題，必須配合當地情況，做有效的改變。其他如企業內尚有多處做決策時所必要的情報，不易傳達至母公司，勢將委由子公司之經理人員親自裁決較為妥當。特別是在緊急情況下，必須適當地、有效地、急速地配合當地情勢，做良好的決策，在這種情況下，勢必無法等候母公司之命令指示。

集權化的程度，也因業務不同而有差別。當產品系列是屬單一，有關技術、市場方面也屬安定之情況下，集權化管理較易實施，例如：汽車業就是一個很好的例子。例如：GM 公司自 1935 年設立 GM 海外事業部（即國際事業部）以來，至今日其基本政策未曾變更。相反地，產品系列較多，而在實施多角化情況下，國際事業部的力量勢將減弱，因為國際事業部不易獲得海外子公司有關的情報，而且國際事業部也缺乏在海外子公司有關製造與銷售方面的專門知識與能力。

國際事業部雖有其缺點，然其對多國籍企業之發展提供很大的貢獻，同時也發揮了很大的效果，這個事實是不容忽略的。

3. 世界性組織結構之展開

國際事業部組織結構，就多國籍企業而言，是屬初期階段中最典型的結構。但是，當一個企業脫離國內市場本位，邁向世界市場本位策略時，上述國際事業部制組織將受到很大的限制，因此，更具有新結構之組織將是必要的。而所謂更具有新結構之組織，就多國籍企業策略，是必須具備能使海外經營活動更為擴大、產品多角化更為容易，而且對這些要求更能配合的組織型態。

因此，為了配合實際需要，國際事業部組織之應用受到困擾，可是如何選擇一個適當的組織，卻是一件不容易的事。通常國際事業部組織轉變為世界性組織結構時，可採取產品系列中心、區域中心或產品區域混合型態等三種型態。

⑴**產品系列別組織結構**

　　以往在第二階段中，海外投資事業經營的責任，僅由國際事業部副總經理一人負責。但是，進展至本階段時，各產品事業部門，不僅負責國內業務，而且也負責有關全世界海外事業單位的製造、銷售方面的責任。企業內各事業部門的設立，係依產品別為劃分基準。此外，為解決海外各區域的特殊問題，其中特別設置區域專門部門，就各特別地理區域，協調全部產品系列的事業活動。參閱〔圖6.6〕。

①產品系列別組織結構之優點

　　A. 在產品系列高度多角化，而且又各有廣泛的、不同性質的市場情況下，更能發揮其功能。

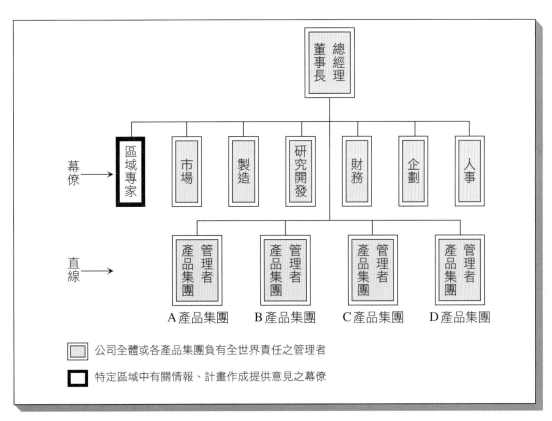

資料來源：同〔圖6.5〕。

圖6.6　產品系列別組織結構

B. 在海外製造上，需要高度技術能力情況時，此種組織結構也能適用。

②產品系列別組織結構之缺點

A. 儘管母公司之幕僚部門設有區域專門部門，可是海外市場的經營難免有重複發生情事，也就是設在各區域之各事業部門之間的協調，將發生困難。

B. 國內各事業部門勢力，在其產品集團內雖很堅強，但是各部門往往由於國際經驗不足，造成對海外事業的不關心。

⑵區域別組織結構

區域別組織結構（如〔圖6.7〕），係將世界領域，依地理上的區域別予以分割，就各區域別內的整個業務負起責任而形成的組織結構。

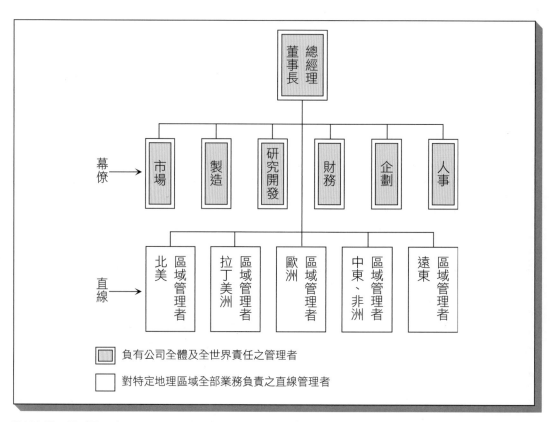

資料來源：同〔圖6.5〕。

圖 6.7　區域別組織結構

　　母公司之幕僚，係從各職能分野實施整體性之協調。適用於這種區域別結構業種者，乃屬單一產品系列，或未採用大量多角化經營的事業，或透過世界全體區域，在同質的產品市場上，從事銷售活動的業種。例如：藥品、農業機械、建築機械、汽車、原料、燃料等。

① 區域別結構組織之優點

　　A. 在從事屬於同質市場產品之企業，最能發揮其功能。例如：可口可樂飲料即是一個最好的例子。

　　B. 在產品系列中，即使是屬多角化，在產品的地方特性比產品之種類更為重要，或較優先的情況下，也能發揮組織上之效能。

② 區域別結構組織之缺點

　　A. 區域間產品之協調易發生困難。

　　B. 同一產品內呈現多數品種間的協調、新觀念與技術情報之區域間交流、從供應來源至市場為止之產品的適當流程等問題，卻難做到圓滑的運用。特別是當產品愈複雜時，愈容易顯露其缺點。

⑶ 產品區域混合型態結構組織

　　介於產品別與區域別結構的組織，即為混合型態組織。例如：勝家公司 The Singer Company Inc.），具有一百年以上的歷史，在世界各地經營縫紉機之製造、銷售業務，也實施電子計算機製造等等多角化經營，如〔圖 6.8〕。該公司係在原來的產品──縫紉機部門，實施區域別結構組織；而在實施多角化經營的新產品部門，採取產品系列別結構組織。

　　總而言之，一個企業要適當的選擇其組織型態，是一件很重要且很困難的事。因此在從事選擇時，必須考慮企業本身的環境情況做適當的最佳選擇。另一方面，在組織型態的運用上，人才問題也是一件困難之事。因為在從事多國籍經營之企業裡，具有經驗且熟悉國際經營知識的人才，不易羅致，同時也不易訓練。

⑷ 全球戰略與組織

　　全球戰略與組織如〔圖 6.9〕，分析如下：

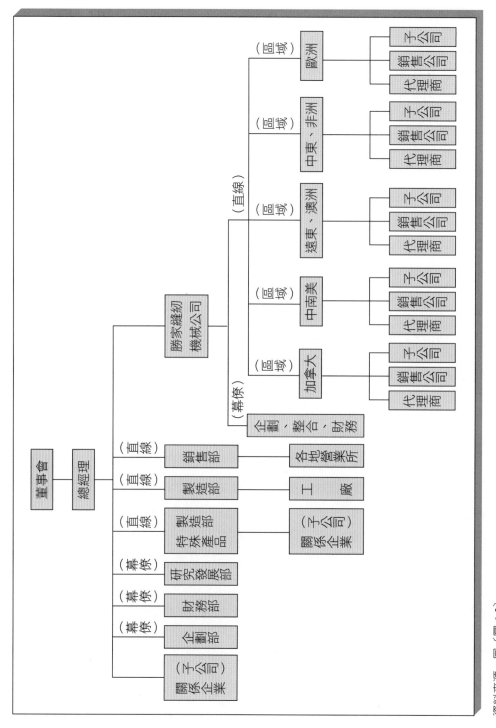

圖 6.8　勝家公司組織圖

資料來源：同〔圖 6.5〕。

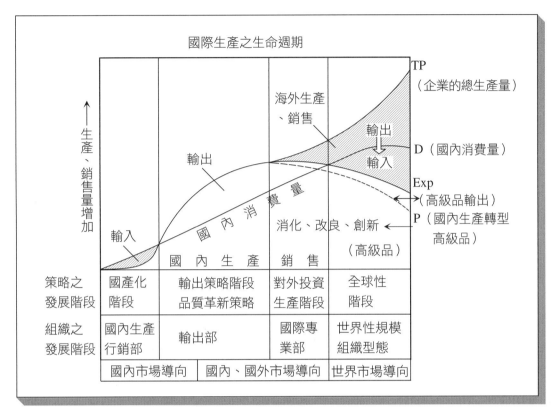

資料來源：安室憲一，「國際事業組織」《日本企業のグローバル經營》，1988 年。

圖 6.9　全球策略與組織

① 第一階段：國產化階段

　　爲了降低依賴、減少輸入而引進外來投資技術移轉，在國內生產、銷售，
　　因此組織面設立「國內生產、行銷部」擴展國內市場。

② 第二階段：輸出策略階段

　　生產能力提高，開始外銷，因此設立「輸出部」從國內市場行銷之重點轉
　　換爲外銷導向。

③ 第三階段：當地生產階段

　　由於外銷品與當地產品產生競爭，因此當地政府採取高關稅與輸入限制政
　　策，爲確保外銷品市場，企業移轉生產地，將資金、人才、原料、資訊、
　　技術、市場等經營資源轉移到當地投資生產。由此必須設立「國際事業部」

支援海外子公司之戰略。

④ 第四階段：全球性階段

無論生產、行銷，完全依比較利益理論，分散整合投資、擴大國際產業分工，提高國際經營效果，因此組織面也必須擴展爲世界性規模組織型態。

三、海外子公司組織上之營運

山崎清（1972）認爲，爲了有效地推進海外投資事業活動，除了必須選擇適切的組織型態之外，還需要使組織更爲適切的營運。海外子公司組織上的營運，在基本上雖與國內的情況無甚差異，惟有若干的特殊性存在是不可否認的。以下就海外子公司組織營運上的重要問題，提出討論。

㈠管理方式

當在海外設立子公司從事海外活動時，到底要採分權的管理或集權的管理、給海外子公司的責任者何等程度的權限等等問題，首先必須明確規定。分權的程度，對母公司與海外子公司的組織結構及組織營運上有很大的影響。

海外投資活動，因爲必須對地主國家的法律、稅則、國家利益、國民感情做良好的調和或協調，因此大部分係依當地法規而定，設立當地法人，成立子公司爲其最基本的型態。在當地成立的子公司，係處在世界主要市場策略上，故其經營環境，與母公司的經營環境迥然不同，而且要使母公司全部都能適時適切地從事決策，事實上是有困難的，因此大部分是盡可能給予當地責任者大幅度的行動自由，以資配合當地特殊情勢。亦即，採取當地主義。

然而，在地主國市場內，有關經營與市場活動，雖然盡可能採取「當地主義」，但是，一個企業在海外投資設立子公司，其目的仍是以母公司爲中心，海外子公司僅是一個大企業中的世界策略之一環而已，必須在母公司所定的目標與方針下，進行多種經營活動。因此，這種「當地主義」與「集中管理」的程度勢無法嚴格地劃分。可因產業類別之不同，變換管理方式。通常可根據實際環境、產業類別、經營能力、過去經營方式等因素，配合考慮而後做適當的決定。

㈡母公司之任務

　　為使海外活動能綜合有效功能，做到良好的協調與推進，以便達成預期的目的，母公司最低限度必須握有下列權限：

　　1. 規定公司名稱、資金、商標、專利權與資產處分等之權限。

　　2. 海外活動的方向指示（目標、方針、政策決定與計畫的確認）。

　　3. 海外子公司活動之支援。

　　4. 集中在母公司較為有利的經營能力（研究發展、新經營方法的引入、新產品的開發、世界性情報的蒐集）。

　　原則上，母公司必須尊重海外子公司的自主性，使其保有自由活動。依自行管理（self-control）的原則，發揮自律作用。母公司則從旁予以指導。因此，母公司本身經營能力，特別是經營者領導能力（leadership）之強化是有必要的；另一方面，海外子公司管理者，對母公司的依賴性仍是很高。所以具體上，母公司本身必須握有下列機能：

　　1. 海外活動之目標與方針之決定。

　　2. 海外經營策略的決定：海外經營策略的決定，包括在海外生產銷售地點的設置，以及從原料至市場為止，各種產品策略的流程等之決定。此種決定事項又包括：

　　　⑴由本國供應製成品。

　　　⑵在生產地主國內，有關當地生產產品種類的決定，及在該地主國內銷售與再向第三國輸出。

　　　⑶在生產地主國內，從事當地生產時所必要的原材料與零件，係由本國或第三國供應。

　　3. 各種管理基準的設定：包括海外子公司內各種經營管理上之管理基準、重要規則、程序、評價基準等之設定。

　　4. 新的經營方法、新技術的開發及提供。

　　5. 各種情報的蒐集、整理及提供。

　　6. 海外業務的管理、建議與服務。

　　7. 海外經營幹部人才的培養。

　　8. 世界性的企業「PR」（公關）工作。

　　9. 海外子公司所託事項之處理。

　10. 銷售價格之決定。

　11. 其他。

㈢母公司內各種資源之最有效利用

　　向歐洲地區進軍的美國企業，在與地主國內的企業競爭上，均能獲得勝利。其最大的原因是「技術差距」（technology gap）與「經營差距」（management gap）之能有效運用所致。這並不是一朝一夕所能達成的，而是必須不斷地日積月累堆積而成，而且他人也無法簡單可模仿。在海外投資企業，為了要在激烈的國際競爭裡獲得勝利，以及在地主國占據地勢，子公司必須握有比地主國更為優越的生產技術、產品開發、銷售、資金調度及經營能力。若未能握有此種優越性，則勢將無法在激烈的國際競爭中爭取勝利。因此，海外子公司的經營責任者，為了與當地的企業相爭，而使之能獲得勝利，將母公司所握有的多種經營資源——人、資金、物資、知識等，作最大限度的活用，可說是最簡捷的方法。

　　總而言之，為了謀求海外資金的良好調度，不僅將母公司所持有的信用能力有效地予以利用，同時也需將長期間在母公司所積蓄的有關生產、銷售、研究開發、多種技術與經驗作靈活的運用。此外，對母公司經營幹部、幕僚部門的知識與建議，以及母公司所握有的各種設施，特別是研究設施與教育設施等，透過組織關係，都可以有效地利用，以期達到良好的成果。

〔參考文獻〕

1. A. D. Chandler (1962), *Strategy and Structure*, p. 13.

2. 山崎清（1972），《多國籍化の策略と構造》，日本經濟新聞社，pp. 101-117。

3. J. M. Stopford & L. J. Wells (1972), *Managing the Multinational Enterprise: Organization of the Firm and Ownership of the Subsidiaries*, Basic Books Inc..

4. 邱康夫（1980），《多國籍企業經營》，建宏書局。

Multinational   Enterprise **7.**

多國籍企業之技術移轉

一、多國籍企業技術移轉之概念

二十世紀前期，是「資本的時代」，有資本可決定一切。二十世紀後期，已從資本時代轉換爲「技術的時代」，有技術即可決定一切，包括企業發展、國家經濟發展等。近代產業之發展，技術能力亦趨重要，它不但提高了商品生產的技術，更是決定國際市場競爭力的重心。任何一個先進國家，調度資金並無多大困難，然而新技術的開發與利用卻不是容易的事。一般多國籍企業之規模並不僅在於鉅大的資本，最主要的向擁有技術的優越性。先進國間的國際競爭問題中，技術勝於資本，多國籍企業如何繼續開發新技術，以及如何善加利用，深深值得我們研究。

齋藤優（1979）之論述，技術轉移的重要性，對於新技術和技術革新，從一國技術移轉至其他國。任何卓越優異的技術，若沒有被技術移轉和利用，就缺少卓越新技術的重要性。若利用者能逐漸增加，他國技術再將技術轉至他而至全世界、人類都能利用才有價值，對世界的技術大幅進步才有貢獻。技術的進步確實是經濟發展的原動力，極受世界各國重視，但對發明新技術和技術革新，最重要的是如何將新技術移轉，讓全世界人類幸福。但是相關研究者極少，影響世界經濟繁榮。

㈠技術革新與世界景氣

世界多國籍企業之發展、高科技的研發成果、對外投資技術移轉程度，對世界景氣繁榮或低成長深切相關。

世界長期景氣週期之含義是景氣繁榮，物價上漲，經濟成長率高；景氣蕭條時，物價下跌，經濟成長率低。以此理論從十八世紀英國產業革命至二十世紀，分析技術革新與世界景氣週期之關係如〔圖 7.1〕，分析如下：

1. 第一次技術革新

1760 到 1820 年間英國著名的產業革命，主要產業是纖維業，由於英國發明蒸汽機，生產紡織和織布用的高技術機械以及鐵路用的高技術輸送機械爲重商主義時代。

十九世紀前半的景氣，由第一次技術革新，英國產業革命成功，促進英國經濟繁榮，而美國、法國、德國等獲得技術傳播，享受「後發者之利益」。所謂「後

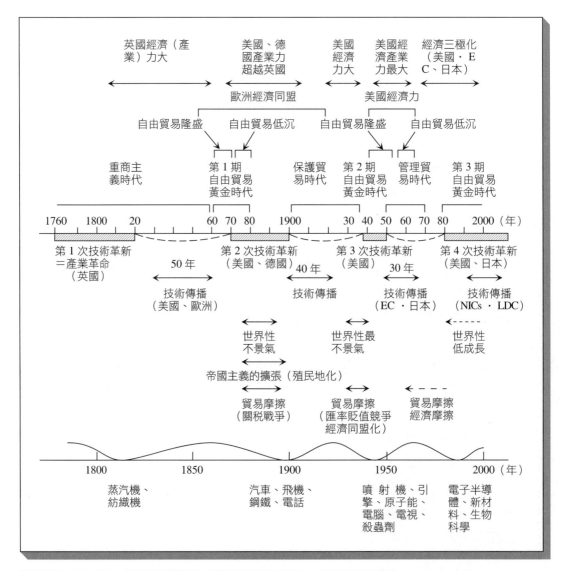

資料來源：池本清，「國際經濟體制と國際經濟組織之觀念」《國民經濟雜誌》，1984 年 8 月。
　　　　　1975 年後之資料為筆者之研究。

圖 7.1　世界高科技發展週期

發者利益」是後開發者不必花費很大研究費和很多研究時間，即能容易獲得先開
發者所開發的技術和知識。此時期為「第一期自由貿易黃金時代」，大約五十年
（1820 ～ 1870），世界景氣繁榮。

2. 第二次技術革新

　　產業革命後五十年，十九世紀後半，由於後發者獲得技術革新或技術移轉後，各國企業以同樣技術提高品質、提高生產力、降低成本、輸出急增，造成輸入國內產業界受害、貿易摩擦、關稅戰爭、帝國主義擴張殖民地化，世界景氣陷入蕭條狀態。因而促進第二次技術革新，美國與德國開發汽車、飛機、電信、電話、鋼鐵等產業成功，產業能力超越英國，從技術的傳播又帶動世界經濟繁榮，為「第二期自由貿易黃金時代」，大約四十年（1900～1940）。

3. 第三次技術革新

　　第二次技術革新後的二十世紀前半期，由於技術移轉後造成貿易摩擦、匯率貶值競爭、經濟同盟化，1930 年由於國際合作精神低落，使世界景氣又陷於最蕭條的狀態，也因此促進第三次技術革新。1940 到 1950 年間，美國、EC 以及日本開發噴射機、引擎、原子能、電腦、電視、電晶體、電波探測器、DDT 殺蟲劑等多樣高技術產品。美國經濟、產業能力是世界最強。

4. 第四次技術革新

　　二十世紀後半，第二次世界大戰後，由於第三次技術革新，多種多樣的高技術產品的技術，由美國開發傳播至歐洲各國和日本，而促進了世界繁榮，況且第二次大戰後國際合作精神提高，經濟繁榮大約三十年（1950～1980）。但由於石油危機、原料保護政策和貿易保護政策高昂，使原油價格大幅度上升、物價上漲，發生通貨膨脹。非產油的開發中國家為了經濟發展和工業化，從先進國輸入機械、材料，也受價格上升的打擊。先進國及非產油國一起採取經濟緊縮政策，世界景氣進入低成長時代。此外，日本採取高薪資、低勞務成本獎勵政策提高生產力，但歐美產品卻因石油價格之影響而上升，因此日本外銷增加，歐美受日本產品競爭之壓迫，員工失業、公司倒閉，造成貿易摩擦。因而歐美採取輸入限制及提高關稅（如美國 301 貿易政策），強求日本對輸出的自我管制，因此稱為「管理貿易時代」。造成先進國經濟成長鈍化，依賴先進國市場的開發中國家外銷減少，波及全世界，形成景氣的「低成長時代」。因此促進第四次技術革新，以美國、EC 和日本開發

半導體、新材料以及生命科學，創造再度的世界經濟繁榮。

技術革新週期如上述顯示著「產品生命週期的縮短」，第一次與第二次大約五十年，第二次與第三次大約四十年，第三次與第四次大約三十年，相隔時間逐漸縮短第五次時可能是二十年。

綜合上述可知各國教育普及化、多國籍企業快速發展、高科技產品積極研發，而高科技新產品將帶動世界景氣繁榮，但對外投資技術移轉普及後，造成國際市場低價競爭，世界景氣將進入低迷，由此再促進高科技新產品的產生。二十一世紀的世界景氣有賴 MNE 高科技之持續研發。

㈡技術移轉之概念

多國籍企業對外投資是以技術為其國際經營的主要武器，對地主國關連部門的產業組織有利。多國籍企業欲將技術移轉至海外，必須注意地主國是否具備兩個基本要素：

1. 此技術對地主國移轉，是否有傳播的可能性。換言之，地主國是否有接受技術移轉的人才。
2. 此技術對地主國產業發展是否有貢獻。換言之，對地主國的經濟發展現階段，此技術是否迫切需要。

技術移轉問題，並非只是先進國間的技術差距問題，同時對整個世界經濟之發展，負有重大之任務。多國籍企業雖然是新技術的供給源，其技術之移轉雖為人人所期待，然而是否能如願以償，尚待雙方之努力程度。目前多國籍企業所開發之技術在世界各地移轉，對各國經濟之發展貢獻良多。儘管如此，並不是多國籍企業高水準的技術開發，必然能移轉他國；若是透過市場機構（mechanism）而移轉，常因多國籍企業市場機構中所採取的行動，影響技術的移轉，其間有利亦有弊，技術移轉也受地主國環境之影響。

企業自由化的國家，從企業自由的活動概況便可測定社會發展程度。可是自由的企業活動也並不是全部公平的，因此，檢討不公平的企業行為是必要的，不公平的企業行為中，「獨占」便是其一。經營活動超越國境而國際化，獨占行為也同時隨著超越國境進行國際獨占。多國籍企業的技術移轉，有助於地主國的經濟發展，但亦可能因國際技術獨占而阻礙地主國的經濟發展。以前「獨占」的形成，以資本

爲其利器，資本愈多者即可控制其他的競爭對手，擴大其市場支配力。然而，近年各先進國對資本之調度遠比昔日更易，因此目前欲以大規模資本控制其他競爭對手是不太可能的。如今企業成長能力的根源已從資本能力移轉到技術能力，因此「資本獨占」也轉化爲「技術獨占」。如上所述，獨占的主流從「資本獨占」移至「技術獨占」，而企業的國際化也由「國內獨占」而形成「國際獨占」問題。多國籍企業的獨占問題是屬於「技術獨占」，而以「國際獨占」爲中心。

(三)技術移轉之定義

1.技術的定義

「技術」（technology）一詞被應用得十分廣泛，常因研究者領域、目的和分析的對象不同，而有不同的定義。在經濟學的領域中，一般新古典學派的學者，皆是以生產函數來說明技術的概念。生產函數 $Q = f(L, K)$，這表示了「特定的因素投入量（L、K）與產出量（Q）間的技術關係」。

Mansfield（1982）認爲技術包括了工業界應用有關自然社會法則的知識，把此法則應用於生產所需的知識以及有關於每天操作生產所需的知識。Baranson（1966）認爲技術包括了產品設計、生產技術以及爲了計畫、組織與完成生產規劃所需的企業體系。Leroy（1978）則認爲技術包括了硬體（hardware）：工廠藍圖、機器及設備；軟體（software）：管理技術。

另外，Hayden（1976）則認爲技術是把專利權、科學原理、研究發展等投入、轉換成市場產品的生產過程。Peno 和 Wallender（1977）認爲技術是一種知識，附於生產過程、公式、管理方法當中。Roberts（1977）則把技術區分成兩種觀念，一爲工程觀念，指生產過程中所需的知識；二爲經濟與組織的觀念，指管理和行銷。Robock 和 Simmonds（1983）認爲技術是使用及控制生產因素的知識、技巧和方法，可用以生產、分配及維護因應社會和經濟上需求的財貨和勞務。而 UNCTAD（the United Nations Conference on Trade and Development, 1970；聯合國貿易暨發展會議）將技術定義爲：技術是指被應用於產品的製造、製法的應用和提供服務，包括任何不可或缺的管理和行銷技術等有系統的知識。

2. 國際技術移轉之定義

技術移轉乃是指一個組織或體系所產生的創新，被另一組織或體系所採用的過程。因此技術移轉可以將學術機構所研究的成果轉成為商業化產品，也可將某一產業的技術移轉至另一產業，或一國的技術移轉至另一國使用；後者跨越國際的技術移轉即稱為「國際技術移轉」。因此，國際技術移轉是一種國際性知識流動（international knowledge flow），是一國將生產技術及管理技術移轉給另一國的行為過程。

㈣技術移轉之類別

技術移轉之類別，有多位學者提出不同的看法：

1. Mansfield（1975）認為技術移轉在觀念上可分為「垂直移轉」（vertical transfer）和「水平移轉」（horizontal transfer）；所謂「垂直移轉」係指技術資訊的傳遞，從基本研究到應用研究，從發展到實際生產的一連串過程；而「水平移轉」則是指某一地、組織或環境的技術移轉至另一地、組織或環境的過程。

2. 移轉的範圍而言，Hall 和 Johnson 將技術分為一般技術（general technology）、系統專門技術（system-specific technology）與廠商專門技術（firm-specific technology）三類。「一般技術」泛指工業或貿易上普通的知識和技巧，舉凡生產、銷售及各產業均可適用的一般性生產原則皆可稱之；「系統專門技識」則指關於某一個別產業或特定產品生產時，所需的知識或技巧；而「廠商專門技術」乃指個別廠商因其獨特的生產經驗、市場環境或經營者觀念而發展的生產與管理銷售方式，並非導源於產業或產品之差異。在移轉層次上，Mansfield 又將技術移轉區分為實物移轉（material transfer）、設計移轉（design transfer）和產能移轉（capacity transfer）。「實物移轉」是出口某項原料或新產品到另一個國家；「設計移轉」則指設計及藍圖的移轉，使技術接受國有製造新產品的能力；至於「產能移轉」是指技術接受國具有修改所引進技術，以適應當地環境的能力。

3. Solow 和 Rogers（1972）曾提出三種不同的技術移轉型態：單軌移轉（single

track transfer）、新軌移轉（new track transfer）和交互移轉（cross track transfer）。「單軌移轉」是指技術未經修改，一成不變地移轉到技術接受國；「新軌移轉」則是指對特殊環境重新評估，將技術修正後再移轉；而「交互移轉」乃是將技術加以修改，使用在不同的目的上。

4. 小島清（1978）認為隨著外人投資的技術移轉有日本型和美國型二種。「日本型的技術移轉」是指日本在海外投資所使用的技術為較成熟的技術，或是一般的工業經驗，如裝配技術、維護技術，且多為勞力密集的技術，較適合開發中國家的早期工業化階段；而「美國型的技術移轉」係指美國在海外投資所使用的技術，多為最新或較複雜的技術，且美國多偏好百分之百股權的完全所有投資，因此對地主國提升技術的幫助不大。

二、多國籍企業之技術移轉策略

鉅額的研究開發投資，多國籍企業採用何種技術策略，是非常值得研究的問題。誠然，子公司為求利潤之極大化而採取技術戰略，研究開發活動也以其為基準，當然為企業所重視。多國籍企業特有的技術策略有如下三大方面：

㈠多國籍企業技術發展策略之優勢

1. 研究、開發資源，提供世界利用

多國籍企業研究部門，網羅了世界極優秀的人才，很多國家的科學家或研究者均在此工作，因為多國籍企業所提供的研究環境、條件以及報酬對任何一國的科學家、研究者都有相當的吸引力。除此之外，多國籍企業還在各國設立附屬研究所，對地主國的資源開發加以研究。例如：日本在歐美設立很多研究所，在當地研究、開發，並將其成果集中於日本母公司的中央研究所，而做成世界性的技術管理。

2. 世界性技術管理

世界性技術管理的方法，是研究、開發為目標以及專業性的分工，使各附屬研

究所的研究開發機能發揮最高效力，將其研究與資源開發在國際上做最適當的分配，而母國母公司將專利做國際性的集中管理之利用。這些在國際上只有多國籍企業才有這份能力。多國籍企業為了永遠能保持技術的優越性，努力於研究、開發，同時利用其優越的技術對海外投資以獲取最大的利益。一般產品如果透過貿易即可獲取最大利潤時，由然可以不需要多國籍企業，可是，海外直接投資透過技術移轉過程才能衡量利潤極大化時，即是多國籍企業特有的價值。

3. 從技術移轉延長產品生命週期

再精密的專利技術都不免會技術移轉，然而此技術不輸出任何國家而以獨占國際市場獲取利潤之極大，或是輸出技術獲取鉅額的專利權代價，何者較為有利，應從利潤極大之目標決定有利的戰略。特別是多國籍企業的創新品，希望能獲取長期性的利潤極大化之實現，利用技術移轉而使產品生命週期在國際上延長。例如：先進國市場，當市場接近飽和時，轉往新興工業國開拓，然後再移至開發中國家，從技術移轉過程獲取最大的利益。此外尚可從簡單部分零件的技術移轉，而造成對地主國重要部分零件的依賴，確保當地市場，而重要零件因受多數地主國同樣依賴時，由於生產量的需求，而達到經濟規模，降低成本，提高利潤。

國際技術移轉的過程是從技術創新國→先進國→新興工業國→開發中國家→後開發國家。多國籍企業如何採取最適當之技術移轉策略，本節依據幾位學者的理論來說明國際技術移轉的過程與策略。如下分析：

(二)產品生命週期理論

Raymond Vernon 於 1966 年提出產品生命週期理論，其概念源自於技術差距理論，主要內容為：當一國創新某種新產品後，產生技術領先差距，可出口該技術領先的產品，此項產品即為技術密集產品；技術領先產品出口後，將會被外國所模倣，原輸入國即可自行生產而減少進口，最後模仿國家反而出口該產品至原先創新的國家。

根據此一理念，Vernon 將產品生命週期具為三個階段：創新產品（new product）、成熟產品（maturing product），以及標準化產品，如〔圖 7.2〕。

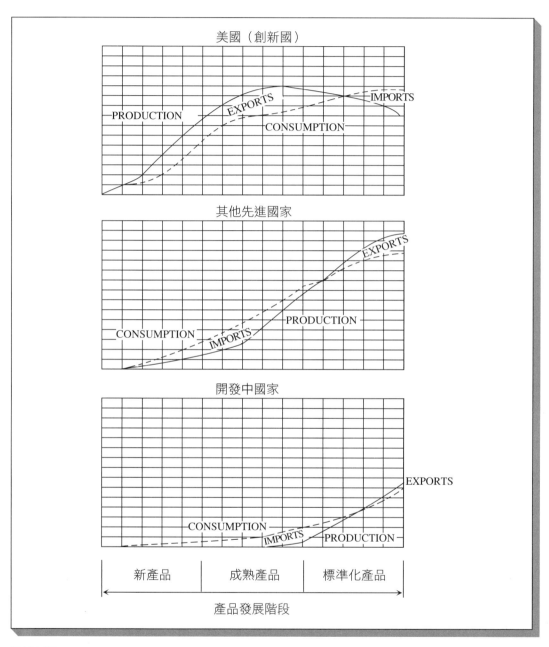

資料來源：Raymond Vernon, *International Investment and International Trade in the Product Cycle*. Quarterly Journal of Economics, Vol. 53, May 1966, p. 199.

圖 7.2　Vernon 的產品生命週期理論

1. 第一階段：創新產品

Vernon 認為先進國間科技水準相似，但在技術的應用上卻有不同的能力；產品創新多集中於美國，且在創新產品期，新產品的生產也集中於創新國──美國，其原因有三：

⑴ 美國的所得較高，對新產品的需求能力較高；再者美國的單位勞工成本較高，致使對節省勞動力的投資財產生更高的需求。

⑵ 新產品所需的研究發展密集度高，而美國的技術勞動的供給相對地較豐富，即美國對創新產品具有比較利益。

⑶ 新產品的快速變化需要生產者與消費者間迅速且經常的溝通，在美國此種溝通管道較為順暢有效，而 Vernon 認為這是美國較他國更致力於新產品發展的主要原因。

2. 第二階段：成熟產品

此時國外市場已較創新產品期更為擴張，原本以出口方式滿足國外的需求，現因其他先進國家進口限制的增加，國際間運輸成本的提高和製造方法被習得等因素，使美國必須至其他先進國家生產。

3. 第三階段：標準化產品

此時生產技術廣為流傳，研發投入的需要很少，生產過程中非技術勞動力可多加利用，生產成本成為最主要考慮因素，先進國家漸失其比較利益；相反地，勞動力豐富、工資便宜、技術水準較低的開發中國家取得了此產品生產上的優勢，於是產品的生產移轉至後開發（less developed）國家。

Vernon 的產品生命週期理論主要是說明依國際比較利益原則，產品隨著其生命週期的演變而選擇較具比較利益的國家去生產。然而，在生產地（locations）改變和國際貿易發生的同時，技術也依此路徑在國際間移轉。

⑸ 產業技術週期理論

Stephen Magee（1977）依 Vernon 的產品生命循環理論和 Nelson 在 1962 年

所提出的 S 曲線而發展出產業技術循環（The Industry Techonlogy Cycle）理論。Vernon 的產品生命循環週期理論說明了生產所用的資訊存量（技術），有邊際報酬遞減的現象，就長期而言，在某一時點後，技術投入的重要性會降低，即生產會以節省資訊的方式成長，故在產品生命週期的前期，對於資訊的投資會增加，隨生命循環的演進而遞減。

　　而 Nelson 認爲產業內專利權長期 S 型曲線的型態可用以解釋產業生命週期，而產業結構與技術創新是相互影響且同時決定，集中的產業結構鼓勵產品創新、發展及生產和行銷的研究，而成功的創新又鼓勵產業擴充，以獲取研發的報酬，由此可知，新興的產業較爲集中，研發費用較高也較具有創新能力，成熟的產業其競爭激烈，研發費用也較低且多生產標準化產品。

　　在說明 Magee 的產業技術生命週期的各階段前，須先說明私有化利益（appropriability of the returns）。「私有化理論」早在 1960 年 Hymer 研究國外直接投資時即已提出，後有 Arrow（1962）、Vernon（1966）、Demsetz（1969）、Johnson（1976）和 Caves（1982）等學者的研究；「私有化理論」主張技術創新私有化是維持技術創新投資的首要條件：

1. 多國籍企業是技術創新的主要來源，而技術在企業內部移轉要比在市場上移轉來得有效率。
2. 技術創新與技術報酬私有化過程，是屬於技術勞力密集，故多國籍企業多採較大比例的技術勞力。
3. 複雜的技術較簡單的技術私有化利益爲高，故多國籍企業多創造複雜的技術。
4. 已開發國家技術勞力的供給相對的豐富，表示其對創造和輸出技術具比較利益。

　　Magee 將「產業技術週期」分爲三階段：發明（invention）、創新（innovation）和標準化（standardized）。與 Vernon 的產品生命週期相比較，發明階段係技術創新、產品商業化之前，Vernon 並未提及。創新階段則包括 Vernon 的創新產品和成熟產品兩階段，標準化階段相當於 Vernon 標準化產品階段。Magee 以：⑴產業結構；⑵技術型態；⑶生產特性；⑷市場；⑸私有化利益；和⑹技術交易六個構面如〔表 7.1〕，來說明週期內三階段的特性：

表 7.1　Magee 的產業技術週期三階段

	發明		創新		標準化
⑴ 產業結構	競爭的		集中的		競爭的
最適廠商規模	小		大		中至小
⑵ 技術型態	新產品		產品發展		
			生產功能		
			市場		
技術密集程度	高		高		低
研發投資比例	10%		90%		0
⑶ 生產特性					
技術勞動密集度	高		稍減		低
資本密集程度	低		較高		大
最適生產規模	小		漸增		大
技術改變程度	高		高但遞減		低
技術性管理密集程度	低		高		低
⑷ 市場					
技術／產品購買者	創新者		最後使用者		躉售商
廣告型態的商品		差異化		標準化	
購買者與賣方評價的差異	高		高		低
⑸ 私有化					
私有化容易程度	最高		高但遞減		低
私有的社會機能	專利		專利／商品／同謀		
⑹ 技術交易機能					
最有效的機能	市場		廠商內部		市場

資料來源：Stephen P. Magee, *Multinational Corporations, the Industry Technology Cycle and Development*. Journal of World Trade Law, Vol 11, No. 4, July 1977, p. 309.

㈣技術生命週期理論

　　Michael G. Harvey（1984）的技術生命週期理論係將技術視爲可買賣的商品，具有生命循環的現象。他認爲先進國家將技術移轉至開發中國家的主要理由是爲增加利潤，由於競爭激烈、反托辣斯法的限制、企業本身能力不足及技術生命循環等等因素，使得先進國不得不藉技術移轉（尤其是銷售技術）的途徑來彌補研究發展

的成本。

　　Harvey 認為多國籍企業在國際技術移轉上扮演著非常重要的角色，而多國籍企業在移轉技術時應有一套系統化的評估模式，包括自我分析、競爭者分析和技術接受國的分析，如〔圖 7.3〕。

　　而技術生命週期的應用即在於多國籍企業必須確認移轉技術是處於生命週期的那一個階段才能有效地移轉，因為各階段均有其不同的問題，如〔圖 7.4〕。

階段 1　技術發展階段（Technology Development）

　　僅有新技術創意產生。

階段 2　技術驗證階段（Technology Demonstration）

　　新技術開發成功，此時先進國家廠商開始以產品的預期銷售量、授權及整

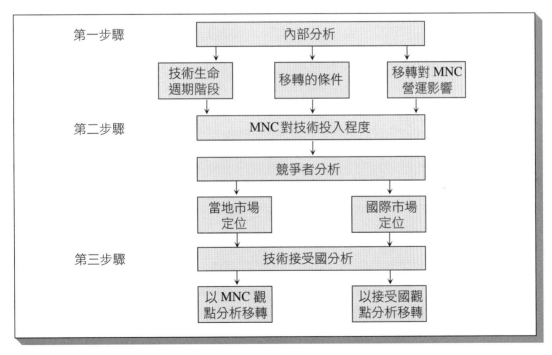

資料來源：Michael G. Harvey, *Application of Technology Life Cycles to Technology Transfers*, Journal of Business Strategy, 1984, p. 53.

圖 7.3　技術移轉流程圖

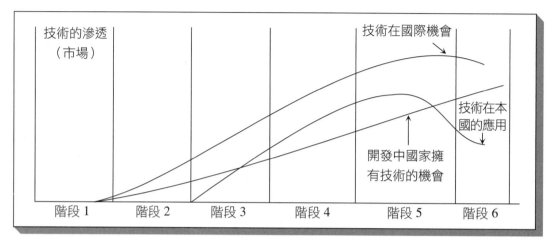

資料來源：同〔圖 7.3〕，p. 55。

圖 7.4　技術生命週期與技術移轉

廠輸出預期收益，來評估技術潛力的大小，以決定技術移轉的方式。

階段 3　技術開始應用階段（Technology Application Launch）

技術在此階段還非常新穎，若以授權方式將技術移轉給低度開發國家，則接受國很可能將此技術所生產的產品回銷至先進國家市場，而侵蝕先進國廠商的利益。

階段 4　技術應用成長階段（Technology Application Growth）

此階段技術已被成功地應用，先進國廠商可從新產品的銷售中獲取利益，並開始拓展新產品，此時可考慮將技術出售給開發中國家。

階段 5　技術成熟階段（Technology Maturity）

此階段先進國廠商大量將技術移轉給開發中國家，但由於相關技術的供給者眾多，使開發中國家有選擇購買的機會，於是先進國廠商在技術移轉上的談判力量減低許多。

階段 6　技術退化階段（Technology Degraded）

先進國廠商此項技術已失去領先地位。

㈤技術移轉模型

　　Bar-Zakay（1971）用管理的觀點，認爲成功的在國際間作技術移轉，在移轉過程中有一些必須的活動和主客觀的要件，一個技術移轉模型來說明國際移轉過程中必要的活動和可能的問題。

　　〔圖 7.5〕的模型中，由水平中線劃分爲提供者和接受者兩部分，中線上方的部分表示對技術提供者較重要的活動或必要條件，而且必須由提供者來完成的；相對的中線下方部分說明了技術接受者較重要的活動或必要條件，同時也應由接受者來完成，至於中線上所列舉的活動則由技術提供者和接受者共同來完成。

　　該模型的活動流程可分爲：搜尋（search）、適應（adaptation）、執行（implementation）、維持（maintenance）等四階段；由於隨著活動的增多、時間的增加，愈向圖的右方進行，移轉的成本愈高，因此移轉的雙方都應能在該停止移轉的時候做出停止的決策，以免徒然浪費企業的資源，此爲教育的決策（educated decision）。

　　Bar-Zakay 強調如果技術移轉的雙方，都能確實執行模型中所提及的活動並符合所有必要條件，將會大大地提高技術移轉成功的可能性；否則，若採取不受歡迎的捷徑，往往會導致技術移轉的失敗。

㈥技術雙手併用功能理論

　　近三十年，世界技術快速發展，造成世界產品生命週期（PLC）大爲縮短，1986 年日本 NEC 估計 PLC 大約只有三年，而先進國有些 MNE 已不再申請新產品專利。因爲申請時間，世界市場將可能有強勢對手公司的新產品出現，等到專利申請獲准時，該產品在世界市場可能已是成熟期，由此可見今日技術發展之快速。

1. 技術雙手併用功能理論

　　技術發展之雙手併用功能理論（林彩梅，1982）如〔圖 7.6〕，企業的技術發展有如人體，頭部是採取全球性技術管理，健全身體是必須儲備人才及研究開發，此外更重要的是要發揮「雙手併用功能」。

　　「技術雙手併用功能理論」，即是以右手引進先進國家之先進技術，利用其長

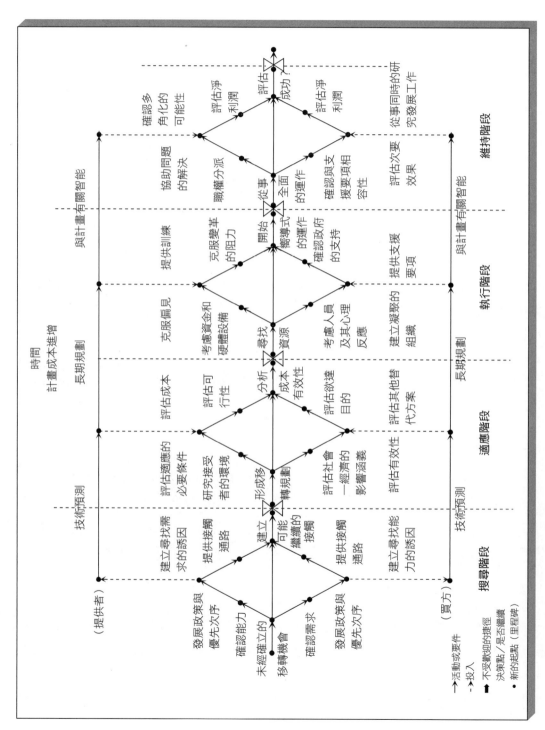

資料來源：Samvel n. Bar-Zakay, *Technology Transfer Model*, The Rand Corp. Santa Monca, Cal, 1971, p. 3.

圖 7.5　技術移轉模型

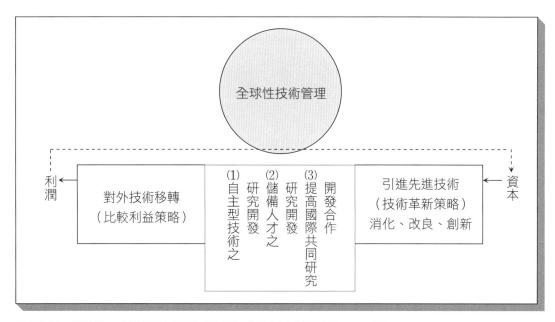

資料來源：林彩梅，《多國籍企業論》第二版，五南圖書出版公司，1982 年。

圖 7.6　技術發展之雙手併用功能模型

期間在「基礎研究」、「應用研究」以及新產品「開發研究」，自己以最短時間內努力「學習、改良、創新」，並以「技術革新策略」生產比技術來源國更優越的產品，提高與技術來源國在國際市場競爭能力；產品在國內成長、成熟後，左手將該技術以整廠輸出或對外投資方式，依照比較利益，將技術移轉給開發中國家（LDCs）。（因 LDCs 所需求的技術並非先進國的高科技或製造機器人，而是 NICs 成熟期的一般日常用的輕工業品之技術），而將所獲得之利潤，提供給右手為繼續引進先進技術之資本來源，而於公司內必須積極努力於：⑴ 自主型技術之研究開發；⑵ 儲備人才之研發；⑶ 提高國際共同研發之合作。並將導入累積的技術加上自主型的研發，以及國際合作的研發，整合為全球性技術管理，為海外子公司技術移轉之策略。

　　引進外來投資，地主國子公司最重要的觀念，對引進技術必須加以改良創新、生產產品品質能比母公司所有海外子公司產品更優越，獲得國際消費者喜愛，才能獲得母公司最新研究高科技的技術優先移轉，因物美價廉能獲得母公司給予更擴大

的國際市場銷售。如此，子公司技術提升經營績效更好，地主國的經濟也會更發展。

多國籍企業世界性技術管理有利因素，如下內容：

⑴適應需要，提高「國際間共同研究開發」，對國際資源可做最適當之分配與運用。

⑵重要研究集中於母公司，可節省重複研究設備及研究人才費用之浪費。

⑶母公司中央研究所為中心，聯結各區域的研究開發機構，依據國際企業及比較利益，決定技術移轉之內容及程度，可獲得更高經營效果及利潤。

⑷對鉅額的研究開發投資，可由子公司分散負擔。

⑸母公司在國內可強化經營管理之支配力，對國外可提高國際市場競爭力。

⑹採用「專利」，可使國際經營管理更容易，世界性技術策略以及經營策略也更容易進展。

⑺海外各子公司持有專利，卻不如由母公司統一控制，對國際市場之技術交易，更可獲高利益。

⑻持有多數專利為對方競爭企業所喜愛時，可引進對方企業在技術的支配下。

⑼持有多數專利，可提供企業的對外信用度。

⑽可和外國專利互相交換。

如此利用「雙手併用功能」可使企業快速發展，日本即是實例（從戰後的中小型企業成長為今日的大企業），況且不是單面對外技術流出，國內不會造成「產業空洞化」，並可提升國內產業結構高度化。

2. 先進國在世界技術發展中的任務

世界技術研究方向大致可分為「基礎研究」、「應用研究」，以及「開發研究」三種。其內容：⑴「基礎研究」並非特定用途之研究，而是為引進新知識的理論與實務之研究；⑵「應用研究」是依據基礎研究之知識，考慮為實用化之研究；⑶「開發研究」是利用基礎研究之知識以及應用研究之實用化，開發新產品、新材料、新設備、新組織等之研究。上述三種在高科技研究，美國以「基礎研究」以及「應用研究」為主要之發展，而日本於戰後，二十世紀後半省略「基礎研究」以及「應用研究」的時間與費用，直接導入「基礎研究」與「應用研究」加以改良，運

用於新產品「開發研究」。換言之，世界技術發展，美國是擔任「基礎研究」與「應用研究」，而日本是擔任新產品「開發研究」之任務。但二十一世紀後半，日本已成為美國基礎研究和應用研究的重要合作者。

3. NICs 在世界技術發展中的任務

新興工業國家（NICs）之技術發展以及在世界技術發展所擔任的任務與先進國不同。NICs 是擔任世界「技術移轉」的重要任務，一方面從先進國（DC）引進先進技術在國內成長，另一方面將國內成熟期技術對開發中國家技術移轉，技術普及，幫助「南北經濟問題之解決」。

「技術移轉理論」，依據齊藤優教授的 NR 關係理論，造成技術移轉的因素，包括：(1) 國民需求與經濟資源之互補作用；(2) 貿易與生產因素的移轉；(3) 生產條件與需要條件；(4) 推動要因與拉動要因。而本文所提的「技術移轉」，只談及先進國家企業將長期研究開發之先進知識與技術，對後進國家移轉，協助該國技術發展。而技術移轉能成立，必須有二項基本條件：(1) 該項技術為地主國經濟發展所需求；(2) 地主國有能力接受該項技術移轉之人才。

(七) 技術引進與技術革新新策略

1. 技術發展階段與政府獎勵政策

一般技術發展階段與政府的獎勵或限制政策有密切關係，技術發展可分為三個階段，如〔表 7.2〕：

表 7.2　技術發展階段與政府獎勵政策

發展階段	吸收能力	開發能力	地主國政府的對策
I	×	×	獎勵外來投資
II	○	×	經營當地化，企業當地化
III	○	○	自主型的技術開發，導入高科技

資料來源：筆者研究。

第一階段　尚無吸收技術能力

後開發國家因缺乏熟練勞工，對技術尚無吸收能力，因此地主國政府積極獎勵外來投資，只希望增加就業機會，對技術移轉程度，無任何要求。

第二階段　吸收技術能力

開發中國家已有熟練的勞工，具備吸收技術能力，地主國政府為該國企業發展，要求外來投資技術移轉，經營當地化以及企業當地化。

第三階段　開發技術能力

新興工業國家不只有熟練的勞工有吸收技術的能力，尚有熟練的技術人員，對導入之技術，具有改良以及開發新產品的能力。地主國政府的獎勵政策必提高為國內自主型的技術開發以及導入先進國的高科技為目標。

2. PLC 與 TLC「技術革新策略」

企業為求發展，單從先進國引進高科技之技術移轉，也是於造成技術受控制，抑或永遠落後於外來技術，形成「自主型」和「從屬型」技術。

「從屬型技術理論」分為「中心」及「周邊」，而中心支配周邊。在國際的中心是先進國，周邊是開發中國家，先進國持有高水準技術，而開發中國家技術落後，因此工業化必須依賴於先進國的技術移轉，而技術在先進國與開發中國家間自然形成「支配」與「從屬」關係。因此開發中國家如何能從「從屬型」成長為「自主型」技術，有賴於技術引進國全體企業之努力，更重要的是如何配合引進新產品之生命週期中，採取「技術革新戰略」，亦即是「產品生命週期」必需與「技術生命週期」併用，尤其必須重視「未雨綢繆」策略由此不只可避免產品生命週期，更可提高國內市場競爭力，延長成長期之高利潤，亦可提高對技術來源國國際市場競爭地位。

所謂 PLC 與 TLC「技術革新策略」就是產品生命週期（Product Life Cycle, PLC）配合「技術生命週期」（Technology Life Cycle, TLC），加強「未雨綢繆」策略，在導入期採取「新產品技術革新」以提高成長期之競爭力，成長期採取消

化、改良、創新「生產技術革新」以提高成熟期之高品質市場競爭力，成熟期採取「對外投資技術移轉、降低成本回銷母國市場以提高「衰退期」之市場競爭力，衰退期積極開發新產品擴大國內外市場策略。如〔圖 7.7〕分析如下：

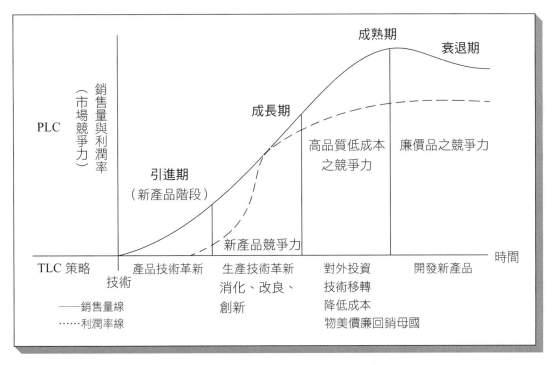

資料來源：林彩梅，《多國籍企業論》第五版，五南圖書出版公司，2000 年。

圖 7.7　PLC 與 TLC 策略

(1) 導入期

　　企業為了提高產品在國內及國際市場競爭能力，必須引進先進技術，為了下一個「成長期」能以新產品、高價格、高利潤之市場競爭力，必須在「引進期」後段採取「新產品技術革新」。

(2) 成長期

　　企業為了延長產品「成長期」之市場競爭力，更為防備「成熟期」市場競爭者

之威脅，以及擴大市場競爭力之策略，因此於「成長期」必須採取「生產技術革新」消化、改良、創新之「高品質」策略，改良品質與生產力。提昇技術差距之優勢，更因改良、創新，產品品質比技術來源國的產品更佳，因此在「成熟期」不只在國內市場以高級品與同業初級品以同樣價格繼續提高市場競爭能力以及延長成長期之利潤率，更能提高與技術來源國的國際市場競爭能力。

(3) 成熟期

當「生產技術革新」已達到預期階段，技術競爭必須從「硬體」轉為「軟體」，並依比較利益「對海外投資技術移轉」策略降低成本，在「衰退期」以物美價廉，回銷母國市場維持國內外市場競爭力，並推進「新產品」擴展國內外市場策略。

(八)技術移轉與貿易變化

1. 投資國「革新國」之 PLC

企業的國際化，對外技術移轉將使投資國（技術革新國）與地主國（技術模仿國）之間的貿易產生變化。以下依據產品生命週期以及技術差距產生之技術移轉，造成貿易逆轉，如〔圖 7.8〕，直線代表生產量與輸出量，橫線代表時間過程，分析如下：

(1) 投資國的產品生命週期。

(2) 導入期：開發新產品的國家稱為「技術革新國」或投資國。導入新技術開始生產新產品時為（T_0），當時尚不知市場需求量，因此小規模設備，少量生產，成本高，利潤少，此時期為導入期（T_1）。此時期也開始外銷（t_1）。輸入國稱為「技術模仿國」或地主國。

(3) 成長期：由於製造技術進步，大規模設備，大量生產，成本降低，需求也快速成長，國內、外市場尚無競爭對手，外銷大幅成長，利潤率高，此時期為成長期（T_2）。此時期模仿國企業也開始模仿生產（t_3）於內銷。

(4) 成熟期：由於競爭者增加，市場需求改變，外銷逐漸降低，生產成長率降低，銷售價格也降低，利潤率減少，此時期為成熟期（T_3）。此時期模仿國產品開始外銷至革新國（t_3）。

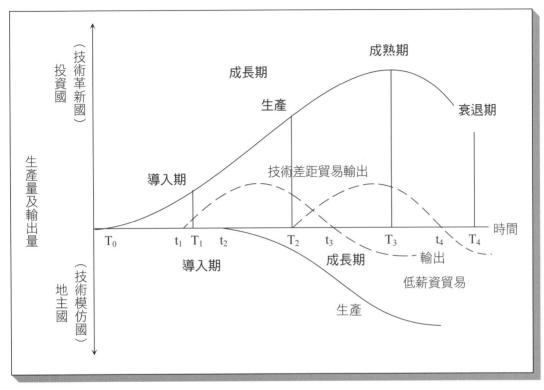

資料來源：同〔參考文獻 1〕；林彩梅，《多國籍企業論》，五南圖書出版公司，2000 年。

圖 7.8　產品生命週期之技術移轉與貿易變化

(5)衰退期：市場上已出現更理想的新產品，因此被市場需求所淘汰，此時期為衰退期（T_4）。革新國市場以及模仿國市場全被模仿國企業占有（t_4）。

2. 地主國「模仿國」貿易逆轉策略

革新國之企業，配合國內消費者之需求，引進新技術，開發新產品，銷售國內市場（$T_0 → t_1$）。當該產品之品質與價格爲模仿國消費者所需求時，即是革新國對模仿國產品輸出的開始（t_1），此時期可能是革新國的成長期。

產品的外銷可促進地主國生產的動機，產品的輸入對購買者而言，可稱爲間接的技術移轉。當模仿國輸入量高達相當數目時，由於模仿國市場需求量之增加，促使模仿國之企業產生自我生產之動機，引進革新國之技術，支付專利費或技術合

作，抑或合資公司，克服技術之差距，開始生產，此時期為模仿國的導入期（t_2）。

　　模仿國產品導入期，品質較劣，生產量少，成本高僅能銷售國內市場；此時期革新國已進入成長期，製造技術已成熟，可大規模設備，大量生產，成本降低。因此模仿國產品難與革新國競爭，也因此模仿國政府即採取貿易保護政策，提高輸入關稅，限制輸入配額，要求企業當地化，協助該產業在國內發展。模仿國企業在政府保護下，逐漸成長，加以改良製造技術，降低成本，提高品質時，貿易就形成逆轉，模仿國產品開始對革新國外銷，此時期為模仿國的成長期（t_3）。對革新國大幅輸出，也確保國內市場，模仿國商品將占有「革新國」與「模仿國」兩國市場。

　　模仿國從輸入開始至「貿易逆轉」輸出開始（$t_1 \rightarrow t_3$）之間的貿易稱為「技術差距貿易」。t_3 之後，由於模仿國已獲得技術移轉，品質提高，生產力提高，工資低廉，成本降低，市場競爭力增強，自然形成貿易逆轉，稱為「低薪資貿易」。如此從革新國產品的輸出，而模仿國技術的追及，使貿易產生逆轉之理論，稱為「技術差距論」。

3.「革新國」對「模仿國」採取投資策略

　　若 t_2 是革新國對模仿國地主國投資時期，而革新國企業可採取產品差別化，由革新國輸出高級品（$T_2 \rightarrow t_4$），從模仿國輸入廉價品，或在革新國生產高級技術零件，模仿國生產普通技術零件，互相輸出，互補市場需求之應用，革新國企業商品可占「革新國」以及「模仿國」兩國市場，並擴大國際市場，其經營成效完全不同。

三、多國籍企業技術移轉通路之選擇

㈠技術移轉通路

　　Quinn 認為國際技術移轉的通路可概分為直接流通（direct flow）和間接流通（indirect flow）：

1. 直接流通

⑴透過產品的銷售，包括工具、生產設備、消費品等等。

⑵訓練使用技術移轉或產品、設備的技術接受國當地使用者，和提供售後服務；透過直接投資，訓練技術接受國的工作製造技術。

⑶協助接受國廠商改進其管理或生產技術，以確保合格原料或零組件的充分供應。

⑷在接受國建立研究單位或設備，與世界各地研究機構相互交流，並培養接受國研究人員。

2. 間接流通

⑴提供技術接受國企業觀摩和仿效的機會。

⑵為某項產品建立初級市場（primary market），因而刺激當地相當工業之發展。

⑶作風積極，影響接受國企業的觀念和行為。

⑷造成競爭壓力，促使接受國企業不得不致力於本身生產及管理技術之改進。

而較典型的分類方式是由 Johnson 在 1976 年所提出；他認為國際間技術移轉通路有四：

1. 經由模仿國外技術或產品。
2. 經由外人直接投資。
3. 經由技術授權方式。
4. 技術已成為自由財，可隨處取得。

一般而言，國際技術移轉通路，大致上從國際貿易、直接投資和技術授權等三項通路的如下內容：

1. 國際貿易

傳統的自由貿易模型中，假設因素與最終產品市場完全競爭、沒有運輸成本、

偏好確定並且規模報酬固定,在理想的狀態下,各國生產其較具比較利益的產品,分工合作,使全球福利達到最大;而比較利益取決於各國要素稟賦的不同及其他因素使國際價格與國內價格有差距。

2. 直接投資

要討論以對外直接投資(Foreign Direct Investment, FDI)作技術移轉,必要提及多國籍企業內部化理論(internalization)。內部化的概念係由英國 Reading 大學的經濟學家所發展出來的,通稱為 Reading 學派。內部化理論首先由 R. H. Coase 在 1937 年提出,而 Hymer 擴充之,用國際觀來解釋它,後有 Buckley 和 Casson 討論市場不完全性與中間財市場內部化間的關係。

Hymer 認為,多國籍企業有其企業特有優勢,這種優勢可能是因有較低成本的原料來源、較好的配銷和行銷能力,也可能是對某種情報、技術或製程有獨占利益,或創造一差異化產品,因此,多國籍企業可建立一內部市場(internal market)以因應外部市場的不健全,即以內部化來克服外部性(externalities);多國籍企業內部化過程除為克服外部市場不健全外,也可確保獨占利潤私有化(appropriability),將企業優勢利潤極大化,因此會產生對外直接投資,而在直接對外投資時,技術移轉也同時發生。

3. 技術授權

技術授權(licensing)在我國亦稱為技術合作,就是技術擁有者,將其專利、商標、製造或管理方法等使用權利,以計酬方式移轉給技術接受者使用。

Telesio 認為技術擁有人技術授權的原因不外有二:一是當直接投資獲利不如授權時,替代直接投資而成為進入的方式;二是透過相互授權來取得對方的技術。在技術進步快速且一項創新需靠許多其他創新結果的產業中,競爭者間相互的授權(reciprocal licensing)可避免因某一企業拒絕授權而妨礙產業內技術發展的情形發生,並且可以避免重複的研究活動,節省創新的成本。

(二)技術移轉通路之選擇

有關國際技術移轉通路的選擇方法很多,分析如下:

1. 技術持有者之觀點

Negandhi（1987）根據多項實證研究結果認為技術擁有人在決定直接投資或授權時有下列傾向

(1)企業規模愈小，愈傾向於授權。

(2)企業國際投資的經驗愈少，愈傾向於授權。

(3)企業產品多角化程度愈高，愈傾向於授權。

(4)企業產品線成熟度愈高，愈傾向於授權。

(5)母國與地主國市場和經濟的同質性愈高，愈傾向於授權。

(6)企業主觀意識到經濟和政治風險愈高，愈傾向於授權。

(7)地主國政府要求當地化的程度愈高，愈傾向於授權。

2. 技術授權

Caves（1982）認為技術擁有人在下列情況下，較喜採授權來移轉技術：

(1)企業有可出售的技術但缺乏對外直接投資的經驗或資源。

(2)市場太小，不能保證直接投資有利或產品生命循環很短。

(3)對外直接投資為法令所限制，或有較高的政治經濟風險。

(4)透過交互授權（cross licensing），可獲得互惠利益。

(5)可避免專利權爭訟或競爭性的技術發展。

3. 技術投資

Wells（1978）分析技術擁有者為何不採技術授權以出售技術，而採用直接對外投資方式以技術投資的原因有：

(1)就賣方而言，出售技術失去對此技術的完全控制權；就買方而言，購得此技術，並不保證其他同業競爭者不能取得同樣的技術。於是，賣方以技術投資，如此雙方均受益。

(2)技術往往表現在機器設備上，隨著機器設備的買賣就發生了技術移轉。如果機器市場是一完全競爭市場，賣方與買方都有完全的信息，則機器設備便能以反應將來利潤的價格賣出，但是機器市場並不完全，尤其當機器性

能受投資人操作維護的技術影響時，以機器設備作投資股本是一可行的方法。

(3)管理與銷售技巧是重要且難移轉的技術。先進國家的多國籍企業便常以已建立的商譽或商標作爲銷售的利器，而這些都不是單靠技術授權就能做到的。就新興工業化國家而言，其特殊的技術則在於小規模生產及小市場銷售經驗，以及勞力較密集的技術，這些都有助於新興工業化國家在類似的經濟環境中和先進國家的多國籍企業競爭。同樣地，這些累積的經驗也無法由技術授權而取得。

㈢國際技術合作之發展

1. 技術開發體制

國際間研究開發合作係指各有關國家之「技術開發體制」形成綜合性之合作體系，以實現其共同目標而言。而所謂「技術開發」係指在 N（開發需要）與 R（滿足 N 所必要的人才、設備、資金、情報等研究開發資源）間之相互關係中展開創造性活動，並透過技術開發之系統（S）而被實現者而言。〔圖 7.9〕表示研究開發體制因爲其社會體制、發展階段、技術水準及規模等未必相同，所以在國際間亦有各種差異存在。

N＝技術開發的需要
R＝人才、設備、資金、市場、情報等研究開發的資源
S＝實現研究開發的系統

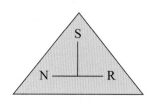

資料來源：齊藤優，「日本的技術移轉策略」《淡江講座叢書》62 期，1985 年。

圖 7.9 研究開發體制

2. 國際間共同研究開發之目的

　　技術開發快速的今日，只靠國內人員努力是難於追及，有賴於提高國際合作。如〔圖 7.10〕，N＝技術開發的需求，R＝人才、設備、資金、市場、情報等研究開發的資源，S＝實現研究開發的系統。A、B 兩國實施國際間共同研究開發目的，在兩國對技術開發具有共同性（$N_A = N_B$）的原則下，若僅靠 A 國，則有研究開發資源（R_A）不足現象，若與 B 國實施共同研究開發（$R_A + R_B$）則其開發成果必大於開發成本，兩國公平分配，其開發成本與成果，對兩國均有利。如下內容：

　　⑴補充 R & D 資源之不足與提高開發成功率；

　　⑵互相補充技術弱點與提高技術開發能力；

　　⑶確保本身所想要技術情報之策略；

　　⑷迴避研究開發上之風險；

　　⑸對關連技術開發之波及效果以及培養與確保研究技術人員；

　　⑹提高企業形象與開拓廣大市場；

　　⑺利用於經營之多角化與國際化；

　　⑻迴避技術摩擦等等。

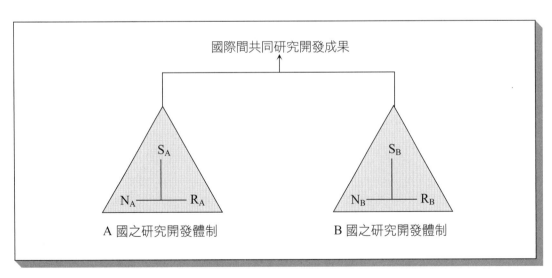

資料來源：同〔圖 7.9〕。

圖 7.10　國際間共同研究開發

四、多國籍企業影響技術移轉之因素

本章已從國際技術移轉的定義、技術移轉類別和通路，以及通路選定方式的研究探討，本節將分析影響國際技術移轉的因素。大致可分為如下四種因素：

- 移轉國與接受國之總體環境。
- 移轉技術的特性。
- 技術提供企業的特性。
- 技術接受企業的特性。

以下依據幾位學者論點的分析：

(一)Baranson 之研究

Jack Baranson（1970）在其為世界銀行（又稱為國際復興開發銀行，International Bank for Reconstruction and Development, IBRD）所作的研究中指出：成功的技術移轉不僅要靠移轉雙方的意願、對所移轉技術的知識和經驗，更需要技術移轉雙方維護一種持續性的良好關係。尤其是戰後多國籍企業的興起，跨國際的生產現象使得技術移轉被視為決定資源有效配置的因素之一。

Baranson 認為，影響國際技術移轉相對成本和可行性的因素有：

- 技術的複雜程度因素。
- 技術移轉國與接受國間的環境差異因素。
- 接受技術移轉企業的吸收能力。
- 提供技術移轉的企業特性。

這四個互相關連的因素同時也決定了多國籍企業技術移轉通路的選定。

1. 技術的複雜程度

通常已投入大量研究發展經費，具技術領先地位或為確保原料穩定來源時，多國籍企業會直接投資。另外，當移轉技術非常複雜時，為移轉成功，多採直接投資。

而產品生命週期較短的產品，多採授權的移轉方式。

2. 技術移轉國與接受國間的環境差異因素

移轉雙方國家的法律限制，特別是對外來投資或對外投資的規定、反托辣斯法、不同的稅制等等，影響技術移轉甚巨。

根據多國籍企業在開發中國家營運的經驗，他們認為最大的困難是源於這些國家處於工業發展的初期，國內市場狹小，以及促進工業化的政府政策普遍存在有當地化要求的趨勢。尤其是開發中國家致力於外銷產品的生產，對技術移轉的影響為使得提高品質與成本競爭能力成為衡量移轉成效的要素。此外，多國籍企業面臨了當地政府外匯管制的限令，使得移轉技術時愈傾向於技術授權，賺取權利金。

3. 接受技術移轉企業的吸收能力

接受技術移轉企業的技術吸收能力以及其市場潛在競爭能力，往往是決定技術移轉成敗的關鍵因素。

一般而言，為取得相互授權技術交換的好處，技術提供企業會尋找高科技水準的夥伴，以授權合約方式移轉技術；而技術移轉雙方的技術差距愈小，移轉將愈有效。

4. 提供技術移轉的企業特性

提供技術移轉企業的競爭能力、財務狀況和經營理念等，會影響技術移轉通路的選定。技術提供企業可由許多方式取得其技術資產的報酬：權益投資的股利、出售零組件、權利金、授權報酬金、技術協助報酬金等等；經由直接投資作技術移轉必須投入較多的企業資源，對許多技術提供企業而言是一種內在的限制。

Baranson 所討論的影響因素是透過對移轉通路選定的影響而決定國際技術移轉的成本和可行性。認為通路對技術移轉有絕對的影響力。

(二)Teece 之研究

David Teece（1977）其主要的論點傳承自 Mansfield。針對多國籍所從事的國際技術移轉及移轉成本、影響移轉之因素等主題作研究，用資源成本的高低表示國際技術移轉的難易，資源成本的概念仍源於 Arrow 所謂的溝通成本（communication cost），Teece 將移轉成本定義爲包括傳送成本（transmission cost）和吸收成本（absorption cost），當所移轉技術較爲複雜或接受者缺乏吸收該項技術的必要能力時，移轉成本較高，也就表示移轉較爲困難。

1. 國際技術移轉成本種類

具體而言，國際技術移轉的成本可歸分爲四種：

⑴正式移轉前技術交換的成本

指在正式技術移轉之前，技術提供者透過技術交換將移轉技術的基本特性及必要的理論知識傳授給技術接受者，由此所產生的成本。

⑵移轉時的成本

技術如爲製程創新，則包括移轉製法的設計及其相關工程的成本；如爲產品創新，則包括移轉產品設計及其相關製造技術的成本；如果技術已被應用於商業化，傳輸內容應包括現有製圖、規格等，但吸收過程可能較難，需要大量諮詢和顧問的資源投入。

⑶整個移轉過程中，研究發展人員的成本

在此所謂研究發展的成本並非是創新產品或製程的 R & D 成本，而是指在移轉過程中爲解決問題以適應或修改該項技術所投入的 R & D 成本。

⑷在運轉前所必須的訓練成本和超額製造成本

所謂超額製造成本是指在運轉後達到設計所要求規格之前的這段期間內，學習和將不良部分加以修正的成本。因爲在運轉初期，很可能無法達到可上市的品質水準，但正常的人工、物料、設備、折舊等費用以及爲協助正常運轉所必須的額外人員費用仍會發生。

2. 影響國際技術移轉成本之因素

(1) 技術提供者對所移轉技術充分了解的程度

技術提供者應用該項技術或設廠製造的數目可作為衡量其對該技術知識程度的指標；假設應用的經驗愈多，移轉成本愈低。

(2) 所移轉技術的年齡

所謂技術年齡是指從該技術正式應用於商業化用途到本技術移轉發生為止，共經過多少年；在其他情況不變下，假設技術年齡愈老，企業內研發小組和製造營運小組間互動愈頻繁，而移轉成本愈低。

(3) 所移轉技術或相似、具替代性技術在產業內擴散的程度

用應用的廠商數目來衡量；假設擴散程度愈大，應用該技術的廠商愈多，技術愈容易取得，而移轉成本也愈低。

(4) 技術接受者的技術和管理能力

技術接受者相關的製造經驗可作為衡量其技術吸收能力的指標；假設經驗愈豐富，將有助於技術的移轉，使得移轉成本降低。

(5) 技術接受者的規模

用銷售額來代表企業規模；假設大規模企業通常有較優越的技術和管理知識及資源，能使移轉成本降低。

(6) 技術接受者的研發能力

以研發費用占銷售額比率作為衡量企業研發能力的指標；假設研發能力愈強，較能解決技術移轉過程中可能發生的問題，使得移轉成本愈低。

⑺地主國周邊機構的發展程度

以每人 GNP 為衡量指標；假設地主國經濟能力愈強，移轉成本愈低。

3. 實證研究結果

Teece 的實證研究結果有幾項管理上的含義：

⑴結果顯示，較成功（移轉成本較小）的企業認為在移轉過程中技術經驗的累積要比資本資產的硬體投資來得重要。

⑵由於移轉成本甚高，初次應用的新技術較傾向於在發展當地生產，這項發現符合 Vernon 的產品生命循環理論。

⑶技術移轉是成本遞減的經濟活動。

⑷實證中考慮的因素可作為多國籍企業選定移轉通路（直接投資或技術授權）的評估標準。

⑸當移轉接受者是政府機構尤其是計畫經濟體制下，也許是文件的需要、語文和管理程序的不同，需要一些額外的費用。

㈢Telesio 之研究

Piero Telesio 的實證研究發現，下列各因素會影響到多國籍企業技術移轉：

⑴企業累積之技術知識的多寡。

⑵產品多角化程度。

⑶企業規模。

⑷企業在海外營運的經驗。

⑸競爭態勢。

其中第⑴至⑷項是技術提供者企業內部的能力和資源因素，而第⑸項因素是環境因素。

1. 企業累積之技術知識多寡

Teece 的研究結果指出：產業內專利數目的多寡與整個產業研發的總支出有正相關的關係；企業擁有創新技術愈多，也愈有可能授權，即技術的供給愈多，能促

進技術的移轉。

2. 產品多角化程度

多角化營運需要投入大量的資源，企業多角化程度愈高時，愈可能將技術讓售出去。利用合資或授權來移轉技術不但可減少資源投入且可利用技術接受者或合資人的資源；當然讓售也失去了部分對該技術的控制權，因此有些企業對其較主要的技術寧可放棄多角化的機會也不願移轉該項技術。

3. 企業規模

在寡占的產業中，往往可見對外投資是採取「追隨領導廠商」（follow-the-leader）的型態；當產業領導廠商對外投資進入國外市場時，其他較小企業會很快跟進，但小規模企業自有資源較少，也就較可能採合資、技術授權的方式進入國外市場。

4. 在海外營運的經驗

海外營運的經驗對企業來說是非常寶貴的資源，也可視為企業內部化的技術（internalized technology），為企業所獨有。

許多實證研究顯示，在海外營運經驗愈少，企業愈傾向於技術授權而不直接投資。

5. 競爭態勢

當產品或技術成熟，產業競爭較激烈時，企業較可能採合資或授權方式移轉技術；反之，競爭不激烈的產品或技術應用初期，較傾向於完全所有的直接投資。

在技術競爭方面，如果擁有該項技術的企業很多，也都願意出售該技術，那麼企業應該採技術授權，因為地主國當地企業能由其他技術供應者處取得技術，並藉其在當地原有的優勢，很可能成為一強勁的競爭者，企業此時直接投資所遭受的損失可能就比因提供者眾多而使技術權利金減少的損失要來得多。

歸納上述的說明，Telesio 認為，在開發中國家之立場而言，引進技術之對象

若本身之技術知識較豐富，產品多角化程度較大，而廠商規模較小，國外營運的經驗較少，產業競爭程度較激烈，則肯進行技術合作，願意讓售的可能較大。Telesio 的研究結果，開發中國家廠商在選擇技術移轉對象時，欲取得國外之技術，需提供一個較有利的選擇範圍。

五、美、日多國籍企業之技術移轉

㈠美國多國籍企業世界性技術管理之特色

1. 美國對外技術移轉政策之架構

美國對外技術移轉政策之特徵是，如〔圖 7.11〕，戰後，一方面以政府資金為中心所設立的研發單位，積極向太空及軍事技術之研究開發，從其優越技術表示美國在世界上的軍事地位之外，也成為領導性技術外交力量，並以此力量擴大國際關係，努力世界和平之政策。另一方面，將政府的研發單位所研究之精密技術移轉給國內企業，生產新產品，並透過多國籍企業對外投資技術移轉之關係，更擴大國際間友好關係，對於多國籍企業對外的技術移轉，美國政府也從國際關係而決定技術協力或限制移轉。由此可知美國多國籍企業從政府資金中心可獲研發移轉開發新產品，而政府也從多國籍企業的海外投資，建立友好的國際關係。

資料來源：齊藤優，「技術移轉論」，文真堂，1979 年 12 月，〔圖 13〕，p. 112。

圖 7.11　美國對外技術移轉政策之架構

2. 世界性技術管理之特色

　　「世界性技術管理」的意義，如〔圖 7.12〕即是多國籍企業在各國之研究所或附屬研究開發（R & D）機構均直屬母公司中央研究所管。假如地主國之中有優秀研究機能之機構時，即成立地域中心，委託大幅權限，培養對附近諸國之研究開發或技術問題之解決等。而這些地域中心均在母公司命令下，陸續向母公司中央研究所報告研究開發成果。如 IBM 公司有三十個左右的地域研究所。

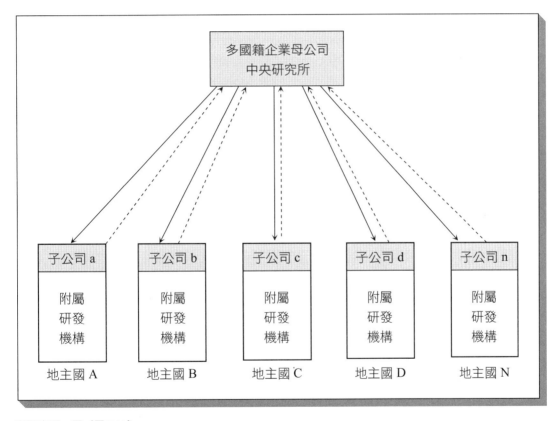

資源來源：同〔圖 7.11〕。

圖 7.12

㈡日本多國籍企業技術移轉之特色

1.技術導入之過程

　　日本多國籍企業技術導入的成功，主要得力於政府正確的領導、企業的努力和科技資訊系統的發達，技術移轉中間者（agent）系統的貢獻。我們可分三期來看：

　　⑴初期

　　戰後到五〇年代初期，主要是集中在「政府，和外來投資公司的技術引進」。政府從歐美引進技術，並將技術移轉給國內企業，輔助企業從事技術合作，提供科技資訊。外資子公司透過獨資、合資，或技術合作的方式將新的技術移轉給日本的企業。

　　⑵中期

　　五〇年代中期，政府的功能更見擴大發揮，最大的貢獻是科技資訊系統的逐步進行，將國內科技資訊系統與國際科技資訊系統結合，以使企業在技術導入時能有更多更完整的資料參考。另一個轉變是技術的商業化，技術移轉中間者產業的興起，其優點有三：
　　①擴大國內技術需求者與國外技術供給者的接觸面。
　　②透過市場的機能，提高技術移轉的效率。
　　③專業化的知識，可減少技術導入時遭受損失。

　　⑶後期

　　五〇年代末期到六〇年代初期，本期另一個生力軍即是「大企業內部技術移轉部門的出現」。因為經過十多年的努力，日本企業在政府的輔助下已逐漸壯大，尤其五〇年代末期，政府在各大企業成立中央研究所，促使企業技術水準大幅提高，而能逐漸自立。然而，各大企業為了更進一步的利益與獨立，所以紛紛成立技術移轉部門。此時期，另一個決定因素，則是「美國甘迺迪總統大型貿易自由化」的進行，連帶地促使技術市場的自由化。因此，日本就在這種時機下，以極低的成本購

買大量的技術，在良好的技術導入環境下，造成日本技術大幅度進展的一個轉捩點，同時更強化了此後日本技術導入體制。

2. 技術導入生根之要素

在此限於篇幅，我們無法說明日本政府所提供的研究發展系統、科技情報系統，和財政、金融政策等良好的外部環境因素。而僅就企業內部的作法作一說明。

日本多國籍企業技術生根成功的因素有：

(1)考慮自己技術與導入技術的密切配合，以免因為技術差距過大，國內的技術環境與技術人才無法配合，而影響到技術的吸收，造成受技術之控制。

(2)努力與技術提供者密切溝通，避免提供者保留技術而產生損失。

(3)學習、消化、改良、創新，回銷技術來源國市場。如此一方面在國內強化大企業衛星工廠組織，與技術、品質的提高；另一方面可加強產品國外競爭力。日本汽車、手錶、照相機、電腦等暢銷全世界就是最好的例子。

3. 技術之輸出

如上述，一九五〇年代末期，日本的技術水準已有相當的進展。再加上當時政府鼓勵研究發展的一系列輔助措施，改善日本本身的技術體質，使它的技術能逐步走向自己的目標。然而，若一種技術的導入，從產品的開發到國內市場的擴大後即停止，一方面將損失技術繼續流動它的利潤，另一方面也將因缺乏利潤的刺激而阻礙新技術的持續導入。所以，若能將技術直接輸出到技術水準較低的國家，或利用於企業海外的投資，不但有鉅額的利潤可得，更可疏通技術移轉的通道，促進國內新技術的導入和研究發展。這是日本洞悉多國籍企業技術策略的一種極正確的作法。

所以，雖然當時日本的技術水準，國外投資的經驗與企業規模都比歐美的多國籍企業較差，可是與資本、技術尚低的開發中國家相比較，則仍具有技術輸出能力的先進國。因此致力在東南亞、中南美洲等地區開發它的技術市場與海外投資。結果日本技術移轉體制的更加強，導入的技術水準逐步提高到巨型的綜合技術，促成七〇年代日本技術的起飛。

4. 技術移轉多特色

第二次世界大戰以後的日本技術移轉型態與特色，和戰前有很大的不同，戰後主要特色有：

⑴戰前殖民地體制崩潰，完全是一種「南北問題」條件下之技術移轉。

⑵地主國強烈要求外資與技術當地化。

⑶與歐美先進國家技術差距大為縮小，甚至已迎頭趕上，對先進國家之技術輸出有增加傾向。

⑷由於技術國際商品化之發展，主要係透過技術市場實施技術移轉。

⑸技術移轉係由民間主動領導發展。

⑹對開發中國家予以技術協助。

促使技術移轉型態與特色改變之主要因素，為有關各國之國民「需要資源」相對關係（N.R 關係）之世界環境條件發生變化所產生。例如：第二次世界大戰後，由於世界政治經濟結構與體制之變化、技術本身之變化、技術移轉功能之現代化等，促使世界性一般條件之變化，這些變化再加上日本之 N.R 關係之變化，遂產生日本獨有之特徵，以日本與美國相較，美國海外投資主要以先進國為中心，並以技術密集產品之投資；反之，日本主要是以開發中國家為中心，而進行中級技術密集度產業之移植。此乃因為技術水準愈高之產業，愈是利潤高之產業，美國具有最強之技術競爭力與最高之技術水準，更為多數大規模巨型多國籍企業之祖國，國際間影響較大。反之，日本之技術競爭力較低，對開發中國家言，日本為一後開發之先進國。

戰後日本之對外 N.R 關係變化很大，就國民需要（N）而言，反對領土擴張、武力揚威、對外支配等，當然亦反對軍國主義方式及帝國主義手段，戰後日本國民所需要的是經濟成長與福祉國家。對資源貧乏之日本而言，其「加工貿易立國政策」則與戰前沒有兩樣。因此日本為滿足其國民需要，自海外先進國家導入技術資源，自開發中國家導入天然資源，並由兩者導入所謂「市場」資源（R），更將 R 之利用範圍加以擴大成為國際性，藉以充實國民需要（N）。並且進而實施有助於達成此關係之技術移轉。

當然地主國對日 N.R 關係亦發生了很大變化。其中尤其是開發中國家強調 N.R

關係獨立自主之重要性，自日本導入的技術移轉，若有助於本國之 N.R 關係，則實施技術移轉。如此日本必須因應地主國強烈之對外資與技術當地化之要求而實施技術移轉。因此可知兩國 N.R 關係之間已不是支配與被支配間之關係。在如此的兩國間對等關係及技術移轉國際分工之重要性日趨擴大過程中，戰後日本創造了日本獨有特徵。戰後日本由低水準 N.R 關係出發，踏上加工貿易立國路線，達成快速高度經濟成長，今已列入先進工業國之林。但近年來由於國民需要之轉變（如就生活水準言，重質不重量）及資源擁有國對加工貿易立國之批評等，對於經濟成長之重新檢討將是今後日本最重要之課題。如果這些因素發生變化，則亦將對技術移轉型態及特色發生影響。

總而言之，戰後日本技術移轉之主要特徵為：

1. 日本為消除對外依存關係之緊張不安，採取國際分工與海外投資相結合之經濟上技術移轉為中心之手段。
2. 貿易方面實施「開拓市場型態」之技術移轉。
3. 技術方面朝向「新興工業國」之技術移轉。
4. 策略上採取為圖謀最大國際分工利益之技術移轉；換言之，即所謂「貿易循環創造型態」之技術移轉。

(三)多國籍企業技術移轉之問題

多國籍企業對外投資，對地主國的影響力評價均不相同，任何地主國對技術移轉效果都有共同的願望，不歡迎長期性的資本投資，只希望能引進技術。多國籍企業到底在技術移轉上發揮了多少有效機能，其見解則見仁見智。當然無可避免的技術移轉也是為求利潤之極大，為保持技術之優越性及擁有最高之技術利益而努力不懈，因此竭力對強大的競爭對手企業施加自己的專利技術，或與競爭對手企業的專利技術，互相交換專利（cross license）方式進行互相技術移轉。然而，競爭對手是否擁有相等價值交換專利的優越專利技術或技能，抑或對方國家不願付予高額代價的技術費等問題，技術移轉將難於達成。

一九八○年代多國籍企業之技術移轉卻面臨三大問題：(1) 對先進國技術移轉問題；(2) 對開發中國家技術移轉問題；(3) 高科技輸出管制問題，分析如下：

1. 對先進國家技術移轉之問題

技術移轉受了地主國環境條件之影響，技術之精密程度、移轉成本、移轉期間、移轉對象均不同。在先進國家之間，技術移轉的機構（mechanism）均極現代化，技術商品化機構亦非常發達，因此有銷售技術的貿易市場成為重要的移轉途徑。在先進國間，技術移轉途徑非常發達，但是研究開發新技術來源不易，新產品技術提供之慢與技術移轉之快，形成無法連接失去競爭力，正是先進國間生產技術移轉之煩惱。

2. 對開發中國家技術移轉問題

對於開發中國家之技術移轉，很多場合是產業移植，因為受到地主國資本、技術水準較低，文盲率高，工作態度不勤勉，經營管理人才欠缺，政府政策之限制，經營能力不足之限制技術很難轉入。雖然對於無此產業的開發中國家，多國籍企業為了擴大市場，利用低廉勞動力，而欲將技術、經營、資本等整套（package）移轉至該國，可是這些技術對開發中國家移轉，卻有很多障礙，困難重重。當然，對開發中國家所移轉的技術比先進國的技術水準低，尤其是開發中國家的技術傳播機構尚未現代化，技術吸收能力不高，因而致使投資的子公司不願將技術全部移轉於地主國。開發中國家一方面國家主義情緒非常高昂，排斥外國企業，另一方面又期待著多國籍企業技術移轉的協力，存在著矛盾心理。

對於技術輸出管制最嚴即是輸出共產國家和落後國家，雖然他們很需要工業、技術等，然而卻存在著外匯調度之困難和工業所有權之保護問題以及政府之政策問題等。

3. 高科技輸出管制問題 —— 市場結構之技術移轉

關於高科技之輸出，1969 年設立「輸出管制法」，因為高科技可為經濟發展與世界和平之利用也可轉為「殺人與破壞世界和平之軍事」武器之用，對於「東西關係」之側面而言更是重要。因此為了保護國防安全高科技之輸出必須獲得「輸出許可證」，然而輸出許可之判斷更有很大困難。

一般有關 MNC 與 LDC 技術移轉之衝突因素分析如下〔表 7.3〕：

表 7.3　MNC 與 LDC 間技術移轉衝突因素

MNC	LDC
高額權利金，以回收其大量投入的研究經費。	技術為衰退期之落後技術，MNC 成本早已回收，不應收取過高的權利金。
不是 MNC 要使 LDC 的企業對 MNC 產生依賴，實為 LDC 的企業技術能力太差。	利用強大的投資、資源優勢，迫使 LDC 的企業必須依賴 MNC 才能生存。
技術移轉主要目的是占有 LDC 當地國的國內市場。	LDC 缺乏外匯，技術移轉後的生產產品應以外銷為主，以換取外匯。
LDC 將 MNC 的技術改良的成果，是建立在 MNC 原有的技術上，因此該成果須與 MNC 分享（亦為回歸授權條款）。	改良技術的成果，是自行努力才得，至於原有 MNC 的技術，當時 LDC 的企業已付出昂貴的權利金，MNC 這樣的要求不合理。
技術是 MNC 維持獨占的利器，LDC 的企業有義務、責任、長期保密。	技術移轉進來，最大的目的是希望技術能夠生根、擴散，進而提高社會福利，長期的保密，無疑妨礙到技術的提升。
MNC 認為技術移轉後的技術服務契約可使技術充分利用，而且某些問題非被授權者單獨所能解決。	LDC 認為 MNC 常以技術服務契約為由，獲取超額利潤。
MNC 認為品管是維護其世界各地商譽的保證，不可馬虎。	LDC 認為品質的標準應以國內的狀況決定。
訓練當地人員不合成本。	加強本土技術人員的訓練，以利技術生根及擴張。

資料來源：鄭中人，《技術移轉合約簽訂技巧》，五南圖書出版公司，1987 年。

〔參考文獻〕

1. Jack Baranson (1966), Transfer of Technical Knowledge by International Corporations to Developing Economics, *American Economic Review*, p. 259.

2. Raymond Vernon (1966), International Investment and International Trade in the Product Cycle, *Quarterly Journal of Economics*, Vol.53, May, pp. 190-207.

3. James Brian Quinn (1969), "Technology Transfer by Multinational Companies". *Harvard Business Review*, Dec. pp. 151-154.

4. Jack Baranson (1970), Technology Transfer thru the International Firms, *American Economic Association*, Vol.60, May, pp. 435-440.

5. UNCTAD (1970): The Transfer of Technology, *Journal of World Trade Law*, Sep. p. 692.

6. Samuel N. Bar-Zakay (1971), *Technology Transfer Model*, The Rand Corp., Santa Monica Cali., pp. 1-30.

7. E. M., Rogers (1972), *Key Concepts and Models: Inducing Technology Change for Economic Growth and Development*, Michigan State University Press, p. 86.

8. Edwin Mansfield (1975), International Technology Transfer: Forms, Resources Requirement, and Policies, *American Economic Review*, Vol.65, May, pp. 372-376.

9. 莊春發，「技術普及之研究」，《台北市銀行月刊》第 14 卷第 6 期，pp. 73-84。E. W., Hayden (1976), Technology Transfer to the Soviet Block, *MSU Business Topics*, Vol.24, Winter.

10. H. G. Johnson (1976), *Technology and Economic Independence*, N.Y.: St. Martin's Press.

11. David J. Teece (1977), "Technology Transfer by Multinational Firms: The Resource Cost of Transferring Technological Know-How", *The Economic Journal*, Vol.87, pp. 242-261.

12. J. D. Peno & H.W. Wallender III (1977), *A Contingent Approach to Technology Policy Proposing a Cost/Benefit Analysis*, New York: FMME, pp. 28-29.

13. J. J. Roberts (1977), *The Role of the Service Industry in Technology Transfer*, New York: FMME, pp. 6-7.

14. Stephen P. Magee (1977), Multinational Corporations, the Industry Technology Cycle and Development, *Journal of World Trade Law*, Vol.11, No.4, pp. 297-321.

15. Georges P. Leroy (1978), *Thansfer of Technology Within the Multinational Enterprises*, p. 5.

16. Kiyoshi Kojima (1978), *Direct Foreign Investment: A Japanese Model of Multinational Business Operations*, Praeger Publishers, pp. 134-151.

17. Louis T Wells (1978), "Foreign Investment from the Third World. The Experience of Chinese Firms from Hong-Kong", *Columbia Journal of World Business*, Vol.13 No.1, pp. 39-49.

18. 齋藤優（1979），《技術移轉論》，株式會社文眞堂。

19. Piero Telesio (1979), *Technology Licensing and Multinational Enterprises*, Praeger Publishers, Holt, Rinehart and Winston/CBS, Inc., pp. 11-25.

20. 同〔參考文獻 19〕，pp. 17-22.

21. Alan M. Rugman (1980), *Internalization as a General Theory of Foreign Direct Investment: A Re-Appraisal of the Literature*, Weltwirtschaftliches Archiv, June pp. 365-379.

22. Edwin Mansfield (1982), *Technology Transfer, Productivity and Economic Policy*, W. W. Norton & Company, Inc., p. 1.

23. Richard E. Caves (1982), "Multinational Entreprises and Technology Transfer", in Alan M. Rugman, *New Theories of the Multinational Enterprises*, St. Martin's Press, Inc., pp. 260-262.

24. S. H. Robock & K. Simmonds (1983), *International Business and Multinational Enterprises*, Homewood: Richard D. Irwin, Inc., 1983, pp. 460-461.

25. 郭婉容（1984），《個體經濟學》，三民書局，p. 310。

26. Michael G. Harvey (1984), "Application of Technology Life Cycle to Technology Transfers", *Journal of Business Strategy*, pp. 51-58.

27. 林彩梅（1987），《美日多國籍企業經營策略》，五南圖書出版公司，pp.173-

188。

28. Anant R. Negandhi (1987), *International Management*, Allyn and Bacon Co., pp.152-158.

29. 林彩梅（2000），《多國籍企業論》第五版，五南圖書出版公司。

Multinational   Enterprise **8.**

多國籍企業外派管理者

一、國際經營管理者之經營理念

關於多國籍企業之組織與管理、投資及財務、產品及市場等等機能性策略之研究甚多，然而，對於企業經營主要之人事問題，特別是國際企業經營的核心——「海外派遣管理者」（expatriate management）之任務、責任、選任、培養、報酬等問題，不管在實證上或理論上之研究，均屬少數。

企業針對某市場為目標而生產、販賣、調度等展開一連串的策略時，管理上意思決定的諸問題中，人事及勞工問題要比財務、組織及管理、行銷等問題更形困難且更為重要，因為在企業經營上，它是長期費用以及企業經營成功與失敗的根源。

㈠國際經營管理者必須具備世界觀

企業經營的重點若純以國內市場為其意願者，產品外銷時，其經營環境範圍並未有多大變化，因此，企業經營上的「人事」問題，只是企業內部的人事，勞務管理或只是勞資關係問題而已。

企業的組織及活動超越國境擴大經營時，其經營環境因素與國內經營環境因素有很大差異，經營愈廣、複雜性愈大，並且每一環境的因素，例如：政治、法律、社會、文化、經濟等均是大變數，其變動因素亦因國家之不同而迥異。例如：家族親戚關係，在美國及日本對公司經營活動並未能產生多大阻力，但在印度及阿爾及利亞的大家庭制度下，親族卻有高度的影響力。換言之，企業欲擴大其組織與活動時，環境因素是變動的，而環境因素則又受時間與地點的變數。多國舞台是動態的，公司須隨環境的變化而改變其經營方式。因此，多國籍企業之目標及策略，為了適應時代之變遷，必須了解各國投資環境，選定機會，提供經營行動的基準，尤其對環境因素之變化更需保持相當的警覺性。因此企業國際化海外派遣管理者（expatriates management）都必須具備「世界觀」放眼看天下。

㈡國際經營管理者教育之重要性

多國籍企業的經營過程中，從經營的人員——高階主管、中間管理者、以至從業員，其思想意識亦應隨著世界觀而革新，因此，對國際企業經營人才之培育乃當

務之急，爲目前最重要之課題。

　　經營管理者教育，廣泛的意義是社會教育。經營管理者活動並不僅在於內部經營，外部之社會的影響力量更大，而企業經營環境發展到國際化，其經營對策與國內有很大差異時，則更顯示出多國籍企業經營管理者教育的必要性。

　　多國籍企業海外子公司的經營者、中間管理者、從業員等全體員工，對海外子公司的經營環境必須認清其變化，其付諸實行之對策及經營活動必須予以意識革新，對企業的社會責任應實踐於廣泛的國際上。對於經營管理者所施予的經營教育，意識轉換比能力開發更爲重要，多國籍企業海外子公司的經營管理者以及母公司的管理者和幹部們都有必要研究。

　　日本多國籍企業對海外投資的許多實例，由於勞務管理上的缺陷，地主國社會的摩擦，而受到強烈的批評。原因是日本企業經營者並沒有將國內的社會責任意識轉移到地主國，因此，國際企業經營者之基本態度的確立是目前所亟需的。

　　對未來國際企業管理人才之選任，應著重其能力並具資深人員，由母公司之幹部中選擇海外派遣管理者（expatriates management）或是由其他地主國子公司派任，是地主國的國民或是在地主國之外的第三國人等都是待考慮的問題。雖然這些問題可經由實施教育訓練而獲致解決，但是，經營管理人員本身素質及其工作意願則更爲重要，此點將於下文詳細說明。

二、國際經營管理者之培育

㈠國際經營管理者之任務

　　通常多國籍企業的海外派遣管理者（expatriate management）以海外子公司的總經理、業務部經理、財務部經理、技術部經理爲主，欲居留於地主國，須具有下列條件之一者，方能獲准：

　　　1. 母公司的海外代表（representative of the parent firm）。
　　　2. 地主國子公司的管理者（manager of the local firm）。
　　　3. 地主國居民（resident of the local community）。
　　　4. 地主國市民或外國國民（citizen either of the host state or of another）。

5. 專業職的一員（member of a profession）。

6. 家族的責任者（head of family）。

　　然而，國際經營管理者在地主國子公司之任務與環境變數經常發生衝突，其主要原因有二方面，說明如下：

1. 多國籍企業超越國境擴展經營活動，子公司管理者的任務當更爲複雜，必須配合母公司之管理。在管理機能上除了母公司各部門及幹部外，尚須考慮到地主國政府，地主國同業公司，以及投入當地的外國同業公司、同業公會、企業人士參加的商業協會、工業公會、各種民眾團體、本公司內的從事員、勞工工會等之關係。當然，一面代表母公司之管理者，一面又是當地子公司的管理者，其中許多意見必然相左，衝突必然存在。

2. 多國籍企業子公司管理者的任務，因所有權關係將更趨複雜。子公司若是100% 的完全所有子公司，則母公司與股東間處於相同地位。如爲合資公司，母公司與地主國股東、董事、監察人間則有雙方面意見。如爲多方面合資，母公司、地主國尚有第三國時，管理者的任務更是複雜，復加上異地經營環境因素等變化，衝突之事當不可免。

㈡國際經營管理者之理想背景

　　國際經營管理者之素質可分爲：⑴ 管理者本身內在的素質、人格、責任、動機、能力、觀念等；⑵ 管理者的外在因素：對經營資源、市場狀況、當地聘請的幹部、當地的政治、法律、經濟、社會、文化環境等決策能力。

　　茲對管理者本身必須具備的素質分述如下：

　　國際企業經營海外子公司管理者成功的素質，Richard D. Hays 教授（1970）曾對墨西哥地域的美國系子公司的五十名海外經營成功的管理者進行調查，項目分：⑴業務能力；⑵個人因素；⑶家族關係；⑷語言能力等四項，其中最重要的是「業務能力」，其次是「個人因素」。Hays 更進一步調查，顯示出最重要的是「責任感」，其次是「管理的意識」、「情緒的安定」，其本人的社交反而偏低。

　　以美國一百二十七個大公司海外經營者生活背景爲調查的個案，其結果成功的因素依次爲：⑴ 獨立性；⑵ 誠實、正直；⑶ 技術能力；⑷ 積極態度；⑸ 管理者妻子的積極程度；⑹ 適應性。

其次，尚有密西根州立大學的 Richard F. Gonzalez 和 Anant R. Negandhi 兩位教授的調查，從美國海外派遣管理者的一千一百六十一名（分布四十個國家）的資料統計結果，理想背景是其妻子與家族的適應性占最重要，見〔表 8.1〕。

表 8.1　美國海外派遣人員之理想背景

妻子及家族的適應性	20
領導者	19
工作上的知識	14
當地語言的理解、應用能力	13
高教育水準	13
尊敬地主國法律與國民	12
海外工作之經驗	4
海外工作之意願	4
其他	1
合　計	100

資料來源：Richard F. Gonzalez and Anant R. Negandhi, *The United States Executive: His Orientation and Career Patterns*, Michigan State University, 1976, p. 113.

表 8.2　日本海外派遣人員之理想背景

	贊成百分比
強健的身體	92.2%
毅力與耐力	89.7%
英語會話能力	83.3%
家人的協助與合作	82.2%
專門性知識及經驗（特殊能力）	81.2%
與地主國人士交往得心應手，氣氛融洽	80.5%
廣泛的業務知識及經驗（一般能力）	79.1%
熟悉地主國人士對事務的看法及想法	73.7%
地主國語言能力	52.8%
海外通（精通各國事務）	38.5%

資料來源：木下昭，《人的資源の海外移轉——海外派遣人事を考える》，日本京都：啓文社，昭和 58 年（1983），p. 66。

　　另外，國際企業公司（Business International Corporation）針對美國國內七十個公司，對海外系列子公司管理者的考選標準，調查歸納結果如下，見〔表8.3〕。

表 8.3　美國海外管理者的考選標準

(%)

經驗	42.9
適應性	40.0
技術上的知識	34.3
工作能力	34.3
經營管理能力	22.9
語言能力	11.4
潛在能力	10.0
海外勤務的興趣與野心	10.0
新管理觀念之評價、感受程度	7.1
教育	5.7
工作上的創造力	5.7
獨立性	4.3
情感溝通	4.3
成熟性——感情的安定性	2.9
其他	2.9

資料來源：*Compensating International Executives* (New York, Business International Corporation), 1980.

　　綜合以上寶貴的調查資料，可知國際經營海外派遣管理者之素質，生活背景有下列十項：

　　1. 工作經驗。

　　2. 技術的能力（包含經營管理之能力）。

　　3. 語言能力。

　　4. 對當地之理解力、經驗。

　　5. 年齡。

　　6. 安定的婚姻生活（包含妻子的態度）。

　　7. 個人的選擇。

8. 人格。

9. 以其經歷對將來的計畫。

10. 協調性。

(三)國際經營管理者之培育

關於國際經營，派遣海外前之教育，以往美國系多國籍企業對海外派遣的高階管理者以及中間管理者實施派遣前教育並不重視。依據日本多國籍企業研究學會（1976）之調查，美國一百二十九個公司中對海外子公司派遣的管理者以及中間管理者實施派遣前教育的並不多。美國一百二十九個公司中對海外子公司派遣前實施教育的只有 33%，而且其中的 41% 僅只研究語言一項。國際企業公司 James C.（1970）之調查，五十個公司中只有二十四個公司實施派遣前之教育，也同樣只重視語言能力。對其地域文化，環境之參考文獻不予重視的原因，則是美國的管理者自負於本身的經營能力，經營技術的優越性。

一九七〇年代的後期，美國多國籍企業發現後進者的日本多國籍企業已成為美國多國籍企業的有力勁敵，其重要成功因素之一是「國際經營管理人才的培訓」。因此，也改變重視海外派遣前之教育，對於海外工作上之需要、語言、生活狀態、經濟環境、風俗習慣、尚包括當地與外國間的經濟關係、法律、政治、政府機構、地理等亦漸予以重視。

美國大企業的海外管理者派遣之前省略個人研究進修的原因，據 Richard D. Robinson（1985）提出之研究報告如下：

(1)海外駐地時期不長，且擔心回國後的工作職位。

(2)海外駐地是為了緊急之需，故派遣前無充裕時間可培育。

(3)地主國要求當地化，因此採用當地人為管理者之趨向提高。

(4)對特別培育的價值置疑。

(5)對出發前培育的資料存疑。

由於，母公司派遣國外的人員，面對的是較國內企業之經營更為複雜，更為困難的變數之反應，美國因而積極加強對海外派遣人員之培育。

1. 海外派遣主管之選任與培育

在推選海外派遣人員時，首行要考慮的是海外派遣人員之必要素質與資格條件，其次依此基準從事選擇或培養的問題。

首先對海外派遣人員之國際經營管理者之培育，其必要資格，一般而言，可分：一般性資格、業務知識，以及個人屬性等三項。茲分析如下：

⑴ 一般性資格

這是與業務並無直接關係的一般性資格要件，它包括：

① 具備世界觀：被派遣人員必須具備世界觀持有國際常識與視野，這是很重要。也就是被派遣人員必須對國際政治、經濟動態等具有一般的認識，且對外國文化、歷史、生活習慣也有所了解，進一步將世界當作一個市場予以考慮，對國際經營資源作最適當的結合、分配與使用。唯有具備如此國際視野的人才，才能勝任國際企業之經營與管理。

② 語言能力：原則上，被派遣人員應精通地主國語言，至少必須熟悉英語，倘若未具備外語能力，則在當地從事工作時，不得不聘請翻譯人員，如此不但增加費用，而且時間上、效率上、意見傳達上均受影響或發生困難。

③ 健壯體力：由於在海外生活環境的氣候炎熱或寒冷、潮濕或乾燥、環境髒亂、蟲害之問題等變化，身體不適應較易生病，一旦生病又因語言表達能力的缺乏，較難獲得當地醫師之正確診斷，況且落後國家缺少好醫院、好醫生、好藥，雖有錢也無法治病，必須坐飛機至較進步的國家，所以在決定派遣前，對候選人員應作事先詳細檢查，對體質較弱、易患病者不予考慮，而必須選擇身體健康、體力健壯者為宜。

④ 精力充沛：在海外生活，由於生活習慣與各種觀念的差異，經常必須加倍費神才能處理完美，事情繁忙，因此派遣人員必須精力充沛的人才可勝任。

⑤ 高度修養與豐富見識：海外派遣者，不但是當地企業管理者，而且，又是母公司的代表者，因此必須握有高度修養與豐富見識，透過商談與交涉，才能給對方好感。此外被派遣人員必須經常參加當地各種有關活動，藉此與當地人生活打成一片，有助將來商業來往關係。

⑥ 當地適應性：所謂「入鄉隨俗」，被派遣人員必須早日習慣於當地的生活。唯有能順應當地的生活，才可增進與當地人之間的相互了解，而且才可早日了解當地人對事物的價值觀，以及建立與當地人之間的友誼，提高對事物的判斷力。特別是不得存有歧視人種的偏見。

(2) 業務知識

這是與商業直接有關係的知識與經驗之資格要件。它包括：

① 有關經營的基本知識：在國際活動中，不僅需要專門性的知識，其他有關一般經營管理的知識以及政治、經濟方面等廣泛的知識，都是被要求。特別是由於被派遣人員之人數受到限制，經常一個人要擔當兩個人的工作，所以更需要具備廣泛的知識。其他如工作經驗、業務熟練都是有必要的。

② 有關國際商業的知識：一旦進入海外活動，必須握有對國際商業上特殊的知識，例如：有關貿易上的一般業務知識、國際金融與外匯知識，國際商業慣例與海上保險等知識。原則上，不但要具備上述國際商業往來的一般知識，而且對有關一般商業基本知識也應研究學習。

③ 有關公司本身的知識：海外派遣人員，在海外不但代表公司，而且在某一意義上，將代表國家國民。因此，對公司的組織、業務、公司未來發展目標，國家經濟發展目標等基本知識都必須了解。

④ 商品知識：不管是在國內或國外，只要牽涉到商品的銷售活動，則對有關商品的功能、品質等知識必須有所了解。因為一般顧客對公司之商品不一定認識清楚，若本身對商品不甚了解，則不易說服顧客或對顧客提供滿意的答覆。特別是今日技術進步的時代，做一個駐外人員，必須不斷努力於國內新資訊與商品知識的收取，經常力求革新與求新。

⑤ 決策能力：當一個企業在海外實施直接投資時，在管理方面，就可能範圍內將權力或決策授權與當地子公司管理者，而採用所謂分權式管理，如此可縮短決策的時間，以便實施迅速、適當與有效的決策。因此，為配合此種管理方式，對海外派遣人員所具備的決策能力，以及子公司的組織、制度之是否完善等都是應考慮的問題。

⑥ 管理經驗：管理理論上雖有 X 理論、Y 理論、超 Y 理論、Z 理論、傳統

管理理論、科學管理理論等，然而，在實際管理上，當過管理者與未當過
管理者對理論的運用還是有差異，因此必須要有幾年管理經驗。選出具備
以上各種資格要件者，再決定派遣地區，並針對派遣國之政治、法律、歷
史、地理、文化、社會語言等加以訓練，通常是密集訓練一年或至該國先
培訓一年後派至該國。因此實施海外投資的企業必須注意人才的培養，建
立整套培育計畫。

2. 個人屬性

對於個人屬性，Richard D. Robinson（1984）認為海外派遣管理者個人屬性應
具備：⑴ 政治感覺；⑵ 變革行為者之技能；⑶ 記錄能力；⑷ 人際關係技能；⑸ 教
育技能；⑹ 理解使命；⑺ 技能的能力；⑻ 健康知識；⑼ 和諧；奉獻心向；⑽ 組
織能力；⑾ 適應能力；⑿ 異文化的理解能力。

3. 母公司對子公司外派主管授權程度

授權內容包括：⑴ 實際產量；⑵ 母公司子公司間之售價；⑶ 海外子公司間之
售價；⑷ 對公司外售價；⑸ 子公司間之售貨量；⑹ 子公司間之購貨量；⑺ 由公
開市場取得原料與人力；⑻ 主要資金的投資；⑼ 盈餘匯回母公司；⑽ 主要貸款；
⑾ 行銷經費；⑿ 研究與開發經費。

4. 海外派遣人員之待遇

海外派遣人員之待遇，因企業不同、派遣地區不同而有差異，但通常應有三份
待遇，惟決定其待遇時，以下要素必須考慮：
⑴ **國內家庭生活費**：供給派遣人員的祖父母、父母、妻子、兒女在國內之生
活費。包括家庭留守津貼與獎金、其他等。
⑵ **當地生活費用**：決定待遇前，應首先詳細研究當地生活水準與社會情況，
而決定當地生活費用。
⑶ **當地支出費用**：代表一個公司駐在海外的管理者，為在當地經營、擴大當
地市場，必須努力廣及政治、企業、學術界人士的社交，才能達成。為保
持某一程度的體面，在生活費之外，必須支出很大的社交費用。

⑷ **娛樂費用**：被派遣人員在海外歷經辛苦，爲慰勞其辛苦，應有某一程度的娛樂費用，以培養其工作情緒。例如：休假回國、旅行等費用。

⑸ **海外家族津貼**：爲便於業務推行與期待其有更高的成果表現，被派遣人員攜眷將是必要的，因此一定額度的家庭生活費，公司應該提供。

⑹ **子女教育津貼**：與被派遣人員有密切關係的是子女的教育問題。就一般而言，派遣去先進國，子女教育尚無多大問題；若派遣去落後國家，子女就讀當地學校，由於教育程度落後，將來回國必是問題重重，因此必須就讀在該國的美國學校等。子女在國外就學費用較國內爲高，公司對此項教育費用應有適當的補助。

⑺ **其他海外獎金津貼**：以上各項要素，應加以周詳考慮後，決定其合理的待遇基準。因此，通常海外派遣人員的待遇是國內薪資基準的三倍，也即是國內生活、當地生活與當地外交費用共三份薪資，若派遣國之生活費用與社會費用高於母國時，即依當地水準支付，如〔圖 8.1〕海外派遣者薪資體系：①國內薪資（家庭留守津貼、獎金、其他）；②海外薪資（工作津貼、海外家族津貼、職務津貼、子女教育津貼、住宅津貼、其他）；③福利（房產保存津貼、醫療費補助、短期休假津貼、其他）；④赴任旅費、津貼；⑤其他（語言學習費用補助、定年延長、年金加算）。

5. 海外派遣人員之評價與晉升

海外派遣人員之評價，當然是以業務成績作爲基準，惟海外活動往往伴隨著重要困難問題，而又經常由於預測問題之外的問題發生，使所期待成果無法達成或有所影響。因此，對業績施行評價時，必須以長遠態度與對偶發事件之影響等問題一併考慮，作適當的評價。

其次，由於海外派遣人員，可以在國外獲得與國內經營者所不同且不易獲得的貴重經驗，所以這也是培養將來經營幹部最好的機會。另一方面，由於近代企業經營趨向大規模化經營，經常藉職務的專業化來培養各種專業化人才，可是無形中對處理全盤經營的一般化或通才高級人才培養日漸感到困難。有了海外子公司的設立經營後，將是培養具有國際視野與一般化或通才化的最佳場所。因此，盡可能給海外派遣人員提供將來晉升途徑或機會，或者確立一個基準，規定將來母公司的高級

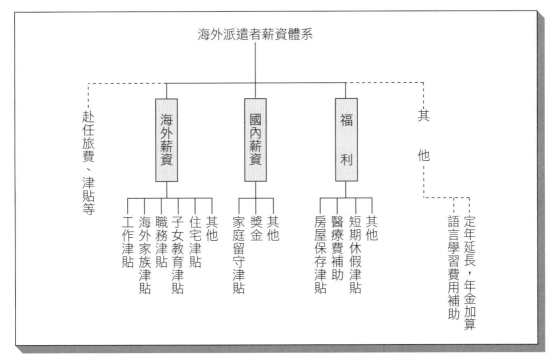

圖 8.1　海外派遣者薪資體系

經營幹部的選任，將盡量由海外子公司內選拔優秀人員來擔任。

6. 海外派遣人員歸任後之安置問題

　　一般多國籍企業對於海外派遣管理者，派遣至先進國、新興工業國或開發中國家，回國後受重用與否，以及安置工作，均有很大差異。海外派遣期滿歸任後，通常依據資格制度安置，海外赴任期，薪資與獎金依舊提升。歸任後與海外關係之工作或國內關係之工作較少，回到出國前之職位更少。對於派遣歸任後之安置亦有如下之問題：

⑴海外派遣人員薪資體系與國內工作人員薪資體系不同，歸任後必須恢復國內薪資體系，由於調整常發生摩擦。

⑵歸任後職務之安置難與本人之願望一致。

⑶海外派遣人員在海外時是特殊身分，可是歸國後是一般身分，願意接受的部門很少。

㈣外派主管類型

　　MNE 海外派遣至地主國子公司的經理人，有許多是從母國或其他國家派遣而來，非地主國人民，Ray Loveridge 將他們區分為三種類型，其特徵如下：

　　Ray Loveridge（2006）將這些 MNE 子公司的經理人區分為：⑴ 外交官（diplomats）；⑵ 追蹤者（fast trackers）；⑶ 本地人（locals），他們的特徵如下：

1. 外交官（diplomats）：在 MNE 中擔任解決全球問題與創立新的海外事業的任務。通常他們會在區域或居領導地位的國家中之總部裡任職。個人被當地政經體系同化，但仍屬於母國總公司核心成員。由於經常往返母公司參加會議而頻繁與母公司接觸，能準確掌握母公司的發展意圖與目的，並且與母公司較沒有距離感的產生，他所享受的待遇，如薪資、家庭照顧（子女的學校教育）、升遷機會等，都是三者中最佳的。

2. 追蹤者（fast trackers）：每三到五年根據母公司的計畫而轉任至另一個地區子公司，以公司晉升為優先考量，與當地存在文化溝通障礙。由於漂流不定的生活，無法得到適切的家庭照顧，也因為他們沒辦法融入當地社會的網路結構，薪資又高於當地聘任者，常遭母公司關切，因此造成他們對此職務的擔憂心態。有學者亦稱此類型經理人為旅客。

3. 本地人（locals）：本身雖非本地人，但是經過與當地人民通婚、改信當地的宗教信仰、並融入當地社會，退休後也會在當地居住。因為薪資高的問題，再加上母公司已將他們視為真正的本地人而逐漸減少適當的支援，甚至漸漸失去對他的信任，與母公司的距離感日漸加劇。

三、國際經營管理人才之訓練

㈠選任不分國籍

　　1980 年美國以過半數以上之資本所有支配海外子公司，擁有約三百萬名海外從業員，若加上其他先進國企業的海外子公司的直接僱用人員，屬多國籍企業僱用下之全球從業員人數約達二億至三億名。如何對這些人劃分國籍，給予管理職位、

培養管理績效，確實是項難題。

　　企業無論技術合作、合資經營、完全所有公司，其活動擴展到海外投資、生產、銷售、購買等，在當地的高級管理者須依照母公司所給予的權限，擔任全體的管理，而代表母公司的國際經營管理者或工廠主管必須駐於當地。一般職務配置分高階層經營管理者，中階層經營管理者，現場直接管理的廠長、監督者等，現場從業員必須依據廠長或監督者所指定之作業或監督者所指定之作業分擔工作。

　　一般海外子公司的廠長、監督者或現廠作業員，大多採用當地國民或第三國國民；中階層高階層管理者則由母國派遣。如日本企業對海外投資以開發中國家較多，經營過程必採用許多不同國籍的人，此在國際經營上稱為綜合僱用（employment mix）。尤其，先進國家，勞力不足，這種綜合僱用的傾向更為顯著。

　　其次，中階層管理者的任務，派遣於海外時無法確定其權限，其職位也無法依照母公司之規定，一個人必須兼辦很多事務，例如：總務人員兼辦人事、勞務、會計、財務、並負責原價計算。況且，無論日本或歐美企業對海外投資，經過相當時期後，工廠生產能順利進展時，必然需要配合當地化或是第三國人民為中階層管理者，而母國派遣者撤回本國後，最後除了高階層經營管理者之外，全體職員必然為各國籍的綜合僱用人員。（當然也有例外，如地主國法律上的限制，員工 90% 須採用當地人。）

(二)國際經營對從業員之訓練問題

　　美國海外子公司對從業員的訓練很少，雖然，在經營上對從業員之訓練，內部有公司內訓練、工廠內訓練，外部則委託大學及其他教育機構代訓，而前者必有詳盡的目標，一定期間實施訓練。然而，對於多國籍公司海外子公司的從業員：①訓練內容必不相同，再加上組長本身之忙碌無法撥空施與訓練；②如前述美國多國籍企業海外派遣者，對派遣前之訓練並不重視，對地主國之從業員，自然更少於訓練，即如歐洲地區亦認為美國除了銷售策略之外對訓練並不熟悉。例如：歐洲的勞動者技術水準高，歐洲的教育制度與美國也不同，採取所謂複線主義，對於各階層年齡之職業教育很注重，就業之後尚有培養訓練（apprentice training）或其他方法的職業再教育，如 1970 年在法國有幾個法國僱用協會與法國勞工工會間之協定，

對其組員皆給予進一步的訓練。

　　歐洲對其從業員之訓練，於 1964 年英國設立「英國產業訓練法」制度，內容：
(1) 確保各階層員工接受正規產業訓練後必須給於適當的待遇；(2) 確保改善產業訓
練的質與效率；(3) 訓練費由各關係企業共同負擔；(4)「課稅及補助」項中，對各公
司薪資支付課徵 0.2% ～ 2.5% 之稅收，此資金透過政府當局，再對各公司以補助
金形式支付。而此制度也適用於對英國投資的多國籍企業。

㈢國際人才模擬訓練（simulation training）之內容

　　企業對海外投資，欲設立製造工廠時，母公司對於所要派遣的高階層管理者、
中階層管理者、廠長，以及當地從業員等，擔任的事務及作業，應於投資前集中施
予技術性的實踐訓練。

　　首先企業考慮對某地投資時，須先進行調查、計畫及決定管理型態，了解本國
與地主國間之關係，條件之交涉，且尚須對海外派遣人員施予派遣前之訓練等，可
是，對海外從業員施予技術訓練還是一個問題。

1. 海外派遣管理者身兼數職，影響完善管理效率

　　海外派遣者的一般教育是：(1) 語言訓練；(2) 當地環境因素之研究；(3) 專門教
育──包括事務及技術方面。對於海外子公司從業員的技術訓練，雖然是企業投資
條例中的基本契約，然而特別再加契約的也很普遍。

　　在此再提示，最近技術革新、進步迅速、技術部門的各技術人員，原來在公司
內或國內擁有最佳技術，移至海外投資，由於技術的不斷進步，此潮流因時間的變
遷可能令原有最佳技術落後。因為，專注本部門之外無法兼顧其他部門，事務部門
也因最近經營細節化，中階層管理者除了自己所擔任的工作之外，不可能對其他部
門亦能徹底了解。例如：總務管理者對勞務管理可能生疏，對原價計算亦不是很清
楚，因此，海外投資的製造業，除了上述外，尚需支付經營上的經費、薪資、往返
旅費等開銷，因此，部分人士主張海外派遣人員身兼數個部門之職務，而影響完善
管理效率。

2. 海外派遣管理者之任務

職別上，一般派遣到地主國之職位必然比往昔在母公司之職位高一級，例如：子公司的高階層管理者或工廠廠長，皆由母公司之課長級接任，這些人大都是大學教育並有五至八年的工作經驗，年齡大約為三十至三十五歲的資深股長或課長，派至海外，擔任之工作範圍甚廣。其在當地之任務為：

(1)管理當地子公司或負擔工廠管理。

(2)能與當地股東協力。

(3)能與當地政府交涉。

(4)參考當地社會活動，連繫兩國情誼。

(5)能與母國及母公司交涉。

(6)了解如何適應異國的政治、經濟、社會、文化等不同的環境。

一般企業對海外投資的動機為防衛外銷市場，確保原料資源、低廉勞力、協助地主國經濟開發等，對此投資環境之調查及計畫，無論如何都需三至四年的時間，因此決定對海外投資的同時，公司必須要組成專案團隊。

3. 專案團隊的負責人

專案團隊（project team）設置於母公司內，或是海外事業部，或是獨立部門等則因各公司之組織而異。然而，海外事業部必須設置一人擔任這個專案團隊的負責人如〔圖 8.2〕，作為該專案團隊與母公司間之連絡，以及企業海外投資對地主國政府，或是合資公司的合夥者、技術合作的合夥者間之交涉，還有本國政府、官方、銀行等之交涉，雖然母公司對該事務主管也予以協助，然而還是處於輔助地位。

無論海外投資是 100% 的完全子公司、合資公司、技術合作等新公司、新工廠設立等，母公司內部必須組成「實踐訓練模型」，實施一年至一年半的職務訓練。

4. 專案團隊之訓練

訓練內容重在語言運用之加強以及環境地域之認識。

(1)語言研究目標：①英語方面：日常生活用語、職務工作上用語、管理上的

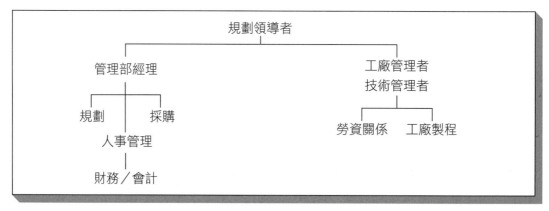

資料來源：筆者整理。

圖 8.2　海外事業部設立之專案團隊

用語（董事會、股東會、代表公司社交用、禮儀用之用語）等；②當地語言方面：日常生活的用語、工作上的用語等集中研究。

(2) **環境地域研究目標**：一方面除了一般基礎教育外，可從往返頻繁或居留當地，並和當地官方及當地社會人士之交談中獲得認識。另一方面對母公司人事、教育負責單位，蒐集海外營業部、工廠、駐在員等各地域的詳細記錄，並整理作成報告，其利用價值遠較一般刊物爲高。

(3) **專門工作或技術部門的專案團隊**：應到工廠研究實地的工作情況，例如：會計人員亦應到工廠研究工廠的原價計算，而技術部門人員應將工廠或管理方面的所有現代技能（know how）整理成冊，對其作業上有很大的助益。

5. 海外新進人員之訓練

(1) 訓練時間計畫

其次，對海外招募的人員訓練，亦如上所述，先施予專案團隊的訓練，然後再由他們訓練當地之作業人員。

海外子公司或工廠之設定計畫，大致如下圖之釋例：

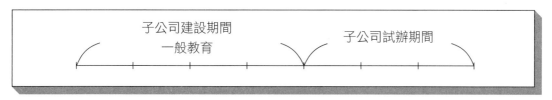

子公司建設期間　　　　　　子公司試辦期間
一般教育

圖 8.3　訓練時間計畫

　　關於海外招募的新進人員，對技術方面以及事務方面，應在子公司建設期間或在期間前採用。一般教育如〔圖 8.3〕大約三個月，然後編入「專案團隊」，並且通過母公司的海外派遣者、或是工廠現場、事務之作業、職務之訓練，而且在試辦期間由專案團隊的人員，施予訓練以至能在當地發揮效力的程度爲止。

　　⑵海外招募幹部至母公司訓練

　　如日本對海外招募之幹部的教育訓練機構，有財團法人、海外技術者研究協會，財團法人、海外技術協力事業團等，其他尚有政府所舉辦的經濟協力實施機構，以及國際協力事業團。這些機構的進修內容包括有──日本語文、介紹日本環境、介紹日本產業，以及開設專門課程。講授期間與研修程序則有許多不同類別。

　　⑶周詳訓練內容

　　企業的海外投資母公司應在外國子公司或工廠成立前，召集當地從業員至母公司施予新進人員教育（orientation）訓練。然後編入特別選拔組，並編列手冊，再編排工廠或事務所的實地訓練。海外工廠的試辦期間，由這些人員去擔任，而進入正式作業。關於當地的機械設置也由這些幹部（當地從業員）參加，從此以後工場的機械配置（layout）、零件等由他們自己去研究，經營開始時，也和母公司派遣人員一起工作。母公司除了派遣管理者駐在員以外，尚須派遣特別人員，大約六個月時間爲當地從業員施予一般教育。

　　⑷培養當地人爲重要幹部

　　被採用的海外幹部，在一個完全不同環境，語言也無法全部溝通下，接受訓練、實習，以至指導作業，在非常辛苦的境域裡，尚須編製手冊，將更增加其辛

勞，復有機械的配置、模擬試辦等，如此辛勞過程中所獲致工作成果的喜悅，自是不勝言語。如此，經過深切的認識與體驗之後，這些海外幹部（當地人）才夠資格升任廠長，勞務管理副主管、機械管理副主管、管理員、甚而至部門主管。

(5) 海外派遣人員與海外招募人員一起受訓增加了解

這個「專案團隊」及「海外幹部」的統一訓練，對母公司之人事及士氣甚有助益：①讓那些海外派遣人員未出發前，在母公司能與海外子公司同事生活在一起，對將來必須接觸的生活和文化，能事先予以了解和習慣；②如前述，在母公司內部需要二至三人負責的職務，在海外只能委託一人處理，並由數位當地人海外幹部協助。例如：化學纖維之製造、重合、紡絲、延伸等三個程序，每一程序一人，一天三班，共需要九位負責人，然而在海外工廠，重合一人，紡絲兼延伸一人，三班共需六人。如果這樣成果效率不差，那麼「專案團隊」的成立所提供機能密集的訓練、人員節約等，即可對母公司帶來優厚的利益。

(6) 訓練契約必須具體載明

雖然如此，亦有其缺點，譬如：保險、衛生、飲食、起居等，一定和當地情況不一樣，例如：日本人的起居、飲食、消遣、言語、日常生活習俗（特別是入浴）等必然與外國的生活、社會規範、風土民情均有很大的差距，這對海外的幹部人員或是海外派遣人員都是一大難以適應的缺點。

關於海外招募至母公司訓練的人員之契約行為，除了研修及教育契約外，關於技術指導範圍，費用負擔之分配，都須明確條列，尤其有關宿舍的設施、飲食、居住、寢具、浴室等生活型態，以及保健衛生等所能提供負擔程度，都需要具體契約的載明，特別是兩地迥異之生活型態，尤其需要詳細的說明。

(四) 中、美、日海外管理者之選任

1. 海外子公司管理者之來源

尋找一位適當的經理以管理一個部門或組織並非易事，尋找一位適當的海外經理人員則更困難。成功的海外經理必須有效地在另一種環境中經營，並將其活動呈

報予不同文化的總管理處。多數多國籍公司會選任母國國籍的人士擔任管理或重要技術的職位，即使這些人員在初期並不熟悉地主國的文化和語言。除了母國之外，地主國或第三國中亦可招募到優秀的海外經理人員。如〔表 8.4〕選任不同國籍經理人員的優缺點。

表 8.4　選任不同國籍經理人員的優缺點

國籍	優　　　點	缺　　　點
母國	1. 地主國人員缺乏合適之人選。 2. 總管理處的代表。 3. 減少文化、距離、國籍造成的差距。 4. 保守產業機密。	1. 費用較高。 2. 溝通、協調較不易。 3. 減少地主國人士的升遷機會。
地主國	1. 與地主國人員較易溝通。 2. 費用較低。 3. 當地化——避免國家主義的對立。 4. 提供地主國人員的晉升機會，增加向心力。	1. 與母公司溝通較不易。 2. 忠誠心不夠。 3. 價值觀不同。 4. 經營理念費用較高。 5. 訓練費用較高。
第三國	1. 文化背景差異較小。 2. 較熟悉第三國事務。 3. 較具國際視野。	1. 費用較高。 2. 地主國人員的對立。 3. 訓練費用較高。

資料來源：楊台寧，「中、美、日海外經理人員之選任」，《多國籍企業第四屆國際學術研討會論文集》，中國文化大學，1988 年 11 月。

　　大致而言，若認為文化差距（語言、價值觀、制度）是一項重要的因素，母國較願選任母國國籍人員。另一方面，若文化差距不大，且母國人員並不能有效地在外國執行任務，地主國或第三國人員則為考慮的對象，這兩種情形，皆存在因文化不同下所產生的溝通問題。

　　依據 Richard D. Robinson（1984）認為劃分企業國際化的發展階段，海外子公司管理者國籍的趨勢，在海外初期生產階段，任用地主國籍人員的比例較低，可能是初次前往文化相近的國家設廠生產（例如：美國企業到加拿大、英國投資），對外國籍管理者的需求小。當海外投資不斷成長，母公司無法提供足夠的海外派遣

人員，逐增加僱用地主國籍人員。後來，母公司為了獲得整合海外生產數額（for integrating overseas production mounts）的經驗及壓力所致，使得派任母國國籍人員的百分比急速上升，表面上進行中央集權控制。然而對國籍的重要程度逐漸消失時，母國籍人員的派任也隨之降低。

2. 中、美、日、採用當地人管理者之趨勢

在一九六○年代以及一九七○年代初期，美國多國籍企業公司均慣於派遣大批的母國人士去海外從事子公司的營運管理。然而此一派遣比率，卻逐漸降低。

Business abroad 報導，美國在歐洲的分公司有 70% 的人員是地主國籍。Batser 和 Ivancevich 在 1970 年也指出這種降低的趨勢。在研究美國多國籍企業公司的調查中，Tung 發現美國在已開發國家中任用地主國籍人士的比率較在開發中國家為高。

如〔表 8.5〕所示，美國企業在海外子公司內高階管理職位任用地主國籍的狀況。只有一家公司的高階管理人員沒有選任地主國籍人士。相對地，十五家日本多國籍企業（78.9%）連一位地主國籍的高階管理人員都不任用。而歐洲的多國籍企業其選用情形則介於美、日之間。

表 8.5　多國籍企業高階管理人員的國籍分配

地主國國籍 所占百分比	多　國　籍　企　業		
	美國	歐洲	日本
	（n = 44） %	（n = 33） %	（n = 19） %
100	27.3	9.1	0
75 ～ 99	31.8	39.4	0
51 ～ 74	15.9	12.1	10.5
1 ～ 50	22.7	24.2	10.5
0	2.3	15.2	78.9

資料來源：Anant R. Negandi and B. R. Baliga, *Quest Survival and Growth*, New York: Praeger Publisher, 1979, p. 54.

調查中亦發現日本海外子公司甚或連監督的人員亦由母國人士擔任之。這種情形加深了日本籍管理人員與地主國間的緊張與對立。

Anant R. Negandi（1979）在調查過美、日、歐企業在巴西的六十家子公司後，亦有相同的報導。其中 24% 的美國子公司的總裁爲地主國籍，歐洲爲 8%，而日本沒有一家任用當地人員爲總裁。

㈤國際人力資源之培訓與異文化

一九五○至一九六○年代眾多管理理論中，大都相信「共通理念」之管理（universal concept of management），這是根據「集中假設學說」（convergence hypothesis），也就是說，在國際性之文化與環境中，一般性之傳統管理實務，最後將導致社會之相似化而忽略其中之差異。而到了一九七○年代，如此之看法已漸改觀，人們開始了解管理實務上存在著民族及文化的差異，特別是多國籍企業之組織。

1. 人力資源訓練與文化差異問題

在一個經濟、政治、法令與文化差異的多元環境中，有效的發展與發揮人力資源是決定多國籍企業成功的一個重要因素。經理人可經由訓練培養來增加他們在不同的各地分支機構，對於地域的文化差異，在管理實務上造成衝擊影響的認知，所以，國際性人力資源發展（Internaitonal Human Resourses Development, IHRDs）專家們扮演著重要及挑戰性之角色。他們所面臨的挑戰來自他們必須經常指揮訓練與發展活動，例如：在不同的文化背景中，除了技術上訓練以外，也要有社會、文化及發展的規劃。

經常遇到的一個問題就是如何在管理理論與實務之傳遞上，打破文化及民族的界限。例如：決策訂定模式和激勵技巧對一個文化合適，但不一定能適用於另一個文化背景，必須由管理實務中文化相關性來發展他們自己的文化敏感性（cultural sensitivity）；另一個困難是關於對不同文化背景提供相同之訓練技術與方法將產生不同之效果。當訓練師嘗試提供一個已在特定文化背景中被證明成功的技術和方法給另一個不同的文化背景時，不可能產生同樣成果。因此，經常面臨一個左右爲難的情況，一方面受管理理念和訓練方法在傳遞上的限制，另一方面，教育及文化

背景之限制，使得他們對人力資源訓練感到困難，如下內容：

　　⑴在不同民族集於一堂之訓練與發展活動中，對文化因素必須提高敏感度。

　　⑵對管理者需要交叉文化式訓練（cross-cultural training），以期提高 IHRDs
　　　對多國籍企業之貢獻。

　　⑶文化因素對訓練與發展過程之衝擊影響。

　　不同的研究學者對「文化」有不同的定義。例如：Hofstede（1980）認爲文化
是一種在特別背景中，人類心智規劃的集合。在本文中，「文化」僅限於同一環境
中，一群人共同分享的一套價值、信仰、態度及模式行爲。

　　Farmer & Richman's（1980）研究指出，文化的角色是決定管理與組織效率之
重要變數。從 Hofstede（1980）的研究計畫中，更明確提出對交叉文化式管理的認
知，在這研究中，是觀察一個大型多國籍企業公司所蒐集的十一萬六千名員工資
料，而結果顯示存在著國家文化的重大差異，而這些差異能夠影響到國際性運作上
的管理。

　　使用因素分析步驟，Hofstede（1980）指出四個文化範圍：權力差異，規避風
險，個人主義對集體主義，以及男人主義對女權主義。根據 Hofstede 所言，權力
差異（power distance）代表著一個社會對組織中權力之階級或不平等分配之接受
程度。Hofstede（1983）較近之報告指出，在權力差異這項目中，美籍經理人在調
查的五十個國家中列名十五。這表示美籍經理人對不平等權力之分配有較低之忍受
趨勢，正好與新加坡和香港恰恰相反。而這些研究之發現，正是可能給 IHRDs 專
家們明確之暗示。例如：香港和新加坡經理人對不平等權力分配相對地有較大的忍
受度，可以有助於我們了解某些訓練方法，如演講方式（lecturing）就比美籍經理
人更容易爲這一個群體所接受。而更大之權力差異傾向存在於演講方式中之演講人
與受訓人之間。

　　管理實務必須適應當地文化，而在特定文化發展之管理理論在移轉至他地時，
應該小心的驗證。因此，多國籍企業在執行不同文化背景之子公司的訓練與發展
時，必須愼重考慮文化所占之角色。

　　由於價值觀、信仰宗教以及民族之文化差異，可造成管理實務上之困難。例
如：一個美國駐外代表被派駐到中東子公司，在前往海外子公司之前，他應先認識
西方與中東之間所存在之文化差異。如果他忽略了伊斯蘭宗教和他們的文化，將會

影響公司運作之效率。國際性人力資源管理之經營者都需要了解，爲使多國籍企業
適應於不同環境，如何克服文化差異之管理訓練是必須的。

　　MNE 海外派遣經理都認爲，影響子公司經營績效的最大問題是異文化的衝
擊，因此，多數 MNE 的海外派遣管理者是預先派至地主國學習拿學位或採用至地
主國回來的留學生。

2. 交互文化訓練之需要性

　　文化差異訓練可以發展文化的敏感性，並對影響行爲之文化差異有所認知，而
且它也能促進文化力量，如可以經由不同文化背景的人互助合作將有更佳結果，但
如果忽略訓練與發展活動中之文化因素，也將由於缺少對文化變數影響的知識或控
制能力，而導致訓練過程中的誤解。多國籍企業常僅注重技術上之訓練而未提供適
當的人力之調整與文化訓練，而人力資產缺乏則會導致人力資源發展之障礙。例
如：一家多國籍企業美國總部的訓練師，被指派到回教的社會中之分支機構做些訓
練，他可能爲技術性訓練之需要，但對於回教的文化及宗教的不清楚，而無意地使
用一些豬和狗的動物教材在他的訓練方法中，由於「無知的豬狗」卡片，結果造成
訓練師與受訓者間，產生很大誤解。豬和狗在回教徒而言是指不乾淨的，回教徒之
參與者可能會因而感到被羞辱。因此，美籍訓練師在行前必須先受文化差異之訓
練，才能避免在回教國家展示這些不宜事物。

3. 文化差異訓練

　　文化敏感性是多國籍企業經理人應有之基本訓練，如果多國籍企業經理人能了
解母國與地主國之文化差異，他們將能認識當地獨特性之作法，與當地雇員溝通
時，將可尋求合理解釋。派遣之人員經由文化差異訓練成爲心胸寬廣並能接受文化
之差異性。所以，假若經理人本身具有文化敏感性，他們將能調整自己之期許而更
有效率地與當地人合作。

　　公司本身需要對當地文化了解熟悉，以便發展派遣經理人之文化敏感性，常採
用多種方法以增加文化的敏感性，例如：行爲之學習、工作以及經驗之學習等。更
實際的方法就是參與當地訓練師所安排準備之訓練課程。多國籍企業（MNCs）總
公司可以邀請當地訓練師至總公司對他們作文化敏感性的訓練，另一方面增加對客

居地文化認知的方法是提供「尋求事實」的旅行，以使他們能蒐集相關的文化差異以及親身體會領悟。

〔參考文獻〕

1. James C. Baker and John N. Ivancevich. (1970), *Multinational Management with American Expatriates*, Economic and Business Bulletin 23, 1970.

2. Richard D. Hays. (1970), *Behaviral Aspects of U. S. Expatriate Managers*, Tulane University, p. 13.

3. 日本多國籍企業研究學會監修（1976），《多國籍企業の經營》，ダイヤモンド社，p. 128。

4. Richard D. Robinson (1984), *Internationalization of Business*, An Introduction The Dryden press series in management. University of Michigan. 入江豬太郎監譯，多國籍企業研究會譯（1985），《國際經營戰略論》，株式會社文眞堂。

5. Hofstede, G. (2001), *Culture's consequences: Comparing values, behaviors, institutions, and organizations across nations*, 2nd ed., Thousand Oaks, CA:Sage.

6. Ray Loveridge (2006), "Enbedding the multinational". John H. Dunning. Tsai-mei Lin (2006), *Multinational Enterprises and Emerging Challenges of the 21st Century*, Edward Elgar, UK.

9.

Multinational   Enterprise

多國籍企業道德經營之優勢

　　企業全球化之發展，若僅爲龐大資金、高科技以及擴大國際市場，而採取區域經濟聯盟以及併購等策略提高國際市場競爭力，期盼高利潤之利益而缺乏「和平共生精神」，不重視企業倫理、產業道德，必如 2008 年雷曼兄弟大企業等的破產案，影響世界各國的經濟衰退等問題，也面臨不同宗教、不同民族、種族、文化之差異引起不合作、鬥爭、破壞等問題，企業發展必遭阻礙，母國與地主國經濟亦受影響。如何紓解從近百年管理思想理論的演進尙不足，MNE 理論的演進也尙未深入論及。企業全球化欲更發展，唯有 MNE 經營者持有「和平文化經營理念」發揮和平共生精神，落實企業倫理、產業道德，對員工加強「世界市民教育」，以及「人道主義競爭精神」對企業經營爲全人類利益極大化爲目標，才能獲得不同宗教、民族、異文化之共識、支持與團結，提高企業的國際聲望與國際競爭力。對世界經濟發展、人民幸福更有貢獻，MNE 也才能更加發展。

一、企業道德經營之優勢

㈠聯合國對多國籍企業道德之規範

　　多國籍企業對世界經濟發展貢獻之大，對地主國之影響力，也將是利弊參半，爲此聯合國制定「多國籍企業經營之道德規範」（2000 年）。

1. 對待工人的倫理

　　不違反地主國的「人力資源政策」；尊重雇員參加工會及集體談判的權利；僱傭政策及促進平等工作機會；提供員工同工同酬；事先公布經營的改變，尤其是關閉廠房，以減低這些改變所產生的負面影響；提供良好的工作環境，有限度的工作時間、有薪假期，及防止失業；促進工作穩定及職業保障，避免隨意地解僱，及給予他們有關工作風險的知情權；支付員工最起碼能應付生活的工資；令地主國的低薪階層受惠；爲外來工人及地主國本土工人之間的工作機會、工作環境、在職訓練，及生活條件作一個平衡。

2. 對待消費者的倫理

尊重地主國有關「保護消費者的法律及政策」；透過不同形式的資料公布、安全包裝、合適的標籤及適當的廣告，保障消費者的健康安全。

3. 環境倫理

尊重地主國「保護環境的法律」，目的及優先次序；保護生態平衡，保護環境，採取防禦性的措施來避免環境破壞，及對破壞的環境作理；公布可能發生的環境傷害，及減低會導致環境破壞的意外的風險；應促進國際環境標準的發展；控制一些導致空氣，水土汙染的工序；發展及使用一些能監控、保護及培育環境的科技；與地主國及國際組織合作，開發本國及國際環境保護標準；爲地主國政府當局提供企業產品及生產過程對環境影響的資料。

4. 對待地主國的倫理

「不應賄賂」或支付不適當的費用給政府官員；應避免在主人國的不適當或非法的參與或干預；不應干預政府與政府之間的關係；爲當地提供公平參與的機會；優先使用當地的配件及原材料，及在當地作再投資；遵守當地法規、制度及習俗，遇到爭論時應利用國際糾紛調解機制來解決；與政府有關方面合作，評估對發展中國家的影響，及加強發展中國家的科技能力；因應企業在其中經營的國家的國情，發展及調整科技以滿足當地的需要；在發展中國家進行研究開發時，應盡量利用當地的資源及人才；以合理的條款及條件，頒發行業的智慧財產權的牌照。

5. 一般倫理

尊重基本「人權」及「基本自由」；尊重所有人在法律面前獲得平等保護，工作、職業選擇，公平及良好的工作環境，失業保障及防止歧視的權利；尊重所有人的思想自由、良心、宗教、意見表達、溝通、和平集會、結社、行動遷徙及居住自由；促進一個可以支持工人及其家人健康及幸福的生活標準。

㈡社會責任金字塔論

管理學者卡爾路（Carroll, 1996: 35-37）將企業的社會責任類比於一個金字塔（如〔圖 9.1〕），責任金字塔包括了四個部分，分散在一個金字塔的四個不同層面之內。這四個部分是：

1. 經濟責任（economic responsibilities）：企業作為一個生產組織為社會提供一些合理價格的產品與服務，滿足社會的需要。這個部分位於金字塔的最底部，表示這類責任為所有責任的基礎。

2. 法律責任（legal responsibilities）：企業之可以在一個社會內進行生產等經濟及商業活動，是要先得到社會的容許的。社會通過一套管制商業活動的法規，規範了公司應有的權利與義務，給予公司一個社會及法律的正當性（legitimacy）。公司若要在社會上經營，遵守這些法律就是公司的責任。法律責任位於經濟責任之上。

3. 倫理責任（ethical responsibilities）：在法律之外，社會對公司亦有不少的倫理的要求及期盼，包括了公司應該做些什麼，不應該做些什麼等。這些倫理的要求及期盼都與社會道德有密切的關係，其中包括了消費者、員工、股東及社區相關的權利、公義等訴求。倫理責任位於法律責任之上。

4. 慈善責任（philanthropic responsibilities）：企業做慈善活動，中外都很普遍。一般而言，法律沒有規定企業非做善事不可，企業參與慈善活動都是出於自願，沒有人強迫的。做慈善活動雖是自願，但動機可不一定相同。有的企業是為了回饋社會，定期捐助金錢或設備給慈善公益組織，或經常動員員工參與社會公益活動；有的公司做善事主要的目的是做公關，在社區上建立好的商譽，不純是為了公益。但只要能令社會獲益，動機純不純是無關宏旨的。依卡爾路（Carroll）所言，慈善責任相等於做一個好的企業公民（be a good corporate citizen）。

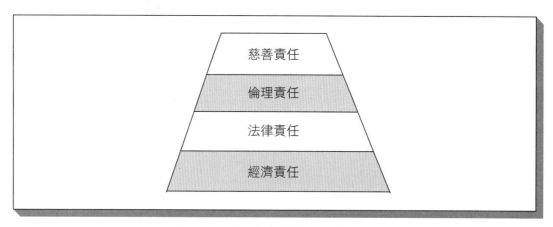

圖 9.1　企業社會責任的金字塔

㈢「全球盟約」的十項原則

係於 2000 年 7 月在聯合國總部紐約正式啟動的一項計畫,在人權、勞工、環境和反貪腐四個面向制定十項原則,目標是使承諾永續經營與社會責任的企業,能有一套框架已制定策略。

1. 人權

原則 1：企業應支持及尊重保護國際宣示的人權。
原則 2：保證不會成為串謀侵犯人權的共犯。

2. 勞工標準

原則 3：企業應堅持結社自由及有效確認集體談判的權利。
原則 4：消除所有形式的威迫及強制勞工。
原則 5：有效廢除童工。
原則 6：消除就業及職位的歧視。

3. 環境

原則 7：企業應支持環境問題的預警進路。
原則 8：採取促進更大的環境責任的計畫。

原則 9：鼓勵環境友善科技的開發及傳播。

4. 防止貪汙

原則 10：企業應禁止所有形式的貪汙，包括勒索及貪汙。

㈣道德經營之優勢

1. 企業經營與道德之關係

Dunning（2004）認為企業經營失敗與道德之關係其內容如下分析：

⑴ **市場的失敗**：道德危險、不正確的總體經濟政治、過度投機（不動產和股票市場）、不適當評價貨幣、操縱外匯匯率、跨國和公司內移轉價格、短期債務不良時程規劃、強大黑市市場的存在、獨占力量的濫用。

⑵ **機構的失敗**：管制和監督體系沒有發揮有效機能、不完備的法律和財政架構、財產制度保護的缺陷、可信度和透明度的缺乏、財務報告的不充分標準。

⑶ **道德的欠缺**：亦即市場和機構失敗的核心原因，這些失敗包括裙帶和黑社會資本主義、賄賂和腐敗、可信度、信賴和社會責任的缺乏，投資者和機構的過度貪婪。

Dunning 將經濟和機構之失敗和道德之失敗連結如〔圖 9.2〕，內容如下：

- 國際商業交易不充足的基礎，通常和貪汙、腐敗、太多自我利益和貪婪結合在一起。
- 不正確總體組織政策，通常和不誠實、欺騙、缺乏信任、協調能力、耐心、團體忠誠相關。
- 法律制度的不足，亦即犯罪預防，通常和黑社會、賭場資本主義有關。
- 不充分的銀行、財務、會計制度，通常與機會主義、溫床、懈怠和缺乏紀律所致。
- 不充分的社會基礎，通常沒有效率、不關心他人需求，缺乏個人責任感和社會責任。
- 不充分財產權保護通常缺乏創造力、提升個人能力和潛力意願，以及放蕩主義。

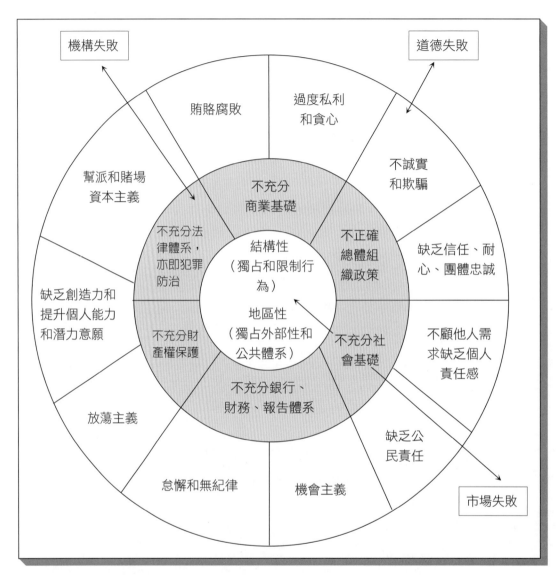

資料來源：Dunning, 2004。

圖 9.2　全球企業經營可能失敗三種方式的圖解

2. 道德倫理基礎管理之優勢

　(1) Wolfram（2004）（全球倫理基金會成員）對倫理基礎管理之優勢的觀點：
　　　① 致力於獲利的前提，自發性顧及倫理，而不是被迫於規定，企業長期目

標比短期目標，更重要。倫理基礎的管理可避免負面的輿論，且增加公司在社會上的接受度，國際上的信譽。

②在文化和社會多元化的全球經濟環境中，協調一致和適合的行為之前提，因具倫理基礎必有改善的。

③將倫理標準置入實踐，強調企業長期的目標。在管理上強調公司和其利害關係人的基本權益和策略，則有利於企業的成長。優秀員工也願意投入。

④員工具「專業」也具「倫理知能」的合格條件，為企業所歡迎的。即使不景氣也優先聘用。

⑤對價格、目標、組成和利害關係人的特質有正面的影響。1999 年美國已普遍傾向倫理生態的投資，因此在倫理生態問題中已顯示對公共利益和透明化的重視。

⑥依據倫理基礎的管理原則來經營，企業和供應商、買方之關係更穩定和可靠與長久。

⑦如果公司有好形象且長期承諾倫理準則，可期待在處理生態和政策方案上必有改進。

⑵Hans Kung（2003）全球倫理基金會主席，強調公司管理以倫理為基礎之管理優勢，對企業的：①長期績效；②社會、政府的接受和形象提升；③產品高品質化；④組織承諾以及高度生產力；⑤擁有盡忠職守、團結合作精神的優秀員工；⑥製造商與銷售商關係更好等，都會有正相關。

3. 企業的社會責任

⑴康克斯圓桌商務原則（Caux Round Tables for Business，1994 年圓桌委員會制定）

來自日本，美國和歐洲的企業領袖一年一度聚集一堂在瑞士康克斯從國際性的觀點對企業倫理和企業行動交換意見。各方領袖認為原則有益於解決貿易摩擦問題，其最重要的意義的是企業對社會負責任。本原則包含了各方提出的意見。日本提出了「共生」（為共同利益生活和工作，在健康和公平競爭下和平共處，實現合作和共同繁榮），美國的「明尼蘇達商業原則」（公平競爭的企業行動指南）以及

歐洲的「人格尊嚴」（個人的尊嚴在公司內必須得到尊重）。

　⑵日本經團連的企業公民報告書（2003）

企業社會責任的國際基準和指南

在日本，日本經濟團體連合會（經團連）建議企業致力於建立和諧的勞資關係，積極對社區作出貢獻和從事環境保護活動。為鼓勵企業採取合乎倫理道德的行動，經團連於 1991 年制定了企業公司憲章（2002 年修訂為企業行動憲章），對參加企業提出了企業該有的行為模式。日本經團連呼籲企業必須並積極地承擔起社會責任。經團連的企業公民報告書（2003）提到了企業在全球市場上競爭時注重 CSR 的幾點理由。

①　對經濟全球化的憂慮

一些非政府組織（NGO）和發展中國家對經濟全球化感到擔憂，認為經濟全球化會擴大發展中國家和先進國家之間的差距，並且使環境問題和貧富懸殊惡化。這些擔憂對多國籍企業要求自由貿易和經濟全球化產生阻力。一些發展中國家和非政府組織對推進經濟全球化表示強烈不滿。

②　消費者關心社會的傾向

現代消費者在選擇購買產品或服務時會注重公司的信譽。消費者支持尊重人權，遵守勞動基準和環境保護的企業。如果一家公司被認為對社會負責任的話，其名聲和品牌形象都會大幅上升。但如果一家公司破壞環境或糟蹋人權，這些不好的行為也會立即透過網絡電腦廣傳。因此，企業必須尊重和滿足利害關係人的各種需求。

③　投資人對企業行動進行評估

企業社會責任投資（Socially Responsible Investment, SRI）被認為是鼓勵和敦促企業推進 CSR 的好方法。愈來愈多投資人在選擇投資企業時不僅考慮經營績效，同時也注重該公司在 CSR 方面的成果。（如〔表 9.1〕）企業社會責任投資的投資方式改變了投資人與公司的關係。為了得到投資人的信任，日本企業必須積極主動研究有特色的 CSR 策略來改善公司的社會與環境的績效，並向利害關係人說明。

④　關心社會的員工

公司職員在就業選擇公司時，會查驗該公司的 CSR 績效。擁有 CSR 名

聲的企業較容易招收優良的員工。為了回應員工對 CSR 的關注，企業將其 CSR 基本方針公開於首頁，說明其對社會和環境的觀點。如此的策略包含了該公司願意負責的說明，也對公司該有的行動提出了方向。

表 9.1　投資時是否考慮企業社會責任？

分類	日本	美國	英國
積極考慮	567（34.0%）	167（54.0%）	143（46.7%）
適當考慮	921（55.1%）	117（37.9%）	115（37.6%）
不考慮	182（10.9%）	25（8.1%）	48（15.7%）
未回答	0（0.0%）	0（0.0%）	0（0.0%）
合計	1,670（100.0%）	309（100.0%）	306（100.0%）

資料來源：data from A Comparative Environment Report Regarding Socially Responsible Investment in U.S.A., U.K. and Japan, Japanese Ministry of the Environment, June 2003, pp. 14-37.

⑶Shuili（2010）認為，公司對企業社會責任（CSR）努力，可獲得多方面的企業回饋。例如：消費者、員工和投資者，愈來愈有可能採取行動獎勵信譽好的公司和懲罰信譽不良的公司。根據 Cone（2007）的研究調查，倘若原使用品牌與其他品牌信譽同樣良好，價格和品質也一樣，87% 的美國消費者會喜歡改換使用其他產品品牌。而改換使用其他公司產品或服務的人，有 85% 都因為公司的「企業社會責任」有了負面的形象，而且有 66%的人會杯葛公司產品或服務。換言之，公司產品欲獲消費者之忠誠度，不僅要有產品品牌、價格與品質之優勢，更需有「企業社會責任」的好形象。

⑷葉保強（2007）認為公司對員工應有的責任，而員工對公司應創造價值：

①　公司對員工的關懷與責任

- 為員工提供職業及適當的報酬，改善他們的生活素質。
- 為員工提供尊重他們健康與尊嚴的工作環境。
- 與員工溝通，務求誠實，在兼顧法律及保障競爭力的情況下，與員工公開交流。
- 聆聽員工的建議、觀點、要求及投訴，以及在可能的情況下，作出相

應的行動。

- 當有衝突出現時，以誠懇的態度與他們磋商。
- 避免帶有歧視的措施，就性別、年齡、種族及宗教方面，保障員工獲平等的對待，以及為他們提供平等的機會。
- 聘用不同才能的人，讓他們有機會發揮所長。
- 在工作間保障員工免於受傷和疾病。
- 鼓勵及協助員工發展相關及可轉移的技能與知識。
- 加強「世界市民教育」，提高公司組織團隊成效。

②員工為公司創造價值

認識公司的核心價值、目標及經營哲學，並付諸行動。

為公司的長期好處著眼，不是只著重員工短期的利益；同時要考量投資人、顧客及其他涉利者的需要。

對不斷的品質改善展示真誠的關心。以匠心製造高品質產品，以關心提高售後服務。

對自己分內的工作有精準的掌握，並不斷改善效率。

在同事、部門內部及之間，避免對抗及惡性競爭；以團體成員身分來為公司投身作出貢獻。

以感恩、惜福、惜緣並以人道主義之競爭，提升公司的國際聲望。盡忠職守，發揮團隊精神，提高國際競爭力。

③企業對消費者的基本規範

國際消費者（Consumer International）在 1997 年修訂的全球消費者憲章（Consumer Charter for Global Business）中確認的八項消費者權利——基本需求的權利（right to basic needs）、安全權、資訊權、選擇權、公平聆訊權、賠償（redress）權、消費者教育權、健康環境權，這些權利可以用來作為企業對消費者義務所依據的超級規範。

企業對待消費者應遵守以下的規範：

- 企業在經營的每一環節，包括生產、分銷及販售過程的每一個階段，必須考慮消費者的利益。
- 企業應鼓勵發展及維持公平、透明及公開的競爭。要達到這個目標，

企業必須最低限度遵守經營地的當地及全國的競爭及反托辣斯法則；
確保企業的每一部門都知道本地的競爭法及完全遵守這些法令。

- 企業應該以下列的方式來行銷及推廣其所生產及分銷的產品及服務：
  —— 在廣告及推廣活動中的言詞是可以獨立地核實的。
  —— 在任何一個國家內的廣告及推廣活動，是與法律所規定的誠實及
  真實程度保持一致的，或與一個講道理的人所要求的誠實與真實
  的程度一致的。
  —— 行銷或推廣不會誤導消費者。
  —— 行銷或推廣活動不會破壞消費者的信任，或利用他們不知情或經
  驗不足而占他們便宜。
  —— 企業應遵守當地有關廣告及行銷的法律及規則。
  —— 企業應該遵守國際控制特定產品的相關守則，如世界衛生組的
  醫療藥物推銷倫理守則；在那些沒有相關的廣告及推銷法令的地
  方，企業應遵守國際的商業作法。
  —— 企業要特別小心向兒童行銷產品及服務。在任何情況下，都不應
  以兒童作為有害產品（如：香菸及酒精飲品）的廣告對象。

(5)高橋浩夫（2009）認為，高階管理與經營倫理之關係深刻影響企業制度改
革。經營倫理的重要性必須深入每位員工內心成為組織的鮮血，其責任在
於最高經營管理者「CEO」。由此經營者的經營理念對公司的企業倫理、
產業道德之落實有高度重要的影響力。

二、和平共生精神之重要性

㈠和平共生精神之重要性

　　MNE 對於不同宗教、民族、種族之鬥爭問題，對 MNE 發展影響頗高。企業
領導者必須持有「和平文化經營理念」，以「和平共生精神」落實企業倫理，產業
道德，融合本土化與全球化之優勢，獲得異文化、異民族的共識支持與團結，並以
「人道主義競爭精神」提高國際市場競爭力，世界經濟繁榮，人類幸福而 MNE 才

能更加發展（林彩梅，2006）。

1. 東盟、歐盟對和平共生重要性之共識

世界各國也體會「和平共生」之重要性，「東盟」與「歐盟」也呈現「和平友好條約」，克服「國際的相對立」之共識，同意在區域內「和平解決分歧或爭端，反對訴諸武力或以武力相威脅」。

2. 文明衝突與共生

美國哈佛大學教授薩繆爾・杭廷頓（Samuel Philips Huntington）提出世界上有六種現代文明（印度教文明、回教文明、日本文明、東正教文明、儒家文明和西方文明）和兩種可能的候選文明（非洲文明和拉丁美洲文明），認為未來世界秩序將是這八種文明相互作用、合力影響的結果。

對於不同宗教信仰造成衝突事件之問題，池田大作「佛教徒」與德拉尼安「回教徒」兩位大師都認為，文明的衝突與共生，不是因民族、種族、宗教文化等不同而導致人類的「對立」、「分裂」或戰爭，真正造成人類對立或分裂的是「人心」，缺少「和平共生精神」所造成（池田大作，2006）。製造宗教間之文化衝突問題，並非宗教教義之差異，無論佛教、回教、基督教之教義都出自於「愛」，而是被「不善的人」所利用，導致很多無辜的人死亡。因此要發揚彼此不同的文化，並將其轉變為「創造價值之泉源」才是最重要的。

人類只有「和平共生」精神，「多樣性文化的融合」，才有幸福。

3. 和平共生精神

「和平共生」精神（池田大作，2001），是人要重視超越種族、民族、宗教、國家孤立的狀態，強調互相交流、互相理解、互相尊重的重要性。和平共生理念的成敗關鍵在於「人」，而「教育」才能達成「人的變革」，唯有人的思維改變才能實現和平共生的理想，尤其對於「地球市民教育」寄予厚望。「和平共生精神」之基本方針，就是「協調」勝於「對立」，「結合」勝於「分裂」，「我們」勝於「自己」（林彩梅，2006）。松下幸之助之經營理念以及豐田汽車之經營理念，都認為 MNE 全球化領導者，必須持有「和平共生」精神，加強團隊力量，提高士氣，

提升產品品質與服務成效，企業才能提升國際經營績效（木也親之，1999；西村克己，2005）。

㈡地球市民教育

「地球市民教育」（池田大作，2006）是要落實和平共生精神、達成人類幸福的重要關鍵。「地球市民」之培育：第一，肯定生命價值，深刻認識生命相關性的「智慧之人」；第二，對種族、民族、文化的差異不畏懼，不排斥，予以尊重、理解，並視這些差異爲自我成長重要資源的「勇敢的人」；第三，對受苦難的人，無論遠近，都會給予關懷提攜的「慈悲的人」。「地球市民教育」就是要改變現代人的自然觀、生命觀、價值觀，創造人類更有價值的生命，走向幸福的人生，創造社會繁榮。由此 MNE 之在職訓練，應加強「地球市民教育」，提高國際經營成果（木也親之，1999；林彩梅，2010）。

㈢人道主義競爭精神提高國際市場競爭力

池田大作（2009）提出「人道主義競爭」，認爲企業若沒有「自由競爭」產品會變得沉滯、停頓或淘汰，競爭才是企業發展活力的泉源。但是若爲「利己主義」之自由競爭，國際市場必呈現互相殘殺競爭，弱肉強食，獨占市場高價銷售對消費者不利，因此，要依「國際法律與制度」、「和平共生精神」以及「企業道德」爲基礎提高企業之「人道主義競爭精神」，大、中、小企業各自努力其優勢，以達互助、互補之關係以「雙贏」爲目標，價廉物美對消費者有利，提高 MNE 國際市場競爭力（池田大作，2009；林彩梅，2010）。

三、和平文化經營理念

㈠世界領導者「和平思想」之共識

池田大作博士（國際創價學會會長，國際創價學會是 NGO 的組織）榮獲聯合國的「和平獎」、「人道獎」及全世界三百餘所大學頒贈「名譽博士或榮譽教授」，也獲得世界藝術文化學院的「桂冠詩人」。他十分關心「人類的幸福與世界

和平」，經過五十多年用心拜訪與世界各國領導者、教育家、藝術家等名人會晤，其內容有非常珍貴的「和平思想」啓示，出版於《與世界領導者會晤》（池田大作，1999），書中強調身爲領導者要爲「世界和平、爲人類幸福」之共識精神，重點如下：

1. 全人類利益理念

國聯要以「人類利益」爲優先考慮。佛云：「爲他人點燈，自己前面也會明亮」。爲他國努力之成果也能爲自國利益。和平不是等待就能獲得，而是自己要「建築」（國聯前事務總長 Boutros-Ghali，1998 於東京）。

2. 沉默與用心

培育領導者並非高居其位，重要的是要傾聽周圍人的談話，注視周圍人的行動，不受幻影的欺騙（西班牙國王 Tuan Carlos，1998 於東京）。

3.「多民族國家和諧」的智慧

「多民族國家和諧」的智慧是眞誠之心，全人類的價值觀，創造價值，關心其他民族，力求和平。多民族國家和好是力量，但必須先能關懷對方，才能得到。因此二十一世紀的指針「爲二十一世紀有更好的和平世界，更能考慮對方的世界，更有慈愛的世界」（馬來西亞國王 Sultan Azlan Shah，1993）。

4. 要有同苦之心

對人類之教育，培育具有「同苦之心」之人才，最爲重要。領導者要充分了解同苦之心，哪位有苦，即是我的苦，「有福同享、有難同當」之思想與關懷（印度總統 Kocheril Raman Naraynan，1997）。

5. 患難見眞情

他人陷於困難時，應給予關懷與支持，患難見眞情。人與人之交是「交心」，對樹灌漑在於「根」，能永遠珍惜這份「心」，沒有無法解決之問題，希望即會存在。（中國主席江澤民，1990 於北京）。

6. 為和平「人心距離」最重要

　　允許「說謊」，和平會「崩潰」。「戰鬥機」之時間距離，不如「人心」距離的重要，因此要重視國際文化交流，人與人之間，若全以電腦管理，會奪走人的尊嚴（奧地利首相 Franz Vranitzky，1989 於東京）。

7. 教育大國比千萬軍隊更強

　　人類之饑餓不是胃、是精神。領導者要給部屬精神的糧食。民主主義國家常會誇讚小國的軍事費用改爲「教育費」，軍舍改爲「學校」，投資不是軍備，而是「人的教育」。環境醫療不是爲「國家安全保障」，而是爲「人類安全保障」，從人權與教育創造和平。因此國家不要做「軍事大國」，而是「道德大國」、「教育大國」與「人權大國」，這將比千萬軍隊更強（哥斯大黎加總統 Dscar Arias Sanchez 諾貝爾和平獎受獎者，1996 於東京）。

8. 全人類希望「世界和平」

　　既然各國爲國境而經常爭論戰爭，不如不要有國境，就不會戰爭。因此要以「武力統合歐洲」，不如以「人類之愛統合歐洲」，因而提出「歐洲的統合」，結果成功。1949 年歐洲評議會誕生，1958 年 EEC 成立，1967 年 EC 誕生（歐洲統合之父 Count Coundenhove-Kalergi，1970 於東京）。

9. 沒有道義，政治是無力

　　富國對窮國應負道義責任（南北問題），要爲世界和平而努力。任何國家，都必須開拓民主的精神，否則政治的壓迫更重。領導者的價值觀應爲「人類是共同體」。領導者要有正義、高潔與勇氣，愛「下世代」即要細心愛護，嚴謹教育（美國上議院議員 Edward Kennedy，1978 於東京）。

10. 給孩子們「健康的地球」

　　科學之發展應給孩子們健康的地球，生命的尊嚴爲何要有國籍分別等之關係？核子武器是世界共同的敵人，以「廣島」以及「長崎」投下之原爆死亡五、六十萬

人，尚有幾十萬人從外至內臟都腐爛之慘劇，甚至殘留貽害下一代的健康。我們要極力反對「人類的疫病」——核兵器（防止核子戰爭國際醫師工會創立者、諾貝爾獎和平獎受獎者 Bernard Lown 博士，1989 於聖教新聞本社）。

11. 偉人永遠受尊敬

戈巴契夫總統完成「東西政治冷戰」問題，卸任後，部分人民不但不感恩，反而無禮。無論是受任何背叛或侮辱，偉大領導者的尊嚴不會受傷害，名譽也不會受損，受傷害的反而是下劣的搗蛋者，偉人永遠受尊敬。從權力高位退下的人，仍然會發光才是人的重要本質，最後能勝利的人，是跌倒也能堅強站起來，勇往向前走的人（蘇聯總統 Paisa Gorbachev，1993 於東京）。

12. 世界市民理念

人類在地球村，要相互尊重「人的尊嚴」，要維護永久和平的「價值觀基準」。若心改變，所有都會改變，因此人不應該是為利益的「經濟主義」，而是「文化主義」、「人類主義」，全人類平等的「民主主義」。人若「只有高知識而無人性」，此人是可悲的。我們是地球村人類家族，對異邦人有愛，則可成為一家族而和平共存（韓國慶熙大學創辦人趙永植，1977 於東京）。

13. 人是心之器，心改變，什麼都會改變

悲觀主義者容易受感情支配，樂觀主義者意志堅強，精神旺盛的人，不輕易失望。「中國文化」的真髓是「王道的文化」，不是以「力量」或「權威」逼人服從，而是以「德」感化之。國是人之集合，人是心之器，人生的價值觀是精神的力量，可左右環境，只要價值觀正確，就不必失望。人生最苦時，更要透過深入思考與修養而重獲新生命，成為建立大事業的基礎，挫折也會變為成功（台灣，中國文化大學董事長張鏡湖博士，1994 於福岡）。

14. 時代雖改變，友情永不變

時光的流逝，社會會改變，文明會移動，唯有留下真誠的「友誼」。唯有真誠友情永不變，才能使社會改變為「有人性的社會」（俄羅斯，莫斯科大學副校長

Vladinur I. Trapin，1994 於大阪）。

15. 寬容的結合力

　　宗教原本是人與人的「寬容」結合力，但因人的傲慢與狹心造成對立。因此人之相處，不要講他人壞話，要努力尋找他人的優點，從稱讚啓發而改善他人之缺點。學習謙虛，尊重他人，即有「和平」之文化（美國，世界法學者會議議長 Ved Parkash Nanda，1996 於東京）。

16. 經世濟民

　　經濟是「經世濟民」的簡略。即是治世，救民之意。不是將自己的幸福，建立在他人的不幸之上，而是大家都幸福。共存共榮是經濟學的王道，領導者的責任（新加坡經濟學者 Lin Chong Yah，1995 於東京）。

17. 真心關懷他人

　　無太陽，樹長不大，無希望的孩子難以長大，期待有愛之人陪伴長大，是小孩的心聲。卓越的領導者，不是要頭腦好，而是要能眞心親切考慮他人，才是眞正卓越的領導者（俄羅斯，國際兒童基金會協會總裁 Aljbert Likhanov，1995 於東京）。

18. 法律是救人法

　　無慈悲即非法律家，判官必須最仁慈，而無私心。法律非裁判法，而是救人法，宇宙存在著永遠的法，也是聖法（不倒翁），其涵義是「文明」，文明是「人道」、「人權」及「正義」。慈悲是要打開不可能開的門。能征服世界是誰？是持有慈悲的人；能征服命運是誰？是持有智慧的人（印度最高裁判官 S. Mohan 博士，1996 於東京）。

19. 菩薩行的組織

　　一個團體的組織，重要在於有「菩薩行的組織」，菩薩代表愛心與寬容。法華經是生命的讚歌，感謝人生與萬物。法華經之心是「冬天必轉爲春天」。創價學會即是「菩薩行的組織」。在集團社會，結合每一位的「菩薩行」，貢獻思想，即

爲「菩薩行的組織」（夏威夷大學東西宗教研究所所長 David W. Chappell 博士，1996 於東京）。

20. 健全的道德與倫理

「儒教」教義是給人安心感、安全感，尚給堅強精神的永遠性，因此人會樂觀，豐富的生活與健全的道德之調和。「佛教」教義是以寬容的精神，建立健全的「道德」以及「倫理」。以文化、藝術的精神使生活豐富，爲世界和平，無人種差別，平等教育，而共存繁榮。

古今偉人，都有遠見深入認識、發揮智慧，爲世界人類的正義、公正道理、以及永久和平負重大責任（台灣中國文化大學董事長張鏡湖博士，1999 於東京）。

綜合上述，池田大作會長之「世界和平思想」，以及《與世界領導者會晤》之整體共識，都爲「世界和平、人類幸福」。該著作是教育的重要寶典，更是世界產、官、學界每位領導者必讀之重要眞理。池田大作會長爲「世界和平、人類幸福」而努力之偉大精神，極受世界各國領導者之尊敬、世人之感激。

㈡和平文化經營理念

和平文化經營理念（林彩梅，2006），二十一世紀 MNE 欲更發展，領導者必須持有「和平文化經營理念」，才能獲得不同民族、種族、宗教等異文化員工之團結，因此才能更提升高科技產品品質、擴大國際市場、提高財務績效等之卓越成果，促進世界和平、人類幸福。爲此，具備如下十項經營理念，企業全球化成效才能更發展。

1. 企業經營爲全人類利益極大化

領導者之企業經營利潤極大化，並非考慮「企業本身利益極大化」，而是考慮「全人類利益極大化」。

2. 要有慈悲、智慧與勇氣

領導者必須持有包容人的慈悲，以及克服一切困難的智慧，此智慧不但能拓展人類精神的創造性，也能克服人類社會面的任何危機，並能以正義的勇氣徹底執

行，使全球企業達成和平、富裕共生，提高經營績效。

3. 持有企業倫理、產業道德

領導者必須持有「世界觀」、「關懷世人」，以「企業倫理」以及「產業道德」爲員工、消費者和社會的長期利益。

4. 優良的「企業市民」

MNE 全球化過程中，必須遵守各國法律制度，尊重各區域的文化、習慣，必須對地主國經濟，社會發展有貢獻，且能獲國際社會信賴的優良企業市民。

5. 重視當地環保與人民健康

研發、生產各種高科技的產品，同時必須關懷當地之環保，以及人民之健康。

6. 世界市民和平共生精神

加強「世界市民教育」和平共生精神，不分種族、民族、宗教信仰、膚色等文化的差異。互相不是排斥，而是尊重、理解多元文化，並珍惜此差異而成爲自己友情資源，共享和平共生、人民幸福、社會繁榮。

7.「王道文化」管理

領導者要以「王道文化管理」，以「德」感化之管理方式。不僅尊重人性管理，更要「啓發人性管理」。對部屬之激勵從人生需求「自我實現」最高之成就感，以達「勝任感」的最高滿足。

8. 真誠國際友誼，提高國際合作成果

「多民族國家和諧」的智慧，在於「眞誠之心」。「心」的距離最重要。建立「眞誠國際友誼」，提高國際團結合作成果，共享和平與繁榮。

9. 尊重人權與尊嚴

同為世界市民，要關懷他國民族與他國利益，尊重「人權」以及人的「尊嚴」，以達「世界和平、人類幸福」。

10. 菩薩行的企業組織

「菩薩」是形容愛心與關懷。全體員工不只對公司盡忠職守，更有高度關懷全球消費者之利益，以「匠心」製造高品質力求「價廉物美」，以「關心」關懷客戶、親切、及時的完善售後服務，而獲消費者高滿意度與信賴，並以「人道主義競爭精神」提升企業的國際競爭力。

綜合上述，二十一世紀，多國籍企業領導者必須發揮「和平文化經營理念」，才能落實企業倫理產業道德、社會責任，跨國異文化管理也能提高員工士氣，消費者滿意度提升，國際市場競爭力更強，經營績效更佳，對母國與地主國經濟發展都有貢獻，社會繁榮、人民幸福。

四、大學教育乃培育世界公民的搖籃

大學是為全人類「世界和平、人類幸福」之教育目標。而世界問題之發生，全在於世界各大學教育的偏失所造成。況且二十一世紀大學教育改革的挑戰，在少子化的時代，已從大學選學生轉為學生選大學的時代，而畢業生能否因應企業界以及社會人才之需求，不但影響企業之發展、社會繁榮以及大學的興隆與否息息相關，為此大學教育必須因應二十一世紀世界和平、人類幸福，高官學界人才之需求積極改革教學成效之思維。

㈠教育為培育完善人格為目標

池田會長（教育倡言，2001）強調「教育目的」應以「完善人格」為目標，培養能建設和平國家及社會、能熱愛真理和正義、尊重個人價值、富有自主精神。

大學為教育的發展，正確的改革應重視「正確智育」。為此，必須進行對學

生「內心的改革」教育，克服現代教育危機之道，要加強「內發性教育的倫理道德」。近年來，大學教育偏重「專業性知識教育課程」，而愈忽視「教養性的智慧教育科目」。

(二)崇高聖業的經師、人師

教育不只是「專業知識的傳承」，要透過師生真摯的「對話」討論，探究真理，磨鍊人格，才是教育的真諦。

1. 真理與人格陶冶之教養

史學家錢穆認爲「教育以師道爲本」。中國著名的《資治通鑑》曰：「經師易得，人師難求」，有道德基礎的教師才是「人師」。「經師與人師」兩者俱佳者才能稱爲「大師」。

池田會長（2010）強調爲達改革教育之目標，大學必須有「經師與人師」之傳授。追求「真理與人格陶冶的教養」才是教師根本，卓越的「研究者」，同時也是「最好的教師」。唯有自己從事專業、知識與智慧之研究，才能在「學術真理」與「人格陶冶」本質上學習獲益，也才能傳授有教養的學生。

2. 經師與人師之素養

遇到「經師」容易，遇到「人師」難。「經師」是傳授專門知識，人師要教育「德」是人的人格基礎，教導人的生存方式和處世之道。（張鏡湖，2010）因此大學教師應具備經師與人師之素養。

要開發他人生命中之「內在智慧」與「教育者的人格」是有相關性之重要，因爲「能磨鑽石」還是只有「鑽石」（池田大作，2010）。只有透過人格和人格的接觸才能磨鍊，成爲真正的人才。教師擁有「知性之光」照耀青年之心。教育者是人類最崇高的聖業。教育是太陽之下最光輝的工作。教育者不只影響一位學生，而是能影響全體社會之發展。（林彩梅，2010）

學生們能在大學文化教育的薰陶中，感受溫馨的人文精神、呼吸自由的空氣、享受智慧之光及仁愛之美，以及兼備「人德」與「才能」教師之教育，是大學生最大之幸福。

3. 開啓學生善性的智慧

池田會長（2006）認爲教育的本義是「知識」與「智慧」，如何能成爲人們的幸福、社會的繁榮、世界的和平，其主體即是「善性的智慧」，才能從「生命內心」獲有最大的啓發，是生命的無上至寶。因此教育者必須是最優秀，因「智育」是人生最高至難的技術，也是藝術。

㈢專業性知識教育與教養性智慧教育並重

大學乃文明的搖籃（林彩梅，2010），除了傳授專業知識之外，也要培育有「教養的心靈」。二十一世紀大學教育除專業性知識教育之外，必須加強智慧性教育，內容分析如下：

1. 教師「撰著專業教科書」，一般重點在於專業性知識教育的成長，而欠缺「教養性智慧教育」之內容，尤其倫理道德、和平共生精神之教育，爲提高讀者知識與智慧，教科書內容必須「專業性知識以及教養性智慧教育並重」。

2. 教師「傳授專業知識」之教學，須同時加強智慧性倫理道德教育，尤以「地球市民教育」，對個人與企業的「和平共生精神」、「人道主義競爭」精神，社會繁榮發展將更有利，是教師教育的重要使命。

3. 教師要傳達正確的「世界觀」與「價值觀」之教育，才是人類邁向「和平」與「繁榮」的希望。

4. 加強倫理道德教育：⑴ 對待工人的倫理；⑵ 對待消費者的倫理；⑶ 保護地主國環境倫理；⑷ 對待地主國的倫理；⑸ 尊重基本人權及基本自由等一般倫理等。

5. 文明共生教育：如何將「文明的差異」帶到「文明共生」、「文明對話」、創造人類「和平的文化」。人有差異乃理所當然，要互補承認差異、尊重、互相學習、傾聽對方、誠實對話、重視文明共生。能融合多元文化是孕育「睿智的搖籃」，才能培育國際卓越人才。

對於跨國異文化，不同宗教、民族、種族價值觀之差異，必須有和平共生精神，才能獲得不同民族的共識與和諧，爲此更須理解池田會長的人本主義思想之教育。

㈣池田大作新人本主義思想教育觀

1. **人本主義思想**：可分為四項，⑴ 生命價值的肯定，要重視「人的價值」、「民眾」、「對話」等；⑵ 以中道人本主義為基礎；⑶ 和平共生理念；⑷ 以佛教為基礎的人性主義（池田大作，2006）。

2. **和平共生精神之教育**：池田會長的「和平共生」理念，是人要重視超越種族、民族、宗教、國家孤立的狀態，強調互相交流、互相理解、互相尊重的重要性。人本主義與和平共生的理念成敗的關鍵在於「人」，而「教育」才能達成「人的變革」。唯有人的變革才能實現和平共生的理想，尤其對於「地球市民教育」寄以厚望。「共生的精神氣質」之基本方針，就是「協調」勝於「對立」，「結合」勝於「分裂」，「我們」勝於「自己」，是人與人，人與自然共同生存，互相支援、共同走向繁榮的精神。

3. **新人本主義思想之教育**

   如果沒有人本主義思想，和平共生將流於空談。池田大作（2006）倡導「新人本主義」，其內容有三個項目：⑴ 要認知所有現象是有相對的、可變的；⑵ 所以要培養能看透現象的相對性、可變性的觀察能力和不為其迷惑的強韌主體；⑶ 有此觀察能力和主體為基礎的人本主義者，就不會根據自我思想對不同種族、民族之人格「定型化」，進行壓迫或歧視，也不會拒絕「對話」，而是會加強「對話」溝通。對此三項在大學培育優秀人才教育極為重要。

㈤地球市民教育

　　「地球市民教育」是落實人本主義思想與和平共生精神、達成人類幸福的重要關鍵。大學教育必須加強「地球市民」之培育：第一，肯定生命價值，深刻認識生命相關性的「智慧之人」；第二，對種族、民族、文化的差異不畏懼，不排斥，予以尊重、理解，並視這些差異為自我成長重要資源的「勇敢的人」；第三，對受苦受難的人，無論遠近，都會給予關懷提攜的「慈悲的人」。地球市民教育就是生命的變革，要有徹底變革現代人的自然觀、生命觀、價值觀，創造人類更有價值的生命，走向幸福的人生，更能為企業之發展創造社會繁榮。是產、官、學界所期盼的

卓越人才。

㈥人道主義競爭之教育

　　大學無論是軟硬體，若沒有「自由競爭」會變得沉滯、停頓和落後，學生報到率會降低，因此，競爭才是大學發展活力的泉源。但是若爲「利己主義」之自由競爭，會陷入弱肉強食的自然淘汰主義；要以「現代化的大學結構」及建立國際著名大學相同的「法規與制度」，尤以「新人本主義」、「和平共生精神」以及「地球市民教育」爲基礎提高大學之人道主義競爭精神，增強學術研究、提升卓越創新之成果，將爲人類幸福與社會繁榮帶來更多的貢獻。換言之，「人道主義競爭」的價值在於競爭不與「人道精神」脫節，互相以實質競爭力提高雙贏成果。大學教育之人道主義競爭必須基於人道精神，提高學術研究，發揮「經師」與「人師」精神，培育「知識與智慧並重」的卓越學生，爲國家、企業、社會培育優秀人才，提高大學國際競爭力以及國際學術地位。

　　培育學生是爲社會人才之需求，爲此，本研究探討地球市民教育與企業界人才需求之關係。依上述教育之內涵，經問卷調查（2009 年 10 ～ 12 月）在台灣經營十年以上之美、日、台企業之主管，共 201 份，其中有 91% 認爲有此教育改革內涵之大學畢業生，將會獲優先考慮採用，且相信對企業未來發展有相當高的幫助。由此可知，池田會長地球市民教育觀，對企業發展之重要性，對世界和平與人類幸福有極高之貢獻。

　　二十一世紀大學之發展，要爲「世界公民的搖籃」。首先大學必須擁有「經師」與「人師」之大師，教育思維不僅專業性知識教育與教養性智慧教育並重，加強倫理道德以及文明共生教育，更須深入「人本主義思想」以及「和平共生精神」，落實「地球市民教育」，加強「人道主義競爭精神」，提高大學教育成果，提升大學的國際學術地位，爲二十一世紀多國籍企業更加發展，國家經濟繁榮，「世界和平與人類幸福」培育更多品學兼優的卓越人才。

〔參考文獻〕

1. 池田大作（1999），《世界の指導者と語る》，株式會社潮出版社。
2. 池田大作（2001），「人本主義—地球文明的黎明」，《教育倡言》。
3. Council for Better Corporate Citizenship Report (2003), "International Corporate Social Responsibility (CSR) Standards and Norm: Present Situation, Future Challenges", pp. 4-6.
4. J. H. Dunning. (2004), An Ethical Framework for the Global *Market Economy, Marketing Globalization Good*, OXFORD University UK.
5. 池田大作、馬吉特・德拉尼安（2006），《21 世紀的選擇》，陳鵬仁譯，正因文化事業有限公司。
6. 池田大作（2006），「通向新民眾時代的和平大道」，《教育倡言》。
7. 林彩梅（2006），「池田大作共生文化與人類幸福」，《池田大作思想國際學術研討會論文集》，湖南師範大學。
8. Dunning, John H. & Lin, Tsai-Mei. (2007). *Multinational Enterprises and Emerging Challenges of the 21*st *Century*, Edward Elgar, Cheltenham, UK.
9. 葉保強（2008），《企業倫理》，五南圖書出版公司。
10. 同〔參考文獻 9〕。Wolfram Fruden berg，倫理基礎管理之優勢。
11. 同〔參考文獻 9〕。Hans Kung，倫理架構與知能。
12. 池田大作（2009），「人道競爭—歷史的新潮流」，《紀念倡言》。
13. 池田大作、張鏡湖（2010），《教育、文化與王道》，正因文化事業有限公司。
14. 林彩梅（2010），「大學乃世界公民的搖籃」，《開創人道競爭的新世紀》，池田大作思想研究論文集，中國文化大學池田大作研究中心。

多國籍企業經營理念與異文化管理

　　多國籍企業跨國企業經營將面臨國家文化以及管理文化之差異。從歷史的起源、宗教、種族、民族文化差異之衝擊，各國民族的價值觀、人生觀亦有不同以及管理文化之差異，海外派遣管理者爲提高子公司經營績效對跨國異文化必須深入探討之課題。

一、經營理念

　　經營理念（managerial philosophy）與「經營哲學」可視爲同義。經營理念是經營管理者所持有之信條、理念以及理想，對經營目標之設定有很大影響，所決定經營活動的內容與管理制度，對股東、從業員以及其他利害關係者亦有影響。經營理念的表現，是公司的「社訓」和經營者之行誼。經營理念，可分爲革新型、保守型、反動型三類，以及「古典型」即是擁有所有權之經營者型，和「現代型」即是專業經營者型。依經營現況而言，「利潤理念」是古典型、反動型之理念，而「社會責任理念」是現代型、革新型之理念。但實際上，專業經營者型之全部或大部分，也難謂都持有現代型觀念，因此，持有「社會責任理念」是「革新型」。

豐田企業國際化的經營理念

1. **豐田企業經營理念**（西村克己，2005）

　　⑴遵守國內外法律與精神，透過公開、光明正大的企業活動，能獲國際社會信賴的企業市民爲目標。

　　⑵尊重各國、各區域的文化、習慣，透過扎根於地區的企業活動，對經濟、社會的發展有所貢獻。

　　⑶提供完美安全的商品爲使命，透過一切的企業活動，致力於建設居住舒適的地球和繁榮的社會。

　　⑷努力各種領域中的最先端技術的研究與開發，提供符合世界的顧客的期望、充滿魅力的商品與服務。

　　⑸依勞資雙方相互信賴的基礎，提升個人的創造力與強化團隊合作的最大優勢，創造企業倫理文化。

⑹依全球化之革新性的經營，能與社會調和的成長為目標。

⑺以公開買賣關係為基本，互相致力於研究與創造，實現長期安定性的成長與共存共榮。

2. 日本豐田汽車工業株式會社之經營法則

⑴ 銷售法則

法則① 銷售商品真正之意義，並非僅以出售產品為已足，而應制定容易銷售之條件，以達到行銷之效果。

法則② 公司不得因已製成產品才行推銷，應以滿足消費者之需要而製造。

法則③ 消費者對本公司產品所寄予之信賴，係來自於公司所締造之信用。

法則④ 廠商與經銷商之間的關係，應建立在共存共榮及相互利益之基礎上。

法則⑤ 銷售一如生產，不應忽略長期性之相關投資，以配合未來消費市場之潛在需要。

法則⑥ 為把握商品銷售之市場，有時即使是「無理」也要克服進行。只要能隨機應變，必能掌握有利之商機。

法則⑦ 為獲得銷售市場上競爭之勝利，必須經常針對問題詳加思考，並檢討其利弊得失，謀求改善。

法則⑧ 銷售政策應一視同仁，不應僅顧及大國（大主顧）之需要，而忽略了小國（小主顧）之訂購。

法則⑨ 公司如欲進行或開拓其他業務上之新投資，必須兼顧本身主要業務方面可能產生之引伸利益，因收相輔相成之效果。

⑵ 生產法則

法則① 產品製造所需使用之機件用品，應該適時適量加以供應。在生產過程中應盡量排除可能產生之無謂浪費。

法則② 機器之作業不應只注重其「自動化」之作用，應著重在生產作業控制上是否具有「自動化」之功能。（按「自動化」：係指機器在生產過程中，一旦發生任何故障，均能立即自動停止作業，以避免錯誤作業所引起之一連串連續錯

誤，造成不可收拾之嚴重損失。）

　　法則③　公司製造廠品，不應僅注重「種類少、產量多」，或「種類多、產量少」之方式，而應採取「種類多、產量大」之多角化大量生產方式，並且使用「標準化」製造，以降低生產成本。

　　法則④　經營者應切實了解現場實際作業情況，徹底執行有效之作業，以提高產品之附加價值。

　　法則⑤　將肉眼所看不到之浪費，轉變為看得見之浪費，以利檢討改善（因看得見之浪費，總比看不到之浪費容易改進）。

　　法則⑥　公司應未雨綢繆預先建立「減產情況下之生產體制」，俾能在不景氣情況下，亦能順利營運。

　　法則⑦　過多而又繁瑣之商場情報，反而易使生產導致混亂，公司仍應依照原訂計畫，採取最有效之方法，調整其生產機能。

　　法則⑧　欲生產優良而又高水準之產品，有賴於全體員工集思廣益，共同創意。

　　法則⑨　技術屬於自律性，它與具有他律性限界之資源不同。（世界資源有限，而人類之智力無窮。）因此公司應鼓勵員工經常創造發明，不斷研究改進。

　(3)財務法則

　　法則①　公司對外借款應有合理之限度。仰賴鉅額負債之經營並非良策。總有一天它將成為公司可怕之敵人，尤以收益性不高之企業為甚。經營者不能不銘記在心，謹慎將事。

　　法則②　公司在營業收益性良好之時，應多提存準備金。如果持有充裕之資金，在可能範圍內，應盡量投資於有利之機器設備，以提高生產效率。

　　法則③　公司應建立良好之財務體制，以因應特殊產銷情況之需要，以利資金之調度。

　　法則④　國內外經濟情況難予預測，經營者應經常顧及如何在最壞之情況下使用資金，以發揮運用之效果。

　　法則⑤　公司經營規模一旦擴大，營業收益必然相對增加。然公司內部之各項費用亦應撙節支用，以收合理控制之效果。

⑷人事法則

法則①　眞正之人才，並非僅從頭腦敏銳之「都市人」中選拔，而應自勤勉向上，不辭辛勞之「鄉下人」中陶冶培育。

法則②　社員（員工）之實力，不應從學歷和學力加以評鑑。學歷僅能代表達到能力之一種過程，充其量，只可作爲實力之一般基礎。

法則③　勞資關係，應建立在協調融洽之基礎上。雙方與其堅持對立，不如「以和爲貴」，共同謀求相互信賴爲上策。

法則④　事業經營之成敗關鍵悉在人謀。不論優良產品之製造，或營業收益之提高，其長遠有效之方法，莫過於從「造育卓越人才」著手。

法則⑤　不論任何優良之產品，均有賴於優秀人員之推銷技巧。全體從業人員乃公司最寶貴之無形資產，公司應妥加照顧。

法則⑥　商場之競爭處於現實「勝負的世界」之中。因此公司員工才幹之大小，決定在他處理任何事務具體之成效上。每人應在本身工作崗位上全力以赴，完成任務。

法則⑦　企業應以培養通達情理、體認社會責任之優秀主管爲己任。企業如能取之於社會，用之於社會，善盡社會責任，誠不失爲一項「開明之自利」。

二、和平文化經營理念

多國籍企業「和平文化經營理論」（The Managerial Philosophy of Peace Culture，以下簡稱 P 理論）P 理論（林彩梅，2004），從多國籍企業之發展與「世界和平人類幸福」之關係，多國籍企業跨國之異文化管理，領導者必須具備最重要的「和平文化經營理念」。MNE 領導者唯有「和平共生思想，世界市民教育」才能凝聚多民族的團結合作，提升國際經營合作的成果，並以「人道主義競爭」才能更提高國際競爭力。

和平文化經營理念，MNE 領導者必須具備如下十項經營理念，企業全球化成效才能更發展。分析如下：

1. 企業經營為全人類利益極大化

領導者之企業經營利潤極大化，並非考慮「企業本身利益極大化」，而是考慮「全人類利益極大化」。

2. 要有慈悲、智慧與勇氣

領導者必須持有包容人的慈悲，以及克服一切困難的智慧，此智慧不但能拓展人類精神的創造性，也能克服人類社會面的任何危機，並能以正義的勇氣徹底執行，使全球企業達成和平、富裕共生，提高經營績效。

3. 持有企業倫理、產業道德

領導者必須持有「世界觀」、「關懷世人」，以「企業倫理」以及「產業道德」為員工、消費者和社會的長期利益。

4. 優良的「企業市民」

MNE 全球化過程中，必須遵守各國法律制度，尊重各區域的文化、習慣，必須對地主國經濟，社會發展有貢獻，且能獲國際社會信賴的優良企業市民。

5. 重視當地環保與人民健康

研發、生產各種高科技的產品，同時關懷當地之環保，人民之健康為原則。

6. 世界市民和平共生精神

加強「世界市民教育」和平共生精神，不分種族、民族、宗教信仰、膚色等文化的差異。互相不是排斥，而是尊重、理解多元文化，並珍惜此差異而成為自己友情資源，共享和平共生、人民幸福、社會繁榮。

7. 「王道文化」管理

領導者要以「王道文化管理」，以「德」感化之管理方式。不僅尊重人性管理，更要「啟發人性管理」。對部屬之激勵從人生需求「自我實現」最高之成就

感，以達「勝任感」的最高滿足。

8.真誠國際友誼，提高國際合作成果

「多民族國家和諧」的智慧，在於「眞誠之心」。「心」的距離最重要。建立「眞誠國際友誼」，提高國際團結合作成果，共享和平與繁榮。

9.尊重人權與尊嚴

同爲世界市民，要關懷他國民族與他國利益，尊重「人權」以及人的「尊嚴」，以達「世界和平、人類幸福」。

10.菩薩行的企業組織

「菩薩」是形容愛心與有關懷。全體員工不只對公司盡忠職守，更有高度關懷全球消費者之利益，以「匠心」製造高品質力求「價廉物美」，以「關心」關懷客戶、親切、及時的完善售後服務，而獲消費者高滿意度與信賴，並以「人道競爭精神」提升企業的國際競爭力。

綜合上述，「和平文化經營理論」（P理論），多國籍企業領導者之異文化管理，必須具有「和平文化經營理念」，凝聚世界各國多種民族團結合作的力量，多國籍企業國際經營績效必能更加提升，也才能達到世界和平，使人民幸福、世界經濟更加繁榮。創造二十一世紀有更好的和平世界，更能考慮對方的世界，更有慈愛的世界。

三、和平文化經營理念與異文化管理關係理論

和平文化經營理念與異文化管理以及經營績效關係理論（如〔圖 10.1 Peace, Management, Education〕，簡稱「PME 理論」，林彩梅，2000），「和平文化經營理念」是要從「異文化管理」而落實，而和平文化經營理念重視程度越高，會考慮當地人民的幸福，就會影響異文化管理型態之選擇，因管理型態不同，而管理

制度與福利制度不同，員工士氣會改變，倫理教育訓練的重視程度，會提高員工士氣，產品品質與服務就會有差異，消費者滿意度也會改變，高度影響 MNE 國際競爭力與經營績效。

　　MNE 領導者持有「和平文化經營理念」（peace，簡稱 P）可獲得多國異文化、異民族之共識、支持與團結，提高子公司國際競爭力；「和平文化經營理念」重視程度愈高，MNE 在地主國子公司將採取「第三文化管理」（management，簡稱 M），整合第一文化與第二文化管理之優勢，對母國與地主國都有益，獲兩國異文化管理之共識；在管理制度與福利制度之優勢，加上倫理教育訓練（Education，簡稱 E）重視程度提高員工士氣、高品質與高服務成果，消費者滿意度提高、國際市場競爭力更強、經營績效提升（effect，簡稱 E）。換言之，「和平文化經營理念」重視程度愈高，異文化管理愈會選擇「第三文化管理」，整合第一與第二文化之優點，重視倫理教育訓練，因此員工士氣提升，消費者滿意度提高，競爭力提升，經營績效更高。簡稱 P、M、E 理論。

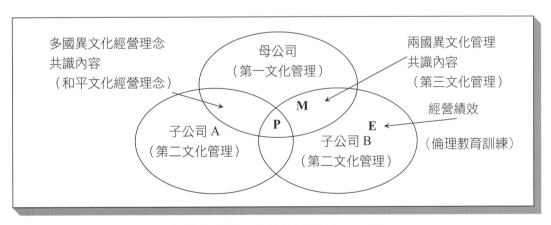

資料來源：林彩梅，《多國籍企業論》第六版，五南圖書出版公司，2006 年。

圖 10.1　和平文化經營理念與異文化管理以及經營績效（P.M.E 理論）

四、多國籍企業跨國異文化管理之衝擊

多國籍企業對外投資跨國異文化管理（cross cultural management），海外派遣管理者依母公司的「管理文化」，即是依母國社會文化、母公司組織文化，母公司經營理念所擬定的管理制度，進入地主國的「管理文化」，必面臨地主國的歷史、宗教、種族以及民族的價值觀等文化差異之衝擊，其地主國社會文化、地主國本土企業之組織文化、地主國本土企業之經營理念所擬定之管理制度，其價值體系、知識體系、意義體系與「母公司管理文化」必有很大的差異與管理文化的衝擊（如〔圖10.2〕）。

海外派遣管理者在地主國子公司應採用何種管理文化，才能提升子公司員工的士氣，無論是產品品質或售後服務以至顧客滿意度，經營績效都能比地主國本土企業更有國際市場競爭力，況且對母公司與子公司都有利，對母國與地主國經濟亦都有貢獻。因此，跨國異文化管理，應採取何種「管理文化」是海外派遣管理者提高管理績效的首要任務。

㈠社會文化

「社會文化」是跨國企業異文化管理必須探討地主國的歷史與文化之發展過程，內容涵蓋該國的政治、法律、經濟、宗教、種族、教育等形成之社會文化、人民價值觀，尤其是宗教與種族文化影響人民價值觀頗多，社會人士在此環境中的經驗以及溝通的傳承中，所形成共通的知識體系、意義體系，以及價值體系。

㈡組織文化

「組織文化」是公司發展之宗旨，在母國社會文化中以及母公司領導者之經營理念，企業發展之策略以及企業對社會發展之道德等，形成該公司特有的組織文化。在組織環境中，其成員所表現的工作績效、服務的價值觀、對公司的忠誠心，共存共榮的國際精神等而形成共通的知識體系、意義體系以及價值體系。換言之，組織文化是成員的共同目標而期待於行動規範、判斷基準（standard）、平衡感覺（sense of balance）等之行為表現，尤其是成員的觀念（perspective）。

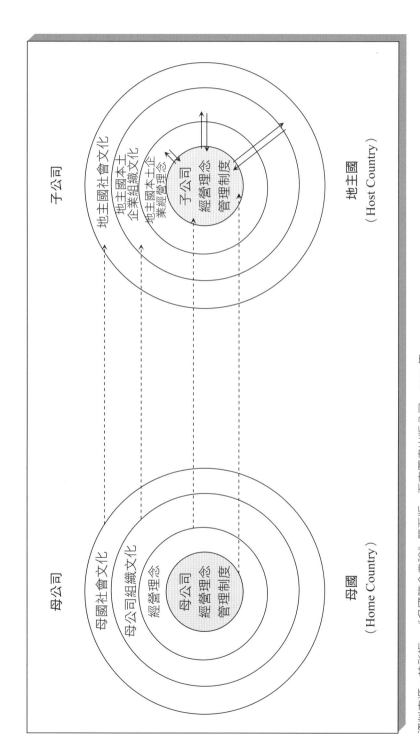

圖 10.2　跨國企業異文化管理之衝擊

資料來源：林彩梅，《多國籍企業論》第五版，五南圖書出版公司，2000 年。

五、異文化管理

多國籍企業之發展與跨國異文化管理（林彩梅，2000），從全世界多國籍企業發展之研究發現，企業國際化發展可使中小型企業成長為大企業，亦可促進母國與地主國經濟加速發展，世界經濟也受世界 MNE 發展程度之影響。MNE 雖有如此重要貢獻，也因跨國文化之差異，在子公司之異文化管理，常遭遇地主國國民利益、國家主義等諸多問題之爭論，不只阻礙 MNE 之發展，也阻礙母國與地主國之經濟發展。

多國際企業海外派遣管理者，在地主國子公司，異文化管理可分三種型態：「第一文化管理」、「第二文化管理」，以及「第三文化管理」型態（林彩梅，2000）。對異文化管理應採取何種經營管理制度，才能比當地企業經營績效更高，國際市場競爭力更強，是海外派遣管理者要細心思考最關鍵之事。內容如下分析：

㈠第一文化管理

母公司經營管理者，依母國「社會文化」、母公司的「組織文化」、母公司的經營理念，擬定經營管理制度，落實於母公司的經營管理，表現於知識體系，意義體系與價值體系。MNE 海外派遣管理者在地主國子公司之管理制度，採用「第一文化管理」。

㈡第二文化管理

地主國本土企業經營管理者，依地主國社會文化、地主國本土企業之組織文化，以及地主國本土企業經營理念所擬定之管理制度，表現於知識體系、意義體系，以及價值體系。MNE 海外派遣管理者在地主國子公司之管理制度，採用「第二文化管理」。

㈢第三文化管理

MNE 海外派遣管理者，充分了解母公司的「第一文化」，也深入了解地主國的「第二文化」，為提升地主國子公司之員工士氣與競爭力，必須整合「第一文

化」與「第二文化」管理制度之優點，落實於該子公司的經營管理制度與福利制度，而表現於新的知識體系、意義體系，以及價值體系，稱爲「第三文化管理」。此管理制度，對母國與地主國職員都很適當、且有高度鼓勵績效，不僅提升子公司卓越的經營成果。因此，「第三文化管理」是 MNE 跨國異文化管理最佳之管理方式。

　　若投資國與地主國二國經濟發展程度相似，而未能獲得第三文化管理的優勢時，必須選擇第一或第二文化管理。若母公司的管理制度與福利制度比地主國本土企業「較佳」，爲提高地主國子公司員工士氣，則須採用「第一文化管理」，若母公司的管理制度與福利制度比地主國本土企業「較差」，則須採用「第二文化管理」。若相反採用，其員工士氣與競爭力都會減弱。

六、多國籍企業異文化管理之實證分析

㈠美、日 MNE 台灣與中國子公司和平文化經營理念與異文化管理

　　企業全球化之發展，若僅爲利益而缺乏「和平共生精神」不重視企業倫理、產業道德，必如 2008 年雷曼兄弟大企業等的破產案，影響世界各國的經濟衰退等問題。也面臨不同宗教、不同民族、種族、文化之差異引起不合作、鬥爭、破壞等問題，企業發展必遭阻礙，母國與地主國經濟亦受影響。如何紓解從近百年管理思想理論的演進尚不足，MNE 理論的演進也尚未深入論及，爲此，探討有何紓解方法。

　　「和平文化經營理念」重視程度愈高，異文化管理績效愈好，而異文化管理愈會選擇「第三文化管理」，整合第一與第二文化管理之優點，對母國與地主國都有益。二十一世紀，企業全球化欲更發展，唯有 MNE 經營者持有「和平文化經營理念」發揮「和平共生精神」，落實企業倫理、產業道德，對員工加強「世界市民教育」，對企業經營以全人類利益極大化爲目標，才能獲得不同宗教、民族、異文化之共識之支持與團結，並以「人道競爭精神」提高企業的國際聲望與提高國際競爭力（林彩梅，2011）。

1. 美、日 MNE 和平文化經營理念重視程度之比較

依研究調查實證結果，整體而言，美、日二系 MNE 都高度同意「和平文化經營理念」之重要性。重視程度平均值，日本 MNE 最高 4.83、美系 MNE 4.12（如〔表 10.1〕）。

表 10.1　美、日 MNE 在台灣與中國子公司「和平文化經營理念」重視程度之比較

和平文化經營理念	國別	
	美國	日本
1. 企業經營利益是為「全人類利益極大化」。	3.20	4.80
2. 經營者持有世界和平共生精神，不分種族、民族、宗教等差異，尊重多元文化，「關懷」與「寬容」，共享和平共生與繁榮。	3.60	4.80
3. 企業經營要重視「企業倫理」與「產業道德」，關懷世人。	4.50	4.90
4. 經營者要有包容人的「慈悲」，克服困難的「智慧」，正義精神的勇氣，徹底執行，以達和平、富裕共生。	3.50	4.80
5. 企業全球化遵守各國法律與文化，成為地主國優良的「企業市民」。	4.80	4.85
6. 企業投資高科技產品，同時要重視當地環保與關懷人民健康為使命。	4.70	4.85
7. 經營者要以「王道文化」管理，以德服人，尊重人性與啟發人性管理，提高國際競爭力。	3.70	4.80
8. 企業經營者要有「多民族國家和諧」的智慧，建立「真誠國際友誼」，提高國際合作共享和平與繁榮。	4.60	4.80
9. 企業要關懷世界市民，尊重「人權」及人的「尊嚴」以達世界和平、人類幸福。	4.70	4.80
10.菩薩行的企業組織，菩薩代表「愛心」。員工不僅對公司盡忠職守，更要關懷全球消費者利益，提高品質以達價廉物美，以及親切及時的完善售後服務，獲得消費者高度滿意與信賴，以人道競爭精神提升企業國際聲望。	3.90	4.90
平均值	4.12	4.83

註：方格內之數字為平均數：完全不重視 1 分，低度重視 2 分，重視 3 分，高度重視 4 分，完全重視 5 分。
資料來源：林彩梅之研究調查，2010 年 1 ～ 5 月美、日在台灣以及中國子公司之實證調查。

　　從細項分析，美、日二系都高度重視且平均值相近都在 4.5 以上，如下五項內容：⑴ 重視企業倫理與產業道德（美系 4.50、日系 4.90）；⑵ 遵守各國法律與文化（美系 4.80、日系 4.85）；⑶ 重視當地環保與當地人健康（美系 4.70、日系 4.85）；⑷ 眞誠國際友誼、提高國際合作（美系 4.60、日系 4.85）；⑸ 尊重人權與尊嚴（美系 4.70、日系 4.80）。

　　另五項，美、日二系 MNE 平均值差距較大，日系 MNE 重視程度都在 4.8 以上，高於美系 MNE 都在 3.9 以下，也呈現美系 MNE 較不重視之五項內容：⑴ 企業經營是爲全人類利益極大化（日系高達 4.80、美系 3.20）；⑵ 經營者持有和平共生精神，不分宗教、種族，尊重多元文化（日系高達 4.80、美系 3.60）；⑶ 經營者持有包容人的慈悲、智慧與正義勇氣（日系高達 4.80、美系爲 3.50）；⑷ 經營者以王道文化管理啓發人性智慧（日系高達 4.80、美系 3.70）；⑸ 菩薩行企業組織，關懷全球消費者利益，並以「人道競爭精神」提升國際競爭力（日系高達 4.90、美系 3.90）。「和平文化經營理念」的不同，在地主國子公司的異文化管理型態之選擇，也會有差異。

2. 美、日 MNE 台灣與中國子公司異文化管理之比較

⑴ 美、日 MNE 台灣子公司之異文化管理之比較

① 美系 MNE 在台子公司之異文化管理型態，從管理制度、招募制度、職訓制度、薪酬制度、晉升制度、品管理念，行銷理念、福利制度、獎金制度，九項全部都採「第三文化管理」；而「次多」，除了招募制度與晉升制度採用「第一文化管理」之外，其他七項都採用「第二文化管理」。（如〔表 10.2〕）

② 日系 MNE 在台子公司之異文化管理型態，薪酬制度、福利制度以及獎金制度採「第三文化管理」之外，其餘，管理制度、招募制度、職訓制度、晉升制度、品管理念、行銷理念六項都採「第一文化管理」；而「次多」除了前三項採「第一文化管理」之外，後六項也都採「第三文化管理」，而都不採「第二文化管理」。（如〔表 10.2〕）

表 10.2　美、日 MNE 在台灣子公司異文化管理之比較

國別	美系企業		日系企業	
管理型態 制度	最多	次多	最多	次多
管理制度	第三文化	第二文化	第一文化	第三文化
招募制度	第三文化	第一文化	第一文化	第三文化
職訓制度	第三文化	第二文化	第一文化	第三文化
薪酬制度	第三文化	第二文化	第三文化	第一文化
晉升制度	第三文化	第一文化	第三文化	第三文化
品管理念	第三文化	第二文化	第一文化	第三文化
行銷理念	第三文化	第二文化	第一文化	第三文化
福利制度	第三文化	第二文化	第三文化	第一文化
獎金制度	第三文化	第二文化	第三文化	第一文化

註：選擇異文化管理型態件數占總件數 50% 以上者為「最多」，其次 50% 以下較高者為「次多」。
資料來源：林彩梅之研究調查，如〔表 10.1〕。

3. 美、日 MNE 中國子公司異文化管理之比較

　(1)美系 MNE 中國子公司之異文化管理型態，從管理制度、招募制度、職訓制度、薪酬制度、晉升制度、品管理念、行銷理念、福利制度、獎金制度九項全部都採「第三文化管理」；而「次多」九項，全部都採「第二文化管理」。（如〔表 10.3〕）

　(2)日系 MNE 中國子公同之異文化管理型態，管理制度、招募制度、薪酬制度、品管理念、行銷理念、福利制度、獎金制度七項都採「第三文化管理」，為加強職訓制度與品管理念而採用「第一文化管理」；「次多」仍然是職訓制度與品管理念採「第三文化管理」之外，其餘均採「第一文化管理」，而都不採「第二文化管理」。（如〔表 10.3〕）

表 10.3　美、日 MNE 在中國子公司異文化管理之比較

國別	美系企業		日系企業	
管理型態 制度	最多	次多	最多	次多
管理制度	第三文化	第二文化	第三文化	第一文化
招募制度	第三文化	第二文化	第三文化	第一文化
職訓制度	第三文化	第二文化	第一文化	第三文化
薪酬制度	第三文化	第二文化	第三文化	第一文化
晉升制度	第三文化	第二文化	第三文化	第一文化
品管理念	第三文化	第二文化	第一文化	第三文化
行銷理念	第三文化	第二文化	第三文化	第一文化
福利制度	第三文化	第二文化	第三文化	第一文化
獎金制度	第三文化	第二文化	第三文化	第一文化

註：如〔表 10.1〕。
資料來源：如〔表 10.1〕。

　　綜合上述，美、日 MNE 二系企業在台灣與中國之異文化管理，對管理制度、員工招募、在職訓練、薪資制度、晉升制度、品質理念、行銷理念、福利制度、獎金制度等九項，大多數採「第三文化管理」整合母公司與地主國本土企業管理制度與福利制度之優點，大多數企業都有高度競爭力，對母國與台灣和中國經濟發展均有助益（如〔表 10.2〕以及〔表 10.3〕）。

　　日本 MNE 無論在台灣和中國在職訓練制度與品管理念以及行銷理念，都採「第一文化管理」，依母公司從嚴之人才培訓、加強「世界市民教育」提高和諧、團結，並以「匠心」嚴格的高品質管理以及以「關心」親切、高度關懷顧客之售後服務，並以「人道競爭精神」提升國際聲望，不僅提高企業本身競爭力，對台灣與中國人才之培訓以及產品品質提升，都有高度助益。

　　在「次多」方面，美系 MNE 在台灣與中國多數都採「第二文化管理」；而日系 MNE 在台灣與中國都不採「第二文化管理」。由於「第二文化管理」對企業本身將缺乏競爭力，因此，美、日 MNE 在台灣與中國之異文化管理，日本 MNE 在

台灣與中國子公司無論是員工士氣、品管精緻、售後服務，以及消費者再購買意願都高於美國 MNE 在台灣與中國子公司，而消費者對台灣產品滿意度都高於中國（如〔表 10.4〕）。對於顧客忠誠度日本 MNE 高於美系，對於產品競爭力台灣高於中國。

表 10.4　美、日 MNE 在台與中國子公司消費者滿意度之比較

變數名稱	美國		日本	
	台灣	中國	台灣	中國
員工士氣	3.72	3.42	4.25	4.15
品管精緻	3.60	3.28	4.30	4.18
售後服務	3.76	3.30	4.28	4.12
再購買意願	3.81	3.56	4.17	4.01

資料來源：如〔表 10.1〕。

㈡德國 MNE 在日本子公司之異文化管理

德國學者 H. B. NINO KUMAR（1988），對德國多國籍企業及投資於日本二子公司（Subsidiaries of German Company in Japan，以下簡稱 SGCJ）之研究。德國MNE 日本子公司面對著與德國在極端不同的日本文化環境，由於日本公司在本國內較外資公司擁有某些優勢，德國子公司為提升競爭力，不能不修正母公司的管理方式（標準化）來適應當地的需要。由此提出下列三種跨國異文化管理之「文化差異之認知與修正程度」概念架構：

1. 社會責任模式（Mode of Social Obligation）

對文化差異的認知程度與實際修正的程度相符：在這種情形下，外商對地主國環境的壓力，採取順應的態度，也就是必須遵循地主國在法律及經濟上的規定與慣例，才不致使經營失常。

2. 社會接納模式（Mode of Social Acceptance）

　　實際修正程度大於文化差異的認知程度：在這種情形下，外商管理者根據當地情況做較多的修正，雖然母公司可能認為多保持一些標準化模式依然可行。因外商在不同文化背景的環境裡，對地主國的社會變遷比較敏感，對二國環境差異的評估，可能導致規範的改變。

3. 社會反應模式（Mode of Social Responsiveness）

　　實際修正程度小於對文化差異的認知程度：也就是外商對地主國的規範及管理方式採取保留態度。由於反應不同，外商往往會力爭上游以彌補身為外商的不利條件，有時甚至可以略為領先當地的本土公司。

　　針對十類管理事項。分數愈低表示修正的程度愈高；反之，則標準化的程度愈高。大致上 SGCJ 的管理是依循「社會反應模式」。整體觀之，基於總公司的技能 SGCJ 管理中，標準化要素較修正化要素為多。

　　總之，平均數＋ 0.14 顯示標準化及實行非日式型態管理的程度並不高。SGCJ 在介紹新管理型態時顯得相當謹慎，而且根據〔表 10.5〕中的平均修正分數可以看出這些新管理型態中「創新」的程度並不高。

　　在不同管理事項間的差異頗大。在實行「社會反應模式」中程度最高的是產品政策，產品品質與品牌政策的分數分別高達＋ 0.89 及＋ 0.70。在實行「社會接納模式」中程度最高的依序為生產管理 –0.576、價格政策 –0.388，及人事管理 –0.29。

　　針對兩國不同文化的影響及其認知上的差異，偏差最小且實際採行修正活動的是廣告（–0.08）。這表示 SGCJ 在這方面選擇的空間最小，在經濟甚至法律上順應所認知到的環境壓力是必然之事。社會責任模式實際上並不存在。在日本的環境中，管理方式總有一些選擇的空間，雖然空間仍有某種限度。

4. 結論

　　德國子公司在日本文化影響下，其管理型態採行入境隨俗「社會接納模式」，以及依然故我「社會反應模式」的兩種方式。對人事及生產管理而言，以「社會接

納模式」較為適宜；產品品質及品質政策等行銷方面，則採行「社會反應模式」為宜。反之，德國子公司除了應用母公司特有技能外，經理人必須對影響管理問題的日本文化及規範應加以了解。

表 10.5　SGCJ 管理模式表

管理事項	修正分數 5 point-scale*	認知差異分數 5 point-scale*	管理模式 △
產品品質	2.333	1.44	＋0.89
服務	2.619	1.203	＋0.416
定價政策	1.762	2.15	−0.388
配銷	1.478	1.323	＋0.155
廣告	2.500	2.58	−0.08
品牌政策	3.800	3.10	＋0.70
財務管理	2.313	2.25	＋0.063
採購政策	2.550	2.09	＋0.46
人事管理	1.350	1.64	−0.29
生產管理	2.250	2.826	−0.576
平　均　數	2.20	2.06	＋0.14

註：＋分數與修正程度成反比。
　　＊分數與認知差異程度成反比。
　　△正值表示「社會回應模式」（簡稱 RN）。
　　　負值表示「社會容納模式」（簡稱 SA）。
　　　數值為 0 表示「社會責任模式」（簡稱 O）。

〔參考文獻〕

1. Kumar, B./Steinmann, H. (1986), *Managing Japanese subsidiaries of German companies: Some empirical findings for theory-building on foreign subsidiary management in Japan* (forthcoming in Third Volume EJSMA Papers, ed. J. Stam).

2. 江口克　（2004），《經營者の教科書》，PHP，圖書印刷株式會社。

3. 西村克己（2005），《TOYOTA POWER》，株式會社プレジデント社。

4. 林彩梅（2006），《多國籍企業論》第六版，五南圖書出版公司。

5. Tsai-mei Lin (2011), "Importance of Management Philosophy of Peace Culture and Cross-Culthral Management," *The 9th Internationational Conference on multinational Enterprises*, Chinese Culture University, R. O. C.

Multinational Enterprise **11**

多國籍企業之財務管理

　　企業國際化，是企業發展過程因國內經營資源之不足而必須進展國際化，利用國際經營資源發展國際企業。因此企業從海外投資目的而選擇投資環境，從投資環境而決定所有權策略、成長策略、技術移轉策略、海外派遣人員之培訓等，而國際財務管理更是多國籍企業經營利潤極大化的核心部門，國際財務管理者比國內財務管理更辛苦的是面對國際大環境，因此不只要了解本國的財經政策、稅務制度、會計制度、法人稅、所得稅、關稅、外匯、利率等政治、法律、經濟條件之變數，才能統籌運作國際財務管理，使財務損失極小化，利潤極大化之經營成果。

一、多國籍企業財務機能之組織

㈠財務機能

　　國際企業的財務機能，如〔圖 11.1〕，欲達成企業的主要目的，必須擬定「營業政策」，營業政策必須依據環境變數分析而預測其變化，以及預測外之變化而擬定營業政策模式。對於採用的資本管理與資金管理方式是否適當，須依成果基準與實際活動成果之比較而知，並從比較結果而了解是預測內偏差或預測外偏差，再擬定理想的營業政策。

㈡財務機能之組織

　　國際企業財務機能的組織，一般可分為會計員、管理員、財務副總經理，以及財務委員會等各種機能，而本節只分為財務與管理者制度之機能（決算、報告、控制）。

　　最高主管部、事業部、地域，以及子公司等不同階層的財務人員間的相互關係，從企業組織內容而有差異，而多國籍企業事業部的財務人員的組織，更受很多變數所左右。

　　多國籍企業的組織上，財務組織成功的要素中，受財務管理者間相互關係左右最大，為確立最適當相互關係的首要條件是明確財務職責與權限之決定，而委任於各階層主管，以下內容分為管理者制度的業務以及財務業務，並依母公司高階層主管的職權、母公司財務部門的職權，以及子公司的職權而分析。

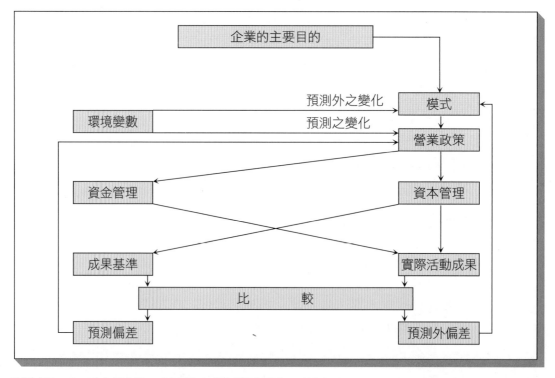

資料來源：入江豬太郎監譯，《多國籍企業の財務管理》，中央經濟社，1974 年，〔圖 1.1〕。

圖 11.1　財務機能

1. 管理者制度的業務

⑴ 母公司高階層主管的職權

①母公司與關連子公司間的貨幣換算方法之決定。

②標準計算表之明定。

③各種資產之折舊及評估。

④內部監督及審查。

⑤營業預算及資本預算之決定與機會的運作。

⑥報告制度及控制制度之決定。

⑦會計機能資料處理（Electornic Data Processing, EDP）設備之選擇與利用（亦即是電腦的硬體利用及軟體的分析）。

⑧爲海外子公司選任當地公認會計師。

(2) *母公司財務部門的職權*

①擬定子公司的預算。

②檢討子公司的預算。

③對子公司業務的分析以及行動的輔導。

④對子公司財務管理控制之指導與訓練。

⑤確立事業部門的控制政策。

⑥價格設定的監督。

(3) *子公司會計部門的職權*

①編製子公司財務報表以及有關報表。

②子公司財務業績的分析。

③編製子公司預算表以及財務預測表。

④保管各種帳簿、EDP 設備，以及其他會計記錄。

⑤子公司活動的監督。

⑥編寫納稅申報單。

2. 財務業務

(1) *母公司主管層的職權*

①各種企劃所必要的資金以及非經常性的現金需要準備（爲中、長期融資的銀行貸款、公司債的發行）。

②保證資本資金最適當利用的短期金融調整。

③對於經濟惡化而通貨膨脹的國家，爲保護在當地子公司之資產不被風險波及的各種政策的決定與作法。

④國內、外銀行往來之關係。

⑤股東間的關係。

⑥對顧客信用貸款以及應收帳款收回的政策及作法。（各部門顧客正規的信用額度以及風險程度的標準化）。

⑦關於剩餘現金的投資政策以及作法（例如：購買何種股票、不動產，如何選擇等）。

⑧保險的補償（能減少保險費用的有利性，包括保險契約）。

⑵**母公司財務部門的職權**

①對現金及資金運作狀況之檢討與勸告。

②對不被風險波及的資產保護之檢討。

③平常借款的調整。

④對子公司會計人員的指導與訓練。

⑶**子公司會計部門的職權**

①流動資金需要的分析以及現金需要的預測。

②日常短期資金的銀行運作。

③對被風險波及的資產保護的作法。

④信用貸款以及統籌資金活用的管理。

⑤剩餘現金的有效投資。

二、多國籍企業之財務策略

㈠多國籍企業之財務計畫與策略

多國籍企業對外投資的財務管理。由於各國課稅率的差異，通貨膨脹率的差異，多種貨幣的使用等環境上不同的限制，因此財務決策對國際事業活動更是重要。

國際事業活動的財務管理如〔圖 11.2〕，對「財務計畫與財務策略」必須考慮之內容包括：⑴對外投資計畫的評價；⑵對新事業活動的資金調度；⑶對現存事

業活動的財務維持；⑷對整體財務分析；⑸對海外收益之評價。其資金調遣來源可從：⑴企業內部；⑵金融機構；⑶資本市場；⑷貨幣市場；⑸其他。但是各國政府的規定，使「財務計畫與財務策略」改變，對通貨膨脹與外匯動向亦存在相互影響之關係；而通貨膨脹、外匯變動以及文化差異等，也將使「財務計畫與財務策略」以及「資金調遣來源」產生變化。

　　本節主要內容是國際企業的財務計畫與財務策略、探討對外投資計畫案的評價、新事業活動的資金調度、現存事業的財務維持，以及海外公司對母公司的利潤匯款、企業內資金移轉的決定。

　　〔圖11.2〕是一般國際財務管理者於環境上所面臨的特殊壓力，以及如何因應其環境壓力之適應方法。適應活動包括：如何使外匯變動損失最小化，各國通貨膨脹率差異之影響減至最低。

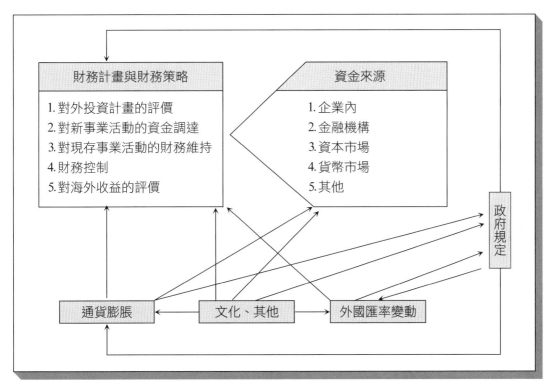

資料來源：筆者研究。

圖 11.2　多國籍企業經營的財務管理

1. 對外投資計畫之評價

　　一般企業對外投資時，都有幾個計畫方案，國際財務管理者必須對每一個計畫做經濟價值分析，而決定經濟價值之考慮因素，即是資本預算設定機能的一部分。資金流動應用上，基於返款期間的考慮時，長期資金必被使用，因此當地的貨幣貶值以及通貨膨脹時最為重要的考慮因素。多國籍企業的資本預算必須考慮之經濟體系變數（parameter），如下內容：

　　⑴從整體預算運用中，考慮子公司預定的投資計畫。

　　⑵企業內部可利用的資金量有多少。

　　⑶母公司與子公司雙方可利用的外部資金來源有多少。

　　⑷從可利用的資本考慮國際企業內可移動的通路。

　　　除上述變數外，尚有三項企業問題必須同時分析考慮：

　　⑸每個關連子公司與企業全體投資量的決定。

　　⑹從各國資金限制中，選定理想的資金貸款計畫。

　　⑺從可利用之資金通路，決定企業內部可移動之資金量。

2. 新事業活動之融資

　　母公司對新設立的海外子公司種種財務上的需求必須給予設定。例如：運轉資本的程度如何，從哪些方面可獲得供給來源，對新設立子公司事業活動整體上，從當地可調達多少資金，從母公司可融資多少，從其他關連子公司本身的現金可融資多少。

　　資金調達來源，一般可分為「內部資金」與「外部資金」。

　　⑴內部資金：多國籍企業海外子公司的融資上，內部融資包括母公司的資本投資，從母公司借款，子公司間借款等。

　　⑵外部資金：外部融資可從正規銀行貸款或特殊金融機構貸款。一般大型銀行都會為企業所需資金提供現金移動之服務，對於外匯變動以及銀行利率過高時，多國企業必需要持有「適時」、「適所」、「適量」的資金，做統籌運用。詳細內容說明於 ㈡。

3. 現存事業活動之財務維持

海外子公司經營開始後，財務必須維持。因此國際財務管理至少要有三個主要階段：⑴必須預測必要的資金量；⑵必須有資金調達來源；⑶對資金移動必須管理，這些階段都相互關連，有時尚須同時考慮。

關於集權或分權的企業理念是引導國際財務管理成功的中心要因。雖然運轉資本之決定通常上採取分權化，然而分權化程度，企業政策一般是依據海外子公司當地情況而決定，對現金需要量由當地預測，對銀行之交易關係由當地努力促進，流動資金也由當地管理。但是對長期資金之需要量（尤其是大量資本投資之公司），通常是由母公司決定、由母公司提供，也因此是採取集權化。短期金融的調整在會計機能上的責任，也是集權化的傾向較高。而且為使運轉資本資金確實做最適當之利用，必須於國際現金移動之範圍才能達成。而海外子公司對當地的通貨膨脹或外匯變動傾向，必須對母公司或地域本部及時提出報告。

因此，巨大型的多國籍企業，對現金管理責任更加集權化。為達成預測目的之現金預算設定，必須活用各期的現金預算準備。因此多國籍企業的財務管理者，責任很重，必須要作潛在性的資金調達來源表，並對事業活動所造成的資金流動之管理，從資金流動所獲得的利益應付利息，回送母公司或是多國籍企業內其他部門的資金移轉。

㈡多國籍企業子公司之資金來源

1. 多國籍企業子公司之資金來源

多國籍企業子公司之資金來源可分成由多國籍企業體系內（corporate family）提供之「企業內部資金來源」，以及向外界籌得之「企業外部資金來源」，如〔圖11.3〕。

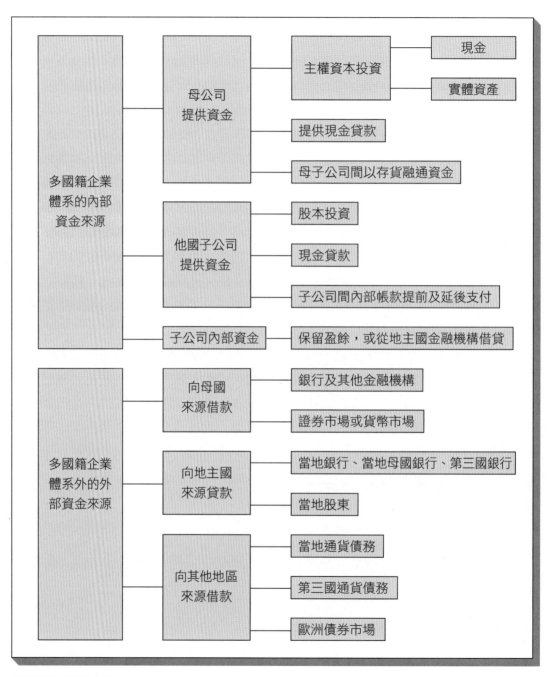

資料來源：筆者研究。

圖 11.3　多國籍企業子公司的資金來源

⑴企業內部資金來源

多國籍企業子公司內部資金來源，主要有下列三項：

①母公司提供資金

  A. 以現金或實體資產充作股本

    國外子公司資金來源，最基本之方式是由母公司提供現金。不過，母公司也可以機器設備等實體資產充作股本，而減少現金之負擔。在外匯管制較嚴的母國。以機器設備充作股本進行國外直接投資，較易獲得政府的核准。而且由於輸出機器設備，將使子公司不得不僱用更多母公司技術人員，使用更多的母公司原料、以及零組件。

  B. 提供貸款

    多國籍企業雖可以現金或實體資產對子公司直接投資，以作為其資金來源，但有些地主國對資金之匯出常加以限制，而對子公司之外債償付較無限制，故多國籍企業若改以貸款方式提供給子公司，作為其資金來源，則嗣後資金匯回較為容易。此外，當母公司對地主國合夥人的情況還不太了解，或對子公司業務之推展仍無太大把握時，不妨多考慮以貸款方式提供資金。

  C. 以存貨融通資金

    母公司可以存貨賒銷方式（open account inventory），對子公司融資；對貨物賒銷給子公司，俟子公司收回貨款後，再償還母公司的貸款。利用此種貨款遲延償付方式，也可融通子公司的流動資金。

②由他國子公司提供資金

  子公司的資金來源，可由其他子公司對其投資股本，或可從其他子公司現金貸款、賒購原料或零組件以融通資金。不過此項資金來源，若其他子公司所在國為嚴格外匯管制國家，則將受到較多的限制，尤其大部分外匯管制國家屬於開發中國家，資本較為缺乏，自不願其資金外流。

③子公司本身之內部資金

  多國籍企業子公司可利用其內部資金，以擴充規模或作為流動資金。不過這種內部資金之使用程度，還須考慮許多因素，尤其是地主國稅法之規定

（例如：保留盈餘）以及在當地借款之資金成本。

(2)企業外部資金來源

①向母國來源借款

除了多國籍企業體系內部提供資金外，子公司也可透過母公司擔保，向金融機構融資。對金融機構而言，由資金雄厚之母公司擔保可減低放款風險，因此子公司可透過母公司與金融機構之關係而迅速獲得貸款，母公司則可因而減少資金之負擔。日本多國籍企業通常使用此方式。

②向地主國來源借款

多國籍企業子公司的外部資金來源，主要是商業銀行，而可供利用之銀行不外乎地主國當地銀行、在當地設分行之母國銀行與第三國銀行。在地主國設立分行之外國銀行，一般均屬多國籍銀行，因此多國籍企業在當地之子公司，不僅可向多國籍銀行借得中長期資金，更可經由其進行資金之移轉，當然子公司亦可藉股票在當地公開上市而籌得長期資金，而有助於減輕地主國的排外情緒。

③向其他地區來源借款

此外，多國籍企業尚可向國際性金融機構與資本市場融資，較具代表性者有「歐洲債券市場」及「歐洲美元市場」。歐洲債券市場可作爲多國籍企業長期資金來源，可以美元及其他通貨發行，但通常須透過銀行團或承銷商（issuing house）爲之。

多國籍企業以其規模龐大，名氣響亮，可在全世界各金融中心，擇其利率較低者借債，較之一般不爲人知之工商企業占優勢。

日本多國籍企業剛加速向外發展時，日本政府爲了避免國內資金短絀，有礙國家經濟成長，令其多國籍企業都在美國籌資，還可享受美國之較低利率，如日本石川島重工業，即曾在美國集鉅額資金，用之於對巴西的直接投資。

2. 多國籍企業之資金調度方式

多國籍企業之資金調度主要是考慮資金的有效運用，因此多國籍企業須在許多

資金來源中，選擇成本最低者，以應付各地子公司之需要，藉以降低企業整體之資金成本。換言之，資金調度的考慮因素，包括了利率之高低、匯率變動之風險、稅捐之負擔，以及其他資金移動所造成的成本，可能支付比官價匯率兌換時更多的當地貨幣，方能匯出資金。至於其他當地政府法令規章對資金匯出之各種限制，亦均構成資金調度之限制因素。

多國籍企業資金調度之方式，大致上可分為下列兩種：⑴ 經由現金借貸，使資金在企業體系內移動；⑵ 利用企業內部各子公司間商品或勞務之交易，以及股利、權利金或其他顧問與管理費用等之支付的方式移動資金。

多國籍企業通常在母國或其他金融發達、政治穩定或所得稅率低，並擁有世界各地主要通貨、證券之地區，設立資金調度中心（financing pool）。各國子公司有過剩流動資金時，均匯到資金調度中心，以便統籌調度企業所屬各子公司營運資金，融通給各地缺乏資金之子公司。

三、多國籍企業之內部價格移轉政策

多國籍企業的全球性經營策略之中，母公司與子公司間以及各子公司間之「內部價格移轉」（intra-company transfer pricing），對多國籍企業之整體利潤具有深切之影響，因而此項定價政策也成為多國籍企業財務策略的一部分，本節將對其重要性，分析如下。

㈠國際環境變數

從國際環境變數產出價格移轉（中迫陽治，1977）有以下因素：

1. 若利用租稅天堂國，可獲相當多的租金減免，作為再投資之利益。而稱價格移轉。
2. 為減免所得而價格移轉。
3. 為輸入關稅而價格移轉。
4. 因通貨變動而價格移轉。
5. 因政情危機而價格移轉。

6. 因經濟性的限制而價格移轉。

7. 因海外子公司的財務狀況而價格移轉。

8. 為市場競爭優勢而價格移轉。

9. 為合資公司而價格移轉。

10. 為獲地主國重視而價格移轉。

11. 反托辣斯法而價格移轉。

(二)價格設定與交易型態

價格設定與交易型態依中迫陽治（1977）分類如下：

1. 依國內交易或國際貿易

(1) 依國內價格設定（domestic pricing）。

(2) 依國際價格設定（international pricing）。

2. 依企業間之交易或企業內之交易

(1) 依企業間之價格設定（intercompany pricing）。

(2) 依企業內之價格設定（intracompany pricing）。

3. 依企業內部之交易或企業外部之交易

(1) 依企業外部價格設定（external pricing）。

(2) 依企業內部價格設定（internal pricing）。

因 2. 與 3. 表現雖不同但意思相同。

4. 若將上述 1. 與 2. 組合，將產生以下四種：

(1) 依企業間國內價格設定（intercompany domestic pricing）。

(2) 依企業間國際價格設定（intercompany international pricing）。

(3) 依企業內國內價格設定（intracompany domestic pricing）。

(4) 依企業內國際價格設定（intracompany international pricing）。

(三)企業內部價格移轉之觀念

1. 內部價格移轉之意義

　　多國籍企業之內部移轉定價，係指企業體系內各事業單位間，半成品、成品或勞務等各項產品交易價格之訂定。由於產品在各事業單位間移轉，如同國際貿易一樣，常會受到各國政府政策許多限制與障礙，所以多國籍企業往往必須同時考慮各地主國之關稅、匯率、地主國合夥人態度、子公司在當地社會關係，以及企業體系內部績效評估標準等多項因素，方能訂出最佳之內部價格移轉，使企業獲得最大的整體利益。

　　其實多國籍企業內部轉價政策，和一般實行分權（decentralization）及多元利潤中心（multiple profit center）制度的企業相似；由於內部價格移轉對各事業單位之經營策略、方針與績效具有重大的影響，故對內部各事業單位的交易，均須訂定一套完善移轉訂價制度。主要差異地於多國籍企業各事業單位分處不同的國家，其內部價格移轉之訂定，必須考慮到各事業單位所處企業環境之差異。

2. 價格移轉之誘因

　　「多國籍企業從事企業內貿易，採取價格移轉的主要誘因，是為了使經營資源在各事業單位間作最佳的分配，謀求企業整體之利益極大化。」因此，移轉價格之訂定，就須應用「系統觀念」（system concept），對整個企業不同之經營面深入了解，並作整體性考慮。其結果雖然可能會使某些事業單位無法得到最佳「價格—產出」（price-output）組合，但卻可達到企業整體之最高經營績效與最大利潤目標。「MNE 對內部交易與外部交易採取「價格移轉」之各種誘因，依 Dunning（1993）之研究，如〔表 11.1〕。分為外部動機與內部動機。分析如下：

⑴MNE 的外部動機（母公司出售產品給海外子公司）

① 使全球公司稅負最小化
　　A. 母國比地主國高時（低報價）。利益在地主國子公司。
　　B. 母國比地主國低時（高報價）。利益在母公司。
② 使關稅及進出口稅最低（低報價）。利益在地主國子公司。

③使出口利潤最大化（高報價）。利益在母公司。

④降低外匯風險

　　A. 對幣值弱國的債權（高報價且提前）。

　　B. 對幣值強國的債權（高報價且延後）。

　　C. 對幣值弱國的負債（高報價且延後）。

　　D. 對幣值強國的負債（高報價且提前）。

⑤確保利潤或資本的匯回（高報價）。

⑥增加企業資產價值及增加貶值津貼（高報價）。

⑦規避當地對資本支出的管制（低報價）。

⑧降低政治風險

　　A. 若風險在母國（低報價）。利益在地主國子公司。

　　B. 若風險在地主國（高報價）。利益在母公司。

⑵MNE 的內部動機

合資公司（子公司）：

①合資公司取得最大經濟利潤（高報價）。

②取得調漲價格的支持（高報價）。

③避免反獨占管制（低報價）。

④避免反傾銷政策管制（高報價）。

⑤由帳面低利潤來規避提高工資要求（高報價）。

⑥支持剛起步的子公司（低報價）。利益在地主國子公司。

⑦強化當地競爭壓力（低報價）。

當多國籍企業進行內部移轉定價決策時，通常會面臨無數來自企業內部與外部的壓力。在內部方面，多國籍企業必須同時考慮企業內不同群體的利益。譬如：稅率以及匯率變動的差異，在決定價格移轉時，母公司與國外子公司的行銷主管，都希望產品價格在市場上具有競爭力；供應國外子公司產品生產單位，追求的是使該單位利潤最大的高價格移轉；國外子公司之採購單位，則希望盡量降低內部價格移轉；而總部稅務幕僚所關心的，則是如何利用內部移轉定價政策減少公司總稅負。在企業外部方面，譬如：各國稅務機關即對多國籍企業構成壓力，母國要求提高產

品輸往地主國的價格移轉，而地主國則要求當地子公司降低進口的價格移轉。由於在這許許多多相互對立、衝突的因素影響下，多國籍企業必須隨時注意價格移轉之調整，方能獲致企業整體最高的長期利益。

表 11.1　價格移轉的各種誘因

假設：母公司出售產品給海外子公司		
動　　　　機	MNEs 之報價	說　　　　明
1. MNE 的外部動機		
(1) 使全球公司稅負最小化（營業稅）		
①母國比地主國高	低報價	利益在地主國
②母國比地主國低	高報價	利益在母國
(2) 使關稅及進出口稅最低	低報價	利益在地主國
(3) 使出口利潤最大化	高報價	利益在母國
(4) 降低外匯風險		
①對幣值弱國的債權	高報價且提前收入	
②對幣值強國的債權	高報價且延後收入	提前或延後可以避免外匯風險；
③對幣值弱國的負債	高報價且延後收入	價格移轉可以加強提前或延後的
④對幣值強國的負債	高報價且提前收入	利益
(5) 確保利潤或資本的匯回	高報價	
(6) 增加企業資產價值及增加貶值津	高報價	增加貶值津貼及徵收補償
(7) 規避當地對資本支出的管制	低報價	
(8) 降低政治風險		
①在母國	低報價	利益在地主國
②在地主國	高報價	利益在母國
2. MNE 的內部動機 　合資公司		
(1) 合資公司取得最大經濟利潤	高報價	所賺利得與合資公司共享
(2) 取得調漲價格的支持	高報價	所賺利得與合資公司共享
(3) 避免反獨占管制	低報價	
(4) 避免反傾銷政策管制	高報價	
(5) 由帳面的低利潤來規避提高工資 　要求	高報價	
(6) 支持剛起步的子公司	低報價	利益在子公司
(7) 強化當地競爭壓力	低報價	提供低成本，移轉低價格給顧客

資料來源：John H. Dunning, *Multinational Enterprises And The Global Economy*, Addison Wesley Publishing Company Inc., 1993, Exhibit 18.1.

㈣企業內部價格移轉之功能

多國籍企業由內部價格移轉政策性的訂高或訂低，即可促使各事業單位達成其特定的經營目標，茲舉其要點說明如下。

1.提高市場競爭力

多國籍企業若欲提高新產品在某國外市場的競爭力，最基本的方法，即是將當地子公司購自企業體系內其他單位的產品之價格移轉訂「低」，以利子公司在當地市場上之價格競爭。

不過，當地主國政府採取補貼措施（如減稅、低利貸款等）積極輔導當地企業以對抗多國籍企業在當地之子公司，促使多國籍企業必須採取「低」價格移轉政策以利於價格競爭時，必須考慮到當地政府是否有意壓制多國籍企業在當地的發展，否則「低」價格移轉政策，終將造成企業無利可圖，而被迫退出該國市場。所以，多國籍企業必須明察秋毫，確定地主國政府無此意圖後，方可以「低」價格移轉，作為擊敗當地競爭企業的手段。

2.靈活移轉內部資金

多國籍企業可利用「高」價格移入與「低」價格移出，從地主國移出當地子公司的資金，以利其全球性的資金調度。尤其是當預期地主國之貨幣可能貶值，或為了防止當地通貨膨脹所造成之當地資產價值被過度的侵蝕（erosion），多國籍企業可利用定價移轉之調整，移出資金，因而可減低許多財務風險。不過，多國籍企業在欲利用內部移轉定價，移出其在地主國的資金時，通常還須注意是否會嚴重地影響子公司在當地的競爭力。

3.減輕稅捐負擔

⑴降低關稅成本

多國籍企業往往為了降低內部交易中，進口國子公司的產品進口關稅成本，而採取「低」價格移轉政策。最明顯的例子，譬如：歐洲自由貿易區（European Free Trade Area, EFTA）規定，產品如係由區域外之國家所生產，則在區域內從某會員

國運至另一會員國時，必須繳納關稅；但若產品附加價值的一半以上在區域內增加者，則在區域內流動可免關稅。由於產品在區域內附加價值比率，是關稅計算的基準，因此如果多國籍企業在區域外子公司，將產品以「低」價格移轉售予區域的子公司，就能免除關稅成本。

(2) 減輕所得稅負

多國籍企業為了達到最高稅後利潤，往往運用母子公司及各子公司間的內部價格移轉之調整，以降低企業整體應繳所得稅總額。

譬如：將產品輸出高所得稅國家之子公司時，便將移轉價格訂「高」，使當地子公司盈餘減少，以減低應繳納稅額；反之，在輸往低所得稅國家時，則將移轉價格訂「低」，使利潤移轉到當地子公司，以享受當地之低稅率，進而提高企業整體之稅後總利潤。

㈤企業內部價格移轉之限制

雖然多國籍企業可經由內部移轉定價，達成特定經營目標，但在實際實用時，也受到相當多的限制，如下說明。

1. 企業內部之限制

(1) 利潤中心之績效評核

多國籍企業在其利潤中心制度之推行下，各事業單位都須對本身之績效負責，自然會抗拒不利於本單位獲得能力之任何價格移轉，因而往往使得內部移轉定價政策較難靈活運用。雖然多國籍企業可用共同的標準來衡量各子公司的績效，但由於各子公司在內部轉價政策中的策略目標往往不相同，所以要找出客觀之標準來衡量各子公司之經營績效，頗為不易。因此最好是避免比較不同國家子公司的投資報酬率，而盡量將各子公司當前所擔當之任務或所追求的目標之是否達成，作為主要衡量標準，方能有效地評估真實的經營績效。

(2) 子公司之股權比率

多國籍企業之國外公司若係合資企業，則合夥人對價格移轉之訂定，必然是以

自己的利益為主要考慮，致使多國籍企業無法充分運用內部移轉定價政策，達成企業整體利潤最大化之目標。譬如：由於 A 國所得稅較低，多國籍企業欲將 B 國子公司之盈餘，透過移轉價格移至 A 國子公司，但如果 B 國子公司係合資子公司，則此決策勢必難獲得 B 國當地合夥人的同意，以致無法充分利用多國籍企業全球性統一調配作用之發揮，使企業總額稅負降至最低。

　　一般而言，在合資子公司中，母公司所占股權比率愈高，則對其價格移轉的控制也愈強，所制定之價格移轉亦愈能配合多國籍企業整體利潤極大化之目標。反之，母公司在國外合資子公司之股權比率愈低，則母公司靈活運用移轉定價政策的能力就愈弱，自然也就較難獲致企業整體最大利潤。

2. 各國對非常規交易之限制

　　一九五〇年代，多國籍企業在價格移轉上之任意調整（Stefan H. Robock, 1977），幾乎可達到隨心所欲的地步。然而近年來，各國稅務當局對多國籍企業之內部價格移轉均予以密切注意，除了廣泛蒐集市場價格資料外，並加強各國稅務資料之交互查證，以阻止多國籍企業利用內部移轉定價逃避稅負。因此，今日多國籍企業對內部價格之調整，已不似昔日之操縱自如。據最近某項研究指出，在歐洲之美國多國籍企業，已不再廣泛地使用內部移轉定價政策作為合法避稅之手段。不過儘管如此，多國籍企業仍擁有相當大的移轉定價彈性可資利用，以達成其特定的經營目標。

　　事實上，從企業外部的立場觀之，多國籍企業之內部交易往往是一種「非常規交易」（non-arm's length transaction）。所謂「非常規交易」係指兩個具有某種密切關係之營利事業（如母子公司之關係），為規避或減少納稅義務，而對相互間的收益、成本與費用之攤計，透過交易行為作不合常規交易之安排。

3. 各國政府管制

⑴ 突破貿易限制

　　若地主國政府採取配額（quota）、補貼（subsidy），或其他非關稅之貿易限制時，將使多國籍企業確保或擴展當地市場之目標，受到相當大的阻礙。因此若該

國政府限制進口「數量」，在不影響產品在當地之競爭力的原則下，將價格移轉訂「高」，減少稅額以彌補無法大量進口所蒙受之損失；但若所管制的是進口「金額」，則可將價格移轉訂「低」，以增加進口數量。

反之，假如多國籍企業內部產品出口國政府限制出口「數量」時，則應提「高」價格輸出，降低營利事業所得稅；若出口限制是以「金額」為準，則價格移轉盡可能報「低」，可增加產品出口數量。當然，採取「低」價格移轉策略，必會遭到出口國政府之管制，不過仍應以政府主管當局所容許之最低價格作為價格移轉，進而求取企業整體之最大利潤。

⑵克服外匯管制限制進口

若某國市場機會極佳，但該國政府實施外匯管制，不利於當地子公司進口他國產品時，多國籍企業可以「低」價格移轉來克服此種外匯限制；利用「低」價格輸入，使當地子公司以外匯支出量減少，即可進口大量之產品。

⑶克服股利匯出限制

多國籍企業在地主國營運所得之利潤，若以股利（dividend）方式匯出，常受地主國政府之限制，然而多國籍企業可以「高」價格移轉，有效地將這些利潤附加於內部價格移轉中匯出。

4.其他功能

事實上，多國籍企業內部移轉定價可發揮之功能頗多。除了上述四項外，尚可經由價格移轉之調整，而達成許多經營目標。譬如：多國籍企業可藉著「低」價格移入、「高」價格移出，提高子公司之獲利率，增加子公司之借款信用。而且如果子公司股票上市，更可藉此提高股票價值。尤其在子公司開辦之初，費用支出往往大於收入，損益表因而不甚理想，而且若資金來源大多來自借款，使得流動比率甚低，此時母公司便可利用內部價格移轉，來調整子公司之財務報表。此外，若子公司利潤率過高，易引起當地消費者或政府當局有被「剝削」之感，甚而工會要求增加工資，此時母公司即可利用價格移轉之調整，降低當地子公司利潤，將部分利潤移轉至他處。

綜合本節上述，影響多國籍企業內部價格移轉訂定之因素甚為複雜，故多國籍企業在決定內部價格移轉之前，必須先確定該項移轉定價之目的為何。不過，在不同企業間，可能有些企業著重所得稅對公司利潤之影響，有些企業則較注意匯率變動及通貨膨脹對國外資產之影響，而且即使在同一多國籍企業內，由於各子公司之實際情況不一，故移轉定價之目的也有所差異。因此，由於各子公司在移轉定價政策中的經營目標之不同，常會導致目標間的衝突，故多國籍企業在制定內部移轉定價政策時，常須先確定各項影響內部價格移轉訂定之因素對企業的相對重要性，方能制定出最符合企業整體利潤極大化目標的移轉定價政策。

四、多國籍企業國際環境之財務問題

多國籍企業財務管理，對種種資金調達來源必須確保對資金運轉能做充分利用，因此國際財務管理者，如何保留企業之資金，並觀察這些資金在營業中是否作最適當之移轉，在可能情況下，尚須促進資金流動，檢查內部會計或分析事業活動，提出財務報表以便推行管理制度上的各項活動。

影響國際財務活動最大的是國際環境特別問題。因交易上使用世界多種通貨以及經營於各國不同的環境條件中的事業活動，因此如何使外匯差損最小化，適應不同的通貨膨脹率，因應各國政府之規定，而適當調整財務作業避免損失。這些問題是財務部門管理者的重要責任。以下先探討國際環境變數，再分析各項財務問題之解決方法。

㈠國際環境變數

多國籍企業財務管理上，受到內、外部環境因素的影響。內部環境因素指的是組織環境因素，外部環境因素則指國際環境變數。

1.內部環境變數

⑴各部門管理者的管理動機和管理風格。
⑵各部門管理者的學理、經驗和訓練程度，以及其決策能力。
⑶各部門管理者的個人特質及其對組織的忠誠度。

⑷內部單位間的相互依存度與協力程度。

⑸公司整體的企業文化等。

2. 國際環境變數

國際財務管理與國內財務管理最不同而複雜的問題是國際經濟環境的變數，如〔圖 11.4〕，分為：⑴政治因素（政治風險）：包括①子公司資產被沒收或收歸國有的風險；②外國政治局勢安定性程度；③反托辣斯法。⑵法律因素：①反傾銷法；②限制資本、盈利或股利匯回母國；③外匯管制。⑶經濟因素：①匯率變動造成貨幣貶值或升值；②利率提高造成生產成本提高；③通貨膨脹；⑷租稅因素──印花稅、貨物稅、營利事業所得稅、關稅（優惠關稅、反傾銷稅、關稅等稅

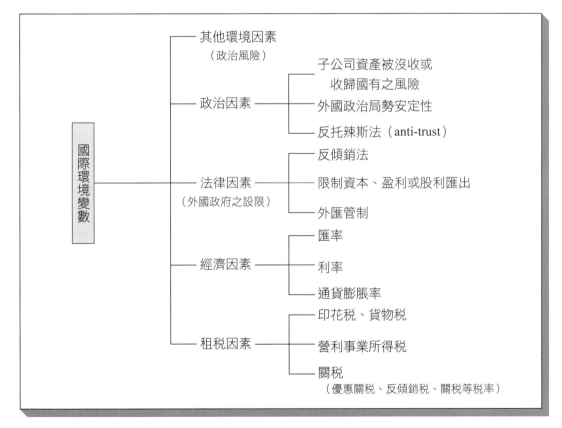

資料來源：筆者整理。

圖 11.4　多國籍企業財務管理上之國際環境變數

率）等高稅率之損失。此外，尚有其他環境因素。上述的國際環境變數問題是多國籍企業經營最大的煩惱，如何採取適當對策，下一節分析說明。

(二)國際環境之財務問題

國際環境變數對多國籍企業的財務管理，有多種直接與間接的影響。本節只提及一般國際法律經濟環境問題，國際財務管理者必須考慮之內容如下：

1. **外匯貶值問題**：國際間匯率之變動極為頻繁，為國際貿易者最難預估之利潤與損失。輸出國接訂單之外匯比率，而於交貨時，因輸入國通貨比率已大幅貶值，收進之外匯也因差價而損失，如此外匯比率變數經常引起貿易糾紛。多國籍企業的國際行銷上當然是不可避免之問題。

2. **地主國通貨膨脹問題**：一國政府雖然很留意該國通貨膨脹，並極力採取經濟安定政策，但是也很難永遠不會產生通貨膨脹。多國籍企業海外子公司很多，各地主國的經濟變數更難預測。

3. **外匯管制問題**：各國政府因國際經濟環境之差異，採取外匯管制政策也不同，尤其是缺少外匯的開發中國家，對外來投資公司的資本匯出，利潤匯回母國，抑或對輸入品付款等加以限制，如此外匯管制不只影響多國籍企業財務運作，更可能遭受該國匯率變動或通貨膨脹的損失。

4. **高稅率成本問題**：世界各國稅制，與稅率並不一致，多國籍企業依比較利益選擇所需求的國際經營資源地區投資，遍及各地，若全體子公司都直接國際交易，可能要支付很高的法人稅與所得稅成本，因此多國籍企業如何利用低稅率國家建立握股公司，達到節稅降低成本之目的。

5. **雙重課稅問題**：多國籍海外所有子公司，欲將經營成果之利潤匯回母國，必須注意各國間的法人稅與所得稅率之差異。有些國家採取雙重課稅，子公司於地主國所繳納之課稅額未能扣除計算；有些國家稅率高於母國，在地主國家繳納高稅率，母國未能退稅。

(三)國際財務問題之因應策略

對於上述國際經濟環境問題，多國籍企業財務管理者如何因應，採取解決之對策。分析如下：

1. 外匯貶值

多國籍企業財務管理，子公司在地主國之貨幣有貶值可能時，對外匯貶值之損失，有幾種防衛沖銷方法，而各種防衛方法的選擇，都必須適合特定的情況。一般常用的防衛與沖消方法如下：

⑴ **明定交易時匯率**：如 A 國對 B 國訂貨時，即擬定將來交貨時的外匯比率，因此 A 國對將來貨幣市場價值有可能貶值的通貨賣出，避免交易時的損失。假若該通貨繼續貶值，於交易後，再以低價買進該通貨，彌補交易時的損失或增加交易利潤。

假設：A 國外匯賣出時，US$10 萬：$300 萬（可收到 B 國貨幣）

交易時美金貶值 US$10 萬：$250 萬（B 國貨幣升值）

（A 國獲得匯率差價 $50 萬）

⑵ **以美金為交易貨幣計算單位**：多國籍企業全球行銷，各國匯率計算不同，為避免各國間貨幣升、貶值差異之損失，大多採取以美金為交易貨幣計算單位、而迴避接受其他外國貨幣。

⑶ **該國貨幣貶值時，以該國貨幣負債**：該國貨幣貶值時，在該國之負債以該國貨幣貸款處理，延長升值之美金或其他強勢貨幣之支付。該國貸款延長，雖有支付利息之損失，但由於該國貨幣貶值，美金升值延長還債反而成為利潤。不過還要考慮地主國利率之高低，只有匯率變動差額大於利率時，始有利益可言。

假設：A 國貸款時，$250 萬：US$10 萬（外匯比率）

延長還負債時，$250 萬：US$5 萬（A 國貨幣貶值，美金升值）

（A 國獲得匯率差價 US$5 萬）

因此 A 國貨幣貶值後才還負債時，可獲利 US$5 萬。

⑷ **自我保險**：為防備該國貨幣貶值，事先從本期利益中提出一定金額為外匯貶值損失準備金。

⑸ **母公司貨幣貶值時，對子公司負債須延長支付**：母公司對子公司有負債，而地主國政府對子公司之負債需以該國貨幣支付之規定，而母國貨幣對地主國貨幣匯率正逢貶值時，必會造成母公司貨幣大量支付之損失，因此對子公司債務必須延長支付，等候母公司「幣值回升後才還債」，避免貶值的損失。

日本母公司欲還美國子公司負債（US$ ／萬）

日本母公司貨幣貶值		美國子公司美金升值
￥240 萬		US$1 萬
日幣升值後	：	還子公司負債
￥120 萬		US$1 萬

（母公司獲利￥120 萬）

⑹ **子公司貨幣繼續貶值時，利潤回送母國必須加速化**：子公司貨幣繼續貶值時，資本、股利分配或其他財務匯回母國必須加速化，以最短時間回收，避免地主國貨幣貶值的損失。

⑺ **為避免流動資產價格提升，及早購置中間財**：地主國貨幣貶值時，盡量減少在地主國子公司流動資產以及國外強勢貨幣之負債。因為地主國貨幣貶值後，雖以當地通貨計價之流動資產不變，但兌換成外幣時，其資產價值降低。因此對於預期會因貶值而造成價格提高之原料、零組件、機器設備等，應及早購置。

⑻ **以地主國貨幣表示之應收帳款，在貶值前應提前收回**：應收帳款提前收回之方法，可對顧客提供付現折扣，徵收過期費以防遲延付款等；或將應收帳款售給金融機構，而將收回之現金，即刻兌換成強勢貨幣之外匯，存入銀行或匯到資金調度中心。

至於強勢貨幣表示之外幣負債，由於貶值後以地主國貨幣兌換成外幣付款時，支付成本會增加，故以外幣表示之債務須提前償還。

⑼ **外幣互換**：「外幣互換」（foreign currency swaps）係指在外匯市場同時從事即期及遠期交易，在賣遠期同時買即期，或在買遠期同時賣即期。例如：

當母公司欲貸款給國外子公司，為規避地主國匯率變動風險。可在即期市場以母國貨幣兌換地主國貨幣匯給子公司，同時子公司又在當地市場買進同額母國貨幣之遠期外匯。如此，子公司特定到期日償還欠債時，就不致受匯率變動的損失。

⑽ 信用互換：「信用互換」（credit swaps），乃是多國籍企業與銀行間一種的通貨兌換（exchange of currency）。此項操作已被商業銀行同業之間，以及商業銀行和各國中央銀行之間使用達半個世紀之久，至第二次世界大戰後，廣為美國外國籍銀行使用於對弱勢貨幣的地主國子公司之融資，以減低地主國貨幣貶值風險。

舉例說明如下：假設一宗美國多國籍企業欲融資（finance）US$100 萬給韓國的子公司，於是母公司就把這筆款項存入韓國銀行在美國的分行，而韓國銀行在本國以同值的韓幣 Won7 億（US$1=Won700）付給美國多國籍企業在韓國子公司；當貸款期限一到，在韓美國子公司以韓幣償還韓國銀行，而韓國銀行在美分行則付美元給母公司。在上述過程中，母公司收回原來貸款美元時，不擔負美元與韓幣匯率變動之風險，而且韓國銀行並未把美元換成韓幣，直接以韓幣借給在韓的美國子公司，使韓國銀行擁有美元外匯。

假設：美國 US$1 = Won700

⑾ 連鎖信用交換：所謂「連鎖信用」（link credit），亦稱「背對背信用」

（back to back credit），和「信用交換」相類似，但操作方法不同。此種
互換是指二個不同母國的多國籍企業間，由一方向另一方借款，而不透過
外匯市場，只在雙方帳面上作成紀錄。此種方式特別適用於兩國其中有一
為外匯管制國家，或法令上禁止國內企業「超越國界融資」（crossborder
financing）的國家。

典型的連鎖信用如〔圖 11.5〕所示，圖中有一家 A 國多國籍企業母公司，要
貸款給在 B 國的子公司，同時有另一家 B 國多國籍企業母公司，欲貸款給在 A 國
的子公司。為了避免兌換通貨所引起的匯率變動風險。因此兩家多國籍企業母公司
透過連鎖信用方式給國外子公司融資，亦即「A 國母公司」以 A 國貨幣貸款給在
A 國的「B 國 MNC 子公司」，同時「B 國母公司」亦以等值的 B 國貨幣貸給在 B
國的「A 國 MNC 子公司」。這二筆貸款以當時的匯率而言是等值，且期限相等，
到期再分別償還給債權人，因此不須透過外匯市場，也不會受到政府的干涉，而且
可達成融資目的。

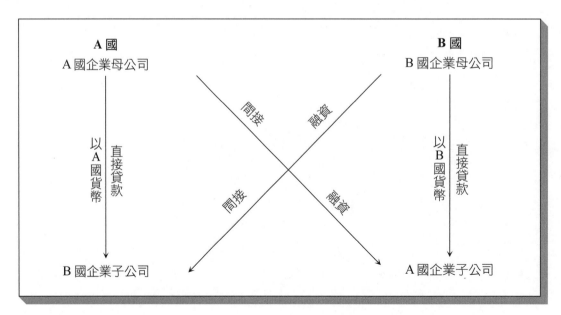

資料來源：筆者研究。

圖 11.5　典型連鎖信用互換方式

2. 地主國通貨膨脹

在通貨膨脹的經濟環境下，又受到地主國的國際資金移動的外匯管制時，為維持地主國子公司利潤成長的財務管理，是極重要的課題。例如：阿根廷，為促進外銷，於 1981 年該國貨幣貶值三個 0，1982 年再貶值四個 0，二年中，貶值七個 0，共計阿根廷貨幣 1,000 元，貶值為 1 元，其他尚有巴西、智利等超級通貨膨脹）為維持通貨價值，一般採用策略如下：

(1) 經營者必須掌握有利機會：當地通貨膨脹與貨幣貶值時，將影響投資資本的損失，因此子公司經營必須認識地主國經濟政策，掌握有利機會，享有優惠條件或及時將所獲利潤匯回母公司或關連子公司。

(2) 提高銷售價格：當地通貨膨脹時，該產品若為成長期，子公司可將其通貨膨脹轉價於客戶，提高產品價格，因應成本提高，維持一定的利潤。

(3) 獎勵客戶提早付款：當地通貨膨脹時，若客戶延長付款，子公司收到貨款時，其貨幣實質價值已降低，因此必須獎勵客戶提早付款，避免損失。

(4) 增加對當地借款：當地通貨膨脹時，盡量減少接受換算外匯付款，積極增加對當地借款，特別是長期借款更是理想，並延長付款期限，靜觀當地通貨價值下降程度，不但可避免通貨膨脹之財務損失，尚可獲取通貨價值下降之利益。

(5) 利益盡速匯回母公司：當地通貨膨脹率很高時，當地子公司必須提高其利潤，並且盡速頻繁地將利益送回母國，避免遭受到通貨膨脹率高而帶來的匯率貶值之損失。例如：1953 年至 1960 年阿根廷物價卻比美國國內物價上漲五倍，1953 年，阿根廷與美國匯率是 $7：US$1，而 1960 年的匯率若依物價上漲比率應該是 $7×5=$35：US$1，但事實上的匯率比阿根廷匯率已貶值為 $82：US$1。

(6) 投資有增值可能性的固定資產：當地通貨膨脹時，過剩資金宜購買當地有可能增值的固定資產，而避免當地貨幣實質下降的損失，是確保利潤之好策略（特別是當地限制利益匯回母國時）。

3. 外匯管制問題之對策

　　外匯管理或外匯管制的理由或目的，因各國國情而異。在此只提及政府對外匯買賣的機構或個人之限制。開發中國家由於外匯短缺，因此外匯管制更嚴格。外匯管理制度，是希望以稀少的外匯，做更有效率的使用，防備外匯的貶值或資金外流，並採取以低匯率買進，高匯率賣出，增加政府收入。以此的外匯管制，對多國籍企業財務運用，將受到廣泛的影響。因此多國籍企業如何避免地主國外匯的損失。確保原先預估利潤之策略，多國籍企業內部交易，說明如下：

　　圖示如〔圖 11.6〕，地主國政府的外匯管制對多國籍企業內部交易將有很多不利影響，而多國籍企業又如何因應這些影響，採取適應之對策？如圖所示，假設地主國外匯管制前，⑴ 母公司對 A、B、C 子公司銷售商品；⑵C 子公司向 B 子公司購買商品，B 子公司向 A 子公司購買商品；⑶ 各子公司付款給商品供給之母、子公司；⑷B 子公司與 C 子公司將營業利益匯回母國；⑸C 子公司的該國金融利率比 A、B 子公司的該國金融利率低，因此 A、B 子公司欲向 C 子公司貸款資金；⑹ 各國外匯管制。

　　從上述內容，由於各國政府介入外匯交易管制，限制多國籍企業子公司的利益匯回母國，並且 C 國限制貸款給 A、B 兩國。

　　然而，多國籍企業對這些限制採取如下之因應解決途徑：

⑴當子公司欲將利益匯回母公司而受地主國政府限制時，母公司可採取價格移轉之調整效果採取「高報價」，提高對母公司商品銷售價格，從子公司高價付款中包括利益匯回母公司。

⑵A 國貸款必須支付 15% 銀行利率，從 B 國貸款必須支付 10% 銀行利率，而 C 國貸款只付 5% 銀行利率即可。因 A、B 兩國子公司希望從 C 國貸款支付低利率利息，降低成本，提高市場競爭力。但是 C 國政府限制將資金貸給 A、B 兩國時，B 國可採取對 C 國提高從 B 國輸入之商品價格，並要求先付高額訂金以及交貨後快速付款之援助。因此 C 國子公司向當地銀行增加貸款額，以高價付款方式轉移。其結果，B 國子公司可獲得 C 國低利率貸款，並將多餘貸款額以同樣方式，對 A 國商品輸入支付高額訂金以及交貨後快速付款，而轉移 C 國的低利率貸款。如此 A、B 兩國子公司行銷的財務運作，不一定要使用該國高利率貸款，可透過 B 國間與 C 國間的行銷，即可利用 C 國的低利率資金。

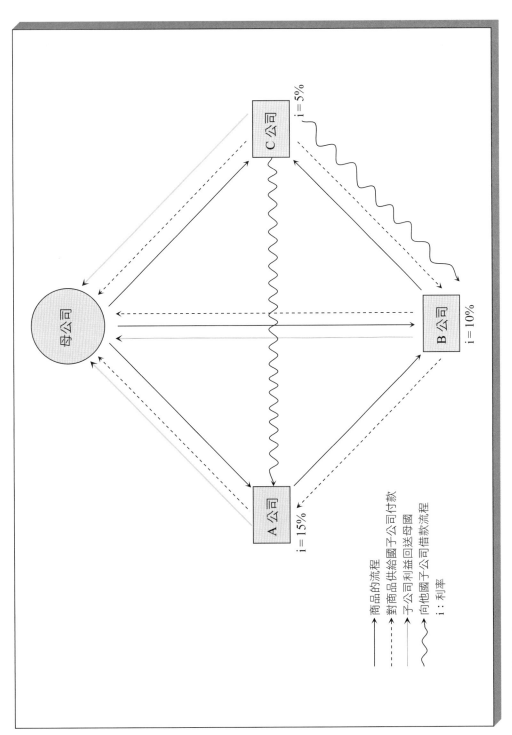

資料來源：筆者研究。

圖 11.6　多國籍企業內部交易

⑶高關稅之限制，對高關稅率的國家以低價格銷售，對低關稅率的國家以高價格銷售的價格移轉方式，避免高關稅的損失，造成成本提高。

雖然上述將非常複雜的問題單純化說明，但尚有其他關連因素必須留意。子公司對輸入品雖可先付款和交貨快速付款，但必須注意兩國間外匯成本的差距。關稅支付最小化，雖可從價格移轉調整，但也有可能誘發子公司所在國稅捐處的營利事業所得稅政策的改變。

4. 各國高稅率問題之對策（租稅樂園）

多國籍企業致力於國際間的租稅規劃以進行合法避稅，因而造成世界上有所謂「租稅樂園」（tax heaven）的國家。這種租稅樂園的低稅國家之共同特徵，是國境小，缺乏國家經濟發展條件且無鉅額政府開支（如國防經費）以低稅率誘導外來投資、增加國家收入、為世界各國所認同。多年來，瑞士一直為世界主要金融中心之一，加之所得稅率低於一般國家，故成為租稅樂園之代表性國家。此外，如巴拿馬、巴哈馬群島（the Bachamas）、荷蘭安提列斯群島（Dutch Antilles）、英卡門群島（Cayman Island）、歐列支斯國（Liechtenstein）、美維京群島（Virgin Island）、法喬塞（Jersey）等近年來亦成為租稅樂園。

多國籍企業利用租稅樂園進行合法避稅的最常見型態，是經由內部價格移轉方式，將內部利潤移往設在低稅國家之子公司，以達減輕稅負之目的。譬如：某一美國多國籍企業之產品以 5 億美元要售給設在日本之子公司 10 億美元，5 億美元利潤，必須繳高稅率，依此多國籍企業將可以「低」價格 5.1 億美元轉售予巴拿馬之子公司（低稅國），再由巴拿馬之子公司以「高」價格 9.9 億美元移轉售予日本子公司。事實上，貨物可能由美國直接運抵日本，貨款亦不經由巴拿馬；但此一帳面之調整，使在美國母公司因低價賣出而無盈利，日本子公司因高價買入亦無盈利，兩方之盈利皆在「租稅樂園」之巴拿馬，使得整個企業之總稅負減低許多。

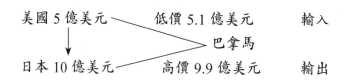

　　多國籍企業海外子公司很多，假若所有的國際貿易都是供需兩國間的直接交易，所有子公司與母公司全體所繳納的法人稅與所得稅之合計必定很高，因此爲避免繳納全體高稅率，多國籍企業將會選擇低稅率國家設立握股公司。設立控股公司之目的是爲母公司節稅。海外握投子公司一般被稱爲「租稅庇護所」或「租稅樂園」，亦即是法人稅率低或全部免稅的國家，實際上是公司節稅、母國增加稅收之好方法。

　　其利用方法如〔圖 11.7〕，母公司在低稅國設立海外握股公司（S. N. Frommel, 1978），母公司、海外子公司或行銷分公司所有訂單都要經過此公司，所有輸出入商品的收款或付款亦全由此公司處理，節稅利潤留於握股公司，唯有商品不經過此地，從生產國直接輸出給商品需要國。握股公司的任務是負責爲多國籍企業海外事業活動收取利益之金庫，國際經營只支付少額稅金。其總資金爲其他地區海外投資或母、子公司資金周轉或再投資之用。

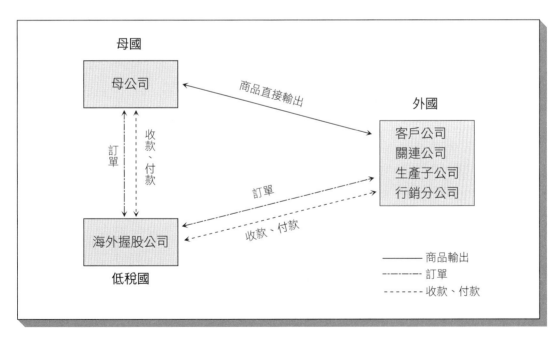

資料來源：筆者研究。

圖 11.7　握股公司節稅操作

　　租稅庇護所通常指具備下列條件的國家或地區：

⑴設立法人、經營法人或法人清算皆非難事之處。

⑵租稅及稅外負擔輕。

⑶無外匯管制。

⑷可確保企業祕密。

⑸政治經濟相當穩定。

⑹情報蒐集相當容易。

　　如上所述，除租稅優惠可吸引國外企業前來投資外，租稅庇護所也常具備可吸引企業前來的其他條件。各國認定租稅庇護所之國家如〔表 11.2〕、〔表 11.3〕。

表 11.2　各國認定租稅庇護所之名單比較表

國　　家　　或　　地　　區	日本	法國	德國	比利時	澳州
安道爾（Andorra）	×	×	×		
安哥拉（Angola）		×	×		
安圭拉（Anguilla）	×				
安地卡（Antigua）	×	×	×		
巴哈馬（Bahamas）	×	×	×	×	×
巴林（Babrein）	×	×	×		
巴貝多（Barbados）	×	×	×		
百慕達（Bermuda）	×	×	×	×	×
英屬海峽群島（British Channel Islands）	×	×	×	×	×
英屬維爾京群島（British Virgin Islands）	×	×		×	×
柬比安（Campione）		×	×		
開曼群島（Cayman lslands）	×	×	×	×	×
哥斯大黎加（Costa Rica）	×	×			
吉布地（Djibouti）	×				
法屬玻里尼西亞（French Polynesia）		×			
吉耳貝特及艾利斯群島（Gilbert and Ellice lslands）		×	×		
直布羅陀（Gibraltar）	×	×	×		×
格瑞納達（Grenada）	×	×		×	×
香港（Hong Kong）	×	×	×	×	×
萌島（Isle of Man）	×	×	×	×	×
牙買加（Jamaica）	×	×	×		
科威特（Kuwait）		×			

資料來源：筆者整理。

表 11.3　日本例示之租稅庇護所國家

對所有所得予以輕課或免課之國家 （19 國）	對國外來源所得予以輕課或免課之國家 （5 國）	對特定所得予以輕課或免課之國家 （11 國）
1. 安道爾（Andorra） 2. 安吉拉（Anguilla） 3. 巴哈馬（Bahamas） 4. 巴林（Babrein） 5. 百慕達（Bermuda） 6. 英屬海峽群島 　（British Channel Islands） 7. 英屬維爾京群島 　（British Virgin Islands） 8. 開曼群島（Cayman lslands） 9. 吉布地（Djibouti） 10.香港（Hong-Kong） 11.萌島（Isle of Man） 12.列支敦士登 　（Lischtenstein） 13.澳門（Macao） 14.諾魯（Nauru） 15.新喀里多尼亞 　（New Caledonia） 16.新赫羅瑞迪 　（New Helorides） 17.土克斯與塞克斯島 　（Trujks and Caicos islands） 18.馬爾他（Malta） 19.摩納哥（Monaco）	1. 哥斯大黎加 　（Costa Rica） 2. 巴拿馬 　（Panama） 3. 聖赫勒拿 　（St. Helena） 4. 烏拉圭 　（Uruguay） 5. 委內瑞拉 　（Venezuala）	1. 安迪加─國際商業公司所得 　（Antigue） 2. 巴貝多─國際商業公司所得 　（Barados） 3. 格瑞納達─國際商業公司所得 　（Grenada） 4. 直布羅陀─免稅公司所得 　（Gibraltar） 5. 牙買加─國際金融公司所得 　（Jamaica） 6. 賴比瑞亞─非居住者之營業所得（Liberia）及船舶航空器之運輸事業所得 7. 盧森堡─特定控股公司所得 　（Luxembourg） 8. 比賽蒙特色納─境外公司所得 　（Mentserrat） 9. 荷屬安地列斯─投資公司及專利（Antilles）權控股公司所得 10.聖文森─國際商業公司及國際公司所得（St. vincent） 11.瑞士─特定控股公司所得

資料來源：筆者整理。

5. 多國籍企業國際重複課稅問題之對策（double taxation agreement）

　　多國籍企業所面臨之各國租稅法規的差異（Yitzhak Hadari, 1972），影響直接

收益甚大，因為各國租稅管轄權的重疊與脫節，不僅將使多國籍企業遭受母國與地主國的重複課稅，同時也使多國籍企業有機可乘，規避稅率較高國家之課稅。因此，多國籍企業的財務管理人員對國際租稅環境具有充分的了解，方能達成減輕企業整體稅負之職責。本節將就國際重複課稅、視同課稅扣抵問題、子公司與母公司在稅法上之差異，以及多國籍企業之租稅樂園等四種重點加以討論。

⑴國際重複課稅問題

所課「國際重複課稅」係指不同的課稅主權國家，對同一納稅義務人，就相同的課稅標的，課徵相同性質的租稅。對於國際重複課稅的形成與各國消除國際重複課稅的方法如下分析：

①國際重複課稅的形成

課稅管轄權係一國主權行使與運用，國際重複課稅最普遍的原因，即是由於各國課稅管轄權的重疊所致。各國課稅管轄權基本上有兩種制度，一種是「國籍主義」即「屬人主義」，是以身分（status）為課稅標準，凡是「本國籍」企業，不論國內外所得均予課稅；另一種是「居住者主義」，即「屬地主義」，是以稅源（tax source）或地域為標準，在本國境內之來源所得，不管身分究屬何國，均予課稅，假如多國籍企業之母國與地主國採取相同的課稅制度，僅對本國企業課稅（不論是國內或國外所得），或者僅限於對本國境內之所得稅（不論是本國籍或外國籍企業），則不會發生國際重複課稅的現象。

然究其實際，這是不可能的。因為地主國如果僅採「國籍主義」，則對他國多國籍企業在其境內之來源所得無法予以課稅，但是該所得係利用地主國當地資源而獲，若不予課稅，則無異任由地主國資源受到廉價的剝削，更會造成地主國的當地企業與多國籍企業競爭時，蒙受租稅方面的不利。尤其開發中國家，此項財政上的損失，將因本國企業之國外所得較少，無法就其對本國企業在國外所得的課稅，對國內彌補。相反地，母國如果僅採「居住者主義」，則本國企業會基於租稅上的考慮，將投資活動大量移轉到國外，因而危害到本國的經濟利益。若母國係先進國家，稅率一般都比地主國高，若僅採用「居住者主義」制，無非鼓勵國內企業資金外流。

② 各國消除國際重複課稅之方法

在各國稅法或租稅條約中，對於消除國際重複課稅的方法，以「國外稅額扣抵」及「國外所得免稅」兩種方式最常被採用，尤其是「國外稅額扣抵」。以下就此兩種方式說明之。

A. 國外稅額扣抵

「國外稅額扣抵」（foreign tax credit）之基本原則，是將國外已繳稅額，從應繳的本國租稅扣抵；亦即母國政府按本國稅率，對本國企業之國外所得課稅，承認地主國擁有優先課稅權，該課稅額得以抵繳本國應繳納稅額。1921 年美國稅法即增訂「國外稅額扣抵」辦法，規定納稅義務人之國外所得，首先適用美國本國稅率計算應繳稅額，再從該稅額中扣抵國外已繳之稅額，餘額即是應繳納之稅。

B. 國外所得免稅

「國外所得免稅」又可分為「完全免稅」與「部分免稅」兩種。「完全免稅」是指母國政府對本國企業國外所得全部不予課稅，使地主國享有有完全的課稅權；「部分免稅」則是指不論國外來源所得在地主國所繳納之稅額有多少，母國僅對國外所得的一部分給予課稅，使得本國企業之國外所得有大部分免稅之優惠。

一般而言，歐洲大陸國家由於各國相互投資的情形極普遍，而且各國稅率又很相近，故常採取「國外所得免稅」，如此不僅公平且較為簡便。譬如：比利時稅法規定，本國公司之國外子公司的股利給予半數免稅，分公司則可減免四分之三，義大利稅法亦有對國外股利完全免稅之規定；奧地利、西班牙、挪威等國與他國訂定的租稅條約中，當訂明對國外分公司的營業所得予以完全免稅。

事實上，重複課稅的發生，非僅限於各主權國家採取不同之課稅主義，此外，對於各種決定課稅之相關因素，譬如：營業場所的定義，各國各有管轄，均足以造成課稅管轄之重疊。美國「內地稅法」所稱之本國公司，係指「在美國設立或組織者」（created or organized in the United States），而英國稅法上係指「其中央營運或控制機關存在於英國者」（central management and control abides in United Kingdom）而言，設立地區僅決定住所之附屬因素而已。假如某英國多國籍企業在美國設立子公司，該子公司雖為英國母公司所控制，但英美兩國均可能視其為「本

國公司」，對該子公司要求其全球性所得的課稅權，因而發生重複課稅的情形。

(2) 視同課稅扣抵問題

　　許多開發中國家為了吸引外資，對外來直接投資之企業，予以優惠之低稅或全部免稅。因此，假若母國採取「國外所得免稅」，則不僅可避免重複課稅，更可使地主國獎勵外來投資之租稅減免措施，不會因母國再予課稅而抵消其原意。

　　但是母國若採「國外稅額扣抵」，則地主國雖不惜放棄部分稅收，然而多國籍企業母國不允許原應繳給地主國的稅負，去扣抵母國所得稅。因此多國籍企業仍須繳納原應繳之稅負，未能享受地主國政府給予之低稅或免稅優惠待遇。因而失去了地主國優惠稅法之原旨，實際的利益則歸於母國政府所享有。

　　有鑑於此，西德與日本等先進國家，在與開發中國家的租稅條約中，常訂有「視同課稅扣抵」（tax-sparing credit）條款；使本國企業在他國享受低稅或免稅待遇，在課徵本國所得稅時，仍「視同」未能優惠待遇，准按地主國正常所得稅率之稅額，用以扣抵本國之所得稅。不過在這種制度下，開發中國家可能實施優惠，故通常附加一些限制條款，明文規定可扣抵之國外稅額的最高限額。

　　美國由於與各國在雙邊租稅協定中的談判力量較強，故往往不顧地主國獎助外來投資之原意，對於地主國給予母國企業在當地所減免之稅額，不予「視同課稅扣抵」，而全額課徵。

〔參考文獻〕

1. Yitzhak Hadari (1972), Tax Treaties and their role in the Financial Planning of the Multinational Enterprise, Vol.20, *The American Journal of Comparative Law*, pp. 117-118.

2. 中迫陽治（1977），「多國籍企業經營策略の展開」，（株）日本多國籍企業研究學會編，マグロウビル好學社。

3. Stefan H. Robock Kenneth Simmonds, and Jack Zwick (1977), *International Business and Multinational Enterprise*, Revised Homewood, Illinois: Richard D.Irwin Inc., p.466。

4. S. N. Frommel (1978), *Taxation of branches and subsidiaries in Western Europe*, and the USA 2nd ed., London: Kluwer Publishing LTD., pp. 165-168.

5. John H. Dunning (1993), *Multinational Enterprises and the Global Economy*, Addison Wesley Publishing Company Inc..

Multinational Enterprise **12**

多國籍企業與國家主權之紛爭

一、多國籍企業與地主國紛爭之起因

(一)MNC 與 HC 之關係

由於多國籍企業在世界大舞台上，絲毫不受國界限制地大展追求利潤極大化之經營，故常使地主國有本身主權受到侵犯的感受，更由於多國籍企業具有優越的企業經營能力與效率，使得在妒忌、畏懼的心理下，加深地主國對多國籍企業之不滿。事實上，國家主權是否被侵犯，完全是一種很複雜之個體的感受。許多開發中國家的人民認為，如果沒有先進國家的幫助，他們的國家在各方面便無法發展，雖然許多產業都被外來投資企業所控制，但是並不認為對他們國家會構成很大的威脅。

一般海外投資，問題發生於多國籍企業是追求經濟合理性之世界性策略，以及適應當地環境之策略。

地主國享受多國籍企業經營資源移轉之利益，亦蒙受「產業支配＝從屬」管理控制之損失。多國籍企業和地主國間互相「依賴」和「對抗」，「相關」和「緊張」之「紛爭性的均衡」狀態，我們必須理解。

而「紛爭性的均衡」是從互相密切連絡中產生很大的「利益均衡」，絕對不可性急，更不可以各種權力、力量對抗來解決。在互相理解之下，發掘紛爭的主要因素，以雙方的長期性利益為目標，妥協其紛爭，才是最佳的解決之道。

(二)MNC 與 HC 紛爭之起因

依據 John Fayerweather 教授之分析，紛爭之起因大略如下內容：

1. 多國籍企業的本質及機能是擔任國際經營資源（資財、資本、原料、人才、技術、技能、資訊、市場、企業者管理能力）之移轉。利用各國不同之資源，站在世界立場對世界資源作最適當之分配，以及利潤之極大化為目的，提高國際合作達成最高經營效率之企業體。由於集中管理，也因管理而引起紛爭（transnational resource transmission agent）。

2. 多國籍企業由於上述之活動，而對地主國之政治、經濟、社會、文化等給予很大的衝擊。此衝擊，一方面從地主國的生產、所得、僱用、技術移

轉、改善國際收支等而言，對經濟發展是有益的。但是，另一方面，從經濟資源之移轉，投資國（parent country）之文化也隨同傳播至地主國的文化裡，地主國為了不願本國文化受傷害，與多國籍企業之間的紛爭是無法避免的（cross-cultural change agent）。

3. 多國籍企業之活動是以世界為主，並非以一國為主，通常母公司必須遵照母國政府之政策，而地主國子公司必須遵照地主國政府之政策，因此國母國政府之政策和地主國政府之政策間有差異時，將產生紛爭（an agent of home country）。

　　如上三種因素，外來投資對地主國之經濟、社會、文化之發展有益亦有害。總而言之，多國籍企業對海外子公司之集中控制，以及經濟、社會、文化等不利方面，若不加以考慮或迴避，和地主國的國家主義間之衝突，是無法避免之事。

㈢MNC 與 HC 造成紛爭之因素

　　有關多國籍企業與地主國之間造成紛爭之因素如下：

1. 地主國政府的歡迎政策

⑴可獲得資本形成。
⑵可獲得工業技術及經營技術。
⑶可幫助地區開發。
⑷可提高市場競爭力，增加外銷。

2. 地主國政府的隱憂內容

⑴國內企業受外資企業支配的惶恐

①外資大企業大規模資本對國內中小企業有潛在性支配。
②產業部門和產品種類別之集中化，影響地主國產業結構健全的發展。
③市場競爭過於激烈，影響國內企業的成長。

⑵技術依賴之惶恐

①國內企業對外資企業之技術依賴。
②外來投資在當地設立「研究開發」甚少，造成對新產品開發之依賴。

⑶經濟計畫之障礙

①對國家有秩序的經濟發展不能協力。
②造成國家經濟發展不均衡。
③造成國際收支赤字。

3. 母國政府之干涉

⑴海外投資之限制。
⑵高科技技術移轉至外國之管制。
⑶獨占禁止法之治外法權。

4. 地主國政府對外來投資選擇性對策

⑴地主國政府之限制：
　①對投資產業之限制。
　②在地主國內行動之限制。
　③所有權（股份）及支配之限制。
　④防止對政府政策干涉之限制。
　⑤政策之限制所波及之障礙。
⑵地主國企業之逐漸強大，成為競爭對手。

5. 政府間之協定程度

⑴法律限制的調整。
⑵管轄權的爭議。
⑶紛爭的協調與判決。

二、多國籍企業與地主國紛爭之問題

多國籍企業和地主國間在經濟上的利害關係雖有根本的協調，但也有向地主國的國家主權採取挑戰。政治性利害關係的根本紛爭，雖然地主國的政府官員、知識分子、勞工工會的領導者、企業家及其他團體，都認為多國籍企業是一種能促進經濟利益與事業利益的組織，在經濟上之利益有所貢獻，而實際上的不利也逐漸增多，這不但威脅到整個社會的「統籌」，同時對國家當事者在政策決定上也有影響。他們皆認為多國籍是一種政治力量，其影響力超越地主國政府管轄權所及之範圍，在國民經濟的產業部門，亦有決定權。因此地主國政府認為多國籍企業會限制或妨礙他們為追求國民利益及希望達到經濟、社會及其他種種的目的，而且地主國的政府也認為多國籍企業是母公司的母國政府之法律及政策對外實施最適用的潛在工具。他們對於多國籍企業認為是為追求母國利益的企業，無論哪一方面都是完全從屬母國政府的權威。最後，地主國人民將認為多國籍企業是外國人，是民族社會的侵略者，對地主國的忠誠貢獻存在著懷疑。

㈠多國籍企業與地主國之紛爭

有關多國籍企業海外投資的種種問題中最主要的三種問題，即國民利益的問題、治外法權的問題，及國家主義的問題。茲分述如下：

1. 國民利益的問題

國民利益的問題基於兩個因素而產生：⑴ 地主國政府和多國籍企業的政策目標之差異；⑵ 多國籍企業獨自所作的意思決定，其影響力波及當地政府政策上的決定，MNC 被視為輕視或反對當地政府之國民政策，甚至使之無效。在多國籍企業的目標中難於看到地主國國民社會安全的保證。除此問題外，兩當事者間目標的衝突確實發生於各意思決定者看法極度的差異上。地主國政府以國民利益條件來考慮其經營及發展為目標，而在其政策之中，HC 以國民利益作為考慮前提；MNC 以全球性尺度使世界人民利益與企業經營利益為前提。例如：石油是很多工業產品的原始原料，因此多國籍企業希望世界石油價格降低，使工業產品價格下降，提高世界人民利益，但是石油國家卻希望石油價格提高，增加該國之國民利益。

⑴多國籍企業有國際經營之能力

然而，國民利益的問題不在於這種目標的衝突，而是多國籍企業的經營能力問題。縱使國家和企業的目標時常協調，政府也不會將權限轉讓給多國籍企業，另一方面，若多國籍企業缺乏經營能力時，地主國政府也將要求多國籍企業提高經營能力對國民利益之貢獻。多國籍企業的經營能力是以資本、技術、資訊、市場等對世界展開的一種國際經營能力，多國籍企業對地主國具有給予經濟利益，或給予拒絕的權利義務能力。

⑵多國籍企業具有逃避地主國政策之能力

其次，多國籍企業具有逃避地主國國家政策的能力，以地主國政府的觀點而言，多國籍企業具有為逃避當地的稅金而作企業內部價格移轉的手段，使營業所得稅及輸入稅減少，在資本流出上逃避外匯的管制，以及完成不利於國民利益的種種目的之能力。除了這些指責之外，也有其他的反對論調，那是有關多國籍企業的投資及政策行動的問題，例如：多國籍企業之全球性理論可由如下的方法獲得利益。假設從 A 國外銷無優惠關稅也無外銷配額時，即將生產由 A 國移至 B 國，使 B 國的輸出增多，而減少 A 國的輸出以求增加利益。再者，多國籍企業能決定只在母公司內作研究開發的計畫，這項政策將使子公司變成依賴母公司技術的「分工廠」。多國籍企業是否對地主國採取有害政策，其決定因素在於潛在能力。任何政府都是好妒的主權者，而且沒有一個政府不關心設立在本國的他國企業，對該國國民經濟之影響。

2. 治外法權的問題

母國政府往往為防止本國企業在國外的經營活動違反本國利益，故對本國之多國籍企業經營的管轄，不僅限於本國境內的母公司，也涵蓋其所屬在外各國所有子公司；因此母國政府常經由多國籍企業，將對本國企業的管轄權伸張至地主國境內，致使地主國受到主權的被侵犯。以下就美國政府的幾項重要法令政策為例，說明美國政府在執行其法令政策時，極可能經由管轄權在他國的伸張，而導致他國感到主權受到侵犯的現象。

(1) 與敵貿易法案

在美國「與敵貿易法案」（Trading with the Enemy Act）規定之下，除了經總統特許以外，禁止某些特定商品及技術資料（technical data）輸往敵國。為了有效地執行此項限制，其適用範圍亦包括使用美國企業製造之零組件或技術資料所完成商品之「再出口」（reexport）至敵國。所以只要產品某一部分的零組件，是由美國企業所屬之世界各個機構生產者，均不得售予美國的敵國。

在此情況下，美國多國籍企業常成為美國政府執行其外交政策的工具，迫使地主國在外交上受到其牽制。譬如 1963 年，美國政府禁止某家美國飛機公司，在英國的子公司出售雷達裝置給某英國子爵式飛機公司，因該公司擬出售子爵式飛機給中國。此種情況就如同以色列的幼獅型戰鬥機之引擎為美國所製造，若以色列欲將此種飛機售給我國時，必須經過美國政府的同意一樣。

此外，1958 年福特汽車公司加拿大子公司，本欲接受中國一筆一千輛汽車的訂單，後因美國外交政策的影響，福特公司之加拿大子公司不得不取消此項交易。

(2) 出口管制法案

在美國「出口管制法案」（Export Control Act）規定下，美國總統有權禁止或消減本國企業的任何產品或技術的出口，以便貫徹美國的外交政策。據此，美國政府常基於國防之考慮，禁止美國多國籍企業出售與國防有關之高度精密機件給他國。譬如 1964 年，美國政府禁止 IBM 之法國子公司出售精密機件給法國政府。

由於多國籍企業和他們母國政府之政策均具有整體性，因此地主國認為多國籍企業對其國家主權有所威脅。例如：美國政府不僅在美國的母公司行使裁判權，同時在多國籍企業制度上也行使裁判權，況且美國政府為了要行使獨占禁止法、東西貿易及外國投資政策，實際地強制約束美國母公司的外國活動。

在 1964 年，美國政府禁止完全屬於 IBM 公司的法國子公司將電子計算機技術賣給法國政府。1966 年，英國飛機製造公司打算賣給中國飛機所需的電氣接續物技術，而該公司的專利執照卻被美國政府所否認。同樣於 1968 年，美國公司比利時的子公司申請輸出給古巴的農場裝備技術也被拒絕。1972 年，美國政府對法國國營的飛機引擎製造公司 SHECMA 開發新引擎的合同協定中之某一部分，否決

GE 公司將噴射引擎的製造技術轉讓給該公司的申請。美國政府雖然將拒絕的理由以保障國家安全，但其真正的理由以商業上利益分析，唯恐美國的技術變成法國的利益。

3. 國家主義的問題

國際企業相互滲透（interpenetration），而在彼此的經濟結構中有極微妙而複雜的關係。然而，儘管這種想法是正確的，但在經濟、生活、信念上還依賴於傳統舊式之人們，依然不能相信。況且政治家是被限於地理環境中，而多國籍企業的經營者卻能超越地理上的風險，使公司的計畫遙遙領先政治家。政治家不願失去主權，更不想將領土內的意思決定權分享於別人，何況要令其放棄那更不可能。多國籍企業很明瞭這種問題，在海外經營子公司必須能接受地主國政府之特權與責任的挑戰，而且持有影響該國國民生活的能力。

因為外來投資連帶著經濟上的利益和政治上的障礙，由於引起地主國對多國籍企業的態度及政策形成高度的對立，並且產生帶有「愛與恨」關係的緊張氣氛；尤其地主國是無法透過經濟利益和政治障礙的客觀評價，來解決這種反對情緒的並存及緩和緊張的氣氛。

最合理的是當多國籍企業擬定其經營政策時，地主國政府必須對外來投資的整個經濟利益和成本的增加作正確的評價，如此可減少多國籍企業在政府上的不規則移動，也能減低外來投資企業和地主國雙方的損失。世界經濟正邁向相互依賴的更高階段，任何一個政府若過分維持國民主權時，必會阻礙該國經濟快速發展。

㈡地主國政府之保護政策

地主國政府對外來投資的政治障礙，所擔心的是外資企業的母國政府政策在有形無形中，對地主國經濟均有控制。外國的母公司所控制的是當地子公司的所有制度，因此地主國政府企圖妨礙、消減或驅逐外國的所有權，採取許多政策及行動使外來投資的政治障礙減至最低。其方法包括：
　⑴限制外國人的所有權比率。
　⑵拒絕外人參與地主國主要產業。

⑶要求合資經營，轉讓所有權給當地人。

⑷禁止外國人購併當地主要企業。

茲分述如下：

1. 限制外國人的所有權比率

世界各國至少在數種產業中，對當地企業的外國所有權作差別待遇。一般來說，這些限制在開發中國家是非常嚴格的，但在先進工業國內也決非無異議。地主國政治經濟的穩定、企業活動的自由、對外資善意的態度是有必要的，但比這些更重要的問題是，企業生存是否有長期存在的保證。開發中國家之中，有多數國家急於謀求國家經濟之發展和國民生活的改善之餘，採取社會主義政策，強行重要產業和主要企業的國有化，在非洲及南美地區這種傾向尤其激烈。還有對國家經濟影響的重要產業，特別是銀行、保險、鐵路、航空、水路、通訊、礦業、主要農產物等方面，更是禁止或限制外人投資，使外人難於參加這些業種。

2. 拒絕外人參與地主國主要產業

先進工業國和開發中國家同樣認為，國家安全保障、國家經濟和對社會有廣泛影響的主要產業，應禁止外國人直接投資。通常所謂主要產業是公共企業、航空、船舶、傳播媒介（電視、收音機、出版）、銀行、保險業等，有些開發中國家，甚至也禁止外國人投資在農業、森林業、漁業、地下產業（礦業、石油業）及基幹產業（鋼鐵、石油化學等），這些將為國有企業而保留。

3. 要求合資經營，轉讓所有權給當地人

地主國從某一特定經濟部門排除外國人完全子公司所有權，同時對產業部門也要求 MNE 讓當地者參與。一九六〇年代，日本為企業未來之發展，限制外來投資僅可少半數所有，在 50% 以下之所有權政策，1967 年，日本在其他先進工業諸國壓力之下，首次將所有權政策自由化；當時設定了自由企業的兩個階段，即承認外國企業增加至 50% 的所有權（33 種產業）和增加 100% 的所有權（17 種產業）。日本在 1971 年完成了自由化的第四階段，對二百二十八種產業百分之百的開放外

國所有，但大部分因嚴格要求的規定依然是百分之百地封鎖外國的投資。二十一世紀，外來投資依然不多。

　　日本要求企業合資雖然在先進工業國中是極為獨特，但在許多開發中國家卻有很多追隨著這種政策。例如：墨西哥在廣泛的產業領域中，要求至少要有 51% 的墨西哥人參加投資。墨西哥多年來採取要求外資企業之股份轉讓為合資經營，並且要求外來投資公司趨向墨西哥化政策。1971 年，美國的銅礦公司 Anaconda 將墨西哥礦山子公司的 51% 股份賣給墨西哥；1965 年，美國另一家製銅公司也以同樣的方式賣給墨西哥子公司。印度政府主張，應由印度人來作有效的管理而擁有事業過半數的股份。其他在法律上，沒有規定投資比率的開發中國家之政府，仍想說服外來投資和當地企業進入合資關係。菲律賓政府要求外來投資滿十年後，股份必須轉讓為只剩 30% 以下；馬來西亞政府要求外來投資五年後，當地馬來西亞人必須占30%。

4. 禁止外國人購併當地主要企業

　　對於外來投資，採取自由政策的先進工業國政府，也不允許外來投資企業取代當地民族公司。在西歐的法國即限制企業的取代，如法國政府禁止西屋公司取代法國當地的公司，此項行動妨礙了西屋公司想要控制歐洲巨大電器產業和更大市場占有率之策略。

　　加拿大製造業部門的外來投資已超過國內總數的 50%，而地下產業部門之投資率更高，故加拿大政府決定取消對外來投資所採取的傳統性自由開放政策。1972 年所設立的內閣標準審查機構，為將來若有外國人想收買當地資產 25 萬美元以上，或至少年收 300 萬美元的企業，是屬於加拿大國民的公司時，必須加以審查限制。

三、多國籍企業被地主國之國有化問題

㈠地主國之國有化問題

1. 地主國之國有化政策

　　地主國對多國性企業在當地的財產徵收（taking of property），是地主國政府維護其國家主權最直接的行動。第二次世界大戰後，許多開發中國家雖脫離了強權的國家政治束縛，然由於曾身為其殖民地的餘悸猶存，為了擺脫強權國家的經濟控制，乃特別強調「國家經濟主義」（economic nationalism）與天然資源永久主權之觀念，紛紛採取大規模的「公用徵收」（expropriation）或「國有化」（nationlization）措施。

　　依據一般國際法規定，地主國為了本國公共利益，有權徵收外人財產，但必須給予適當的賠償。1962 年，聯合國大會的「關於天然資源永久權之決議」第四條即說明：「徵收應附帶適當的補償。」如果地主國政府強制取得外國投資者的私有財產而不予補償，就成為「沒收」（confiscation）之行為。此外，「公用徵收」與「國有化」亦有所不同，「公用徵收」係針對某特定財產而言的個別性行為；「國有化」則是因應國家經濟、社會政策所採行的一般性措施。一般在「國有化」後，該財產即由政府特定機關經營。

　　「公用徵收」或「國有化」，是地主國政府為使外來投資的政治障礙極小化，所採取的最積極的行動。「公用徵收」包括地主國政府對外國公司財產的收押，若外來投資者的財產被收押而未獲補償時，「公用徵收」就等於「沒收」。大多數的公司徵收同時也是國有化之政策，因為地主國政府將所徵收之財產轉為國家永久財產，因此只要以一張公用徵收的命令，便剝奪了外國母公司在地主國子公司的一切所有權，其中也包括管制子公司活動的權利。公用徵收對地主國的經濟發展阻礙很大，除了損失子公司的活動經費之外，也阻礙新投資，又可能招致投資者的本國政府之報復。雖然如此，開發中國家的「經濟國家主義」之各方面的力量仍然強大，原料開發事業和公共事業上的公用徵收，幾乎成了極平常的事情。

　　公用徵收是一種國民主權的直接執行，主權國家對外國人財產之公用徵收在聯

合國的國際法也承認。然而，聯合國訂定的「國際基準」上對公用徵收，亦要求敏捷、適切及有效的補償。第一次世界大戰以來，國際基準不斷地受共產主義者和開發中國家的挑戰。

2. 美國多國籍企業被國有化之概況

第一次地主國大規模的國有化事件，係發生於 1917 至 1920 年間（如〔表12.1〕）；當時蘇俄共黨新政權徵收其境內所有外國企業的財產，而不予以補償。此事件爲第二次世界大戰後，東歐共黨、中國大陸、古巴等政權將外資企業國有化之先例。此外，1938 年，墨西哥政府接管許多美、英企業在當地的子公司，則爲第一次非共黨政權公用徵收事件，不過其徵收對象是有選擇的，只有徵收外國石油公司之子公司。此項行動爲第二次世界大戰以後，開發中國家對境內外人擁有之礦業、石油、農業、公用事業等進行公用徵收之先例。例如：一九七〇年代「石油輸出國家組織」（OPEC）各會員國，對多國籍石油公司更採取一致的對抗立場，莫不大力推展徵收多國籍石油公司在當地股權之行動。

譬如，IBM 公司即深受地主國國有化政策之困擾，該公司之印度、巴西與伊朗子公司在 1973 年，以及奈及利亞子公司在 1978 年，均先後遭到當地政府之勒令停業或國有化被徵收。

地主國最常採取公用徵收政策之產業是天然資源開採。許多地主國所引用的論調是「你們拿走了資源，留給我們的只是一個空洞！」由此可知徵收的主要理由，並非外人投資所造成經濟上不良影響之代價問題，乃是外人擁有所有權這一個事實，因而積極排除外資企業在當地的所有權。譬如，1968 年秘魯政府將美國國際石油公司（International Petroleum Company）收歸國有後，新的秘魯石油公司（Petro Peru）在全國各地貼著標語「現在更好，因爲它已屬於我們自己所有」。又如 1971 年，智利政府將美國銅業公司收歸國有後，出現在聖地牙哥（Santiago）的標語爲「銅現在屬於智利人所有」。

公用徵收一般會阻礙外國企業的新投資計畫，而這些投資計畫很可能是地主國亟需的，同時還可能會對其他外國投資者產生嚇阻作用，使地主國在必須利用外資的時候吸引不到外資收入，甚而也可能會影響到多國籍企業對其他環境相似地主國的投資心理。譬如，1959 年，古巴政權實施公用徵收政策，使美國在拉丁美洲其

他國家的投資大幅下降。據估計，在 1960 年至 1962 年間，至少使美國對此地區的投資減少了 5 億美元。此外，若地主國徵收母國企業而未給付適當補償時，極可能會招致母國政府的報復，較常見的報復措施是「凍結財產」（freezing of assets）及「抵制」（boycott）。「凍結財產」是指母國政府凍結其國內屬於該地主國所有的一切財產，以強迫地主國提出賠償，直至有關的賠償事宜解決後，方解除所凍結的財產。「抵制」則是指母國依據其貿易管轄權，禁止本國企業與地主國從事交易活動。

第一次世界大戰後，美國在外國所投資的子公司，有很多被公用徵收。最初大量的公用徵收發生在 1917 年至 1920 年之間，蘇聯新政府將外國人所屬的企業財產與本國國民的企業財產同樣收押，同時公布此項公用徵收不作任何的補償。此種方式的公用徵收成為第二次世界大戰後，東歐和中國政府之前例，也是 1985 年古巴革命政府之前例，並造成拉丁美洲、開發中諸國依國家主義採取公用徵收的方法。

非共產主義國家最初的公用徵收於 1938 年發生在墨西哥。在這一年，墨西哥政府沒收了美國和英國石油公司的墨西哥子公司，至 1940 年，關於補償問題才有了最後的協議。墨西哥的公用徵收和蘇聯不同，墨西哥的公用徵收採用挑選性徵收外國石油公司，這是墨西哥對公用徵收所採取的一種行動，而成為許多外國採金礦投資公司的公用徵收之前例、第二次世界大戰後，開發中國家沒收石油公司、農業和公共事業的國家很多。

1960 年，古巴的美國公司經歷了打擊性最大的公用徵收。古巴政府沒收了美國二十家公司的資產（值約 14 億美元），對這項沒收並無任何補償。半世紀後，古巴認為美國公司都具有利益性方面之投資，對於美國投資所關連的公用徵收之風險性提出了保險契約。

在美國公司被公用徵收的歷程中，依據 Franklin R. Root 之調查資料，美國有一百八十七家公司自 1952 年至 1972 年期間遭受公用徵收的命運。這一百八十七家母公司投資在外國的子公司被公用徵收的總計達二百四十家之多〔其中共產國家有 171 家公司，占 71%（包括古巴），和非共產國家及開發中國家的 69 家公司〕；1965 年至 1972 年又被沒收八十幾家，如〔表 12.1〕。

表 12.1　實例：1952 ～ 1972 年間收歸國有事件

年	國　家	產　業	公　司
1952	玻利維亞	錫	atina
1956	阿拉伯聯合共和國	蘇伊士運河	Universal Co.
1958	阿根廷	電力	Amer. For. Power
1959	巴西	電力	Amer. For. Power
	古巴	所有工業	所有公司
1960	巴西	電話	I. T. T.
1962	錫蘭	汽油站	Esso, Caltex
1967	坦尚尼亞	銀行	Bank of America
	智利	銅	Kennecott
1968	秘魯	石油	Standard Oil (N. J.)
1969	玻利維亞	石油	Gulf
	智利	銅	Anaconda
	厄瓜多爾	電話	I. T. T.
	秘魯	農業	Cerro de Pasco
		糖	W. R. Grace
		電話	I. T. T.
	尚比亞	銅	Roan
1970	阿爾及利亞	石油	Atlantic Richfield
		石油	El Paso Natural Gas
		石油	Getty Oil Co.
		石油	Mobil
		石油	Newport Mining Corp.
		石油	Philips
		石油	Standard Oil (N. J.)
	智利	電動機	Bosie Cascade
		銅製真空管	Northern Indiana Brass
		養雞業、飼料業	Ralston Purina
	厄瓜多爾	電信	I. T. T.
	波多黎各	糖	Aguirre
	秘魯	銀行	Chase Man Hattan
		銀行	Chemical B. of N. Y.

1970	秘魯	銀行	W. R. Grace
1971	玻利維亞	礦	Englehard
		礦	U. S. Steel
	智利	銅	Anaconda
		銅	Kennecott
		銅	Cerro
		硝酸鹽	Anglo-Lautaro
		鋼鐵	Armco
		鐵礦	Bethlehem
		軟飲	Coca-Cola
		電話	I. T. T.
		銀行	First National Co.
		汽車	Ford
		電視機、收音機	R. C. A.
	蓋亞那	鐵礬土	Alcan
	墨西哥	銅	Anaconda
	秘魯	化學、紙業	W. R. Grace
		銅	American Smelting
		銅	PhelPs Dodge
		銅	Cerro
		銅	Newport Mining
	委內瑞拉	石油輸出	所有公司
1972	智利	爆炸物	Du Pont
	蓋亞那	電動機	Boise Cascade
	伊朗	石油	A Western consortium
	伊拉克	石油	Standard Oil (N. J.)
		石油	Mobil
	墨西哥	石棉	Freeport Mining Co.
		硫磺	Pan American S. Co.

資料來源：R. Hal Mason, Robert R. Miller & Dale R. Weigl, *The Economics of International Business*, 1975, pp. 320-321.

　　拉丁美洲於一九五〇年代被稱為「投資的黃金地域」，第二次世界大戰後，美國企業的對外直接投資集中於中南美，朝向採礦業。除了石油之外，鋼業和鋁業占

大半數，然而一九六○年代及一九七○年代初期，當地政府及多國籍產銅企業間的交涉結果，智利、墨西哥、秘魯共和國（Peru Zambia）等諸國都採取國有化政策，或 51% 以上的股份所有，確立支配權，限制多國籍企業的權益，此行動引起其他地主國的國家主義運動。

　　美國企業對外直接投資的急速化，很多採取對當地現成企業收買之方式，引起法國等歐洲各國的反應，再加上政治問題，造成「歐洲對美國挑戰」的國家主義問題，例如：1960 年的 GE 對法國及義大利之戰略。

　　1964 年，GE 向法國購買電子製造廠（Machine Bull 電腦公司），因為馬新布魯公司經營發生困難，GE 即欲收購此製造公司為歐洲地域的生產工廠，雖然法國首相拒絕此事，並經過長時間的爭論，結果還是承認 GE 的支配權。法國政府對 GE 的收買政策極為反感，1965 年戴高樂總統即發表對外來投資企業之優良評價基準，其要點是「歡迎的外資企業為：能給國內勞動者的利益、改善法國的國際收支、增加國民所得和政府稅收、彌補國內投資活動之不足、促進現代化、提高法國的國際市場競爭力。不受歡迎的企業：破壞國內市場秩序的競爭、奪取經濟的最高利益而引起社會混亂、取代法國及該企業、不顧慮法國利益、影響長期性的貿易收支惡化、技術方面比不上外國而阻礙國內之研究活動」。

　　雖然法國限制了美國資本的繼續流入，但在 1970 年後，眼看美國企業移轉至歐洲共同市場（European Economic Community, EEC）之國家，再把產品運回法國行銷，如此不只失去法國原可得之利益，反而造成法國的國民利益成為他國國民之利益，因此法國政府只好再改變政策，歡迎美國企業來法國投資。

　　義大利在 1964 年亦有一家奧利佩帝公司的電腦事業被 GE 以多數股之資本獲取支配權，因為義大利為了防範貨幣危機而不得不接受。

　　由上述內容可知，在國際企業經營道德上，共產國家比一般開發中國家更不守信。再如，據日本通產省透露，如〔表 12.2〕，中國輕易取消重要化工廠之建廠及其他工業計畫合約，近三十家日本廠商將遭受總計約 6 億 3,400 萬美元的損失，因此日本大藏省大臣渡邊美智雄要求中共賠償日本廠商因合約取消所遭受的損失。

表 12.2　中國大陸對日本企業取消合約之內容

工廠名稱	年生產規模（萬噸）		日方契約者	完成預期（西元年月）	契約額（億圓）
南京石油化學廠					
⑴Athylen	各	30	TEC、伊藤忠	1983.1	400
			東工物產	1983.4	
⑵ 高密度玻璃纖維	各	14	三井石化、三井造船	1982.3	180
			伊藤忠、光商	1983.3	
⑶ 鹽		20	TEC、三井物產	1982 年初	115
			三廣貿易		
⑷ 鹽		20	信越化學、日綿實業	1983.8	280
⑸ 原油輕質化		100	千代田化工、和光交易	1982.6	90
北京東方化工廠					
亞克利酸		2.5	三菱重工、日本觸煤	1982.7	65
			日商岩井		
北京燕山石油化學廠					
碳酸		5	三井石化、三井造船	1982.10	68
			伊藤忠、光商		
acetone		3			
上海寶山製鐵所					
⑴ 熱延設備		700	三菱重工、三菱電機	1984.8	850
			三菱商事		
⑵ 冷延設備		76	新日本製鐵	1984 年夏	130

資料來源：日本經濟新聞，〈寶山「冷延」も破棄〉，1981 年 1 月 20 日。

3. 美國政府防止地主國之國有化政策

　　當地主國沒收外來投資的財產時，除了投資者在外交上的抗議外，在投資者的母國也會引起爭論。關於損失方面，美國政府對於被地主國政府所沒收的美國投資企業，依國際基準加以適切而忠實的保護，同時作有效的補償。美國政府透過國際條約而履行此項政策，以外交力量要求依國際法給予補償、對於不補償的國家施加壓力、阻止對採取公用徵收的國家減少經濟援助和資本貸款，或不售予保護國防的特殊軍需品等，設法防阻不合理的收歸國有。

　　1961 年，美國重新改善對外資產的活動，美國總統要求終止一切對外國的各種援助。對於屬於美國企業財產的公用徵收部分更不得「收歸國有」，必須依照國際基準法在六個月內收回對美國企業財產的補償。但此案卻遭致反對，要求公用徵收的交涉須配合各項援助限制。1968 年，秘魯沒收了 IPC 的財產，引起拉丁美洲對於各種修正案產生可怕的反應，美國政府以深遠的見解對秘魯的「收歸國有」政策，決定要求補償。

　　1972 年，美國對外投資企業在各投資國，因美國政府所聲明的強硬政策而立即形成對立的局面。其主要內容如下：

　　　　對美國有利的公用徵收，同時可獲得補償的，可不照理論上的規定處理。美國
　　　　不延長與公用徵收國家所約定的新、舊兩方面的經濟利益。

美國考慮在多元性的開發銀行中，限制維持貸款，新政策絕對無法應用在對人道主義的援助上。該政策對地震、饑荒等的救濟在一般差額上沒有明確基準，因此要與收歸國有的條約政策調換，美國的新政策欲將以前的正式宣告效果適用於現在。自從秘魯沒收了 IPC 的資產後，1969 年美國對秘魯的援助自 60 萬美元減至 9 萬美元。1971 年輸出入銀行因智利未完成對 KENNCOTT 和 ANACONDA 的補償，拒絕智利購買「噴射客機」的財務貸款。1971 年世界銀行不貸款給 BOLIVIA 和 GOYANA，致使被公用徵收的美國財產也不能獲得補償。尚有與美國兩個公司的利益有關係的烏拉圭石油公司也被沒收，而世界銀行決議給烏拉圭再貸款才能獲得補償。簡言之，美國已遭受到公用徵收很大的衝擊。一九六〇年代採用為阻止援助之妨礙政策（此舉對拉丁美洲尤其顯著），此項政策採取後，開發中國家的沒收政策確實趨向減低。從上述可想而知，這種不合理的沒收政策是地主國妨礙外來投資的一種政策，而公用徵收「收歸國有」也觸怒了資本投資國，因此這些國家也得不到技術移轉，國家經濟發展自然也受自己不合理的政策所阻礙。

(二)多國籍企業與地主國間協調之重要性

　　對於外來投資之利益與損失之分析，對於多國籍企業和地主國之間經濟利害關係之一致與否是核心問題。這利害關係的根本調和之過程中，當然有其利害關係的

持續性紛爭。其理由是多國籍企業和地主國之兩當事者，各自努力追求利潤極大化，在沒有政治紛爭的情況下，有關利益分配上的問題，可以由兩當事者自作圓滿的解決。由於他們彼此也了解共同的利潤是有賴於外來投資的經營活動的成果，若他們各自強取自己的利益時，將要冒喪失現在與將來的經濟利益之險，因此在原則上，經濟利害關係的紛爭是可以解決的。國際經濟關係就是兩當事者繼續保持經濟利益關係即能獲利，而斷絕關係就是雙方損失的一種關係。經濟利害關係的一致是多國籍對地主國有貢獻，移轉生產物、資本、新技術、優秀管理者的技能，以及提供資訊與市場。

多國籍企業雖然在經濟利害關係上有根本的調和，但基於地主國的政治立場，卻不斷地受到攻擊。此種政府的紛爭在於地主國內的多國籍企業管理型態上，地主國政府盼望對該國民、社會及經濟利益能極大化為目的；另一方面，多國籍企業卻盼望以世界性規模的企業，使經營利潤極大化為目的。此外還有一種政治紛爭，是由於當事者之犧牲，而使另一當事者獲利的權利鬥爭。然而政府是否能消除多國籍企業的威脅，確實沒有一個政府能以其國家的政策而辦到，因為一國政府僅能對國內的多國籍企業方有管轄權，而且欲使各國政府為此事而採取集團行動，是為不可能的事，如果多數政府在自己領土上，將多國籍企業之行動都加以限制時，將使多國籍企業組織內的經營效率極度減弱，亦使地主國與世界經濟雙方均受損害。因此兩當事者中任何一方，為了要達到在本國的行動上的完全控制，絕不能破壞其他當事者；其所能選擇的辦法是，與其他當事者合作，否則就是為追求本身的利益而導致政治的紛爭。

四、多國籍企業之政治風險管理

㈠一般性分析

一般企業國際化對政治風險之關心極高，因此對政治風險評估（assessment）之重要性很受重視，政治風險管理之文獻雖然不少，但是，關於政治風險管理之研究，多數只論及政治風險預測（forecasting）；換言之，這是屬於狹義的政治風險評估為主的內容。

本來，政治風險管理，在於廣泛的政治風險評估，並非只在於預測的主要目標政治風險要因之確認（identification），轉變風險條件之監督（monitor），為評估所需的資訊系統之開發為止而是更廣泛包含著，將評估結果整合（integration）於企業的戰略計畫，如此形成（formulation）企業風險條件變化之對策戰略，也即能展開（implementation）之工作。

本節之目的，以廣義的政治風險管理的後半部分，對戰略計畫（strategy）的整合以及如何因應戰略的形成與展開，為分析的主要內容。

對外直接投資計畫的政治風險評估，可從技術上水準（technical level）以及組織上水準（organizational level）兩方面的組合來分析。

此組合尚必須考慮，對外投資前的計畫策定（pre-entry「pre-investment」planning），或是投資後的計畫策定（post-entry「post-investment」planning）之系列因素。

因此，此組合包含技術／組織水準，投資前／投資後的兩方面組合。例如：從技術面水準而言，投資前的計畫是如何使投資的收益／風險的均衡化，其企劃體系是依資本預算設定程序（systematic capital budgeting procedure）；投資後的計畫是如何使風險暴露（rex exposure）極小化的保險戰略之開發（development of hud-get strategies）等。從組織面基準而言，企劃策定的過程，經營者如何參與計畫，對於經營管理做意思決定時，對政治風險能否有正確之認識，其決定是否有益，在於經營者參與之型態。以下將政治風險，分為四個階段的組合，如〔圖 12.1〕分析。

1. 第一階段

企業、計畫的內部分析（internal analysis）企業對外投資，首先必須設定投資之目的以及與目的相關連的企業特性（firm-specific attributes）；換言之，必須對公司本身的優點與缺點能明確把握而評估。

投資目的，為利潤極大化，確保市場機會，確保原材料調達來源，單位成本的削減等，並依企業的一般目標之關連而決定。企業的特性，是依據生產、行銷、資訊、財務、人事、研發、技術，產品的生命週期或產品差別化的可行性，資產之構成等業務範圍之考察而評估。從內部分析，企業可了解其可能性與界限，同時也為選擇與企業目標能一致的經營資源計畫時，此為不可缺少的情報。

內部分析：企業與計畫		
投資目的		
企業本身的優點與弱點		
生產、行銷、財務、人事、技術		

政治預測與監視（細察環境）		
個體經濟變化	總體經濟變化	
政策變更 型態 原因 媒體	動亂 型態 原因 媒體	政權交替 型態 原因 媒體

政治風險評估	
政治風險發生可能性程度之推計	
技術面組合 （資本預算計畫）	組織面組合

政治風險管理	
防避戰略（hedge strategy）	
線型計畫法 （linear programming） （生產、庫存管理、人事配置、 資金等計畫）	風險極小化

投入前的分析

投入後的分析

資料來源：Li R. P., *Investment and Politcal Risk Analysis*, Global Risk Assessment, Rogers, J. ed., 1983, p. 128.

圖 12.1　一般分析架構

2. 第二階段

環境的細察（environmental scanning）細察是預測（forecasting）與監視

（monitoring）之型態。例如：投資前之階段，政治的細查，即如文字之意義，「政治情勢的預測」；投資後的階段，對目前進行中的事業關係有可能受影響的「政治動向的監視」。細察是對正常／異常的政權（體制）變化或動亂，政策變更等總體經濟變化以及個體經濟變化之延續觀察。

　　對「變化」分析時，其變化的「型態」（types）＝內生變數，變化的「原因」（sources）＝外生變數以及變化的「媒體」（agents）＝媒介變數，對此種種變數別之分析方法而考察，同時也對這些變數間的因果關係，能有十分明確的把握。

3. 第三階段

　　政治風險評估（political risk assessment）上述二階段的作業結果，亦即，投資目的與體質的明確化（第一階段）以及政治情勢的預測（第二階段）之對照。關於投資計畫之風險，發生的可能性（probability）之評定是第三階段的作業。

　　如上述，環境變化的可能性程度，可從諸變數的因果關係，分析而知。對企業衝擊的可能性程度，可由專家對風險分析而引導明朗化。投資計畫策定之風險評估的整合（integration）課題之挑戰，可依據確實程度之預測值之順序而安排。「整合」可從技術程度以及組合程度二方面展開。

4. 第四階段

　　政治風險管理（political risk management）最終階段的工作是已被確認的風險管理。此工作限於投資後之分析，此階段的分析目的為風險極小化戰略。政治風險發生的可能性程度，將明示於戰略分析內，同時風險管理的工作可委任於公司內的評估團（inhouse assessment team）的整合性研究方法（integrative approach）而完成。

㈡政治風險之因應策略

　　上一節敘述，如何將政治風險評估組合於投資計畫中，對此課題作一般性架構分析。

　　本節將此「組合」＝整合性方法的一環，由此展開的政治風險對應策略之形成（尤其是對於投資後所發生的政治風險，企業如何形成對應策略──其基本的觀念以及進展的方法）作概要性說明。

政治風險對應策略的形成，大致分爲如下四種局面，如〔圖 12.2〕：

①整體情勢的分析。

②可預測的威脅（損失的可能性）以及機會（利益的可能性）的確認。

③確認企業本身之體質。

④政治性對應策略的形成。

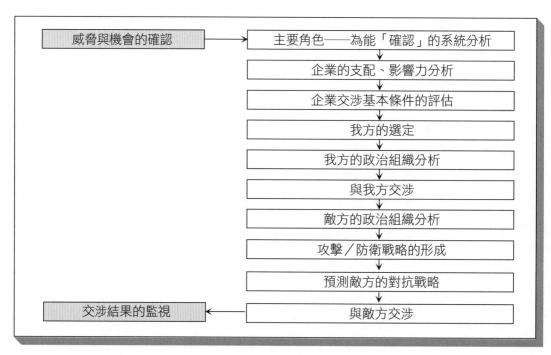

資料來源：Ian C. MacMillan, *Strategy Formulation*, West 1978, p. 3.

圖 12.2　政治風險策略之形成

1. 整體情勢之分析

前一節的第二階段，投入後的監視（monitor）活動與此相似。企業將其政治環境分析結果，確認政治變化的發生，但是，政治的變化（例如：政權交替、政策變更等總體經濟變化以及個體經濟變化），並不一定對該企業有直接的風險。因此，企業首先必須確認可預測的政治威脅（損失的可能性）以及機會（利益的可能性）。亦即，企業依據此分析而限定「策略性決策區域」（critical decision areas）。此爲政治問題研究方法（approach）的預備階段。

2. 可預測的威脅與機會

基本上的政治研究方法（策略形成）的第一階梯，對此政治威脅與機會能左右之主要角色（key actors）誰是最適當，爲此決定之選擇系統分析開始。換言之，對其「變化」如何看出誰是損失角色，誰是利益角色。

「變化」成爲威脅時，有負面可能性的角色；成爲機會時，有正面作用的角色，無論哪一個角色，從企業而言都是潛在性的我方。另一方面，若「變化」雖然成爲對該企業有正面作用，卻爲此處於苦境的角色，以及「變化」對該企業有直接重大威脅之角色，而欲將此威脅成爲正面作用之角色，對該企業而言，都是潛在性的敵人（potential opposition）。

從上述考察，可明確下述內容：

⑴必須克服的重大威脅是什麼。

⑵爲企業發展，顯著的機會是什麼。

⑶在各重要戰略意思決定領域，潛在的我方是誰。

⑷同樣地潛在的敵人是誰。

3. 確認企業本身之體質

對政治的研究方法，企業爲達成目標，必會尋找能幫助企業本身的「我方」，在策略形成之進展，企業首先，對公司本身相對的支配、影響力（power and influence），必須透徹判定。企業依據支配與影響力，即使我方與同盟無結合，也能達成與克服，對其達成與克服程度也能有明確的把握。此作業相當於前節的第一階段——內部分析。亦即，企業的優點、弱點＝確認企業體質之作業。

判斷企業基礎實力後，企業的交涉基本條件（negotiation base）——我方與同盟關係能結合時，願意接受的有限條件（the minimum）即能決定。換言之，交涉的基本條件是企業爲達成其目標，所需要的外部其他組織的支援以及同盟的結合時，所需行使交涉策略的基礎條件都必須造成。

4. 政治風險之因應策略

最初的作業，企業必須檢討本身的基礎實力與對抗者（敵方）的實力相比較，

兩者間的政治能力（political capability）的優劣，而見定其差距。其結果，因應必要，選定我方（alliance selection）的策略。

選擇我方策略時，照理對我方潛在性的支配、影響力，基礎實力（強點與弱點）之判斷，是政治上制度分析所不可缺少之內容，但在此不再詳述。

我方欲於決定時，為結成同盟必須進行交涉（alliance negotiations）。而交涉要件，將如下所例舉之內容：

⑴確認可預期的交涉問題。

⑵確認最重要的問題。

⑶重要協議事項的特定化。

⑷情報的蒐集。

⑸重要階段的明確化。

⑹檢討重點以及對象的設定。

企業與新同盟而展開之策略：①接近敵方的弱點；②採取使敵方戰力減弱的攻擊性策略，同時對於敵方；③接近我方的弱點；④欲減退我方戰力的策略，採取對抗的防衛策略。由此，不可能忘記敵方政治政策，並且尚須預測敵方可能打出的對應策略。

攻擊性／防衛性策略的形成，策略的決定者必須注意以下幾項內容：

⑴我方的戰力盡可能提至最高，而選擇敵方戰力最低的時候採取進攻的行動。

⑵要熟悉敵方的意思決定。

⑶策略並非只有我方，必須注意敵方的出手。

若欲與敵方交涉，其交涉結果可為監視之用，為將來可能發生的「變化」做預測時之參考資料，如〔圖 12.2〕，政治的對應策略的形成，必須如一個絲輪（loop），注意其連續執行情況。

投入後的風險分析，是構成策略計畫的整合部分（an integral part）。計畫策定團，必須監視環境動向的「變化」，而將評估結果，組合於策略性風險管理決定活動中，企業需要因應環境變化（風險發生），選擇（形成）適當策略而努力。

因應策略的選擇要素是將評估的結果為風險預測的標準，因此，為解消風險之因應策略，有時會存在偏差（bias）而有損失，必須留意。

風險管理之工作，其本質是使發生的風險衝擊極小化，或者在可能情況下，選

擇對可能發生的風險能滅殺之策略。

(三)投資後之業務策略

　　投資後，投資意思決定後的政治風險管理（風險發生原因的滅殺以及風險發生後的損失極小化之工作），如何組合於業務策略中，有如下課題。

　　決定投資→由於國際生產活動開始；所伴隨的多國籍企業經營活動的地主國（host country）政府的優先權（priority）的變化而言，其因應風險的業務策略（operating strategy）有哪些。

　　對地主國優先權的變化之預測，是導入業務策略成功的要素。依據如下五項策略領域，慎重地推動各項政策，對將來的政治風險可減低至相當程度：

　　(1)生產及後勤工作。

　　(2)行銷。

　　(3)財務。

　　(4)組織。

　　(5)人事。

1.生產及後勤工作

　　為了降低政治風險之生產及後勤工作的技巧，即是在當地的調達，在當地的設備，運輸之支配，專利權（patent）、工廠法之支配等。

　　在當地調達的程度，政治風險是重要決定因素。雖然在當地調達從經濟開發面而言，可減低政治風險，但於反面，對當地過分依賴，將使財務上的暴露（exposure）提高，使用當地低品質的零件，將造成商業風險。由此可了解如何使政治風險與財務、產業風險間採取最適當之權衡取捨（trade off）關係（棄除雙方不合理的特性、達成全體最適當的配合）。

　　當地工廠設備，依據當地投資目的（資源導向、市場導向、或是勞力導向等），其政治風險的衝擊也有差異。運輸之支配，也有防止被收歸國有之作用。重要的專利權或工廠法之支配，對於地主國政治干涉的可能性，亦有滅殺之效果。

2.行銷

可減低政治風險的行銷技能，包含市場支配與商標、廠牌等。市場支配對政治風險有滅殺效果。廠牌、商標可為多國籍企業經營的獨占支配力，即使廠牌被沒收，沒有廠牌與商標的地主國的產品，也難獲得國際競爭力。

3.財務

多種多樣的財務策略的展開，對於地主國的政治干涉，有減輕損失風險之效力。

4.組織

政治風險對策關連之組織策略上之課題，主要是投資型態以及所有權比率。國家主義的高昂伴隨著地主國政府的「當地化」政策之要求，或是展開為減輕因政治起因有損失可能性之政策，例如：對於 100% 完全設有子公司，要求改換為合資公司甚至於少半數所有，減少外籍管理者，增加當地人升任，或經營管理權之擴大，甚至於要求公司總部設立於當地等型態之策略。

多國籍企業與當地（民間／公營）資本，或與第三國資本的混合合資公司方式，確實有政治風險分散的效果。相反地，合夥者的選擇錯誤，合夥者的經營政策（例如：紅利分配、增資、董事的選任等），在觀念上的差距，反而造成紛爭的火種，擴大風險的情況也不少。然而也可看到配合（trade off）之關係。換言之，合資方式，雖對減輕風險可能有效；相反地，對於外資企業的所有（股份）程度，在事業營運上的自由卻會被剝奪，同時對多國籍企業整體組織的全球活動上，某些部門也會被限制的可能。

⑴合資事業單位的立場，認為是最適當之策略。但從多國籍企業整體組織而言，只是部分的最適化而已。

⑵特許權（licensing）方式，多國籍企業對當地投資，無股份、只有特許權時，事實上可謂絕無政治風險。特許權方式與直接投資相比較，經營資源的國際性委託（commitment）計畫很小，因此風險暴露（exposure）也較少。然而對於少有的投入之產出（收益）與直接投資之收益比較也必然非

常小。再加上特許權，在品質管理失誤的可能性，第三國市場內潛在競爭者的出現，直接投資機會的喪失等之不利也可能都包含在內。況且，特許權的政治風險迴避或減輕，對於企業特殊優位性的專有技術的「風險消散」（dissipation），可能必須支付很高代價，不可忽略。

⑶管理契約與特許權同樣，對多國籍企業而言，只不過是部分最適化而已。對政治風險雖能降至最小化，但是經營成果也必然有限。

國際經營環境逐漸惡劣化的今日，多國籍企業對其投資環境條件，因應偶發（contigent）事件也無困難。管理契約，從多國籍企業立場而言，很可能只是最小最適化策略而已。近幾年，多數歐美系企業，對於國際複雜的國際關係情勢之鑑定，發現某些 MNC 從拉丁美洲的某一個國內撤離該地域總部，選擇更合理的投資地區設立，如佛羅里達洲南部，鄰接邁阿密國際機場的可拉魯圭普魯市為地域總部。此城市之政府立即依據優越內部化結構（infra structure），不只可節減各種經費之經濟性，並且基於對文化的適應性、安全性、中立性的側面之判斷也是合理。

依據生產、銷售設備以及管理部內的當地分離化之風險因應策略、由於運輸、溝通技術的急速發達，將伴隨而出新的經營策略。

5. 人事

當地子公司之幕僚，採用當地國籍人，企圖減輕風險，這只是多國籍企業所展開的人事當地化政策。人事面的問題是各子公司的最高管理階層是由各關連公司主管升任，由此也會產生排斥不合之關係。換言之，最高管理階層之採用當地人，雖可減輕政治風險，但是，當地人的能力與忠誠心缺少時，將有可能增大企業風險，因此必須推展企業內外的管理教育。

㈣風險發生後之因應過程

國際經營活動，公司本身即有冒險性，風險是不可避免的。企業考慮多種策略欲迴避風險，或減低風險，然而絕對不可能保證不會遭遇風險。

本節對政治風險發生後之因應過程稍加分析。企業對於沒收或收歸國有（國有化）的最高政治風險發生後的因應策略，以及採取撤退之意思決定之過程，為核心進行探討：

表12.3 對外投資各國政府保險制度概要

各國保險制度以及執行機構名稱	擔保風險型態 (a)沒收風險 (b)戰爭風險 (c)外匯風險 I	擔保地域範圍 (a)全世界 (b)開發中國家 (c)兩國間協定 II	擔保對象 (a)股份 (b)貸款投資及前付款 (c)專利權 III	擔保適應性的法定要素 (a)開發效果 (b)與本國經濟有關 (c)債務限額度 IV	資本及收益的適用範圍 (a)期初投資利益 (b)再投資利益 (c)匯款利益 V	損失時的賠償 查定基準 VI	損失時的賠償 補償率 VII	年間保險費率 VIII	保險期間 IX
澳大利亞 Export Finance Insurance Corp. (EFIC)	(a)(b)(c)	(a)	(a)(b)(c)	(a)(b) (c)2億4千5百萬美元	(a)100% (b)100% (c)100%	財務諸表	90%	1.0%（合併事業時0.8%）（危險性0.3～0.4%）加上經濟保險金額，保險費率的2分之1	通常是最低5年，最高15年
澳地利 Oesterreichische Kontrollbank (OKB)	(a)(b)(c)	(a)	(a)(b)(c)	(b)	(a)90～100% (b)	財務諸表	90～100%	3種危險合計 0.5%	20年
比利時 Office National Ducroire (OND)	(a)(b)(c)及天災	(a)	(a)(b)	(a)(b) (c)2千3百50萬美元	(a)90% (b)90% (c)90%	依據個案階段的折舊	90%	3種危險合計 0.75%包含收益 0.05%	15年
加拿大 Export Development Corp. (EDC)	(a)(b)(c)	(b)	(a)(b)(c)	(a)(b) (c)2億5千萬美元	(c)100% (b)期初投資50%	依個案的折舊	100%	1.0%	15年
丹麥 Danish International Development Agency (DIDA)	(a)(b)(c)	(b)	(a)(b)(c)	(a)(b) (c)3億3千萬美元（輸出信用及投資雙方合計）	(a)100% (b) (c)3年內每年8%	財務諸表	85～90%	3種風險合計	15年
法國 BFCÉCO AGE	(a)(b) (c)只限於資本	(a)(b)(c)	(a) (b)例外性的長期貸付	(a)(b)	(a) (b)期初投資50% (c)期初投資50%	一般性	90～95%	每年0.7%（投資保護協定）至1.0%	15年
德國 Treuarbeit	(a)(b)(c)	(b) (c)48個國家	(a)(b)(c)	(a)(b)	(a)100% (b)50% (c)3年內每年8%	投入資本額為限	95%	3種風險合計 0.5%加上登記手續費	通常15年，例外時20年
韓國 韓國輸出入銀行	(a)(b)(c)	(c)	(a)	(a)(b)		財務諸表	90%	0.44～0.55%	15年

國家／機構						財務諸表欄	保險比率	費率	期間
中華民國 中國輸出入銀行	(a)(b)(c)	(c)	(a)(b)(c)	(a)(b)	(a)(b)(c)	財務諸表	90%	0.6～0.95%	7～10年
日本 Overseas Investment Insurance Scheme	(a)(b)(c) 以及信用風險	(a)	(a)(b)(c)	(a)(b) (c)13億5千萬美元	(a)100% (b)100% (c)每年8%契約期間100%	財務諸表	90%（信用風險80%）	3種風險合計0.55%加上信用風險時1.00%	通常15年
荷蘭 Netherlands Credit Insurance Company (NCC)	(a)(b)(c)	(a)	(a)(b)(c)	(a)(b)	(a)100% (b)50% (c)每年8%	經過10年後，每年扣除10%	90%	3種風險合計0.7%	投資完成後15年
挪威 Export Credit Guarantee Agency (ECGA)	(a)(b)(c)	(a)	(a)(b)	(a) (b)7億5千萬美元（輸出信用及投資雙方合計）	(a)100% (b)擴大投資對象 (c)3年內每年8%	折舊之規定（通常3年後開始）	90%	通常費率資金1.25%收益是預想收益的4%	20年
瑞典 Export Credit Guarantee Board (ECGB)	(a)(b)(c)	(c)	(a)(b)(c)	(a)(b) (c)1億美元	(a)100% (b)匯款可能內100% (c)不超過初期投資24%最高補償每年8%	依個案階段折舊	80～90%	3種風險合計1%加上預約保險金額0.5%	通常15年 例外時20年
瑞士 Office for Guarantee Risk (OGR)	(a)(b)(c)	(b)	(a)(b)	(a) (b)2億2千萬美元	(a)100% (b) (c)資本金的24%	原則上須有定期的折舊（每年大約5%）	90%	通常費率資本金1.25%收益的4%	原則上15年
英國 Export Credit Guarantee Department (ECGD)	(a)(b)(c)	(a)	(a)(b)(c)	(a) (c)6億5千萬美元	(a)100% (b)100% (c)100% 合計只能200%	財務諸表	90%	3種風險加上預約保險金額0.5%	15年
美國 Overseas Private Investment Corporation (OPIC)	(a)(b)(c)	(b) (c)114個國家	(a)(b)(c)	(a) (c)75億美元的新規保險許可	(a)90% (b)90% (c)90% 合計只能200%	財務諸表	100%	(a)0.30%(匯款) (b)0.60%(收用) (c)0.60%(徵爭) 加上預約保險金額0.25%	最高20年

註1：保險對象是股份、貸款、專利、投資型態是現金、機器、物質、技能、服務。

註2：股份投資指資本金及收益，貸款投資是未付的資本及利息。

註3：此表是 United States Political Investment Insurance Programme，不包括 Loan Guarantee Programme。

資料來源：OECD, Investing in Developing Countries 4th ed. (Paris, 1978). 韓國與中華民國是依據「對外投資保險政策」1988年資料。

風險發生（收用／國有化之決定）後的企業因應策略，如下四個階段可供考慮。

1. 第一階段：理性的交涉

企業對於公司的過去、現在、將來，對於地主國都要強調貢獻，同時也要強調假若地主國對公司的國有化將會帶來經濟的惡影響，以此理由說服地主國政府取消國有化。為因應達到經濟成果之必要，有時也要採取各種讓步條件（協調式）。

2. 第二階段：實力的戰術

若協議式的解決方法失敗時，要採取實力的進展方式。亦即：(1) 放棄既有利益與權利，接受政府的計畫；(2) 反對政黨〔包含壓力運動（lobbying）〕或友邦國的政治支持的要求；(3) 非正式地要求母國政府介入政治力量之對應（對抗式）。

3. 第三階段：法律的求助

向地主國法庭控訴，依賴國際紛爭解決機構的調停（適應式）。

4. 第四階段：撤退與請求補償

最後的手段是（強制／自主的）撤退的意思決定。強制撤退之決定後的最大關心事，依據國際法要求「完全的」（adequate）、「迅速的」（prompt）況且「有實效的」（effective）補償之實現。

嚴謹而言，實現上述要件的補償，即是解消企業風險，但問題是實際上無法滿足對企業的補償。況且，自主的撤退，將不是補償與保險之對象，因此撤退的意思決定，將被視為是件苦痛且屈辱的經營試鍊。因此，對抗「潛在的國有化」之企業，若採取自主撤退計畫的策略，也將受注目。

關於撤退的意思決定過程之模型，過程的每個階段，海外撤退固有的特徵，如下說明。

撤退的動機，如〔圖 12.3〕，從經營環境與企業所持有的經營資源間的不一致（discrepancy）而發生，其結果，產生對企業成果的不滿或問題的發生。企業在海外事業活動時，由於文化、國家、環境的遠隔性，易於發生溝通的距離，因此對於不一致之過程難於確認，也由此存在著很大的問題。

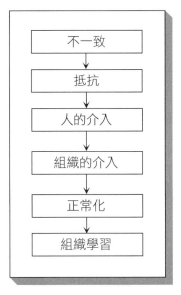

資料來源：Boddewyn, J.J., *Foreign and Domestic Divestment*,
JIBS, Winter 1983, p. 26.

圖 12.3　撤退決定過程模型

　　再加上，通常的意思決定者，對上述的不一致想法能盡快了解，但對於要打破對應之躊躇，卻存在著抵抗（exit barriers）。假使：①投資規模小；②在其他市場，調達來源的地理上多角化之容易；③地理的遠隔性致使感情成淡，若海外事業與這些糾葛較少時，其抵抗力也會較小。

　　上述的「不一致」與「抵抗」的解消方策，當企業欲進行撤退時，通常「新人」（observer）將會介入（personal commitment）。由於撤退的承辦人、人是與該事業無關的「新人」，況且有本國導向型（ethnocentric）的偏見（bias），因此，比較能輕鬆勝任。

　　這位新人，對撤退之推展力不足時，必須報告（persuasion）上司。上司對地理以及心理的遠隔，可採取與國內不同的說服方式，即能順利推展。

　　撤退實際開始，組織將會介入（organizational commitment），組織介入，如同上述（人的介入）理由，也能快速推展。

　　撤退後，依關係者之差異而能事後正常化（justification）。此情況下，撤退後被留下的地主國國籍的幕僚以及離開地主國的母公司派遣的幕僚間，其判斷與評價

將會不同。

撤退的經驗，將成為一個組織學習（organizational learing）的累積，供今後之參考。從海外之撤退，其「犧牲者」在物理面和感情面都已遠離，因此在組織學習＝反省，將更能以事務性（impersonal）處理。由此未被解決的大問題也將留在於地主國。

總而言之，政治風險管理的投資意思決定的組合，應如何進行，首先，從一般分析的架構開始，以致政治風險因應策略的形成秩序的概念；其次對業務的投入（投資決定）後的風險滅殺，而展開各種策略，同時對風險發生後的因應過程以致撤退之意思決定之提示，以及海外撤退之特徵。

政治風險評估。並非只對技術方法的開發、而致精緻化結止，而是將這些組合於經營意思決定中，並且要活用。換言之，政治風險管理，要掌握管理過程上的問題最為重要，擴張分析視角，產生更有創發性的政治風險管理。

〔參考文獻〕

1. John Fayerweather (1966), 19th Century Idealism vs. 20th Century Reslism, *Columbia Journal of World Business*, Winter, pp. 77-84.

2. 莊耿銘（1975），《多國籍企業が國民經濟發展に及ばす影響の研究》，近畿大學博士論文，101、106、108 頁。

3. 秕垣與一（1980），《多國籍企業とナショナリズム》，國際經濟學會編，11月，110、111 頁。

4. 日本經濟新聞（1981），〈寶山「冷延」も破棄〉，1 月 20 日。

5. J. V., Micallef (1981), Political Risk Assessment, *The Columbia Journal of World Business*, Vol. XVI, No. 2, Summer, pp. 47-52.

6. S. J., Kobrin (1982), Managing Political Risk Assessment, *Strategic Response to Environmental Change*, University of Calfornia Press.

7. 江夏健一監譯（1984），《國際企業の政治リスク管理》，東洋經濟新報社刊。

8. 入江豬太郎監修（1985），多國籍企業研究會著，《國際經營リスク論》，文眞堂於東京。

9. I. C. MacMillan (1987), *Strategy Formulation : Political Concepts*, West Publishing Company, pp. 105-116.

Multinational   Enterprise **13**

多國籍企業與國家產業結構

一、世界多國籍企業對外投資動向

　　世界多國籍企業投資的成長與世界經濟發展息息相關，而一國經濟發展是依賴於世界經濟中，因此國家的企業國際化發展政策的擬定，如何引進外來投資協助國內產業結構高度化，以及如何選擇對外投資企業之發展，彌補國內經營資源之不足等決策，都必須有世界觀，了解世界多國籍企業投資動向，才能做最佳的決定。

世界先進國 MNE 對外投資以及外來投資成長概況

　　二十一世紀，各國 MNE 爲「南北經濟問題」和「東西政治問題」，從緊張、改善緩和以致國際合作，美國三○一的「強烈貿易保護政策」，歐盟 27 國「單一市場」的誘惑力、2010 年東協加一（中國），以及力求更多經營資源（原料、資金、人才、資訊、擴大市場等）而造成世界 MNE 對外投資更加速成長。

　　依據 2020 年末累計之資料，如〔表 13.1〕，因全世界疫情漫延之影響，對外投資和外來投資都大幅減少。2020 年對外投資總額 7,938 億美元，比 2010 年世界多國籍企業對外投資總金額高達 160,672 億美元減少，其中，荷蘭第一 1,610 億美元，中國第二 1,329 億美元，日本第三 1,157 億美元。而外來投資總額 2020 年 9,988 億美元，比 2010 年外來投資總額 152,765 億美元減少，美國第一 1,563 億美元，中國進入第二名 1,493 億美元，荷蘭第三 1,153 億美元，中國大陸也因此成爲輸出第一大國。

1. 先進國對外投資占世界比率

　　依 1970、1980、1990 年，以及 2007 年之資料，世界七大先進國對外投資占全世界比率之變化分析，如〔圖 13.1〕，1970 年美國 MNC 占全世界高達 62%，1980 年降爲 46%，1990 年縮小爲 29%，2000 年雖縮小爲 22%，2007 年 20%，但仍然占最多；英國 MNC 從 10%、快速成長爲 15%、15%、17%、7.5%；日本 MNC 從很少的 3%、5%，快速成長爲 18%、15%、12%；西德 MNC 從 7%、8%、9%、8% 逐步上升；荷蘭 MNC 從 5%、7%、6%、7%、8%；加拿大 MNC 從 3%、4%、4%、4%、4%；法國從 2%、3%、4%，到 2000 年快速成長爲 9%，以及 2007 年 13%。其他先進國之合計也平穩成長，7%、10%、12%、9%、11%，但是開發

中國家也成長至 9%，企業國際化成長方法依舊緩慢。唯有亞洲新興工業國台灣、韓國、香港、新加坡，尤其是大陸更快速成長超越亞洲四條龍。依成長分析，2007 年以後，世界四大投資強國仍然以美、英、法、日。

2. 併購之成長

MNE 對外投資模式，依近五年資料發現（如〔表 13.2〕）採取併購（M & A）擴大企業，規模逐年大幅成長，從 1995 年 1,991 億美元，2008 年成長至 5,973 億美元，成長三倍，尤其在美國、以及 EU 先進國之間英國、德國、荷蘭比率最高。

表 13.1　世界對外投資與外來投資主要國家概況（2020 年累計）

（單位：億美元）

	對　外　投　資			外　來　投　資		
	2000 年累計	2010 年累計	2020 年累計	2000 年累計	2010 年累計	2020 年累計
美　　國	12,447	34,307	928	12,386	21,362	1,563
英　　國	9,116	17,492	334	4,424	12,384	197
德　　國	4,967	10,969	349	4,610	7,873	356
法　　國	4,760	14,496	442	2,667	9,060	179
荷　　蘭	2,990	11,659	1,610	2,333	8,699	1,153
日　　本	7,723	12,478	1,157	812	3,002	102
韓　　國	263	820	324	422	1,088	92
台　　灣	441	1,597	142	446	1,153	88
中　　國	1,166	3,103	1,329	6,342	17,717	1,493
俄　羅　斯	—	—	63	—	—	96
世　　界	53,271	160,672	7,398	52,744	152,765	9,988

資料來源：日本貿易振興機構（2011），《ジエトロ貿易投資白書》2021 年版，歷年累計而成，線上資料來源：http://www.jetro.go.jp/indexj.html。

表 13.2　世界企業併購（M＆A）

（單位：百萬美元）

國別＼年	買收國						被買國					
	1995 年	1996 年	1997 年	1998 年	2008 年	%	1995 年	1996 年	1997 年	1998 年	2008 年	%
世　　界	199,116	242,965	334,435	586,773	597,335	100	199,116	242,965	334,435	586,773	597,335	100
美　　國	61,796	64,604	89,467	145,861	135,259	22.6	55,442	70,081	85,263	217,491	74,862	12.5
加 拿 大	12,812	9,066	18,929	36,031	20,770	3.5	11,933	11,048	9,195	15,603	41,353	6.9
E　　U	86,744	103,659	151,337	316,962	266,525	44.6	78,121	89,081	128,108	222,364	290,971	48.7
英　　國	32,045	37,713	62,746	108,648	108,256	18.1	36,997	33,726	48,542	101,033	86,141	14.4
法　　國	10,200	15,866	22,363	38,705	14,121	2.4	3,839	3,645	19,264	20,107	37,453	6.3
德　　國	18,548	19,875	13,539	69,998	24,437	4.1	9,613	4,140	3,386	13,582	53,954	9.0
荷　　蘭	7,456	13,268	19,085	25,543	16,812	2.8	1,716	8,687	6,392	13,426	53,716	9.0
西 班 牙	1,089	3,506	9,360	17,474	36,947	6.2	8,081	11,988	12,507	19,535	7,629	1.3
義 大 利	4,895	1,668	4,547	14,155	20,401	3.4	4,203	3,442	4,113	5,431	20,609	3.5
瑞　　士	10,420	9,731	11,423	41,808	15,195	2.5	3,754	4,299	3,932	5,166	16,041	2.7
澳 大 利 亞	6,368	11,123	13,657	8,144	15,327	2.6	21,435	14,928	15,594	15,562	16,147	2.7
日　　本	4,190	6,256	3,578	3,403	12,719	2.1	5413	2,468	3,107	4,428	22,168	3.7

資料來源：「世界と日本の海外直接投資」，《ジェトロ投資白書》，日本貿易振興會編，2011 年。

　　依據 2008 年資料，買收國 EU 占 44.6%（其中英國占 18.4%），其次美國 22.6%、日本 2%，被買國美國高達 12.5%，EU 高達 48.7%（其中英國 14.4%），日本 3.7%，此 MNE 積極採取併購模式，引起世界各國的重視。

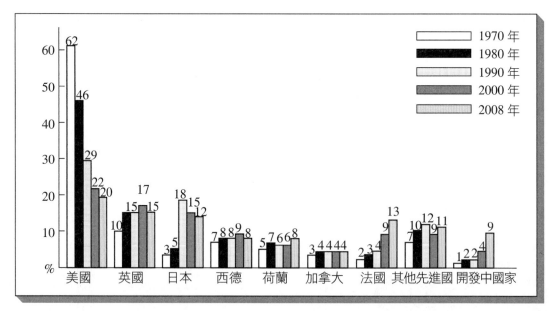

資料來源：依《ジェトロ白書》投資編，「世界と日本の海外直接投資」，日本貿易振興會，1993 年與 2002
年以及 2009 年資料作成。

圖 13.1　七大先進國 MNE 對外投資成長之變化圖

二、產業結構發展模型

　　國家經濟發展有賴於「國家產業結構」之提升，而產業結構之提升受國家產業
發展政策、引進外來投資政策，以及對外投資政策之影響。國家產業結構發展（如
〔圖 13-2〕），開發中國家持有的技術是「勞力密集產業」的技術和銷售產品，
欲成長為新興工業化國家，必須從先進國家引進「技術密集產業」和「原料密集產
業」的技術，才能發展為新興工業化國家。若新興工業化國家欲成長為先進國家，
必須從先進國引進知識密集產業和原料密集產業的技術，才能成長為先進國家的經
濟。

㈠產業結構發展模型理論

　　產業結構發展模型，筆者之研究，非從經濟理論之產業結構分類：一級產業

（礦業等原始原料），二級產業（製造業），三級產業（服務業），而是從製造業技術程度之分類。產業結構可依其技術程度、生產特質分為四大類：

　　1. 勞力密集產業：如鞋業、成衣業、家具業；

　　2. 資本及技術密集產業：如家電業；

　　3. 資本及原料密集產業：如鋼鐵業、化學原料作業、紙漿、塑膠；

　　4. 知識密集產業：A. 研究開發密集產業：生物科學、新材料科學、半導體、電子計算機、航空機、產業機器人、原子能等；B. 高度組合產業：通信機械、事務機械、NC 工作機械、公害防止機器等；C. 流行產業；高級衣類、高級家具、電子樂器等；D. 知識產業；資訊處理機、資訊提供機、電腦軟體。

　　世界各國經濟發展程度，大致可分為「先進國家」、「新興工業國家」，以及「開發中國家」，因此對一國經濟發展現況之評估，可依該國家產業結構的發展程度而評定。產業結構可分為「勞力密集產業」、「技術密集產業」、「原料密集產業」，以及「知識密集產業」四個要素所構成。其計算方法可依產業的出口額，由四種密集產業總合計百分法計算。各國之產業結構基於此四種產業組成比例之不同，可分為：

　　「開發中國家產業結構模型」（例如：勞力密集產業占 70%、技術密集產業占 20%、原料密集產業占 10%、知識密集產業占 0%），其國際市場競爭力是在於勞力密集產業；

　　「新興工業國家產業結構模型」（四種產業之比例為 30%、40%、20%、10%），其國際市場競爭力是在技術密集產業；與

　　「先進國家產業結構模型」（四種產業之比例為 10%、10%、40%、40%），其國際市場競爭力是在於原料密集產業以及知識密集產業。產業結構的成長目標，有賴於一方面有計畫的「引進外來投資」以提升技術水準，改進四種技術密集產業之百分比，提升產業結構。另一方面「對外投資」，以產業分工整合一、二、三級產業（原料業、製造業、金融業，以及貿易類等之健全發展）之力量，雙方面齊頭並進才能達成，如〔圖 13.2〕。因此 MNE 的發展必須重視國內產業結構之發展。

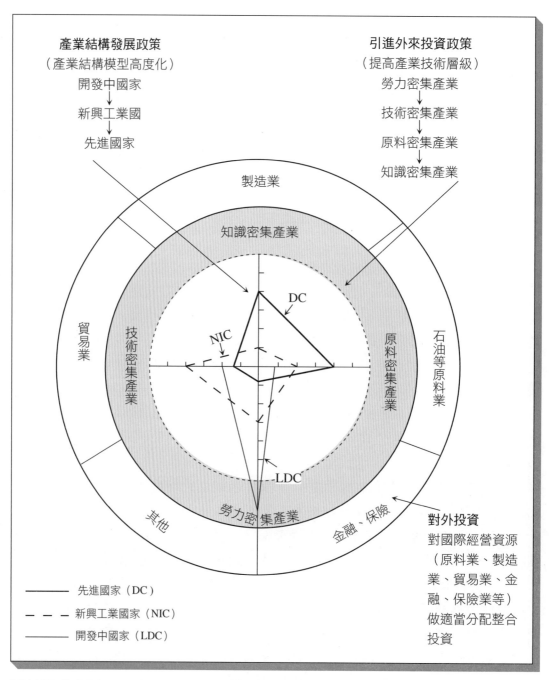

資料來源：筆者研究，1985年發表於「第三屆多國籍企業國際會議」。《多國籍企業論》，五南圖書出版公司。

圖 13.2　國家產業結構之發展圖與多國籍企業關係圖

㈡台、美、日三級產業發展與對外投資產業別程度關係之重要思維

〔表 13.3〕為台、美、日三級產業發展比較。一個國家國內第三級產業如果偏高，必須注意到對外投資在第一、二、三級產業分布情況，否則將會對一個國家產業經濟造成不利影響。台灣國內三級產業雖與美國、日本相近，但在海外投資，第一、第二、第三級產業之數量都很小，尤其一級產業更須加強，對我國經濟發展才能更有助益。

表 13.3　2007 年中、美、日三級產業發展比較表

（單位：百萬美元）

國別		美國	日本	台灣
國內第三級產業佔總產業百分比（%）		68	71	73
國外	一級產業	1,578	42	0.05
	二級產業	5,684	395	151
	三級產業	1,691,965	29,758	495
	合計	2,418,249	73,055	646

資料來源：⑴「中華民國華僑及外國人投資」統計年報，經濟部投資審議委員會編印，2008 年。
　　　　　⑵「ジエトロ貿易投資白書」2008 年版，發行：ジエトロ，2008 年。
　　　　　⑶「我國產業結構變動」、「國民所得統計」，行政院主計處，2008 年。
　　　　　⑷ Value Added by Industry as a Percentage of Gross Domestic Product，美國商業部經濟分析局，2008 年。
　　　　　⑸ Gross Domestic Product classified by Economic Activities (at current prices)，日本內閣府，2008 年。

㈢日本產業結構發展模型

1. 日本產業發展政策

戰後日本缺乏原料、技術、市場等，然而為發展國內經濟，因此乃依據健全產業結構發展模型作長期經濟發展計畫，依計畫引進來外來投資，促進日本企業技術成長，鼓勵對外投資為原料來源，擴大國際市場並協助產業結構目標之達成，使日本今日能從開發中國家躍身為先進國之林。戰後日本的經濟發展政策，其策略內容

如下：

　　⑴一九四五至一九五〇年：煤炭、鋼鐵、肥料（培養原料密集產業）。

　　⑵一九五〇至一九五五年：鋼鐵、造船、鐵路車輛（培養技術密集產業）。

　　⑶一九五五至一九六〇年：石油化學、合成纖維、汽車（加強原料密集產業）。

　　⑷一九六〇年代：機械產業、航空與電子產業（加強技術密集產業）。

　　⑸一九七〇年代：輔導衰退性產業對外投資，並擬定策略性產業為電子資訊產業、創造能源與節約能源之產業（培養知識密集產業）。

　　⑹一九八〇年代：一切產業知識密集化，IC 半導體、生物科學、新材料科學等高科技之研究開發，加強海底資源開發、並擴大國際資本及技術合作等擴展國際產業分工（加強知識密集產業）。

2. 日本產業結構發展模型

　　日本產業結構發展模型，如〔圖 13.3〕依據 1959 年資料分析，此時日本尚為開發中國家，勞力密集產品高達 55%，技術密集產品 23%，原料密集產品 13%，知識密集產品也有 9%。十五年後的 1974 年，日本不但成長為新興工業國家，更注意原料密集產業必須與技術密集產業同時發展，否則原料密集產業將依賴於先進國家，難於快速成長。因此，產業結構有顯著的進展，勞力密集產品減少為 16%，技術密集產品提升為 33%，原料密集產品也增加至 31%，知識密集產品更是極力推展，高達 20%。於是，七〇年代日本外銷產品之經營理念是「外銷品全部自我供給」，近乎全部由國內產業界之能力所生產、組合外銷，其外銷利益也多屬於國內業界所共享，對國家總體經濟成長有很大的助益。1986 年，已成長為「先進國家產業結構模型」，以原料密集產業與技術密集產業為基地，快速發展知識密集產業，而勞力密集產品僅為 10%，技術密集產品 19%，原料密集產品 30%，知識密集產品 41%。

　　而 2000 年，日本產業結構更是高度化，勞力密集產品及技術密集產品大多已轉投資於開發中國家或　生產，國內勞力密集產品只剩 2%，技術密集產品 14%，原料密集產品 21%，知識密集產品更高達 63%。國民所得居世界第一位，成為先進國間，高科技國際合作研究開發的重要夥伴。

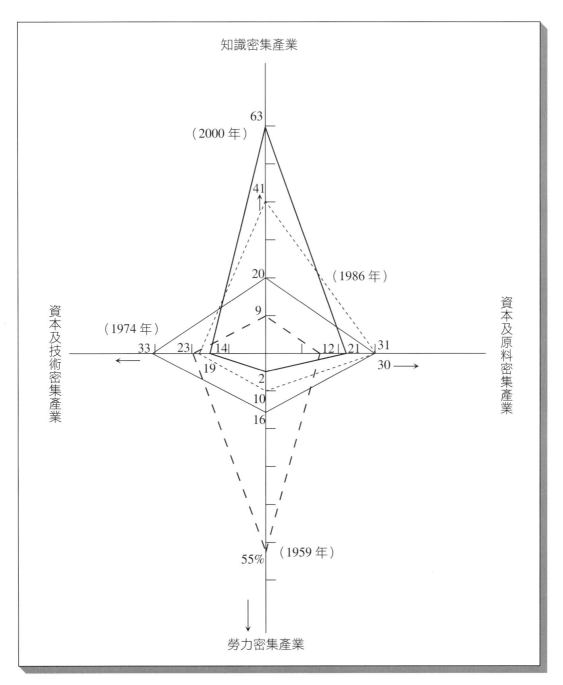

資料來源：筆者依日本通商產業省《通商白書》，2002 年資料計算而成。

圖 13.3　日本產業結構之發展模型

㈣我國產業結構發展模型

　　我國產業結構之發展如〔圖 13.4〕，1974 年，勞力密集產品高達 65%，資本及技術密集產品占 31%，而資本及原料密集產品僅有 3%，知識密集產品更是唯有 1%，此比率可知 1974 年尚停留在「開發中國家產業結構模型」，而原料產品高度依賴輸入，知識產品更是缺乏。1981 年，勞力密集產品減少為 53%，還是占整體產品的一半以上，技術密集產品 40%，資本及原料密集產品尚停留於 4%，知識密集產品依然僅有 3%，嚴重地依賴於外國生產財的輸入，此時已成長為「新興工業國家產業結構模型」。1990 年的資料顯示，產業結構快速而健全的改進，勞力密集產品已減少為 21%（勞力密集產品已多數轉由海外投資、生產），資本及技術密集產品 29%，資本及原料密集產品已提升為 26%、知識密集產品也高達 24%，如此產業結構模型，已近於先進國。其快速高度化的重要原因之一，是外來投資產業技術內容改變的成果。從政府政策的改進，外來投資產業技術內容改變以及加倍投資的趨勢，國內產業界的世界觀以及穩健的技術基礎條件下，使我國產業結構快速發展。

　　然而，2008 年我國產業結構進升有限，「知識密集產業」20% 成長，「中間材原料密集產業」仍然維持 25%，「技術密集產業」卻是成長為 42%，「勞力密集產業」大幅減少為 13%。二十一世紀，我國產業結構要以「先進國家產業結構模型」為發展目標，將勞力密集產業、技術密集產業逐漸轉向開發中國家投資生產，擴大國際市場，對中間材原料密集產業以及知識密集產業，應加努力提升，積極對先進國家投資或引進外來投資，技術移轉，以求「先進國產業結構」目標達成。

　　由於 2010 年台灣為大陸簽訂「ECFA」協定，2011 年「東協十加一」，中國進入東協，由此台灣企業大陸子公司將因關稅降低或免關稅提高銷售競爭力，對大陸市場以及東協市場約 25 億人口的大市場外銷，提高經濟規模，降低成本，也提高對全世界市場外銷之競爭力。也由此誘因提高台灣對大陸的「輸出誘發效果」，將誘導更多先進國企業對台灣投資技術移轉，發展中間材零件對大陸的輸出效果。

　　對台灣產品的技術提升，就業率增加，外銷成長，國家經濟發展將有很大助益。

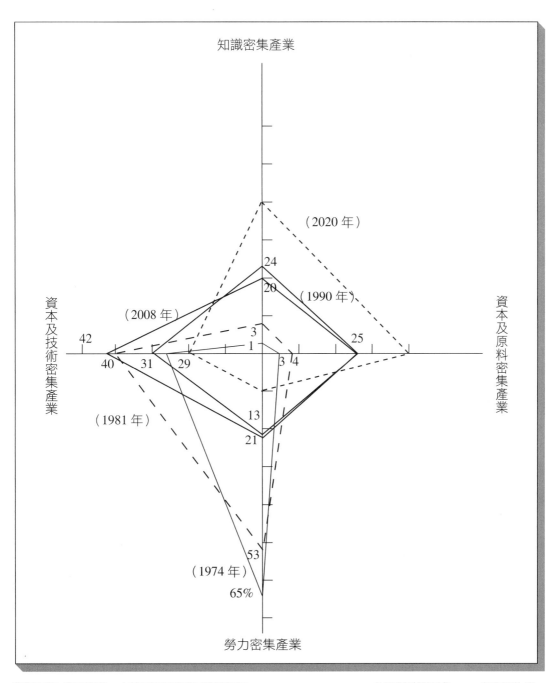

資料來源：筆者研究。中華民國海關進口統計年報，1980、1985、1992、2008年資料計算而成，2020年為預估值。

圖 13.4　我國產業結構之發展模型

㈤大陸產業結構發展模型

1.大陸經濟改革政策

　　大陸文革後（1966～1976），有意開放外來投資但加以限制，然而，依據 1989 年資料，外銷中之外資企業已占有 11.6%。輸入方面，外資企業占有 21.3%，固定資產投資高達 4,137 億美元，勞工就業於外資公司人數增加至 47 萬人，沿海地區外銷額占全國外銷總額的 78% 等，外來投資對外銷和技術移轉有明顯之貢獻。

　　六四天安門事件後，造成：①西方各國經濟制裁；②外資企業採取靜觀；③外來投資減少 28%；④國內經濟緊縮；⑤國內市場疲憊；⑥國內資金不足；⑦原料調度困難等；也因此於 1990 年，大陸政府採取經濟改革政策：

　　⑴振興外銷政策。

　　⑵引進外來投資之產業政策：選擇產業別，獎勵家電業、汽車業、中間財、
　　　電腦等。

　　⑶實施外來投資企業之保護政策「免於國有化」。

　　⑷撤銷合資期限使外來投資「長期化」。

　　⑸外國人亦可當「公司董事長」。

　　⑹歡迎外資「100% 完全所有」。

　　由於上述經濟發展改革政策之實施，美國對大陸最惠國待遇期限延長，EC 對大陸制裁解除，日本對大陸三次日圓貸款。外來投資也跟隨快速增加，1988 年，外資企業對大陸投資僅有 53 億美元；而 1990 年，外資企業對大陸投資申請金額，高達 378 億美元，2 萬 6,500 件，已實施金額 177 億美元，1 萬件（外資企業對台灣投資 133 億美元，3,422 件），今後大陸的技術提升，擴展外銷，必可期待。

2.中國大陸產業結構發展模型

　　中國大陸產業結構發展模型，如〔圖 13.5〕，依據 1989 年資料，勞力密集產業高達 70%，技術密集產業 20%，原料密集產業 6%，知識密集產業 4%，與台灣 1974 年、日本 1959 年的產業結構模型相似。

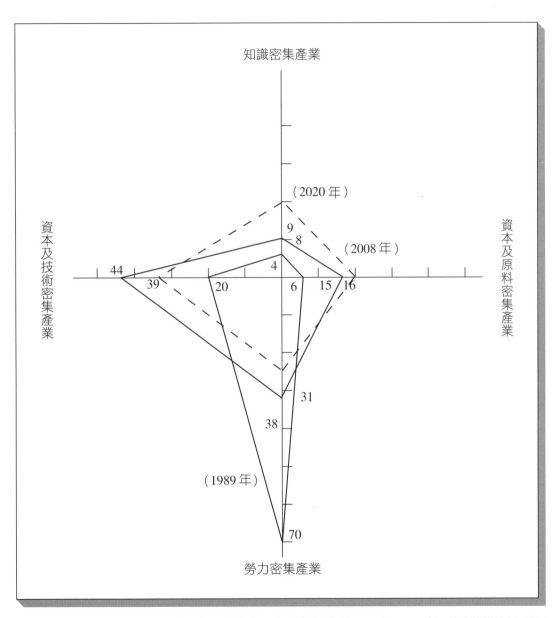

資料來源：筆者研究。《中國對外經濟貿易年鑑》，中國統計出版社 1990 年、2009 年，依大陸對外商品出口
　　　　　總值資料計算而成之圖。2020 年是預估值。

圖 13.5　中國大陸產業結構發展模型

2000 年中國產業結構發展目標爲「新興工業國產業結構模型」。換言之，大陸學習台灣經濟發展經驗，積極引進外來資金投資「技術密集產業」以及「原料密集產業」。2008 年產業結構快速成長，勞力密集產業降低爲 31%，技術密集產業提高至 44%，原料密集產業提高至 16% 知識密集產業也提高至 9%，由此 2009 年，成爲世界外銷第一大國。預估 2020 年將更提升原料密集產業與知識密集產業。

3. 2009 年的大陸產業結構發展展望

⑴ 2009 年，大陸掌握世界「勞力密集產品」市場

從世界產品品質與成本之比較利益之分析，「技術密集產品」最優良的勞力應屬於日本勞工，而「勞力密集產品」最好的勞力應屬於大陸勞工。因爲：

① 大陸全部是共產國營事業單位，大陸勞工對地區別或產業別無選擇之自由。

② 大陸人口太多之問題，而採取「一胎化」政策，使兒女眾多的勞工，生活困難。

③ 大陸勞工工資全世界最低，而外來投資廠商之工資爲大陸之二至三倍，很受歡迎。

④ 中國人天性聰明、勤勉、學習能力高。

⑤ 大陸管理甚嚴，比其他開發中國家社會問題少。

⑥ 大陸勞工很希望至外來投資公司工作，因受聘人數有限，若能被外資公司採用時，爲珍惜這份難得高待遇之工作，會更加努力學習、認眞工作，因此產品品質將會提高。

⑦ 2009 年世界 MNE 對大陸投資累計高達 17,717 億美元，成爲外來投資第二大國，從引進外來投資技術移轉，對增加就業率、改變產業結構、生產價廉物美，利用外資行銷通路擴大世界市場成爲世界外銷第一大國。

⑧ 台灣對大陸投資已越三萬件以上，由於文化相同、語言相同，對技術移轉更有幫助。

⑨ 大陸有豐富原料。

⑩ 享有外銷配額及優惠關稅等，在以上有利條件下，若對外來投資並無採取不利之政策時，2000 年以後的世界「勞力密集產品」市場將爲大陸所掌握。

⑪ 2010 年東協加一（中國）以及台灣與中國 ECFA 協議之優勢，更增加外來投資。

⑵ 2000 年，大陸成爲「新興工業國家產業結構模型」

　　一個國家經濟發展，最重要在於「產業結構模型」，依產業結構發展模型理論，大陸經濟發展目標應爲「新興工業國產業結構模型」。但是大陸的共產國營事業必須努力於國營民營化、民營國際化，才能發展企業國際化，促進產業結構成長。

　　大陸與台灣由於政體不同與思想之差異，造成企業與國際合作程度之不同，形成台灣經濟快速成長，大陸經濟緩慢成長，大陸應學習台灣的企業國際化經驗、優良的管理人才、優良的產品技術，以及大陸的豐富原料、廉價勤勉的勞力，外銷配額、優惠關稅以及國防上的高科技等國際經營資源之結合，必能快速成長爲「新興工業國家產業結構模型」，但是「共產政體」將會是阻礙重重，必須在「民主政體」政策下，才能發揮國際分工大合作，產業結構經濟發展目標才能達成。

　　自從 1989 年六四天安門事件後，大陸大幅修改引進外來投資政策，以及國內投資環境，積極引進外來投資，由此 2009 年外來投資十五倍成長，高達 1 兆 7,717 億美元，爲全世界第二高位，因此大陸產品國際競爭力大幅提升，外銷金額也從 1989 年 5.2 億美元，2009 年增加至 1 兆 2,020 億美元，也成長爲世界第一大輸出國。2008 年的國家產業結構圖，「知識密集產業」9% 加倍提升，「中間材原料密集產業」16% 也加倍以上提升，尤其「技術密集產業」更提升至 44%，而「勞力密集產業」從 70% 大幅降爲 36%，確實從「開發中國家產業結構模型」，2000 年已成長爲「新興工業國家產業結構模型」。

　　中國多次五年計畫，許多基礎建設都由不同領域的專家共同研議，例如：青藏鐵路、三峽水壩、新疆沙漠公路、西氣東輸、杭州灣大橋、高速鐵路網、青島膠州灣大橋都是世界級的工程。信賴專家、重用專家，是多年來中國經濟成長維持在 10% 左右的重要原因。

㈥俄羅斯經濟改革政策

1. 外來投資概況

⑴ 外來投資政策

俄羅斯為國家經濟發展，朝向「市場經濟自由化」，引進外來投資，希望獲取資金、人才、技術、原料、資訊、市場等，提高國內食品以及民生用品供給量，不僅輸入代替，更希望提高產業結構擴大外銷，增加外匯收入。由此擬定外來投資政策，內容如下：

1987 年 1 月，首次制定外來投資合資事業法，並於 1990 年 10 月總統令，修改部分政策：①外來投資可持有 100% 之所有權；②投資初期三年免稅；③可持有土地、天然資源使用權，有價證券財產權；④盈利可自由匯出（1991 年 7 月俄羅斯共和國，依上述內容制定外來投資政策）；⑤稅率可減免，申請手續簡化。

⑵ 投資環境概況

俄羅斯投資環境依據 1992 年資料，土地一千七百萬平方公里，人口一億四千萬人，平均工資約 60 美元，國民素質聰明、勤勉，富有藝術教養，社會尚安定，石油礦產豐富，惟食物以及日常用品大量不足，經濟改革後，引起通貨膨脹。

⑶ 外來投資概況

依據上述投資環境條件以及外來投資政策、外來投資成長，從 1987 年開始，僅有八件，1990 年由於部分政策改革，外來投資提高二倍，為二千零五十一件。

外來投資依國別與產業別分析，依據 2010 年 1 月資料，總投資累計金額已高達 1,250 億美元（如〔圖 13.6〕），依國家別，荷蘭最多 34.4%，基輔也同樣高達 34.4%，其次德國 4.4%，美國 3.5%，英國 3.3%，瑞士 1.6%，法國 1.5%，日本僅 0.3% 等；依產業別，礦業占高達 50.1%，其次製造業 14.8%，不動產 11.8%，零售與修理 11.7%。

製造業投資的總金額半數在於機械、設備，以及電腦。外來投資中，韓國的現代集團有七件投資於木材；三星物產於漁業；金星集團投資通信機器。美國 IBM

以 100% 完全投資於所有子公司之電腦業；歐、美先進國家企業多數投資石油業；其次木材業、漁業，以及航空事業、汽車工業等。日本丸紅綜合商事投資於鋁加工、水產加工機械製造；新潟中央銀行投資於電話通信網或建設事業；三菱商社投資於鐵屑加工；兼松商社投資於汽車銷售；住友商社投資於豐田汽車銷售與修理，松下與日立電器投資於家電產品銷售。外來投資於一般日常用品以及食品業很少，對俄羅斯共和國目前食品與日常用品不足之問題幫助不多，其原因為先進國企業投資以高利潤產業或原料研發為主，總額高達 80%，而開發中國家企業以食品業與日常用品為多，但是投資總額僅有 20%，今後有待俄羅斯有計畫引進 NICs 外來投資於所需產品或發展之產業。

（單位：億美元）

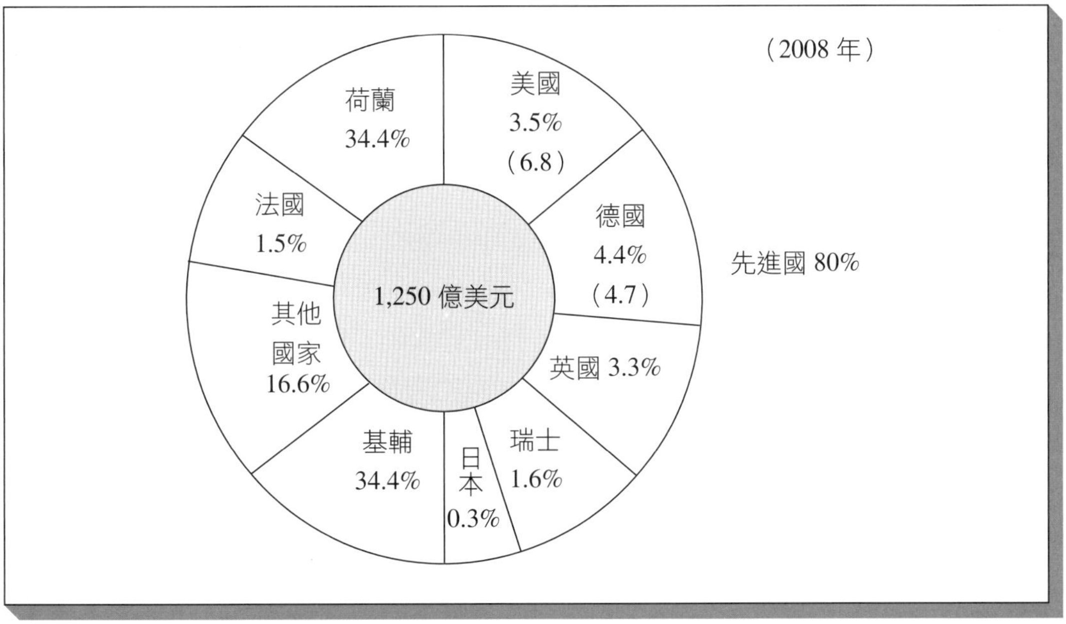

（2008 年）

荷蘭 34.4%

美國 3.5% (6.8)

法國 1.5%

德國 4.4% (4.7)

先進國 80%

1,250 億美元

其他國家 16.6%

英國 3.3%

基輔 34.4%

日本 0.3%

瑞士 1.6%

資料來源：俄羅斯聯邦國家統計局，俄羅斯社經濟月報，2010 年 1 月。

圖 13.6　俄羅斯外來直接投資（國家別）

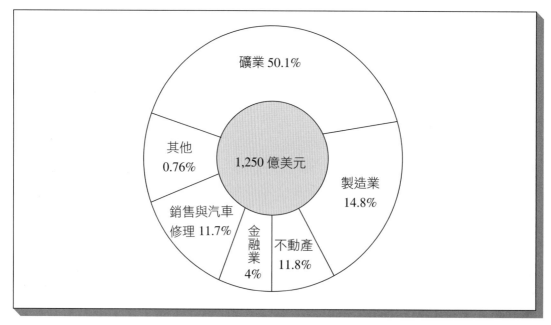

資料來源：同〔圖 13.6〕。

圖 13.7　俄羅斯外來直接投資（產業別）

2. 俄羅斯經濟改革方案

　　1991 年 6 月公布的俄羅斯經濟改革方案，分為如下三個階段：

　　第一階段為標準階段：⑴ 經濟安定化、自由化為目標；⑵ 共和國間的合作或是蘇聯與國際貨幣基金（IMF）等國際機構，抑或與其他國家間的密切合作。

　　第二階段為改革計畫之實施階段：⑴ 為總體經濟安定化，重整銀行制度、削減軍事費、補助金、社會保障等費用，降低財政赤字；⑵ 勞動市場自由化；⑶ 共和國間貿易自由化；⑷ 國營民營化；⑸ 採取臨時措施，對居住、公共交通與薪資調幅制度，並維持基礎食品之補助金。

　　第三階段以長期性的制度結構改革為主要目標：⑴ 促進民營化；⑵ 創造勞動市場、住宅市場、金融市場；⑶ 為促進國內投資活潑化以及外來投資而建設國內投資環境。

3. 經濟改革實施之問題

⑴舊制度時代留下之問題

①國營大企業獨占體制：蘇聯大規模國營企業，幾乎可說一種產業一個公社之獨占體制較多。一公社有數千人至數萬人之勞工，甚至於公社中，尚有自己的農場或消費生產工場之大企業。一個國家由一個公司總生產提供全國國內市場需求，該企業若有任何理由而停止生產，將影響其他關連企業必須停止作業，供給面連續性之切斷，將產生經濟問題（bottleneck）。況且蘇聯領土廣大，一種產業一公社之制度下，運輸通路太長，亦是內在之問題。

②生產設備老朽化、資訊不足：蘇聯之機械、設備是第二次世界大戰後大規模更新投資，因此五〇年代生產力大幅提高，經濟成長每年超越 10%。這些機械、設備應於七〇年代再更新，但是當時因東西冷戰下，必須先擴充軍隊，增加軍事物資之生產成爲優先考慮，對機械、設備之更新投資延後，因此生產設備與西方的技術革新相比，呈現老朽化。七〇年代之石油危機，對產油國之蘇聯，增加很多外匯收入，惟可惜未應用於產業技術引進，而是應用於增強軍事力量以及對同盟國的經濟援助。由於機械設備更新投資延後，亦影響其他關連產業發展。此外，對國民資訊控制政策，影響對資訊業投資，因此國內資訊非常不足。

③運輸問題：廣大領土的蘇聯，以鐵路運輸爲中心，但由於設備老朽化，更需要維持管理與補修之追加投資，因此投資效率更低。貨車亦因道路未整修，亦無法代替火車運輸效果。此外又缺少批發市場，很難發揮流通功能。

④軍事費之壓力：因巨大軍事產業之存在，造成蘇聯經濟停滯，也是蘇聯重建經濟困難原因之一。大約四百萬軍隊（國內治安部隊除外），1990 年的軍事支出 708 億盧布（約 70 億美元），占聯邦預算歲出總額的 26%，依據西方從低廉工資和材料成本之推算，軍事支出約占 GNP 的 15 ～ 25% 龐大費用。況且蘇聯的基礎研究水準很高，但研究費主要以軍事部門爲優先，在民生用品之應用很少。龐大軍事費，不只使財政赤字擴大，對經濟面之民生部門亦有很大壓力，因此緊縮軍事支出是蘇聯經濟重建不可缺之重要

因素。

⑤ 所有權問題：企業所有型態，可分為國營或個人企業，所謂「個人企業」
如小商店、服務業等，雖然有增加，但生產部門依然是固有大規模國營企
業。因此，政府欲將大規模國營企業民營化，並分散為幾十家股份有限公
司之型態。申請資格為：A. 共和國政府或關連企業；B. 該企業之從業員；
C. 一般市民。企業分割方法，依地域別、工場別、生產範圍而分割。

1990 年 12 月，俄羅斯共和國同意「土地私有」之共和國法，但十年內不可
轉賣。1991 年 10 月，經濟共同體條約之第九條：「私人所有以及企業活動
的自由及競爭」之規定，放棄社會主義體制，採取市場經濟體制。

⑥ 勞動市場失業問題：蘇聯以前為保證全民的勞動權利而無失業者，但因採
取國內護照制度，使國民難於在居住區域工作，無自由選擇之權利。換言
之，為建設社會主義國家，國民若隨意放棄工作，將受刑罰，勞動市場供
需難於調整。

由於經濟改革，國營企業受於國家保護逐漸減少，經營上產生困難，不得
不採取解聘員工之手段，因此失業率開始增加。從總體經濟面，必須從大
型重工業逐漸發展第三級產業（服務業），但由於勞動市場供需難以調整，
而使服務業發展困難，難於幫助就業機會，勞工失業率逐漸增加。

1991 年 1 月成立「僱用法」，勞工再教育以及失業津貼制度。並於 1991 年
7 月設立職業安定所，幫助轉職和失業津貼（平均薪資的一半），但仍然有
大量失業者。

⑦ 金融制度不完備：蘇聯以前只有國立銀行（兼辦中央銀行與商業銀行功
能），依政府指示處理政府機構及國營企業的轉帳工作，缺乏金融仲介功
能。雖然 1990 年 12 月成立中央銀行法以及商業銀行法，1991 年 1 月開始
鎖定很多商業銀行，但由於國內通訊以及資訊線上化尚未完備，商業銀行
尚停留於貸款業務功能。

⑵ 經濟改革政策的問題

經濟改革在新、舊制度下，存在如下問題：

① 國營大企業，持有獨占生產體制的經營自主權：因此縮小由國家廉價定貨

生產量，而增加在設計與商標有稍微改變的新產品，並提高價格（新產品價格由企業自定）銷售，其結果，日常用品廉價供應商的國營商店逐漸消失，自由市場之新產品或輸入品之高價格商品快速增加。

② 企業無原則提高薪資：國營企業主管均由政府指派，但民營企業主管必須從全體職員中選舉，對員工薪資提高之要求不能忽視，因此忽略薪資提升率與生產成本之關係，任意提高薪資、增加成本，造成企業虧損增大或產品價格提升。

③ 同業公會、個人企業的問題：經濟改革後，雖然個人企業逐漸增加，茲因蘇聯以往即無批發市場，況且物資調度、分配依然由國營企業官僚控制，營業許可權亦受行政機關限制，因此企業的設立至日常營運，必受官僚、賄賂的影響，這些增加之成本必轉嫁於產品價格。另一方面，個人企業從國營商店買進大量廉價貨，在自由市場高價銷售，因此遂成自由化經濟對消費者不利之批評。

④ 軍需產業轉換民需產業之困難：蘇聯工業若從生產財與消費財二大部門分析，生產財部門高占 70%，而生產內容 60% 為軍需產品。雖然 1988 年曾計畫從軍需產業轉換為民需消費財，但因生產設備、機械的資本不足而難於達成。此外欲生產消費者喜愛產品之技術開發亦很欠缺，因此產品成本高，又非消費者所喜愛。

⑤ 財政赤字擴大：由於對國營企業的虧損補助金，農產物價格差價補助金無法減少，聯邦中央銀行採取增發貨幣，造成通貨膨脹原因之一。

⑥ 企業間交易問題：以往國家原材料、設備調度由中央委員會決定，各企業間之物資調度與分配，又無原材料或資本財批發市場，而設備投資或流動資金之金融、資本市場亦不發達。如今，各企業必須靠自己購買、銷售、開拓市場等之經營知識又缺乏，使企業間交易產生混亂。政府又缺少取代共產政策之有效政策，對企業發展影響基大，引起產品流通停滯。

⑦ 共和國間的產業構造問題：以往蘇聯由十五個共和國構成其產業構造，在共和國間採取分工體制，依其環境條件，各共和國生產專業化。例如；俄羅斯（Russian）生產石油、天然瓦斯、製材等之燃料或海產比率較高；烏茲別克（Uzbek）生產棉花、綿纖維；烏克蘭（Ukrainian）生產機械、電視

機、糖等。共和國間在產業結構發展上，互相依賴性很高，況且各共和國間之輸出大於對其他外國輸出，因此共和國間必須重建「經濟聯盟體」。

4. 引進外來投資解決問題

(1) 解決經濟改革問題

俄羅斯雖然於 1990 年修訂外來投資政策，1991 年 6 月公布經濟改革方案，八月革命使「共產政體」轉換爲「民主政體」，但全民觀念革新並非易事，必須努力解決舊制時代留下之問題，解決經濟改革實施問題，並運用外來投資與對外投資經營之功能，發展國家經濟。俄羅斯有一億四千萬人口之國內市場，國民素質優秀、勤勉，並有高度藝術文化素質，石油礦產、棉花、木材豐富、鋼鐵等原料密集，產品良好。未來努力方向如下分析：

解決舊制時代留下之問題：

① 國營大企業獨占體制必須分業且區域化。

② 生產設備現代化。

③ 盡速整修道路，解決長途運輸問題。

④ 緊縮龐大軍事費用，提高民生用品研究費。

⑤ 國營企業民營化，民營企業國際化。

⑥ 引進外來投資於勞力密集產業，解決失業問題。

⑦ 增加資訊設備，發揮商業銀行功能。

解決經濟改革實施問題：

① 增加外來投資生產，解決國營企業對國內市場壟斷以及對輸入品之依賴，使物價平穩。

② 企業經營制度化、成本化，降低虧損。

③ 設立民營企業批發商，避免受官僚控制。

④ 引進外來投資合資經營，協助民需產業之發展，解決軍需產業轉換民需產業之困難。

⑤ 國營民營化，減少對國營企業補助金，降低政府財政赤字。

⑥ 引進外來投資，增加設備，建立資本市場，促進產品流通。

⑦加盟共和國從區域性專業化生產，發展爲經濟聯盟體，必須有周詳制度，目標才能達成。

(2) **外來投資與產業別**

俄羅斯從 1991 年經濟改革方案後積極引進外來投資，2009 年（《ジェトロ世界貿易投資白皮書》2010 年版）累計總額已高達 2,682 億美元，荷蘭投資最多高達 359 億美元，其次德國、英國、法國等，日本與中國也有近 10 億美元之投資。對外投資也有成長。2009 年累計總額 446 億美元，以荷蘭最多 124 億美元，其次美國、英國、瑞士等。先進國 78%，開發中國家僅占 22%。

外來投資產業別，製造業占 25.8%，其中以非金屬礦物加工最多，其次電子、電氣、光學機器，以及汽車零件等；服務業也占 22.1%，其中以汽車修理以及批發商最多；對礦業投資也高達 20%，其中以石油以及天然氣採掘占最多等，以俄羅斯產業特色爲投資目標。

(3) **俄羅斯國際貿易與產業結構**

俄羅斯 2008 年之國際貿易，輸出總額高達 4,441 億美元，三分之二以上，以礦物製品外銷高達 3,122 億美元占外銷總額 70%，其中以燃料製品占 69%，其次是化學、機械、汽車等。而輸入總額 2,565 億美元。其中以食品、化學品、金屬製品、纖維等，俄羅斯、輸出國以荷蘭占最多，高達 570 億美元，其次義大利、德國、中國、土耳其、波蘭、美國，以及日本等。

引進外來投資產業內容，依國家經濟發展目標，應從輸出特化與輸入特化係數以及產業結構發展之需求，而有計畫的引進：

①基本金屬之技術已達國際水平分工（–0.01），宜獎勵外來投資利用當地品質很好之鋼鐵，發展機械、設備，可提供國內需求，亦可減少輸入以至增加輸出。

②石油、礦產輸出特化係數高達 0.86，應獎勵外來投資利用當地之石油發展化學原料與製品，減少化學品輸入之依賴（–0.45）以致外銷。

③纖維技術已達國際水平分工（–0.03）亦有足夠原料，可引進外來投資發展紡織與成衣業。

④一般消費品高度依賴輸入為 −0.7，食品更高達 −0.82，應積極引進外來投資發展之產業，惟因外來投資國別中，開發中國家僅占 22%（開發中國家企業之投資以消費品與食品為主），不足以提供國內龐大市場之需求，今後宜多加宣導，鼓勵新興工業國家，（如中華民國、韓國、新加坡、香港等）投資，或俄羅斯企業對外投資生產，回銷母國，解決民生用品與食物缺少之問題。

⑤電子、電器產品，以及汽車可利用外來投資公司之國際市場，拓展外銷。

從產業結構模型分析，俄羅斯現況可稱為「新興工業國家模型」，俄羅斯技術密集產業與原料密集產業之技術都很好，國際競爭力都很高，尤其持有雄厚的原料密集產業，引進先進國企業投資，發展「知識密集產業」，可成長為「先進國產業結構模型」。但是目前應優先鼓勵外來投資於「勞力密集產業」，增加就業率，提供豐盛的食物與民生用品為首要，如此俄羅斯經濟必定快速發展。

〔參考文獻〕

1. 中華民國海關進出口統計年報（2008）。
2. 中國對外經濟貿易年鑑（2009），中國統計出版社。
3. 俄羅斯（2009），JETRO 發行。
4. ジエトロ貿易投資白書（2010），JETRO 發行。

Multinational Enterprise **14**

多國籍企業經營管理型態

一、管理思想之演進

管理思想之演進近一百年，從古典科學管理思想（泰勒，1911），現代科學管理思想（梅堯，1918），X 理論、Y 理論（麥克葛瑞格，1966），超 Y 理論（羅斯與摩斯，1970），Z 理論（大內，1981），P 理論（林彩梅，2000）。

㈠古典科學管理思想

管理思想之演進，近一百年，從古典科學管理學派分析，依二十世紀初被稱爲「科學管理之父」泰勒（Frederick, W. Taylor, 1911）思想，認爲工作或任務效果之提高悉賴對工作或任務之「科學管理」。對此提出管理的四項原則：

1. **管理專業化**：管理專業化活動所追求之目標，爲增加生產效率以及減少勞力及原料資源之浪費。
2. **工作標準化**：爲達成管理目標，須要效率，而效率地達成需靠標準引導，可藉「時間研究」與「動作研究」而達成。
3. **執行教導化**：依工作標準化，訓練、教導徹底執行。
4. **酬賞成果化**：依成果酬賞，提高激勵效果。

以上四種原則，古典科學管理之重點係「效率」。其實工作效率的提高，在於工作人員對工作的態度與價值觀，如風紀、團隊精神、忠誠、熱情、樂群等同舟共濟之理念。

㈡現代科學管理思想

強調人類的心理及生理因素，對工作效率提升之重要性，而主張管理應重視人類行爲因素者，稱爲「人群關係派」。自 1920 年後，梅堯教授（Elton Mayo, 1918）之論調漸被重視，被稱爲「企業人群關係之父」。科學管理不斷地重視人群行爲，對管理問題之觀察、分析，以及決策，不但應用數量方法等科學原則，而且強調人類「行爲科學」之引用。

梅堯教授研究發現，「管理者對工人之態度」顯然比古典科學管理學派所重視之勞工標準作息時間、工作時間、酬賞制度化等之「物質因素」更加重要。認爲管

理者如果將工作人員，非以「機械化」管理，而是以「尊重人性」管理，則工作人員之效率將更提升。由此人群關係之發掘與推廣，對社會心理之貢獻莫大，也引導五〇年代的「X 理論」、「Y 理論」、「超 Y 理論」，以及「Z 理論」的產生。

㈢X 理論與 Y 理論管理思想

　　一九三〇年代經濟大恐慌後，那種努力自我工作就能確保工作的理念，隨著高度失業率而幻滅，古典理論學派被批評，員工並非機械齒輪，不可忽略人性的存在。因此，新古典學派強調員工的士氣以及群體間的需求。以麥克葛瑞格（Douglas McGregor, 1966）的 X 理論與 Y 理論，其假設如下：

1. X 理論

　　⑴一般人生性不喜歡工作，且盡可能地逃避工作。
　　⑵由於一般人不喜歡工作，因此管理者須對部屬予以嚴密地控制，並以強迫、威脅、處罰等方式使他們達成組織的目標。
　　⑶一般人喜歡被人指導，且沒有雄心，甚至希望逃避責任，且只追求經濟上的安全感。
　　麥克葛瑞格對此假設不完全贊同，因此又提相反的理論。

2. Y 理論

　　⑴人在工作上花費體力與腦力是很自然的事情，就如同遊戲或休閒。
　　⑵外來的控制和處罰的恐嚇，並不是激勵員工完成組織目標的唯一方法。
　　⑶激勵員工完成組織目標的最佳方法，是滿足他們的成就感。
　　⑷在適當的環境下，一般人不僅會學習接受責任，而且也會追求責任。
　　⑸大部分的人都有高度的意念、誠意與創意去解決組織的問題。
　　綜上分析，「X 理論」與「Y 理論」如同「性惡論」與「性善論」，管理者應視情況及部屬心態與能力，而決定何種管理，能使組織達到最高績效。

㈣超 Y 理論管理思想

　　在權宜學派的觀點，對人性的觀念亦抱持新的論點，哈佛大學教授羅斯（Jay

Lorsch, 1970）與摩斯（John J. Morse, 1970），提出「超 Y 理論」，強調工作、組織和人三者間之最佳配合。其觀點如下：

1. 人懷著多種不同的需求與動機，加入工作組織，但主要的需求乃實現其「勝任感」。
2. 勝任感人人皆有，他可被不同的人用不同的方法來滿足。
3. 當工作性質與組織型態能適當配合時，勝任感最能滿足。即工作、組織，以及人員間之恰到好處地融合，能夠引發個人強烈的勝任動機。
4. 當一個目標達成時，勝任感可以繼續被激勵起來：目標已達成，新的更高目標就又產生。

㈤Z 理論管理思想

「Z 理論」是美國加州大學洛杉磯分校（UCLA）管理學教授威廉‧大內（Willam Ouchi, 1981）所著。「Z 理論」即是從日本企業的經營特色，整體的觀點出發，為企業界規劃哲學藍圖和實行步驟，希望能把碎成破片的企業重新拼湊起來，使企業組織能在經營哲學的貫穿下，通盤考慮對顧客、員工和社會的長期利益，同時使企業中個人參與決策、互相坦白、彼此信任，建立健全完整的人際關係。換言之，「Z 理論」的企業最基本的經營哲學，是考慮「人與工作、與企業」的關係，以及「員工、顧客和社會」的長期利益。

㈥P 理論管理思想—和平文化經營理論

和平文化經營理論「P 理論」（林彩梅，2006），和平文化經營理念才能整合不同國家民族、種族、宗教文化之差異，提高國際團隊精神，也更提高公司經營績效，MNE 領導者必須具備如下十項經營理念，企業全球化成效才能更發展。

1. 企業經營為全人類利益極大化

領導者之企業經營利潤極大化，並非考慮「企業本身利益極大化」，而是考慮「全人類利益極大化」。

2. 要有慈悲、智慧與勇氣

領導者必須持有包容人的慈悲，以及克服一切困難的智慧，此智慧不但能拓展人類精神的創造性，也能克服人類社會面的任何危機，並能以正義的勇氣徹底執行，使全球企業達成和平、富裕共生，提高經營績效。

3. 持有企業倫理、產業道德

領導者必須持有「世界觀」、「關懷世人」，以「企業倫理」以及「產業道德」爲員工、消費者和社會的長期利益。

4. 優良的「企業市民」

MNE 全球化過程中，必須遵守各國法律制度，尊重各區域的文化、習慣，必須對地主國經濟，社會發展有貢獻，且能獲國際社會信賴的優良企業市民。

5. 重視當地環保與人民健康

研發、生產各種高科技的產品，同時必須關懷當地之環保、人民之健康。

6. 世界市民和平共生精神

加強「世界市民教育」和平共生精神，不分種族、民族、宗教信仰、膚色等文化的差異。互相不是排斥，而是尊重、理解多元文化，並珍惜此差異而成爲自己友情資源，共享和平共生、人民幸福、社會繁榮。

7.「王道文化」管理

領導者要以「王道文化管理」，以「德」感化之管理方式。不僅尊重人性管理，更要「啓發人性管理」。對部屬之激勵從人生需求「自我實現」最高之成就感，以達「勝任感」的最高滿足。

8. 真誠國際友誼，提高國際合作成果

「多民族國家和諧」的智慧，在於「眞誠之心」。「心」的距離最重要。建立

「眞誠國際友誼」，提高國際團結合作成果，共享和平與繁榮。

9. 尊重人權與尊嚴

同爲世界市民，要關懷他國民族與他國利益，尊重「人權」以及人的「尊嚴」，以達「世界和平、人類幸福」。

10. 菩薩行的企業組織

「菩薩」是形容愛心與關懷。全體員工不只對公司盡忠職守，更有高度關懷全球消費者之利益，以「匠心」製造高品質力求「價廉物美」，以「關心」關懷客戶、親切、及時的完善售後服務，而獲消費者高滿意度與信賴，並以「人道競爭精神」提升企業的國際競爭力。

㈦王道文化管理思想

王道管理精神是組織最高的凝聚力，是「承東西之道統，集中外之精華」整合Z理論之「心」與科學管理「效率」之精華。以「眞理爲基礎，正義爲原則，愛心爲原動力，而瀰漫祥和氣氛」。領導者不以「力量」與「權威」順服他人，而以「德」感化之。不只「尊重人性」管理，更重視「啓發人性」管理。管理型態特別重視超Y理論，對同仁工作之激勵，以人生需求層次、最高境界的「自我實現」之成就感以達工作「勝任感」的最高滿足。以寬容的精神，建立「互信」、健全的道德與倫理，以文化、藝術使生活豐富，無人種差異，平等教育，共存共榮之和平思想（林彩梅，2006）。

㈧領導型態與激勵理論

1. 領導型態

根據懷特和李皮特（Ralph White & Ranald Lippitt, 1960）之研究，領導型態可分爲「獨裁式領導」、「放任式領導」，以及「民主式領導」。三種領導型態各有優缺點，有賴領導者自身的判斷與運用。

領導決策之執行型態，又可分爲：⑴「霸道」的威武型領導者；⑵「王道」的

仁慈領導者；以及⑶「操縱」的運用型領導者。

2. 激勵理論

對部屬的激勵理論，如馬斯洛（A. H. Maslaw, 1943）的需求層次理論，分為五種層次：⑴生理需求；⑵安全需求；⑶社會需求；⑷自尊需求；⑸自我實現的需求。因每個人的思想與現況差異，滿足需求也不同。

綜合上述，從管理思想的演進，三種領導型態以及執行型態，各有優缺點，更何況對部屬之激勵，因每個人的滿足需求層次之差異，工作成果也不同，領導者如何因人、因時、因環境之文化差異，採取最佳之領導風格，並運用前述各種管理理論之特色，達到最佳的管理效果，有賴領導者的重要智慧。

表 14.1　管理思想之演進

年代	作者	理　　論	理論特色
1911	泰勒	古典科學管理思想	效率
1933	梅堯	現代科學管理思想	尊重人性
1943	馬斯洛	激勵理論（需求層次理論）	生理、安全、社會、自尊、自我實現之需求
1960	懷特・李皮特	領導型態	⑴領導型態：獨裁、放任、民主式 ⑵領導決策執行型態：霸道、王道、操縱
1966	麥克葛瑞格	X 理論（性惡說） Y 理論（性善說）	以獎懲提高效率 以獎勵提高效率
1970	羅斯與摩斯	超 Y 理論	勝任感
1981	威廉・大內	Z 理論	團隊精神、員工、顧客和社會的長期利益
1982	林彩梅	MNE 第三文化管理思想	整合「第一文化」與「第二文化」管理之優點
2006	林彩梅	王道文化管理思想	倫理道德為基礎的經營管理
2006	林彩梅	P 理論和平文化經營理論	MNE 領導者「和平文化經營理念」

資料來源：林彩梅研究整理（2006）。

二、美、日企業經營理念之比較

　　多國籍企業經營之發展，除了有龐大資金、高科技產品技術、擴大國際市場之外，最重要的是經營者之「經營理念」以及員工的「工作價值觀」、「員工士氣」，團隊合作的成果。以下以美、日 MNE 經營理念與員工士氣之比較分析。

㈠美、日企業經營理念之差異

1. 美國式企業經營理念

　　科學管理的歷史近一百年，卻成為美國近一百年來成長最迅速，體系最完備的一種科學。美國人以開疆拓荒的冒險精神，又以謹慎嚴密的管理制度，為企業組織創造源源不絕的利潤。美國企業以傳統的個人主義為經，以講求效率、注重數字的管理方法為緯，開創了一個工商業時代的新紀元。

　　美國式的企業管理是美國文化的產物：強調速度，立刻爭取表現，並給予獎勵；強調個人利益，高生產力，即有高報酬；強調數字，具體的數字是一切考核的標準，抽象的內涵不受重視，強調利潤，公司只關心股東的利益，漠視員工、社會各方面的需要（員工無歸屬感、經常轉換公司）。

2. 日本式企業經營理念

　　日本企業的管理特色在於溫情主義、終身僱用制，忠誠心的「團隊意識文化」。精密的分工、高額的利潤、穩定的員工、卓越的技術，這些都不是日本企業經營者追求的最終目標。日本的企業經營者最津津樂道的是自己的「經營哲學」，其經營哲學能與企業融合為一，使日本企業從中滋生出「家族式的共同意識」，培養出外人無法理解的「信任」、心連心、微妙與親密的關係。對內，員工社交、工作、生活各方面的需求，都可以在公司安排下得到滿足。對外，以人道主義競爭，企業長期通盤的計畫不受短期利潤的干擾，可以逐步付諸實施，同時企業各部內前輩與後輩傳承、教導之關係，且能夠提高整體的團結合作成果。經營哲學是考慮「人與工作、與企業」的關係，以及「員工、顧客和社會」的長期利益。

㈡美、日企業文化特色

1.美國企業文化特色

　　美國系企業經營理念，以泰勒（1911）的科學管理之精神，強調速度，爭取表現，立刻給予獎勵；公司對員工教育以及品管訓練較少強調個人利益，鼓勵個人研發，追求卓越與高生產力，即有高報酬，強調數字爲考核員工標準；強調企業利益極大化，海外子公司獲母公司高度授權（Otterbeck, 1981），強調母公司生產標準化制度的直接移轉，較少考慮當地文化之差異（William Ouchi, 1981）。對生產管理控制也較少，對員工教育訓練也有限，技術缺乏效率。而員工經常只要求成立交涉聯盟，要求改善工作環境與待遇，而忽略自我品管的提升才是更爲重要。美國員工罷工並非「全國性」而是以「公司」爲主，因此公司不能正常營運，每次都造成公司很多損失、表現員工士氣之低落、缺乏團隊精神。依 Hofstede（1998）理論分析，美國企業屬於高度個人主義、高度男性主義、高度權力距離者。依 Gerhard（2002）之研究。

2.日本企業文化特色

　　日本系企業經營理念，考慮「人與工作、與企業」的關係，以及「員工、顧客和社會」的長期利益。企業文化特色，溫情主義，終身僱用制，高度忠誠心的「團隊意識文化」。重視「世界市民教育」，提高和平共生精神，高度重視對人才以及品管的嚴格訓練與員工穩定，精密的分工，以「匠心」生產高品質，以「關心」提高售後服務。主管與部屬間有家庭式的共同意識，相互信任。日本對操作員的訓練，依據日本「師徒制的教育模式」，嚴格品管訓練，鼓勵「匠心」學習態度，其技術的獲得不是透過「語言」，而是透過「觀察、模仿與實作」。自己再加以消化、改良、創新、製造比原產品更卓越的品質是「精緻生產文化」。海外子公司重要事項，必須經母公司同意與支持，強調企業經營爲人類利益極大化，並以「人道競爭精神」提高國際競爭力（江夏健一，2006；林彩梅，2006）。

　　許多研究都讚賞日本「精緻生產文化」的成功，由「規模經濟」移轉至「精緻經濟」。產業間關係互助合作，大型製造商與銷售商間以感恩、惜福、惜緣合作無間。日本罷工是「全國性」並無以「公司」爲主。每年有「春鬥」與「秋鬥」兩次。

全國地下鐵停駛，但未有公司員工因此缺席或遲到。住遠的自己訂旅館，住近的當天提早開車出發，因當天塞車很嚴重，而每家公司都照常準時營運，未有損失。可見日本員工士氣之高、團隊合作精神之成效。日本企業特別重視嚴格在職訓練，尤其對「地球市民教育」，提高和諧、團結經營成效。依 Hofstede（1998）理論分析，日本企業屬於高度群體主義、高度女性主義，以及低度權力距離者。

　　日本企業的特質：⑴ 工作的內容、順序、時間和成果，明確詳述於說明書內；⑵ 在生產過程中保持簡單、不含混和直接的路徑；⑶ 重新思考公司的長期發展範圍，加強製造商和供應商之間的競爭式團結合作；⑷ 現場的生產，高度強調細節；⑸ 不斷地試驗和回饋，透過科學方法促進進步；⑹ 在員工團體之中，尊重共識基礎和分享決策（Spear and Browen, 1999）。

　　日本員工經常共同合作為改善與創新而尋求解決的新方法，日本生產文化不僅具有長期導向，也是一個高語境（context）的內心文化（Stewart and Bennett, 1991），由於彼此依賴度高，它的溝通較傾向採取間接方式，心連心含蓄的理解，因此從招募和遴選程序均包含了聘用前詳細的經歷（Doeringer, 1998）。

(三)美、日企業經營特色之差異

　　從〔表 14.2〕可顯示出歷年外資企業龐大資金的陸續投資，以及外來投資成果，美、日兩系企業均獲預計以上之投資利益，其重要因素除了台灣良好的投資環境之外，美、日兩系企業的經營管理對台灣環境必有相當適應之能力，其適應台灣的理想經營管理方法，的確值得我們加以研究。

1. 台、美、日三系企業經營特色之差異

　　⑴ 台灣社會之特色

　　第二次世界大戰前的台灣經濟政策和美國企業的能力主義完全不同，近似日本的所謂「親分與子分」溫情主義，是「父與子」的大家族觀念。主人對其僱用者之照顧普及至全家以至世代子孫，而被僱用者對主人之忠誠心亦是顧及至世代子孫，可謂比日本的終身僱用制度更廣泛，深深存在著「四維」、「八德」，尤其是「忠義」二字。由於戰後美國的「合理主義」、「能力主義」思想傳入台灣，形成目前

台灣的經營管理型態,一方面保留著傳統性的血親、姻親、大同鄉之家族觀念,另一方面又採用美國的科學管理、能力主義政策。今後的經營管理型態,亦將受外來投資企業文化的影響。

　　要了解外來投資——美日兩系企業在台灣之經營管理型態,必須先探討其本國之企業經營概況,才能進一步地分析。

　　以下將探討美、日兩系企業經營特色之差異,及台、日兩系企業經營特色之差異。

表 14.2　台、美、日三系企業在台經營管理制度和效率概況比較表

經營管理制度及其效率	美國系企業	日本系企業	台灣系企業
⑴ 計畫	長期計畫五至十年〔長期以至短期計畫〕（長期以至短期計畫）	中期以至短期計畫,一至二年〔同上〕（同上）	短期計畫較多〔同上〕（同上）
⑵ 計畫設定	詳細而且廣泛	不很詳細,也不廣泛	不很詳細,也不廣泛
⑶ 計畫之檢討	每月一次或是一年四次	每月一次或一年一次	必要時才檢討
⑷ 關於計畫之參與者	最高階層及中階層管理員〔最高階層經營管理者〕（同上）	最高階層經營管理者〔最高階層及中階層經營管理者〕（董事會）	最高階層經營管理者〔最高階層及中階層經營管理者〕（最高階層經營管理者）
⑸ 政策之決定	形式化	沒有形式化	沒有形式化
⑹ 情報管理	情報自由流傳並受獎勵	對情報守密	對情報守密
⑺ 管理範圍	品管、預算管理、設備維護標準之設定〔重視預算管理〕（品管重視及預算管理、設備之維護）	品管及設備之重視〔重視預算管理〕（品管預算及設備之維護）	成本管理、品管、設備不很健全〔預算管理未被重視〕（成本管理、品管、設備不很健全）
⑻ 活動團體化之基準	依職能別	依職能別	依職能別

(9) 部門數	5～7 〔4～6〕	8～15〔3～5〕	8～15〔6～7〕
(10) 研究發展	〔母公司〕（新產品或新市場之研究開發，皆由母公司負責）	〔在當地積極的進行〕（同上）	〔不很積極〕（同上）
(11) 專門人員的利用	有（不少）	沒有（不少）	沒有（少）
(12) 服務部門的利用	重視（重視）	幾分重視（重視）	幾分重視（幾分重視）
(13) 權限之明確度	明確（明確）	不明確（不明確）	不明確（明確）
(14) 分權程度	高	低	低
(15) 領導者型態	協議式〔獨裁式〕（獨裁式）	獨裁式〔協議式〕（協議式）	家長式〔協議式或是各理式〕（家長式）
(16) 對部屬之信任信賴度	高、〔低〕（低）	低、〔高〕（高）	低、〔高〕（低）
(17) 權限之委讓	權限有意委讓部屬〔權限委讓之課長級〕（權限委讓僅在某限度內）	權限委讓程度低〔權限委讓至職員〕（有意將權限委讓部屬）	權限沒有委讓之意思〔同上〕（同上）
(18) 勞務管理及勞工政策	定式化	非定式化	非定式化
(19) 人事部門之組織	無單獨之人事部門	無單獨之人事部門	無單獨之人事部門
(20) 職務評價	無（多）	無（少）	無（少）
(21) 人才募集方法、管理者之募集、中級幹部之募集及一般勞動者之募集	〔廣告招募，由職員升任〕〔同上〕（廣告招募）	〔高層管理者之介紹，由職員升任〕〔廣告招募，由內部升任〕（廣告招募）	〔由內部升任，高層管理者之介紹〕
(22) 考選基準	定式化教育及訓練〔教育、能力、經驗〕（經驗、學歷）	非定式化年齡及學歷〔不重視經驗，是以學歷、能力、職員之關係而採用〕（不重視經驗，重視學歷及年齡）	非定式化年齡、學歷、親友關係〔學歷、經驗、職員的關係〕（學歷、經驗、親友關係）

⑳ 升級基準	定式化、教育及訓練〔工作效率〕（經驗年數及工作效率）	工作年資及年齡〔工作年資〕（工作效率及工作年資）	工作年資及年齡、親友之關係〔工作效率〕（工作效率、親友之關係）
⑳ 解僱原因	〔能力不足者解僱，經營不良者，優劣職員均解僱〕（同上）	〔採不解僱政策，能力不足者，轉換至其能適應之工作〕（同上）	〔無重大過失時，即使經營不良時，亦少解僱〕（同上）
⑳ 薪資水準	（一般勞動者依據本地之水準，幹部及技術人員依照母公司之水準）	（依據當地中或日系企業之水準）	（依據中系企業之水準）
⑳ 報酬管理者、事務員、一般勞動者	以現金支付月薪〔高薪資水準〕、月薪加獎金〔一般薪資水準〕、月薪加獎金（一般薪資水準）	以現金支付月薪加獎金〔一般薪資水準〕、月薪加獎金（一般薪資水準）、月薪加獎金（一般薪資水準）	以現金支付月薪加獎金〔一般薪資水準〕、月薪加獎金（一般薪資水準）、月薪加獎金（一般薪資水準）
◎ ⑳ 薪資體系	（依職務別）	（依職務別或年資考績）	（依職務別）
○ ⑳ 獎金制度	〔年終獎金一個月〕（同）	（中元及年終獎金，合計三個月以上）	〔年終獎金一至二個月〕（同）
○ ⑳ 家族津貼	〔無〕（無）	〔有〕（多數有）	〔有〕（少數有）
○ ⑳ 住宅津貼	〔無〕（無）	〔有〕（多數有）	〔有〕（少數有）
○ ⑳ 加薪率	〔7～10%〕	〔7～15%〕	〔一般7～10%，但7%以下亦有〕
○ ⑳ 退休金及退職金	〔無〕（無）	〔有退休金、退職金〕（同）	〔有退休金，少數有退職金〕（同）
○ ⑳ 就業安定性	〔低〕（普通）	〔高〕（高）	〔普通〕（普通）
○ ⑳ 特殊休假	（有）	（有）	（一部分公司有）
⑳ 訓練計畫	一般勞動者〔沒有積極進行訓練〕（新進人員）	一般勞動者〔積極的進行訓練〕（當地訓練或送至本國訓練）	一般勞動者〔比較沒有積極的進行訓練〕（一部分公司有）

㊱ 經營效率及勞工士氣	高（高）	中（高）	中（中）
㊲ 缺勤率	低（低）	低（低）	低（低）
㊳ 轉職率	高（高）	低（低）	高（低）
◎ ㊴ 提高員工在職之穩定要素	（提高薪資水準，定期加薪）	（增加福利制度，提高薪資水準）	（增加福利制度，提高薪資水準）
㊵ 生產力	高	高	中等
㊶ 對熟練者確保之能力	確保之能力高	某一程度內能確保	某一程度內能確保
㊷ 部門的關係	緊密而且協調（協調）	大致協調（協調）	大致協調（大致協調）
㊸ 經營者對公司目標之看法	整體系統之最適化，為重要之目標	分支系統之最適化，為重要之目標	分支系統之最適化，為重要之目標
㊹ 高水準勞動者之利用	有效的	適度的	適度的
㊺ 對環境變化之適應性	適應能力高（部分適應能力有困難）	部分適應能力有困難（適應能力高）	部分適應能力有困難（適應能力高）
㊻ 銷售成長	有巨大成長率（收益率高）	成長率高（收益率很高）	穩定成長（收益率穩定）

資料來源：筆者研究。

註：表中使用符號○、◎、〔〕、（）：

⑴ A. R. Negandhi, *Management and Development: The Case of Taiwan*, The Hague: Martinus Nyhoff, 1973, pp. 125～127 之內容和項目，則以無符號表示。

⑵ 陳定國「台灣區巨型企業經營管理之比較研究」，經濟部金屬工業研究所，1972 年 6 月 30 日，其項目以○表示，內容以〔〕表示。

⑶ 林彩梅之調查研究（1999），其項目以◎表示，內容以（）表示。

⑵ 美、日企業經營特色之差異

　　日本企業經營方法之特性，實為促使戰後日本經濟快速成長、GNP 進為世界首位之主要因素。

　　日本型經營方法之特色可稱為貸款經營，用人則採年功序列（依年資提升）、

終身僱用制等溫情主義；以及縱型的公司組織型態，有員工從業之專業性及對公司之忠誠心、長期傳統性的世界最低轉職率，及員工參與制度（全體同意）等之特徵。又政府與企業間亦維持密切的協調關係，對日本經濟之快速成長，貢獻很大。

日本企業與美國企業在經營上之主要差異如下：

① 日本國民性偏重人情意味，並且日本社會關係與美國契約制有很大差異，以人與人之間的私誼親疏為準。

② 日本人對長輩尊敬之崇拜主義與美國人之尊敬涵義不同。

③ 日本人重視對團體的忠誠，美國人則較尊重個人主義。

④ 日本社會是「縱向型」的連繫，意思決定是由下而上，欠缺橫向流動性，再加上尊重前輩之教育制度，更促進縱向流動性之活躍。美國社會是「橫向型」的連繫，意思決定是由上而下。

⑤ 日本傳統上具有高度模仿能力，引進外國的技術加以改良、創新，是日本經營成功的一項要素。

⑥ 如①和③，日本政府與產業界，以致個人與企業間存在高度之協調關係，在美國社會不易存在。

⑦ 以日本銀行為頂點構成的分支金融機構，對日本經濟之高度成長，有很大的幫助。

⑧ 在縱向型的日本社會中，橫向型的勞動市場是無法存在的。由於一般國民在縱向型社會中對團體的忠誠心，以及不追求眼前利益，只求工作安定和受社會的承認與尊敬。

美國社會和日本社會很明顯的對照是，個人主義與團隊合理主義的色彩很濃，是動態的橫向型社會與縱向型社會。美國經濟已進入高度大眾消費時代，勞動市場是橫向型，員工流動性比日本高很多。資本市場比日本發達，但是美國卻沒有以國立銀行為頂點構成的分支機構，況且政府與企業關係在日本是融合協調相處，在美國卻是存在對立。

以上美、日兩國社會經營特色之差異，顯示日本社會的經營特色與我國較為相似，然而仔細分析，在觀念上仍有極大的差別。

⑶ 台、日企業經營特色之差異

① 薪資制度

日本公司職員的收入，一般是除了月薪外，一年有兩次獎金（中元及年終）獎金合計約在月薪六個月以上以至二十個月，而且利潤高的公司尚有特別分紅，另支付交通費。而我國公司職員的收入除月薪外，年終獎金通常一至二個月，經營成果極佳的大公司，支付四個月年終獎金的也有，交通費則多是自己負擔。

② 福利制度

日本公司職員有國民保險、失業保險、養老金、恩給（對國家有貢獻者）等制度，因此除了考慮日常生活外，對於生病、失業、老年之負擔不會有很大的煩惱。然而我國公司職員只有勞工保險，且只限於本人，所以他們必須從每月收入中撥出一部分留作儲蓄，以備日常生活之需，或是退休後之養老用。尤其是沒有失業保險，失業即造成現實生活問題。

③ 經營策略

日本型的經濟策略是公司家族、溫情主義、終身僱用制、年功序列，對於低能力者給予安排適當的工作，僱用生涯中，只要有一次對公司有益即可之觀念，而職員對公司即有所謂「願把骨頭埋在公司」的高度忠誠心，對主管盡忠、對工作盡職。尚有在日本社會潛在保留長期傳統而有管理實效的「前輩制度」。換言之，同事間必有先進公司之同事管理後進公司者，因此各單位主管在公司與否，對公司工作進展及效率，絲毫不受影響。

我國企業經營型態，家族主義觀念很濃，通常優先僱用親戚、友人之情況甚多，對職員之晉升亦是如此。當然亦有少數公司不以親戚、友人關係，而採用美國能力主義政策之聘任方式者，職員間雖有前輩之尊稱，但無前輩對後輩的管理權利，除了地位階級外，一律平等。

④ 轉職觀念

日本公司對於無理由而輕易轉職者，視為「裏切者」（即背叛者），父母認為對公司「不忠」，即是對父母「不孝」，社會人士多予輕視，其轉業後薪資也以新進職員計算，並不以已有經驗而加薪（技術人員除外），對

公司之忠誠心亦常被懷疑，在一般社會道德觀念下，轉職次數愈多，其人格愈被貶低。

我國公司是一般家族主義與能力主義觀念之混合，由經營者之人事政策反映出職員間人事關係之不同，所以無良好人事關係者之轉職為社會所容許，且如美國公司之經營策略，經歷愈多者被認為經驗愈豐富，所以「轉職」常被利用為升級或改善待遇之手段。

⑤退職金制度

日本公司的退職金制度，是依據年功序列（依年資計算）續勤，採取「累進比率」計算，如果轉職他公司，其年數須從頭算起，損失甚大。這也是日本員工安定率很高之因素之一。而我國公司一般也是以年資計算，只是每年以「一個月薪」計算，因此轉職高薪單位，其退職金亦跟著增加。

⑥社會商俗

日本社會常為人情所左右，尊重介紹人之信譽，而非契約拘束。例如：公司間之買賣關係顯示非常明顯，每每一般經由介紹人之買賣，即使商品價格比一般略高，交易亦能談成。若無介紹人，雖品質相同，其價格亦較便宜，然而交易無法談成的事實極多。還有，欲獨立創業之職員，若經其高級主管之允許並獲得指導者，其經營必能成功；若其獨立創業未獲主管同意，又與原服務公司同產品之競爭者，必為社會道德所不容許，消費者不願購買，經營亦遭受困難。

然而，競爭激烈之我國，便宜貨被認為是交易成立要件之一，所以有些員工之觀念認為只要有一點技能、有些資本，必能以低利潤製造低成本商品，而在低價格競爭下，可輕易獲得市場，故離職而設立小公司的現象不在少數。與原公司做同樣產品銷售競爭，也不會被社會道德指責。

2.台灣人力資源之問題

外國管理者對本地員工印象良好，不如意的方面是缺乏自發性、創造性、關心薪資的高低而責任感不重。以台灣經營環境上所面臨的問題，是勞力的流動性、品質的不安定、技術水準偏低、工資上升頗速，以致影響新產品的開拓。台灣勞工問題，關於品質、技術、教育，以及員工士氣等，分析如下：

⑴品質觀念問題

外資企業曾考慮從台灣本地企業購買高度成長輸出產業的零件，或委託加工，惟台灣中小企業尚無法確保品質之供應者甚多。因為母公司與供應商有密切連帶關係，母公司在海外市場欲提高銷售成長率，並維持市場競爭之優勢，必須考慮供應商之生產力及商品品質。台灣中小企業由於資金不足影響生產設備，尤其是品質觀念不高，欲為外資企業產品之衛星工廠或是加工業，其條件尚不足。所以，外資企業要培養本地之中小企業，不如直接從本國輸入原料、零件或是從本地外資企業購買，在國際交易上較無問題。

⑵技術移轉問題

中華民國國民滿二十歲之男性，必須服兵役一至二年，在經營者立場認為應給予技能教育。然而，對公司正有貢獻之時，被召服役，退伍返回原公司的可能性又不大，因此無心加以培養，而服完兵役者已是二十四歲，成年人從事基礎訓練較有困難。尤其頗感煩惱的是學到中途，技術尚未成熟，便想獨立創業或轉換他公司領取高薪，外資企業認為如此行為對公司本身或對地主國技術提升均無利，因此不願將優良技術全部傳授給台灣員工，寧可輸入或採用母公司技術人員生產。

⑶教育問題

台灣業已實施十二年國民教育，升學率高，政府又極重視理工學系，勞動素質照理很高，但是由於教學內容多缺乏世界新資料。例如：商管學院方面缺乏世界最新專業資料，理工農科缺少最現代化工業設備之實習，學歷雖高，實用專業知識尚嫌不足。

⑷士氣問題

很多員工在工作時間內，常有閱報、寫信、看雜誌等現象，素質再好的員工，由於精神不集中及責任感不重，其工作效率一定不高，尤其高度轉職率再加自由化後，罷工情況增加，在經營上給予很大的不安感。

由以上外人對我國從業人員之評語，應予檢討並改進，員工應有「飲水思源」

感恩的觀念，與公司共存共榮；而資本主義應了解公司發展全是全體員工付出青春年華與心血成果，因此公司在獲利後，應考慮回饋於全體員工。政府為了國家的經濟發展，積極獎勵外來投資，國內企業家與員工們若能體認時代要求、意識革新，跟隨政府之步驟努力向上，不久的將來，中華民國必能成為先進國家之經濟地位。

三、台、美、日多國籍企業在台灣之經營管理比較

對台灣經濟擁有很大影響力的美國企業和日本企業，對當地經營策略之共同點，經營方針之主要差異，以及適應當地之理想的經營方法等，根據 Andnt A. Negandhi 教授、陳定國教授，以及筆者之調查，如〔表 14.1〕，茲分析如下：

㈠台、美、日三系企業在台灣之經營管理比較

1. 計畫

在台灣之日本系企業及美國系企業，一般都是一至三年之計畫，美國系企業投資資本，總平均每一公司之規模為日本系企業之五倍，照理大資本設備投資之大公司，都以五年長期計畫者為多，由於美國系企業是以台灣為生產基地，而其銷售則由母公司負責，主要是勞力密集式的產業，故中、長期計畫並非所需。

在經營的環境因素中，政治因素亦為重要因素之一，台灣與大陸之間種種問題，皆得加以考慮，特別是日本與大陸所締結的條約裡諸條件，對日本系企業具有很大的壓力，故經營者在此不安的心理狀態中，美、日兩系企業一般之經營態度，多數為短至中期計畫。

對於計畫決策的權限方面，由於所有權的型態不同而異。日本系企業採合資方式，故決策之決定，由雙方董事贊成而決定。美國系企業大多為完全所有子公司，故其政策之決定，多由母公司指示，或由子公司之最高主管決定。我國系企業大多為中小企業，經營較未上軌道，經營方針之確立亦較遲，其決策均由最高經營者所決定。

在研究發展方面，日本系企業因為是合資公司，除了母公司提供技術與情報外，為了擴大其自身的經營，而積極研究開發新產品、新市場。美國系企業主要以

台灣為生產基地，故在新產品、新市場的開發研究，均由母公司為之。我國企業，限於資金與技術，對於新產品、新市場的開發研究，尚缺積極性。

2. 領導型態

對當地人而言，其感覺日本系企業之領導型態是「協議式」，而美國系企業之領導型態是「獨裁式」。在高階層主管的影響下，日本系企業之中階主管亦採協議式的領導。其有關的計畫，均由有關之部屬共同討論而決定其目標，對部屬之信賴度高，權限委讓之範圍亦較廣。美國系企業其管理者，對當地文化、語言、習慣不很了解，尤其是完全所有子公司占最多，因而領導方式採獨裁式為多，對部屬之信賴度不高，故其計畫均由管理者自己決定，而直接命令部屬實施之，權限對部屬之委讓也低，這與其在美國國內全完不同。我國企業則多採「家長式」的領導，領導者將自己的決定，向部屬詳細說明，直至其能明瞭而接受為止；不過，仍有部分採日本系之協議式。

3. 人事管理

在人才之招募方面，台、日兩系企業高級職員之招募，是經股東或高階層幹部介紹，或由公司內部提升。美國系企業，是由廣告招募或內部提升，而對一般勞動者，台、美、日三系企業都由廣告招募者較多。

在甄選基準方面，日本企業不以經驗為基準，而是以學歷、能力與職員之關係而定；美國系企業是以經歷、學歷、能力為基準而決定；我國系企業雖與美國系企業相似，以經歷、學歷、能力為準，但若有親戚、友人之關係，錄取之機會較高。

在晉升基準方面，一般而言，日本系企業主要以年資為基準，美國系與我國系企業，則以工作效率為基準，但我國系企業以親友關係而決定者，亦有之。

在僱用政策方面，一般日本系企業多受其本國終身僱用制的影響，大體皆不採解僱政策，除非是犯了法；若員工表現不佳乃起因於能力不足時，則給予適當的訓練，並將之轉換至其能力足可勝任之工作。美國系企業則採能力主義，因此能力不足則必須解僱。當經濟情況不良時，除了須保留之人員外，優劣員工均解僱之。我國之企業，則是除犯大錯誤者外，即使經營情況不良時，解僱之人員也不多。

在台灣之美國系企業是採能力主義，以高薪聘請，集中優秀幹部及熟練技術

員,提高經濟效率。然而,受到 1974 年世界石油危機之影響,台灣經濟亦隨之呈現不景氣,當時的美國系企業依據其經營方針,對當地勞動者採取解僱政策;在楠梓加工區有一家美國公司在三個月內,將三千六百名員工解僱了三千二百名。當初僱用時,距離都市幾公里遠之農村青年勞動者,都集中到輸出加工區,而 1974 年不景氣時,為了造成自動離職之解僱政策,將勞工每天通勤之交通車停止接送,而迫使交通不便之農村欲往都市上班者無法上班,造成無理缺勤。依勞工法,工人無故繼續曠工相當日數時(工廠法第三十條及三十一條規定,無故連續曠工滿三天或一個月內無故曠工累計滿六天者,工作契約終止),即成自動離職,不須付離職金。尚無失業保險之台灣勞動者,突然被解僱,即造成生活問題;當時的日本系企業為了世界不景氣,國際市場需求量減半,因此生產量也需減半之情況下,採取輪流上班制,薪資減半,溫情式的人事安排,因此景氣恢復時,亦不缺勞力人才。

4. 勞務管理

在一般人的觀念裡,美國系企業之薪資比日本系及我國系企業高,但實際上,美系企業為了爭取或保留熟練者和優秀幹部,一般之中,高級幹部之薪資基準是比照母公司,故比中、日兩系企業為高,但一般職員及勞動者之薪資,則比照當地員工之薪資基準。所以與中、日兩系企業並無差別,甚至有的美國企業還比一般還低。

日系企業之薪資基準是比照在台灣的一般日系企業,通常都比我國企業高,除了月薪以外,尚有家屬津貼、教育津貼、住宿津貼等,獎金制度雖不若母公司優厚,但一年發兩次之公司尚占多數,仍比中、美系企業為高,一般年終獎金都在三個月以上。美國系企業是月薪以外不支付教育津貼、家屬津貼,有關年終獎金,是為了順應台灣勞基法及當地習慣,每年發給一個月的年終獎金。所以日本系企業之月薪再加各項津貼與獎金後,其薪資總額與美系企業相比,並無差別,中系企業年終獎金則約在一至二個月為多。經營情況良好之公司,年終獎金也有達四個月以上的。

在退休金及退職金制度方面,美、日二系企業深受母公司制度的影響,美、日兩國系企業也依照台灣勞基法,採用退休金及退職金制度。我國系企業尚未完全普及採用。

5. 員工士氣

員工士氣，是員工對本身工作、團體、監督者、公司等所表現的態度。個人的思想及滿足感的差異，造成員工的士氣亦不同。員工士氣之定義是：團隊精神、統一性、滿足感、連帶責任感、團結力量及互相禮讓精神之綜合表現。Negandhi 教授對台灣勞工的評語：有禮貌、勤勉、可信任、生產力高，只是轉職率比其他國家都高，應加改善，下面將提出缺勤率及轉職率來檢討。

(1) 缺勤

缺勤率高，會增加公司的成本。缺勤率增減的主要原因，受社會、經濟及教育等因素影響；如在經濟蓬勃發展、薪資提高或是失業率低時，缺勤率常有偏高的現象；反之，經濟蕭條、衰退期就業困難時，缺勤率自然降低。另外，尚有公司的工作氣氛，亦會影響缺勤率。

台灣勞動者之缺勤率比世界一般缺勤基準率（10%）較小，在台灣的日、美系企業之勞動者、事務員、管理者的缺勤率，都在 4% 以下，顯示了很低的比率；而我國系企業，由於事假太多，其缺勤率比日、美兩系企業較高。

台灣員工之缺勤率，與其他發展中國家比較，其百分比甚低。像在印度的公司，員工的缺勤在 12 ～ 15%，菲律賓是 12%。而在美國系企業裡，認為 5 ～ 10% 缺勤率是標準的數字比率。

(2) 轉職

員工的轉職，主要是經濟條件及有利機會所引起。換言之，受到僱用者之社會文化的關係，所規定之工作、工作條件、薪資、福利制度、有利之機會、工作之滿足感等多種要素所造成。

台灣員工轉職率高，是一般企業家所最感煩惱的事。雖然當地的管理者、監督者、事務員的轉職率不很高，但一般勞動者卻高達 40% 以上。台、美、日三企業之比較，日本企業由於採終身僱用制，使員工對工作有安定感，故流動率最低；美國系企業採能力主義，雖薪資較高，對工作有無安定感；換言之，若對生活之安定有所不安，其員工之流動率較高；我國系企業，由於有親友關係之員工多，故流動

率較低。依 Negandhi 教授之調查結果，台、美、日三系企業中，日本系企業員工轉職率之情形較低。

　　總而言之，關於勞務方面，美、日兩系企業均依照母公司的經營管理政策，而移轉至台灣，但主要的差異是，日本系企業採溫情主義、終身僱用制，不採無理之解僱政策，能力不足者給予適當之訓練或轉換至其能力適應之工作。美國系企業則採能力主義政策，以高薪聘請能力高之勞動者，能力不足者則解僱之；經營不善時，優劣員工均解僱之。

　　綜上所論，美國系企業重視經營成果，而日本系企業重視員工生活甚為明顯。地主國（台灣）之立場考慮，一國經濟發展，主要由於社會安定，故應重視國民生活之安定性；對於國民保險、失業保險、養老金等制度尚不齊全，而生活水準又低之一般勞動者，其生活的保障、工作的安定比其他方面都重要。所以，日本系企業之僱用政策，對於台灣之國民生活有很大的助益。美國系企業之能力主義，對台灣國民生活的安定性較不適合。

　　其次，依據 1998 年之調查資料，美、日兩系企業在台灣投資之目的，有幾點改變：①以往日本系企業對台灣投資的目的，除了利用勞動力以外，主要係向第三國輸出；對日本的輸出公司增加很多；②美國系企業以往投資之目的，除了利用勞動力外，主要係向母國輸出。但近年來傾向於當地市場之確保，只利用勞動力之觀念減低。

　　今後對台灣之投資，必逐漸由「技術密集產業」朝向「高科技密集產業」。台灣地區將成為先進國水平分工之技術密集產業投資地區。

　　隨著經濟發展、國民所得增加，台灣地區消費者購買力不斷上升，美國系企業投資目的與目標市場，有朝向確保台灣市場之傾向。今後台灣本地市場，將成為美、日兩系企業競爭的對象。此因素必催促著我國企業更進步，品質達到外資企業之水準，因而這種競爭將使我國經濟更發展。

　　另外，依 1998 年之調查，向來不發獎金之美國系企業，已有幾家公司年發給二至三次獎金。關於此經營策略之變化，乃因美系企業感到對台灣勞務管理不適當，為了確保優秀的勞動者，乃有採取日本系企業獎金制度之傾向；換言之，即接受日本系企業適應台灣之經濟策略。

㈡台、美、日企業在台福利制度之比較（林彩梅，2006 年之調查）

1. 領導型態

台灣企業領導型態家長式占最多，其次協議式，但獨裁式三系企業中比率也最多；美國企業以協議式爲主；日本企業協議式與家長式同樣受重視。

2. 晉升制度

台灣企業晉升制度，最重視工作效率，其次重視能力，再其次年資；美國企業也最重視工作效率，其次重視年資勝於能力；日本企業雖也最重視工作效率，其次重視年資與人格，認爲人格重於能力，能力是短時間培育可得。

3. 獎金

年終獎金：台灣企業平均「2 個月」；美國企業「2.5 個月」；日本企業最高平均有「4 個月」。中元獎金：台灣與美國企業幾乎沒有，日本企業平均 1 個月以上。績效獎金：台、美、日本三系企業都有。

4. 解聘原則

不景氣時解聘原則，台灣企業最多數是裁員，其次輪流上班；美國企業近年都裁員；而日本企業是減薪與輪流上班占最多數。

5. 福利制度

⑴生日禮金：台、美、日企業多數都有。
⑵員工保險：台、美、日企業全部都有。
⑶醫療補助：美、日企業多數都有，而台灣企業多數沒有。
⑷員工旅遊：台、日企業多數都有，而美國企業多數沒有。
⑸在職訓練：台、美、日企業多數都有。
⑹年假：台、美、日企業多數都有。
⑺交通津貼：美、日企業多數都有，而台灣企業多數沒有。

⑻住宅津貼：美、日企業多數都有，而台灣企業多數沒有。

⑼子女教育津貼：唯獨日本企業多數都有，而台灣企業與美國企業多數沒有。

綜合上述九項福利制度，日本企業在台子公司福利制度最好，九項都有；美國企業員工旅遊、子女教育津貼多數沒有；台灣企業之醫療補助、交通津貼、子女教育津貼多數沒有。

㈢員工意識革新之重要性

其他尚有一點要提的，是員工的意識革新。第二次世界大戰後，日本之經濟能由零而快速成長至 GNP 為世界第一位之經濟大國，日本企業之經營特色成為世界各國之研究，台灣之企業界更有研究的必要。以往日本系企業採終身僱用制年功序列，使員工對團體產生歸屬感，而此點對於企業經營目標的達成，有很大的助益。可見其成功的重點，是上級的溫情主義和員工對公司的忠誠度。

而美國企業對於勞工訓練的想法：①在僱用之前，勞動者必須接受有關本身工作方面知識與技術方面的訓練，並且其技術不能在一般水準之下；②除一般性的教育外，非常重視能勝任工作之一般實務，故對實務教育之訓練非常積極；③一般美國企業非常重視對員工繼續訓練及施予教育，以提高素質。

簡言之，日、美企業成長之重點，兩系都重視品質之外，日本企業更貴於員工之忠誠心，而美國企業在於教育及訓練，員工本身為了提高工作效率而積極努力，這幾點特色值得學習。

目前台灣之經濟面臨重大的抉擇，能否使經濟成長更上一層，而與先進國家並駕齊驅或停留在開發中國家之行列中。政府為了台灣經濟之發展而獎勵外來投資、積極進行國家建設，如果全體國民（對工作意識革新）能配合政府，而採同樣步驟之努力，則不久台灣經濟之成長，將可登先進國行列。但反過來說，目前物價持續上漲，薪資不斷提高，勞工素質無相對提高，及不安定之高轉職率和對標準化產品無責任感，以及罷工觀念偏見之提升，皆成為企業經營之成本負擔，在銷售方面之競爭亦造成大問題。這些因素使外資企業利潤降低，將會造成資本提回母國或移轉至其他經營條件良好的國家。如果此種現象嚴重時，國內必產生產業空洞化，勞動者未能獲得技術提升（因轉職率高），必發生失業的問題、國際收支問題，而使社會陷於不安狀態。此種假設雖然過於偏激，但對其嚴重性有認清之必要。

　　依據經營哲學理論，認為對於未來社會的設計，應注意事實現象之推演，而不僅只為了適應此變化，每個人要改變其觀念，而且每個人應積極增加其知識，並發揮意志力。隨意識革新，決定事實現象推演之方向。目前台灣社會必要的努力，是對未來志向的意識革新。

㈣多國籍企業對當地經營過程之適應性

　　一般言之，公司若在國內經營成功，便欲擴展其經營，進而在國外設立子公司。然而其經營的成功，主要是依據經營方法及經營理念而獲致之成果。所以欲設立子公司時，很自然的會認為依據國內之經營方法即可。但據我們所知，母公司之組織所處之環境，與新設立的子公司之組織及所處之環境，迥然不同。大體言之，欲從一環境將經營方法、技術等妥善地移轉至另一環境，在根本上須有相當程度地調整，並有發展新方法之必要。

　　以優良技術、科學知識、雄厚的資本、經濟規模、企業的範圍、優良的產品、國際聲譽等，對美國企業而言，皆可獲致之優異成果，然而優秀的經營方法更是重要的因素。

　　如何巧妙地將經營技術，從先進國家移轉至開發中國家，其運轉的基礎，必須有適度地調整，要能適應當地種種的情況與環境，那並不僅僅是創造新產品而已，更須了解當地國民觀念上之價值體系與母公司觀念上之價值體系之差異。對當地國民之觀念，不能採用刺激之方式而令其接受，這是很重要的。故為適應當地之環境（人員、資本、設備、管理），有幾項須予以改變。

　　從尼甘迪（Negandhi）教授之想法，如〔圖 14.1〕，由於環境從 E_1 至 E_2 之變化，則經營過程由 P_1 變化為 P_2。換言之，美國母公司之經營過程不可能一成不變地移到台灣子公司，因為環境有變化，故需接受一部分修正。

　　其他，關於美國企業之經營管理理念 X 與地主國企業之經營理念 X 有何種變化？在尼甘迪教授認為，經營理念乃是環境之種種因素併在一起，互相影響而造成另一獨立變數，故其影響經營過程之效果，應以別的尺度去測定。

　　對同一台灣環境條件 E_2 下，美國子公司的經營過程 P_2，及台灣系企業之經營過程 P_3，其間的差異可依其經營理念 X_1、X_2 而決定，而其結果將可顯現出，美國

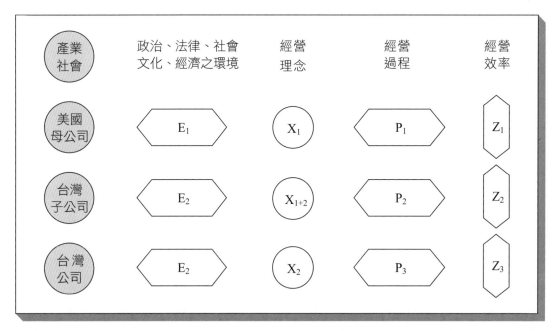

產業社會｜政治、法律、社會文化、經濟之環境｜經營理念｜經營過程｜經營效率

美國母公司　E_1　X_1　P_1　Z_1

台灣子公司　E_2　X_{1+2}　P_2　Z_2

台灣公司　E_2　X_2　P_3　Z_3

資料來源：Negandhi, A. R. and Prasad, S. B. *Comparative Management*, N. Y. : Appleton Century-Crofts, 1971, pp. 20～21，新版書，*The Frightening Angels: A Study of U. S. Multinationals in Developing Nations*. The Kent State Unverity Press, 1975.

圖 14.1　經營理念之變化

子公司之經營效率 Z_2 及台灣固有企業之經營效率 Z_3 之差異。然而，在此所說的 Z_2 及 Z_3，實際上並非由 P_1 至 P_2 變化來測定，是由 P_2 及 P_3 之間的差別才能測定。關於經營過程之各項目，是依據台、美、日三系企業經營之優劣順序而評定，比如對計畫之規定，其優劣序乃依：①長期計畫（5年）；②中期計畫（2～3年）；③短期計畫（1年）等之排列。

　　若將尼甘迪教授之想法，據 Richman B. 及 Copen M. 對當地適應性之模式之關連性加以分析時，如〔圖 14.2〕，美國系企業排最高，其次是日本系企業，台灣系企業最低。

　　當然，這個對當地「適應譜」（adaption spectram）之測定尺度的單位，依環境而不同。然而，依尼甘迪教授之模式，橫軸尺度並不受環境因素之影響，而是受經營理念之影響。從兩位教授理論分析，對當地適應性成一直線，右方最高、左方

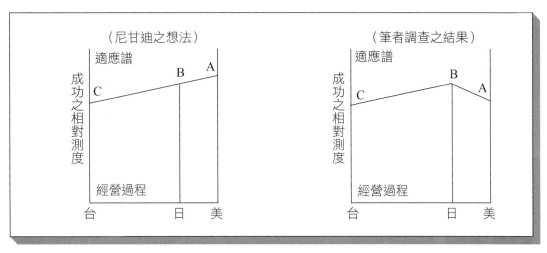

資料來源：筆者研究。

圖 14.2　美、日兩資企業對台灣環境之適應性

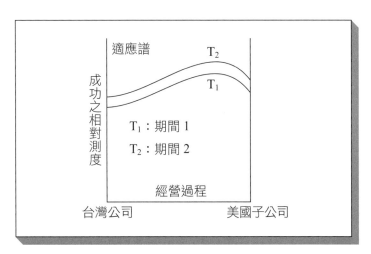

資料來源：筆者研究。

圖 14.3　對當地經營之適應譜

最低則很明顯，故真正的當地適應論，尼甘迪教授尚未展開分析，以筆者調查成果，依 Copen 教授之理論，日本最高、其次美國，台灣最低。

筆者之調查結果，如〔圖 14.4〕之綜合比較圖：

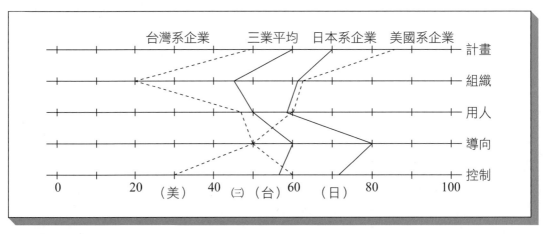

資料來源：筆者整理。

圖 14.4　台、美、日勞務管理綜合比較圖

① 在計畫方面：美國系企業達 84%，有最高之適應性，其次日系企業 67%、台灣系企業 56%。

② 在組織方面：美、日兩系企業皆 63%，台灣系企業僅 22%，組織之不健全非常明顯。

③ 在用人管理方面：日、美系兩企業皆 58%，台灣系企業為 47%，比外資企業稍差。

④ 在導向方面：日本系企業 71%，最為當地人所接受，台灣系企業 60%，美國系企業 32%，其不適應當地之情況非常明顯。

綜合言之，在組織及人事管理方面，美、日兩系企業均最能適應。計畫方面，則以美國系企業最健全，而導向政策和控制型態是以日本系企業最能適應。台灣系企業僅有控制型態較適應，其他尚處於較遲之狀態。

再從台、美、日三系企業之平均線來檢討，日本系企業在計畫、組織等各方面，皆在平均線之右側，而美國系企業之導向管理和控制型態均在平均線之左側，故台灣系企業之經營管理模式應學習何者？均應慎重考慮。研究第三文化之管理模式尤其重要。

　　因此，筆者之調查結果，與尼甘迪教授調查之結果並不相同，而是日本系企業顯示了在台灣環境之最高適應性，其圖形有如山形，而不是直線，如〔圖 14.2〕所示。

　　再將筆者之調查結果，依 Richman-Copen 之模式來分析：

　　Richman-Copen 之概念與 Farmer-Richman 之概念正好相反，後者是以 C（國內環境條件）、I（國際環境條件）為出發點，經 B（經營過程之諸要素）而得到 E（經營效率）；而前者則是以 E 為出發點，研究 B 而得到 C。但無論如何，此 C、I、B 諸要素的分析，是國際經營研究最基本之重要方法。

　　如上述調查之實例，美國之母公司不論其能力、經驗如何優越，在台灣子公司的經營者，並不一定能比在同樣環境經營條件下之中、日兩系企業經營得更好。能力水準是受經營機能效率與外部環境因素相關連之影響。後者雖不能影響全部，但能超越公司經營之控制界限，因而必須時常研究、改進，能與當地環境融合，此關係的綜合，乃成 Richman-Copen 適應譜之圖形。

　　在〔圖 14.3〕之頂點，是表示對當地環境最能適應之點。易言之，頂點處乃是先進國企業經營上的理論及實踐，對開發中國家當地之狀況及支配理念，在適應過程中，顯示最成功之融合，在圖上左、右二極端之間，存有許多不同之組合，各適應程度經研究結果，此圖之頂點被認為是日本系企業之經營方式。故對台灣之未來經營，採日本系企業之領導型態、勞務管理、人事管理，以及美國系企業之計畫和組織，或許是對台灣之環境最為理想之經營方式。

　　入江豬太郎教授曾指出，企業欲超越國際，而將其活動組織擴大時，其外在環境之條件並非恆常不變。環境要因是場所與時間的變數、因而多國籍企業，其目標及策略欲確立其合理化，並不只是理解環境之構造即可，還要選定有利機會，對經營活動之基準能誘引或阻礙，以及報酬等時常會引起變化之原因及推動力，必須非常敏感而多加注意。

〔參考文獻〕

1. Fredrick W. Taylor (1911), *Principle of Scientific Management*, N. Y. Harper Row.

2. Elton Mayo (1918), *The Human Problem of an Industrial Civilization*, N. Y. : The Mc Million Co.

3. A. H. Maslaw (1943), *A Preface to Motivational Theory*, Psychosomatic Madicine, pp. 85-89.

4. Ralph White & Round Lippitt (1960), *Autocracy and Democracy: An Experimental Inquiry*, N. Y. Haper & Row, pp. 26-27.

5. Douglas McGregor (1966), *Leadership and Motivation*, Cambridge Mass: MitPress, p.67.

6. John J. Morse & Jay W. Lorsh (1970), "Beyond Theory y" *Harvard Business Review*, May-June.

7. 陳定國，「台灣區巨型企業經營管理之比較研究」，經濟部金屬工業研究所，1972 年 6 月 30 日，pp. 7-8。
   規模：資本額 NT$ 1,000 萬元以上，僱用人數 500 人以上，營業額 NT$ 1,000 萬元以上。

8. B. Richman, and M. Copen (1972), *Intermational Management and Economic Development with Particular Reference to India and Other Developing Countries*, N. Y. Megvaw Hill Book Co., pp. 49-62.

9. Anant R. Negandhi (1973), *Management and Economic Development: The Case of Taiwan*, The Hague Martinus Nijhoff, pp. 12-13, p.69.

10. 入江豬太郎編，《多國籍企業》，1974 年 12 月，p. 40。

11. 中華民國內政部編，「勞資關係研究討論綜合意見及結論」，1976 年 6 月。

12. Otterbeck, L. (1981). "Concluding remarks and a review of subsidiary autonomy", in *The Management of Headquarters Subsidiary Relationships in Multinational Corporations*, L. Otterbeck (ed.), pp. 337-343. Aldershot: Gower.

13. William Ouchi（1981），威廉・大內著，黃明堅譯（1981），「Z 理論」，長河出版社。威廉・大內是日裔美國人，黃明堅是浙江麗水人。

14. Stewart, E.C., & Bennett, M. J. (1991), *American cultural patterns: A cross-cultural perspective* (revised ed.). Yarmouth, ME: Intercultural Press.

15. Doeringer, P. B., Evans-Klock, C., & Terkla, D.G. (1998), Hybrids or hodgepodges? Workplace practices of Japanese and domestic start-ups in the United States. *Industrial and Labor Relations Review*, *51*(2), pp. 171-185.

16. Hofstede, G. (1998). Cultural constraints in management theories. In A. M. Francesco & B.A. Gold (Eds.), *International organizational behavior; Text, readings, cases, and skills*, pp. 250-271. Upper Saddle River, NJ:Prentice-Hall.

17. Spear, S., & Bowen, H. K. (1999), Decoding the DNA of the Toyota production system. Harvard Business Review, 77(5).

18. 林彩梅（2000），「中、美、日 MNE 在台灣之經營管理之比較」，《多國籍企業論》，五南圖書出版公司。

19. Gerhard Apfelthaler, Helen J. Muller, Rehder Rober R. (2001). "Corporate global culture as competitive advantage: learning from Germany and Japan in Alabama and Austria?" *Journal of World Business 37.*

20. 林彩梅（2006），《多國籍企業論》第六版，五南圖書出版公司。

Multinational Enterprise **15**

多國籍企業之發展與未來展望

　　多國籍企業之發展與未來展望，必須先了解多國籍企業經營對母國與地主國之利弊分析，要了解 OECD 對多國籍企業行動的規劃，進而能了解多國籍企業的未來展望，而發展多國籍企業。

一、多國籍企業經營之利弊分析

　　企業多國籍化經營對企業本身以及對母國和地主國三方面都有優點亦有缺點，為企業國際化者應有之認識，從認識才能採取最佳之經營策略，使缺點減少或化無，使優點發揮更高效果。其分析有如下內容：

㈠多國籍企業經營之優點

1. 一般性之優點

　　⑴從全球性之視野，可作明確之意思決定。

　　⑵可確保資源以及資源分配之效率化

　　⑶有利於經營多角化。

　　⑷可利用廣泛的世界市場。

　　⑸可發揮生產經濟規模。

　　⑹國際企業內部化管理，利潤率好、成長性高。

　　⑺可獲得技術移轉之高利潤。

　　⑻可延長產品生命週期。

2. 對地主國之優點

　　⑴地主國之國益和企業成長之整合性。

　　⑵可推進技術移轉。

　　⑶可培養地主國人才。

　　⑷可創造地主國就業機會。

　　⑸可改善國際收支。

　　⑹可增加國民所得。

　　⑺可增加稅收。

⑻可增加重要原料來源。

⑼可減少從外國輸入零件與設備之外匯支出。

⑽可從母國與他國引進低利率之資金使用。

3. 對企業本身之優點

⑴能發揮生產經濟規模。

⑵可提供廣泛競爭性產品線。

⑶不受各國景氣循環之影響。

⑷可分散投資風險。

⑸不受政府不合理政策阻礙。

⑹利用國際經營資源，彌補國內經營資源之不足。

⑺企業多國籍化經營，對於國內勞工協會之對策有利。

⑻可解決單一國籍企業無法處理之問題。

⑼從價格移轉可避免各國高稅率之阻礙。

⑽不受銀行高利率成本的阻礙。

⑾情報的多角性蒐集和利用。

⑿市場的多角化。

⒀提高技術利益的經濟面。

⒁多角性的資金調達和運用的效率化。

⒂研究、開發投資有效的利用。

⒃新技能的移轉和交流。

⒄低廉勞力的確保和利用。

⒅可分擔技術開發研究費。

⒆可避免世界各國的匯率之變動以及通貨膨脹問題。

4. 對母國之優點

⑴可協助母國之外交工作。

⑵可從經濟關係改善國與國間的政治關係。

⑶可提高國內產業結構高度化。

⑷可增加外匯收入。

⑸可增加稅收。

⑹可促進國家經濟發展。

(二)多國籍企業經營之缺點

1. 母國之問題

⑴由於海外生產子公司，部分產品回銷母國，造成國內產業之摩擦。

⑵由於海外投資形成國內就業機會輸出，造成國內勞工協會之反對。

⑶海外投資生產無論銷售於地主國市場或外銷他國市場，將造成與國內企業
　　產品外銷市場上的競爭。

⑷國內新聞、雜誌對企業海外投資之批評。

⑸因避免雙重課稅之政策，而減少稅收。

⑹因對外投資增加，國內有產業空洞化的隱憂。

2. 地主國之問題

⑴地主國政策變更頻繁。

⑵地主國政府過大的要求。

⑶地主國經濟條件不安定。

⑷國家主義或民族觀念（ideologie）問題帶來的危機。

⑸地主國同業企業之反對。

⑹多國籍企業利益和地主國國益發生摩擦的煩惱。

⑺派遣人員與地主國社會融和之困難。

⑻開發援助的要求。

⑼沒收或國有化風險的增大。

3. 企業本身之問題

⑴由於經營的廣域化、多角化，造成溝通的距離，使情報蒐集或意思決定成
　　為困難。

⑵由於公司法、稅法之不同，使經營管理複雜化。

⑶由於各國情況不同，造成母公司之管理無法徹底。

⑷由於巨大組織，造成組織效率下降。

⑸由於海外子公司的增加，更造成海外派遣人員問題。

⑹子女教育問題。

⑺世界各國匯率之變動以及通貨膨脹問題。

4. 評論家批評

⑴多國籍企業對地主國當地企業之壓迫，阻礙產業之發展。

⑵多國籍企業對地主國政治有干預之傾向。

⑶多國籍企業對地主國有市場獨占或操縱行為之可能。

二、OECD 對多國籍企業行動之規制

1976 年 6 月，OECD（經濟協力開發機構）決定國際投資以及多國籍企業之規制。而在國際聯合、經濟、社會理事會的直屬機構「多國籍企業委員會」簡稱 CTC「共有四十八個會員國（先進國 10，開發中國家 33，東歐 5）」，設有「多國籍企業行動基準」。

㈠OECD 對多國籍企業行動之規制

對多國籍企業國際行動之規制，是起因於一九六〇年代以來，多國籍企業經營急速成長，而與世界各地主國之間產生國家主義的緊張關係。況且一九七〇年代，又因世界發生資源和通貨危機之困難，多國籍企業為了迴避風險而越過國境之行動更為加強，對地主國經濟成長之影響利弊參半，使世界各國提高重視，因此 OECD 認為有必要加以規制。

多國籍企業經營最重要的是，與所有地主國之間，在互惠原則下，對有秩序的世界經濟發展有極大之貢獻。如今南北的問題對立，貧弱的開發中國家經濟，今後是否能從強大的多國籍企業之影響獲得發展，是最令人關心之事。世界欲建立新國際經濟秩序為南北財富再分配，多國籍企業對地主國不利之影響，必須加以限制，提高有利之貢獻。

OECD 對多國籍企業行動之規制有如下七項方針：

表 15.1　聯合機構與多國籍企業

機　　構	企　業　之　關　聯	參　與　國　成　員
經濟社會理事會（ECOSOC）1964 年設立本部於美國的紐約	・各機構之詢問 ・國際商業會議所	27 國家 每 3 年由總會選出
多國籍企業委員會（CTC）1974 年設立本部於紐約	・聘請多國籍企業問題專家 ・從企業、勞工工會，以及大學的代表 12 ～ 15 名專家設立質問團體 ・定期非公式的接觸	48 國家 先進國家 10 開發中國家 33 東歐國家 5
關稅及貿易的一般協定（CATT）1974 年設立本部於瑞士的日內瓦（Geneve）	・雖與企業團體沒有組織上的關係，但在業務上卻維持關係 ・在巴黎 UN-GATT- ICC 每年開會	契約國 83 國家，特別決定會 22 國家參加
聯合國貿易開發會議（UNCTAD）1964 年設立本部於日內瓦	・國際商業會議所	聯合國 143 國家以及其他政府機構
國際勞工機構（ILO）1919 年成立，1964 年成為聯合國的機構，本部於日內瓦	・由經營者、勞工、政府的代表所構成的團體，在聯合國機構內，企業家更能直接的參與 ・對選擇的問題之特定業務，此乃廣範圍的問題一般業務的質問	任何國家都可以參加，總會是政府代表，以及經營者代表而構成
聯合國工業開發機構（UNIDO）1967 年設立本部於奧地利首都的維恩（Wien）	・被邀請參加 UNIDO 的旁聽者	聯合國總會有 45 國家，包括先進國家與開發中國家
世界知識所有權機構（WIPO）1883 年設立，1974 年為聯合國的機構，本部於日內瓦	・國際商業會議所	聯合國的 74 國家
聯合國國際貿易法委員會（UNCITRAL）本部於紐約	・對企業團體之質問 ・國際商業會議所為大部企業表明的見解	29 國家。由區域主要的經濟以及法律體系為代表之分配

機 構 設 立 目 的	有 關 多 國 籍 企 業 主 要 計 畫
・處理經濟、社會問題 ・國際經濟社會問題以及關連區域之研究報告 ・聯合國內所有專門機構機能之調整及監督	・組織學術團體在聯合國設立多國籍企業研究機構（CTC），研究多國籍企業問題 ・組織政府團體，防止贈賄的協定
・對多國籍企業諸問題徹底考察	・為訂立行動基準的調查中心 ・對多國籍企業的政治、法律、經濟以及社會影響之詢查 ・包括情報中心之設立 ・為強化開發中國家的交涉能力，而擬定技術計畫 ・擬定「多國籍」正確的定義
・制定國際貿易有秩序的行動基準 ・為降低關稅政府的援助 ・協定的規定，對國際貿易 80% 的支配	・解決多樣性非關稅障礙（通關手續包裝和標示的基準，專利以及輸入的限制）的作業
・援助開發中國家擴大貿易，因而計劃為成長所需增大的資源 ・為促進發展而拓展貿易	・為技術移轉行動之基準之作業 ・對商業業行為之限制之認識，並對商業行為限制的原則，互相能合意達成之作業
・推行社會主義，為和平而貢獻 ・透過國際性行動，改善勞工條件以及生活水準，促進經濟和社會的安定	・有關多國籍企業的資料蒐集 ・有關多國籍企業行動之研究 ・研究勞資關係的方針
・為開發中國家工業之發展，提供民間技術的援助 ・聯合國開發計畫的實施機構	・對開發中國家採取經濟協力計畫，從先進國的金融以及技術援助，要求優惠貿易的一般體系之計畫
・知識所有權的保護 ・情報的蒐集和量化 ・對開發中國家的法律以及擴大技術的援助	・為開發中國家之發展所需要的種種事業之援助，改善開發中國家對先進國家交涉能力以及關懷對外國所有者專利技術的協定
・國際貿易法的調和與統一 ・對於貿易法，種種國際機構的共同作業	・有關多國籍企業諸問題的情報蒐集，以及貿易法的統一和協調

資料來源：R. Black and S. Blank, *Multinationals in Contention*, Conference Board, 1978, pp. 204-207.
入江豬太郎監修「多國籍企業論，系譜之展望」，多國籍企業研究學會編，1984 年，pp. 30-31。

1. 多國籍企業必須尊重地主國所設立的一般政策，不可有賄賂違法支付之行為。

2. 多國籍企業之活動為使大眾理解，對於事業經營須公開如下內容：

　⑴關連公司之地址以及股份狀況。

　⑵全公司以及地區別的主要經營內容。

　⑶全公司以及地區別的經營實績。

　⑷全公司以及地區別主要新投資內容。

　⑸企業資金來源及用途。

　⑹經營單位地區別的從業員數。

　⑺企業全體的研究、開發費用之內容。

　⑻各子公司之間，價格決定之方針（價格移轉之基準，transfer price）。

3. 多國籍企業不可限制他公司競爭之行為。

4. 多國籍企業對地主國國際收支不可有不良的影響。

5. 多國籍企業不可利用無關係的第三國交易之價格基準（Arm's Length Price Basis）設定價格移轉（transfer price），而逃避關係國之納稅義務。

6. 多國籍企業必須尊重地主國勞基法，地主國全國勞工代表有權利與多國籍企業交涉。

7. 多國籍企業必須協助地主國技術開發、尊重工業所有權，在合理條件下，促進技術移轉。

㈡TNC 委員會對多國籍企業行動之規制

　　TNC 委員會（多國籍企業情報中心，Center on Multinational Corporations），對多國籍企業行動基準所作成的主要原則及問題如下內容：

1. 一般性政治問題

　⑴必須尊重地主國國家主權、國內法規。

　⑵必須尊重地主國經濟目標、開發目的、政策、優先順位。

　⑶必須尊重地主國社會文化以及價值觀念。

　⑷必須尊重地主國人權以及基本自由。

⑸不干涉地主國內政。

⑹不干涉地主國政府間之關係。

⑺禁止腐敗行為。

2. 經濟、金融、社會等問題

⑴對多國籍企業之所有與支配，必須考慮適當性。

⑵對地主國國際收支必須提高貢獻。

⑶價格移轉不可影響地主國利益。

⑷必須正常繳稅，不可以價格移轉逃稅。

⑸競爭與限制必須考慮商業習慣。

⑹技術移轉不可形成技術控制。

⑺提高當地僱用之就業機會與勞動環境。

⑻保護消費者。

⑼保護地主國環境，避免公害問題。

⑽情報公開。

⑾多國籍企業的母公司以及地主國政府對多國籍企業之態度必須與本國國民同等待遇。

⑿地主國對 MNC 國有化時必須依據聯合國規定給於補償。

三、多國籍企業之發展與未來展望

　　多國籍企業從戰後之發展，一九七○年代為成長期，一九八○年代為成熟期，二十一世紀，未來將因應國際經濟與經營環境之轉變而有所改變，以下從五位學者之理論，分析總體經濟環境之轉變以及個體企業之功能，如〔表 15.2〕。

表 15.2　多國籍企業之發展與未來展望

年代 學者	1960 年（15～60）	1970 年代	1980 年代至 二十一世紀
Dunning （所有權之變化）	(1) 美國 MNC 獨占世界的時代。 (2) 以技術密集產業以及資本密集產業對外投資。 (3) 採取 100% 所有權政策。	(1) 投資國母公司多樣化，產品別、地區別之分布變化。 (2) 對 NICs 投資最多。 (3) 採取水平／垂直綜合型投資，完全所有政策逐漸改變為合資政策。	(1) 所有權以知識、技術代替資金投資。 (2) 將增加企業整體化所需要之服務業，如顧問、資本服務之銷售機構。所有權被要求當地化，成為少數所有。
Vernon （產品生命週期之變化）	美國 MNC 為主的頂峰期，成長戰略 PLC 模型，強調分業經營。	(1) 美國企業有絕對優位性之前提已崩潰。 (2) 子公司全球擴散化，使美國國內生產以至海外生產之 PLC 期間縮短。	(1) 全球性規模企業。 (2) 標準化系列產品企業。 (3) 研究、開發在母公司，經營權完全委任海外子公司之企業。
Perlmutter （政府政策之變化）	地主國與母國政府都認為 MNC 對雙方國家都有貢獻。	(1) NICs 逐漸長大，與先進國企業在同一國際市場競爭。 (2) 地主國與母國對 MNC 之影響感到憂慮，採取法律限制，或當地化政策。 (3) OECD 對 MNC 之行動限制，UNCTAD 對技術移轉之限制增強。	雖然各國政府對 MNC 行動加強限制，由於 MNC 力量逐漸龐大，因此 MNC 將脫離母國以及所有地主國政府之支配。
Robinson （多國籍企業舞台主角之變化）	世界舞台有二位主角時代（MNC 與外國關係企業）	(1) 三位主角時代（MNC、地主國子公司、地主國政府）。 (2) 以資本、資產控制地主國子公司，以全球性組織，管理全球子公司。歐、日 MNC 成長，與美國 MNC	(1) 四位主角時代（MNC、海外子公司、地主國政府，以及母國政府），未來將成長為多主角時代（MNC、海外子公司、地主國政府、母國政府、各國國民）。

		產生挑戰。	⑵ OECD 以及各國政府對MNC行動之限制更加強。
			⑶ 由 MNC 更加龐大，服務業也更重要，因而將產生：新的國際金融組織、新的國際情報公司、巨大的國際貿易公司預期利潤成長，可能凌駕於MNC。
林彩梅（新興工業國家成長之變化）	⑴ 開發中國家採取「優惠政策」歡迎MNC，導入勞力密集產業解決國內失業率。 ⑵ LDC受MNC支配。	⑴ 開發中國家引進MNC獲得「後發性利益」，因而產生十個NICs。 ⑵ 從代替輸入生產至外銷。 ⑶ 從勞力密集產業逐漸成長為技術密集產業。 ⑷ MNC 增多，NICs 對MNC 之選擇與交涉力增強。 ⑸ 從屬型（加工貿易型態）經濟時期。 ⑹ 從屬型技術時期，受MNC 支配。	⑴ 有計畫的引進先進技術，提高產業結構高度化。 ⑵ 對 MNC 加強限制，避免不利影響。 ⑶ 以「生產技術革新」提高與MNC之國際競爭力。 ⑷ 從「加工貿易型」改善為「自立型」之國民經濟。 ⑸ 從「相互依賴理論」獲得與 MNC 國際協力更多之利益。 ⑹ 政府採取「保險制度」鼓勵對外投資，企業對外投資國際化、快速成長極受世界各國所注目，產生中型 MNC。 ⑺ 加強亞洲成長線合作，提高國際合作經營效果。 ⑻ 二十一世紀韓國統一，中華民國統一，成長為先進國經濟地位，馬來西亞與泰國成長為新興工業國家。南北問題逐漸解決，產生小型 MNC，為大、中、小型 MNC 國際協力的時代。

資料來源：林彩梅，「多國籍企業未來展望與中華民國經濟發展」「多國籍企業研究學報」第9期，「多國籍企業第三屆國際會議論文集」，1985年12月。

㈠Vernon 之研究

美國的 R.Vernon 教授是以「產品生命週期（PLC）之變化」而論。1966 年對多國籍企業研究極著名的哈佛大學教授 Vernon 所寫的多國籍企業「MNC 成長戰略模型」，當時世界是美國多國籍企業為主的戰後頂峰期、產品生命週期模型是主張戰後世界應採取「分工經營」，在彼時是極正確的理論模型。

1980 年 Vernon 教授對自己的產品生命週期模型與世界經營環境之變化再加以研究檢討。他指出：⑴ 海外子公司之活動已是全球性擴散化（擴大企業網）；⑵支持 PLC 模型的「事實」條件也已改變，亦即是美國企業有絕對優越性之前提已崩潰等。

企業網擴大的結果，發現產品生命週期生命已縮短，「美國國內的新產品導入期和海外生產開始的導入期之間的距離，急速縮短」，並且由於世界環境條件之變化，「PLC 模型所說明的美國經濟與其他先進國間的關係之說明，其說明力也已不足」等 Vernon 教授坦率地承認，並對這些變化，他對多國籍企業二十一世紀未來之發展也提示了三種理念型態。

二十一世紀多國籍企業發展型態

1.第一種型態

全球性規模之企業，有強大的革新力量，可排除世界市場之不確實性，對世界市場幾乎有同樣的把握。

2.第二種型態

以世界市場同性質的需要產品為目標，開發、生產以及銷售標準化系列產品的專門性企業，以全球性的市場而生產，享受經濟規模利益。

3.第三種型態

產品的研究、開發設置於母國的母公司，以研發控制全球子公司，並將研究開發新技術依比較利益之選擇，移轉給子公司生產，而所有海外子公司之經營管理完

全委讓分權化。此種企業經營型態，可迴避極端「內部化」（Internalization）的成本過重，並依地主國之希望推進當地化、減低負擔，設計合理化的經營管理。

　　以上三種靜態中，第二種型態是貫徹 Vernon 教授 PLC（模型的未來型態，並且從 PLC 的延長線上，增加新興工業化國家（NICs）以及開發中國家（LDC）的小型多國籍企業。多國籍企業未來展望依舊是世界的主要角色。

㈡Dunning 之研究

　　英國的 J. H. Dunning 教授是以「所有權之變化」而論。關於國際生產（直接投資）的理論架構，Dunning 教授對於「現實世界」之變化，於 1979 年發表了「折衷理論」。他從現實主義之立場，提倡折衷理論，即是現實＝對「國際生產型態變化」之認識。其變化過程如下：

1. 一九六○年代初期（從戰後 15 年到 60 年代初期）

　　國際生產對外直接投資的型態是很特殊。當時是只有美國一個國家獨占世界的時代。美國多國籍企業對世界支配能力的條件爲：⑴戰前（1939 年至 1945 年）所蓄積的技術能力，經營能力之優越性；⑵國際運輸，通信業務之發達。美國多國籍企業製造業，集中技術密集產業，依產品差別性製造高所得者所需要之消費品，另一方面，資源產業是集中資本和技術密集之部門，在地主國國內，該產業，也成爲美國多國籍企業所支配，況且對海外直接投資也都喜歡採取 100% 的完全所有子公司型態，因此在當時 100% 完全所有的直接投資型態也自然成爲正常型態，海外子公司也自然成爲母公司的「衛星」公司。

2. 一九七○年代至一九八○年代

　　在這年代中最大的變化是：
⑴原投資國（多國籍企業母國）的多樣化。
⑵對外直接投資公司的產業別，地區別之分布也已變化，對亞洲 NICs 的投資最顯著。
⑶多國籍化進步程度快速提高，國際生產之性質也開始變化，在消費地生產，並且採取水平／垂直綜合型的投資，內容方面也多樣化。

⑷改變最大的是對海外投資從 100% 完全所有政策逐漸改變接受當地化的合資公司政策。

3.二十一世紀多國籍企業未來展望

在世界經濟發展中依舊是主要的角色，但是也將有若干的變化。一般而言，對外投資者若是以知識（konwledge）移轉為通路時，其相對的摩擦程度也減少。由於先進國家對海外直接投資以「知識」和「生產技術」代替以「資金」為主力之投資，將增加因企業整體化（package）所需要的服務提供（管理費及專利費之報酬）。從國家的利益而言，持有股份的直接投資，是代替有期限的契約關係，所有權將被地主國要求委讓給當地人。再從企業利益而言，海外收益將採取服務費型態，其成長速度將比產品銷售利潤更高。而未來的國際活動，從生產設備的所有，將改換為「整體化」所需的服務提供為主體。換言之，未來將是多國籍企業的顧問或以至資本、技術服務之銷售機構的時代。

㈢Perlmutter 之研究

H. V. Perlmutter 教授是以「政府政策之變化」而論，母國與地主國政府對多國籍企業之成長而改變其政策。對多國籍企業的產生、發展階段分如下三個時代：

1.擴大世界的時代

1945 至 1970 年，企業多國籍化經營急速成長時期，迅速而且積極性的國際化為「常態」，而海外事業減少或從市場撤退被認為「失態」。投資的母國與地主國的政府都同樣認為多國籍企業的發展有如陰地裡的太陽，對雙方國家經濟發展非常有貢獻，因此多樣性規模型態的多國籍企業由此更加發展，世界舞台不只是先進國，開發中國家也上了舞台。

2.一國性規制的時代

1970 至 1980 年代初期——⑴ 地主國（新興工業化國家或開發中國家）的當地企業能與多國籍企業在國際市場對抗勢力的成長，企業經營力量的世界性均衡化現象逐漸提高；⑵ 母國、地主國，以及其他機構對於多國籍企業活動感到

憂慮，各國政府之法律限制愈來愈加強，多國籍企業受此法律限制，也逐漸採取「當地化」策略。選擇與外部利益關係者（external stakeholders）之權益能融合（accommodation）的所有型態、重要管理或技術人員的安置、開發新產品等在地主國當地實施。

3. 多國籍企業規制的時代

一九九○年代初期至二十一世紀——⑴OECD 對多國籍企業行動之規制；⑵UNCTAD（國聯貿易開發會議）對技術移轉之規定；⑶國聯設置 CTC（多國籍企業中心）對多國籍企業行動之規制。

對於未來展望，多國籍企業依舊是世界產業組織（Global Industrial System）中的主要角色。所謂「世界產業組織」那是包括世界上所有的通商、產業、金融等的相互依賴活動。對於未來發展如下三個階段：

⑴ **第一階段**：各國政府對多國籍企業行動加以限制，而多國籍企業也因此更增加對外投資，脫離母國的支配。

⑵ **第二階段**：多國籍企業屬於多國籍或地域性之企業，因而也脫離所有地主國的支配。

⑶ **第三階段**：各國政府互相學習的結果，對多國籍企業活動將會採取更多的規制。

㈣Robinson 之研究

R. D. Robinson 教授是以「多國籍企業經營舞台主角變化」而論。對多國籍企業的發展過程分為三個時代的變化：

1. 萌芽時代（戰後 10 年間）為主角有二位的時代

戰後復興期，美金不足，領導世界的美國擴大輸出，並對西歐投資伸長，在那有利的環境條件之下，美國企業家考慮全球性為基礎的國際活動之必要性，很苦心地對外國市場擴大開拓。因此這個時代的國際舞台登場主角有二位，那是該投資企業以及外國商業上的關係者（commercial constituencies）、顧客、供給業者、技術協力者、合資的股東。當時地主國需要美金，也歡迎美國產品。這個時代，國際經

營者的經營知識完全是戰前與戰後的「經驗所得」，而將此反映於學術界、教育界，也將此跟隨國際經營輸出，彼時多國籍企業之學問可說是限於國際政治學。

2. 成長時代（1960～1970 年）主角有三位的時代

此時代的特徵：⑴ 以資本資產爲基礎，對地主國子公司之管理；⑵ 以全球性的銷售組織，對各地區子公司之生產採取統籌化管理；⑶ 母公司集權管理，此種企業經營型態加深地主國政府的憂慮。後來由於西歐以及日本多國籍企業跟隨成長，對美國多國籍企業在權力、技術、資本等的主導性形成挑戰。到七〇年代，地主國政府對於引進外來投資、導入資本、技術之企業選擇對象也增多，對地方國政治的衝擊及對策之擔憂也增多，因而成爲主角三位（投資企業、關係者、地主國政府）的時代。學術界於一九五〇年代後半至一九六〇年代初期，對政治風險之關心更提高，國際經營管理、政治學以及行爲科學更加結合。

3. 糾紛時代（1980 年代）主角四位的時代

一九七〇年代前半，美國國際收支長期赤字，取消固定外匯制度，美金價的下降、馬克價的提高、日幣價的上升等一連串的事件發生，美國企業對外投資資本成爲高價之損失，造成投資問題。國聯等國際機構對 MNC 規制的聲音愈高昂，世界各資源國對資源之限制，OPEC（石油輸出國家組織）的發展所帶來的石油危機和世界物價上漲的蔓延，更證明國民經濟相互依賴性之需要。其結果，原投資國（母公司所在國）政府也對多國籍企業國際經營活動所持有的經濟面、政治面的衝擊注目，因此國際經營舞台有四位主角登場（投資企業、地主國關係者、地主國政府、母國政府）。各國政府認爲國際經濟活動不能只委任於企業家、市場構造，或 LDC 政治家手上，因此 OECD 各國首腦對多國籍企業經營行動之關心。進而採取規制。

4. 新的國際秩序（1990 年以後）

二十一世紀，多國籍企業經營舞台的主角將更增多 —— 母公司、子公司、母國政府、母國消費者、地主國政府、地主國消費者、聯合國等。

主角多數化的時代 —— 九〇年代，無論國內、國外，對國際經營的活動，政治

化的色彩更加濃厚。公眾對環境汙染、天然資源的分配、所得與財富的分配、消費者保護，企業支配等之關心增強，因而投資國與地主國雙方的政府對多國籍企業之規制越增多，求取重新分配。

由於多數新主角的登台，將出現新的國際金融組織、國際情報公司和巨大的國際貿易公司，其成長將凌駕於多國籍企業，國際經營活動成功的要素將是正確而有效的國際情報組織，因此有利的情報買賣也將活躍。

㈤林彩梅之研究

筆者是以「新興工業國成長之變化過程」而論。前面四位名學者（Dunning, Vernon, Perlmutter, Robinson）從先進國多國籍企業（MNC）之發展及未來展望已有詳細分析，而作者從 NICs 多國籍企業之發展以及未來展望之研究，分析如下：

1. 一九六〇年代

戰後開發中國家在美國經濟援助下，經濟逐漸成長，政府採取「優惠政策」歡迎外來投資，導入勞力密集產業，解決國內失業率為首要目的，為了國民能有安定的生活，受 MNC 之支配及公害問題等都未列入考慮範圍之內。

2. 一九七〇年代

開發中國家引進外來投資，獲得後發性利益：
⑴從先進國的技術移轉，開發中國家在技術發展上可縮短研究、開發之時間和節約研究、開發之成本。
⑵一國經濟發展初期，能導入新技術、新機械，對工業化成長有很大的優位性。
⑶先進國的資本投資，使開發中國家獲得經營規模，促進經營快速成長。
⑷勤勉的勞力、低廉的工資，加上技術移轉、品質改良，獲得外銷大幅的成長。
⑸政府先見之明，理想的經濟政策輔導工業成長。

由於上述「後發性利益」之獲得，開發中國家中產生了十個新興工業化國家（NICs）（中華民國、韓國、香港、新加坡、墨西哥、巴西、西班牙、葡萄牙、

希臘、南斯拉夫）。

　　NICs 引進外來投資從「代替輸入」產品之生產，而成長爲外銷，生產技術也從勞力密集產業逐漸進展爲技術密集產業。由於歐、美、日等多國籍企業增多，NICs 對外來投資企業或產業的選擇和交涉能力也逐漸增強。由於國內市場狹小，海外市場又未拓展，未能達到產量之「經濟規模」，高資本設備投資難於嘗試，因而停留在加工貿易型態的「從屬性經濟」。技術尙未生根，更談不上「技術革新」，因此在「從屬型技術」情況下，受 MNC 之支配。

3. 一九八○年代以後

　　新興工業化國家十幾年來從外來投資獲得後發性利益，加上自己的努力，在資本與技術都有相當成長，爲了：⑴ 勞力密集產業和成熟後期的技術密集產業，能延長生命週期重獲高利潤；⑵ 各國原料保護政策之阻礙；⑶ 各國貿易保護政策之高關稅問題；⑷ 利用第三國解決外銷配額問題；⑸ 國內市場狹小，必須擴大海外市場以求「經濟規模」；⑹ 技術成長問題；⑺ 高資本設備投資問題；⑻ 貿易平衡等問題之解決，必須對外投資（包括先進國與開發中國家）以求發展，NICs 的成長極受世界各國所注目。

　　新興工業化國家未來發展：⑴ 努力引進國家之「知識密集產業」，以及「原料密集產業」之先進技術，提高國內產業結構高度化；⑵ 各國政府對 NICs 加強限制，避免不利的影響；⑶ 以「生產技術革新」提高與 MNC 之國際競爭力；⑷ 從「加工貿易型」改進爲「自立型」之國民經濟；⑸ 以「相互依賴理論」獲得與 MNC 國際協力更多之利益；⑹ 政府對外投資企業採取「保險制度」，鼓勵企業國際化，從開發中國家投資快速成長爲對先進國投資，企業國際化快速發展，產生中型 MNC；⑺ 加強亞洲成長線之合作；⑻ 提高國際協力發展國家經濟。

4. 二十一世紀

　　台灣與中國 ECFA 的簽訂合作成果，形成引進外來投資的誘因、台灣人民的大學教育程度普及、民族教養獲肯定，是外來投資選爲生產零件的國家，在大陸組合成品，外銷東協十國免稅（25 億人口市場），增加生產經濟規模、降低成本，提高國際市場競爭力。台灣經濟更加發展。未來多國籍企業的發展，先進國努力於新

產品、新技術之研究開發，生產技術依據技術程度比較順位而分配，新興工業國家生產技術密集產品較精密技術之零件，而開發中國家，生產勞力密集產品及簡單零件，其生產均考慮經濟規模之大量化，大幅度降低成本，建立新的世界經濟秩序。世界經濟繁榮人類幸福。

〔參考文獻〕

1. H. V. Perlmutter (1971), *The Multinational Firm and the Future*, The Annals, Sept.

2. 福田博編（1976），《多國籍企業の行動指針》，時事通信社，昭和 51 年刊，pp. 443-446。

3. J. H. Dunning (1979), *Future of the Multinational Enterprise*, Lioyds Bank Review, reprinted in Skully [28], pp. 283-234.

4. R. Vernon, (1979) *The Product Cycle Hypothesis in a New International Environment*, Oxford Bulletion of Economics and Statistics, Nov.

5. 小林規威（1980），《日本の多國籍企業》，中央經濟社，9 月，pp. 440-441。

6. R. D. Robinson (1981), Background Concepts and Philosophy of International Business from World War II to the Present, *Journal of International Business Studies*, Spring/Summer.

7. 林彩梅（1985），「多國籍企業未來展望與中華民國經濟發展」，多國籍企業第三屆國際會議論文集，多國籍企業研究學報第 9 期，中華民國多國籍企業研究學會出版，12 月。

Multinational   Enterprise   附錄

日本綜合商社之發展

依據許士軍與林建山二位教授之研究，今日之日本總合商社不是短時間形成的，乃是經過一漫長而複雜的過程，其發展歷史主要分為戰前與戰後。戰前又可分為三期：明治初期、中期（產業資本形成期）；明治後期、大正與昭和初期（獨占資本形成期）；備戰體制的第二次大戰時期。戰後，可分為四期：復興期、開放體制期、國際化時代的高度成長期及全球化時代（如〔附表 1.1〕）。

附表 1.1　日本總合商社之發展階段及分析

	發展階段	活　動　特　色	發揮之功能
第一期 (1867- 1897)	以紡織業為中心的產業資本體制	• 商社控制棉紗廠的原料採購 • 以國內交易為主	• 原料採購 • 國內交易 • 批發
第二期 (1898- 1930)	以財閥為中心的產業卡特爾化獨占資本期	• 發展獨家經銷關係 • 建立海外分支機構	• 三角貿易 • 代理 • 掌握貨源
第三期 (1931- 1944)	二次大戰時期的備戰體制	• 確保海外資源之取得 • 擴大海外傾銷 • 增設新的事業單位，成為日本軍事的後勤部門	• 對外投資 • 產業重組 • 資源開發
第四期 (1945- 1954)	占領時代與民間貿易復起時代	• 財閥解散 • 產業結構傾向於重工業化 • 纖維商社失利，鋼鐵商社興起 • 海外貿易據點活動受限 • 銀行居於主導地位	• 加工貿易
第五期 (1955- 1965)	開放經濟體制時期	• 舊有財閥重組，總合商社興起 • 商社發揮國內存量調節及庫存功能 • 生產者對商社依存度高	• 多角經營 • 資本及技術之引進 • 國內存量之調節 • 融資
第六期 (1966- 1979)	國際化時代	• 引進外資發展新產業 • 海外製造業及礦業之投資 • 加強分配通路系統化機能及組合機能	• 發展新興產業 • 建立通路網系統化 • 投資
第七期 (1980-)	全球化時代	• 由多角經營進入多業經營（「總業總社」之出現） • 加強全球性規畫 • 當地化經營（localization） • 以金融、資訊科技為中心（「財科技」商社）	• 技術開發及其運用 • 國際合作及合併 • 策略規畫及管理

資料來源：許士軍、林建山，「大貿易商標準及其輔導政策之探討」，環球經濟社，1989 年 6 月。

㈠第一期：以紡織業為中心的產業資本體制（1867～1897）

　　1874 年（明治 7 年），日本輸出總額的 97%、輸入總額的 94%，都握在外國商人的手中，也就是，外國商人控制了日本的貿易主導權。日本明治政府認為其所以如此，是由於日本廠商無法從事貿易，因為缺乏一個可與海外市場之買方或賣方洽商，可以外語處理文件及了解外匯交易技巧的公司之援助。為了防止外國貿易商對所有貿易之控制，政府要求數個主要產業集團設立貿易公司以處理正被外國貿易商所控制的貿易。1876 年 7 月三井物產創立，從事輸出的批發商和輸入的經濟商。

　　1887 年之貿易型態已從經銷商變為棉花進口商，批發商變為棉織出口商，日本的貿易商社大都於此時期創立，今日以纖維為主的總合商社，如兼松江商創於 1889 年 8 月，以輸入羊毛為主；三工商創立於 1981 年，以輸入棉紗為主要業務；1892 年三井物產成立棉花部門；以棉花起家的日綿實業株式會社、及以棉絲起家的伊藤忠創立於 1892 年。

附表 1.2　九大商社內外分支機構暨人員統計表

名　　稱	國　內支　店	國　內辦事處	海　外子公司	海外支店辦 事 處	合　　計	本　國人　員	海　外雇　員	人　員合　計
三菱商事	21	31	29	131	212	9,807	4,408	14,215
三井物產	29	18	30	121	198	9,868	2,452	12,320
伊　藤　忠	14	25	20	107	166	7,899	1,950	9,849
丸　　紅	16	16	22	119	173	7,844	2,545	10,389
住　　友	21	23	20	101	165	6,935	1,771	8,706
日商岩井	12	33	19	132	196	6,179	1,621	7,800
東　　棉	8	5	13	74	100	3,158	1,079	4,237
兼松江商	7	11	14	64	96	2,828	976	3,804
日　　綿	12	9	18	70	109	3,275	806	4,090
合　　計	140	171	185	919	1,415	57,793	17,608	75,401

資料來源：⑴「總合商社年鑑 1983」660-705，724-789 頁，日本工業新聞社。
　　　　　⑵本國人員部分採自「會社情報」1983 夏號，日本經濟新聞社編。
　　　　　⑶其他參考各社有價證券 1983 年夏季號。

　　同時政府的貿易政策亦配合扶植纖維商社。明治初期的自主貿易、中期的貿易保護政策，為保護、扶植棉織業。廢除了進口替代產業的原棉進口稅，並課棉絲進口稅。此貿易保護政策對纖維商社而言，具有極重要的意義，從此確立了纖維商社與紡織廠之間的關係，棉花商社及棉絲商社控制了棉紗廠、棉花的進口、棉織品的出口以及外國布料、羊毛進口等皆經由商社進行。當時纖維商社的地位如下圖：

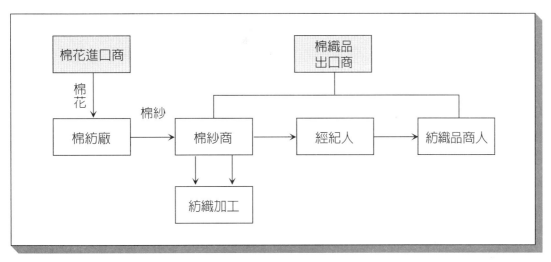

資料來源：筆者整理。

附圖 1.1　明治時期纖維商社的地位

(二)第二期：以財閥為中心的產業卡特爾化之獨占資本形成期（1898～1930）

　　日本產業資本的確立是以中日戰爭為轉捩點，而產業轉向獨占資本是日俄戰爭後才開始，經過第一次大戰後的經濟大恐慌，形成了資本的集中，也就是所謂的日本財閥。

1. 1918 年金融資本的形成

　　由於發行國家公債的銀行團設立，以及產業間的合併，擴大了信用供給。

2. 戰後的資本形成

第一次大戰之後，同業公會、卡特爾、聯合組織及合併托辣斯等，在造船業、機械工業、鋼鐵業等重工業的民間資本累積，奠定了獨占企業的地位。

3. 日本故有的獨占資本

在第一次大戰後與近代帝國主義的軍事擴張相結合，以「財閥」商社為中心，握有獨占集團企業之股份，以達成軍事及經濟的任務；如三井財閥、三菱財閥、住友財閥等。以 1929 年（昭和 3 年）年底而言，三井、三菱、住友、安田、川崎，五大財閥旗下的銀行其存款總額占日本普通銀行的 39.4%。

財閥不僅在金融方面享有極大控制力，在電力、機械工業、造船、重型電機、礦業、化學工業、製紙業、肥料業、海運業、農產品輸出等方面，在在都握有絕對的控制力。此時期商社在鋼鐵與紡織方面的活動如下：

1. 鋼鐵方面

日俄戰爭後，由於軍需急速擴張，導致國內供給不足，因此以輸入鋼材、廢鐵之鋼鐵商社一一成立。如以鋼鐵代理商起家的日商，創立於 1906 年，安宅產業創立於 1917 年。鋼鐵商社一方面確保原料的供應，一方面獨攬產品的銷售權，經由本公司所屬的特約店，銷售給一般顧客，其地位如下圖：

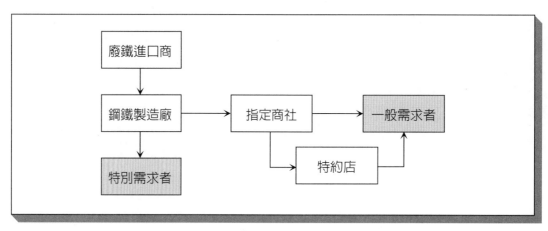

資料來源：筆者整理。

附圖 1.2　明治時期鋼鐵商社的地位

　　另一方面，獨占資本經一次大戰及經濟大恐慌後，以財閥集團為中心，合併中、小鋼鐵業，促進主要鋼鐵公司之資本集中，如三井財閥下的日本製鋼、釜山礦山；三菱財閥下的東京鋼材、三菱製鋼；住友財閥下的住友製鋼、住友伸銅鋼管等。

2. 紡織方面

　　纖維產業也在資本獨占時期促進資本集中、進入獨占階段、掌握原棉的價格，同時向海外發展，在中、美、印、義設立支店。另外，也擴大了其他產品的活動，尤其是三井（1923 年，其棉花部門獨立後稱東棉）將美國棉花供給中國、歐洲的棉紡業，將我國東北大豆供給歐洲消費者，成為開拓三角貿易的先驅。

　　棉織品的出口商，如伊藤忠、丸紅，由於日本工資低而增強了競爭力，在第一次大戰後，逐漸奪取了美國棉織品的海外市場，同時也打進中國、印度市場。

　　生絲方面，三井物產以紐約為基地，向美國輸出產品，日本棉花商也開始生絲貿易。由於第一次大戰後美國的經濟繁榮，主要的生絲貿易商社分別在紐約設立分支機構，積極推銷。

　　此時期生絲輸出的特徵為棉花商社的參與、生產廠商的直接貿易及三菱商事的加入。

㈢第三期：二次大戰時期的備戰體制（1931～1944）

　　第二期的獨占資本，不久與國家獨占相結合，此時期總合商社的活動有：財閥的形成、海外的商社活動、戰爭體制下的商社活動。

1. 財閥的形成與財閥商社

　　中日、日俄、一次大戰及經濟恐慌後，是獨占資本，尤其是國家獨占資本正式向軍事產業投資的階段。在此時，「政商」的地位逐漸鞏固，形成所謂三井、三菱、住友、安田四大財閥。

　　⑴三井集團：在產業資本的形成過程中，加強輕工業部門，該集團是以金融、商業資本形成的集團。

　　⑵三菱集團：以海運部門起家，以造船部門、機械部門的技術基礎，向重化工業擴展。

⑶ **住友集團**：以礦山相關產業資本爲中心的集團。

⑷ **安田集團**：該集團是以銀行爲中心的財閥。

2. 海外的商社活動

戰前的海外商社活動，是以支配日本殖民地及軍事目的爲出發點向海外投資。尤其在第一次大戰後，國家資本獨占時期，大多數投資集中於我國，經由貿易商社，尤其是財閥商社達成主要的任務。

另一方面，明治時期以後，爲了促進棉織品、絲織品的輸出，海外支店的活動仍非常活躍。主要的活動市場爲中國、印度及美國。

⑴ **中國市場**：從海上投資來看，戰前最大的投資市場是中國東北，由政府及民間共同出資，經營南滿鐵路爲中心之相關事業。如三井物產在我國東北的活動，占了東北鐵路及撫順煤礦的開發等滿鐵關係工程的 80%。三菱、日綿、東綿、江商等亦從奉大、大連進口中國東北的大豆、大豆油、毛皮等。其他總合商社也積極進行三角貿易。

⑵ **印度市場**：總合商社在印度設「支店」、「出張所」等分支機構以進口印度棉花，出口日本的棉織品。

⑶ **美國市場**：各總合商社分別在紐約或舊金山設立分支店進行活動。

3. 戰爭體制下的貿易商社

獨占資本加強了日本帝國主義，以軍事爲目的進行對殖民地的控制。貿易商社一方面確保中國大陸的資源；另一方面擴大銷售市場，進行海外傾銷的輸出政策。

爲結合獨占資本與軍閥以控制國內產業，日本於 1931 年，制定了「主要產業統制法」、「工業聯合法」、「輸出聯合法修正」、「商業聯合法」、「輸出入連鎖制度」等，加強了對工商業界的再組織。

在此種戰爭體制下，日本爲了整頓各企業，乃組成「貿易統制會」與「交易經營財團」，由國家支配商業資本，例外者僅有財閥商社，其以統治機構的會員身分，整頓中小企業，做爲維持自己地位的手段，故其地位能維持至戰後的財閥解體爲止。

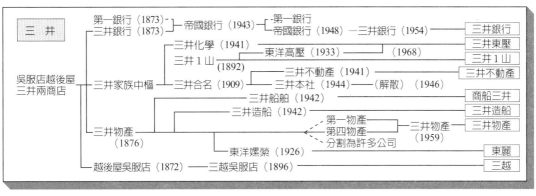

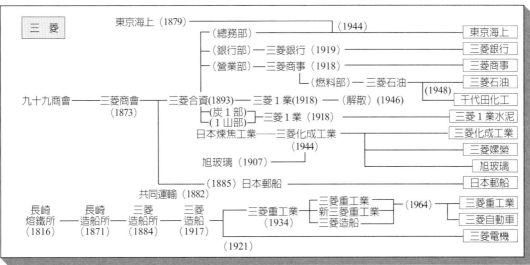

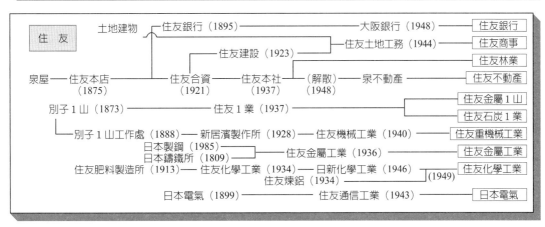

註：括弧內為成立、合併、解散的年分。

附圖 1.3　二次世界大戰前的日本三大舊財閥其系統下主要企業至今的變遷歷史

在戰時統制下的貿易，由於第二次大戰的爆發而中斷了三角貿易，一般貿易僅限於印度、泰國等「東亞共榮圈」，同時，貿易商品的結構也起了很大的變化。在出口方面，機構類產品取代纖維產品而居於第一位。另一方面，由於對我國東北及其他殖民地、占領地的重工業開發或戰爭目的，輸入軍需的礦產及燃料之比重增重了，取代了原來的棉花輸入，而居於第一位。

另外，在二次大戰前，日本軍閥積極準備戰爭、瘋狂擴充軍備，財閥商社為配合政府的政策，乃增設一些新的事業單位，生產軍事物資或戰爭的武器等，成為日本軍事的後勤部門。

㈣第四期：占領時代與民間貿易復起時代（1945～1954）

1945 年，日本宣佈投降，盟軍占領日本，盟軍認為日本財閥與軍閥合作，發動了帝國侵略主義的戰爭，故占領政策的經濟目標中指出：「關於大型企業之聯盟與金融界之聯盟，須嚴令解散。」積極地進行對三井、三菱等大財閥的解體措施，取消三井、三菱等名稱之使用，並成立控股公司整理委員會，使子公司脫離母公司另設新公司。為了防止獨占，制定「經濟力集中排除法」、「獨占禁止法」等，以防財閥的東山再起。

1950 年，韓戰爆發，盟軍對日占領政策有了突然的大轉變，為了使日本自立，在經濟方面，廢除「經濟力集中排除法」、修正「獨占禁止法」等。1952 年，占領軍撤出日本，各大財閥開始公開作復興活動，各財閥系統將各所屬的民間股票收回，金融機構的銀行、集託、保險等公司，收購本系統內各生產企業單位的股票，而非金融單位則蒐集金融單位的股票，變成各企業間相互投資，完成橫的聯繫。因此，使戰前原屬的企業再度受控於財閥集團下。

另一方面，舊纖維大商社以財閥商社的解體為契機，謀求發展；此時，適逢韓戰，韓國軍需景氣，需求大增，加以日本貿易政策重點是加工貿易，纖維商社從美國輸入原棉，再將纖維製品銷售至海外市場，呈現一片繁榮。及至 1952 年後，韓戰呈現膠著狀態及世界經濟不景氣，使棉製品價格暴跌，商品滯銷，債務累積，同時，纖維商社對新三品（橡膠、油脂、皮革）之投機失敗，使其受到嚴重的打擊。纖維商社的失利及產業結構傾向於重工業化，鋼鐵商社乃趁機而起，擴大鋼鐵輸出。

韓戰以後的經濟萎縮，使日本工業廠商與貿易商社不得不作結構性的調整，設法由紡織業轉向重化工業。由於這種轉變，貿易商社乃具備了總合商社的種種特性，依市場需求形勢而從事交易，並代客戶解決困難，發揮便利及拓展國內外交易與經濟活動，此時期，能提供產業資本，如銀行，的商社較占優勢。

(五)第五期：開放經濟體制時期（1955～1965）

由於經過復興階段，產業生產力急速擴充，供給力相對過剩，故此時期以銷售為重心。同時，日本因加入國際貨幣基金（IMF）、關稅與貿易總協定（GATT）而實施貿易、外匯自由化，加盟經濟合作開發組織（OECD），使日本成為先進國會員。以開放經濟體制為背景，迎接輸出擴大的時期。此時期是商社活動擴展的重要時期，其特徵如下：

1. 舊財閥商社的復活及大規模的綜合化

如三井於 1959 年恢復其舊觀並合併集團外商社，而纖維商社在受到嚴重打擊後，也在此出口繁榮期謀求商品的多角化經營，逐漸合併非纖維商社，而鋼鐵大商社也合併食品、機械等商社，進行多角經營，形成總合商社。

2. 1959 年後

由於貿易、外匯自由化，積極進行合資經營，以導入外國的資本與技術，其中，經由商社為媒介的比率相當高。而日本中小企業到海外的直接投資，總合商社也以共同設立聯合企業方式參與。

3. 景氣變動與商社機能的關係

當國內經濟景氣等，工廠設備投資增加，商社的庫存需求增加，故商社之重點置於國內銷售及進口，當不景氣時則加強輸出。對於生產廠商的緩衝存量（bufferstock）之風險，由商社負擔，並給與融資。因商社以庫存機能及金融機能為調整手段，故生產者對商社的依存度高。

4. 商社無用論的抬頭

　　由於商社的林立，競爭激烈加上大型零售店的出現與廠商儲存管理、行銷技巧進步，使商社的中間批發機能減弱了。

　　此時期的大商社藉著集團的再組織與逐步向外的合併，形成了總合商社，提升商社之地位，並造就日本經濟之高長。

1. 商社的合併

　　大財閥商社不僅與集團內的各企業再組織，且逐漸向外合併，如三菱商事吸收了不二商事、東京貿易、東西交易等「三大」（big three），纖維、鋼鐵方面也吸收合併了強有力的專門商社。故昭和三○年代可以說是商社的合併時代，進入昭和四○年代，商社的合併運動仍持續著，此時期合併特徵是，有些並非商社主動的合併，而是以主要往來銀行為媒介，以圖謀資金融通的利益，如兼松與江商即以東京銀行做為合併的媒介。

2. 總合商社的出現

　　總合商社是謀求商品、市場、交易手段的綜合化，如以合併手段使經營多角化、積極地擴大商品與市場，並加強海外支店的活動，視地區而採取物物交易（barter trade），轉換貿易（switch trade）與三角貿易。此外，還導入技術與外資合併，使商社將附屬於產業資本的單純分配通路地位，將商業資本、產業資本與金融資本結合在一起，形成總合商社，而異於製造廠商的專門商社、一般專門商社、中小商社、因此，能在景氣變動時提供庫存機能與金融機能，使得日本總合商社在一九七○年代國際貨幣不穩定及世界貿易結構改變時，發揮相對貿易、三角貿易等功能，提升在日本貿易的地位，也得以增強日本之國際競爭力，達到經濟體制時期之貿易與自由化的目標。

㈥第六期：國際化時代（1966～1979）

　　1964 年至 1966 年，為日本的經濟繁榮期；接著，渡過 1967 年經濟結構的不景氣，即進入高度成長的國際化時代，奠定了商社的經營基礎。

此時期的經貿特徵是：

1. 日本的國際收支，沒有因景氣循環帶來赤字的不均衡，連年皆有盈餘。故以長期穩定成長爲基本的經濟政策。
2. 因國內景氣變動對輸出增減的影響比以前小，提高了出口競爭力。
3. 由於前期的貿易與外匯自由化，日本導入外資發展新產業，同時也在海外進行製造業及礦業的投資。

在商社的經營基礎奠定之前，因上述經濟結構性的不景氣，使商社產生了許多的呆帳，如 1968 年 3 月期，總合商社有 147 億日圓的呆帳，特別是占總合商社相當大比例的企業間信用，其借款的利息負擔，導致商社經營的惡化。後來商社改變原來的金融機能重點，爲配合自由化後發展的新興產業及國內通路的現代化，乃積極的透過對國內加工、通路部門的投資，加強「分配通路系統化機能」及「組合機能」。在 1970 年國際貨幣不穩定及世界貿易結構的改變下，總合商社因發揮上述機能而在日本貿易的地位，增強了其重要性，尤其三角貿易的運作更得到世人的肯定。

另一方面，雙方一度合作無間的日本貿易商社與製造業廠商，到一九七〇年代顯然也開始分道發展。由於製造業廠商擁有能控制大部分技能及其他資源，包括對於所產產品的完整知識、製造技術及行銷要訣等，因此，多國籍企業一方面逐漸成長，一方面也就地吸收外國製造技巧。隨著日本的出口品與海外投資日益從「低附加價值」及「標準化」產品，轉向「技術密集」與「高附加價值」的產品，在行銷策略上有關顧客服務與市場研究等項目也更趨重要，而總合商社則通常不能充分提供這一類技術知識的條件，因此，日本製造業廠商在考慮重大海外投資時，即自行作深入評估與策略規劃，也就是說，對於製造業廠商在海外建立生產作業，貿易商所擔任角色的重要性日減。

㈦第七期：全球化時代（1980～）

日本總合商社在國際化時代奠定了基礎，嚴密的情報網與行銷網遍佈世界各地，適於促進商品的國際性流通，境外貿易可望繼續擴大。

在全球化時代之總合商社開始走向功能多樣化的方向，以因應時勢的變遷，目前在以下日本經濟發展活動，仍居重要的角色。

1. 日本對海外的天然資源開發

商社對日本的發展不可或缺的資源積極地開發，不斷做新的投資，而且規模領先全世界。如伊藤忠最先參加薩伊共和國銅資源的開發，在當地建立了日本的據點；三井物產在澳洲開發鐵礦；三菱商事在婆羅洲開發銅及天然瓦斯等，都是商社參加海外經濟基礎建設的例子。

2. 在海外投資設廠

在石油危機以後，日本企業為了減少對遠方原料供應源的依賴，採取到海外設廠或管理原料的策略，不斷地在各地進行收買的工作，如美國的農地、加拿大的煉油廠、澳洲或美國的煤炭和鈾礦等。

不過，這些投資有相當大的風險，曾經排名第十的商社安宅產業被迫宣布倒閉，就是由於輕率投資加拿大煉油事業而造成失敗的緣故。

3. 商社擔任「第三國事業」之管理者

除了天然資源的開發、分擔新的海外投資風險兩個任務以外，商社還扮演著許多日本企業海外事業管理者的角色。比如三菱商事得到墨西哥製鹽事業的經營權，由採掘到日本、美國、加拿大銷售全部一手包辦；又如三井物產引導三井集團各企業在伊朗投資石油化學工業。

1981 年會計年度，九家綜合商社的總營業額中有 13.4% 的生產是純粹在海外進行的，也就是和日本完全無關的仲介貿易。近來日本和第三世界國家貿易，往往被要求交換購買。日本公司為了在發展中國家投資。不得不被迫購買一些沒有銷路的製品，這些東西通常都由商社去處理，這只是商社替製造廠商解決問題的一個小小的例子而已，在貿易紛爭持續不斷的時代，能面對多方面問題、深思熟慮，依市場需求形勢從事交易，並代客戶解決困難之日本總合商社，仍有長遠的前景。

4. 「財科技」商社出現

以金融、資訊、科技為中心之「財科技」商社掌握全球服務貿易、控制資金移動市場。

5. 進行全球總合會社化

由多角經營進入多業經營，形成總業總社，以財務、金融力控制企業。

國家圖書館出版品預行編目(CIP)資料

多國籍企業論／林彩梅，許重博著.－－八
版.－－臺北市：五南圖書出版股份有限公
司, 2023.05
　　面；　公分
　ISBN 978-626-366-038-0(精裝)

1.CST: 國際企業

553.78　　　　　　　　　　112005813

1F13

多國籍企業論

作　　者 ─ 林彩梅、許重博

發 行 人 ─ 楊榮川

總 經 理 ─ 楊士清

總 編 輯 ─ 楊秀麗

主　　編 ─ 侯家嵐

責任編輯 ─ 吳瑀芳

文字校對 ─ 許宸瑞

封面設計 ─ 王麗娟、陳亭瑋

出 版 者 ─ 五南圖書出版股份有限公司

地　　址：106臺北市大安區和平東路二段339號4樓

電　　話：(02)2705-5066　　傳　　真：(02)2706-6100

網　　址：https://www.wunan.com.tw

電子郵件：wunan@wunan.com.tw

劃撥帳號：01068953

戶　　名：五南圖書出版股份有限公司

法律顧問：林勝安律師

出版日期：1979年11月初版一刷
　　　　　1982年4月二版一刷
　　　　　1990年3月三版一刷
　　　　　1994年9月四版一刷
　　　　　2003年2月五版一刷
　　　　　2006年4月六版一刷
　　　　　2012年10月七版一刷
　　　　　2023年5月八版一刷

定　　價：新臺幣680元